»Sie war Lektorin, Verlegerin, Autorin, verwaltete ein Landgut, engagierte sich sozial und kümmerte sich nebenbei noch um 13 Kinder: Sofja Andrejewna Tolstaja, die Ehefrau von Lew Tolstoj.

Den Roman *Krieg und Frieden*, rund 1700 Seiten stark, soll sie – vor allem nachts – siebenmal für ihn abgeschrieben und korrigiert haben.

Als die Kinder größer waren, machte sie sich einen Namen als Verlegerin, erstellte umfassende Werkausgaben, schrieb selbst an Erinnerungen, an eigenen literarischen Werken und betreute daneben Biografien internationaler Autoren über ihren Mann.

Als selbstbewußte Mutter seiner Kinderschar, als erfolgreiche »Managerin« und nicht zuletzt als langjährige Hüterin seines Werks besteht sie darauf, den Besitzstand zugunsten der Kinder zu vermehren und die Zügel in der Hand zu behalten, statt sie anderen zu überlassen [...].

In sieben großen Kapiteln zeichnen die beiden Autorinnen einfühlsam und anekdotisch ein Bild von Sofja Tolstaja, das so lebendig und plastisch erzählt wird, als hätte man sie persönlich kennengelernt.« (Deutschlandradio Kultur) insel taschenbuch 3645

Ursula Keller und Natalja Sharandak

Sofja Andrejewna Tolstaja

Ein Leben an der Seite Tolstojs

Ursula Keller | Natalja Sharandak

Sofja Andrejewna Tolstaja

Ein Leben an der Seite Tolstojs

Mit zahlreichen Abbildungen | Insel Verlag

Umschlagabbildung: Speisezimmer der Familie Tolstoj. Foto: Kari Haavisto

insel taschenbuch 3645
Erste Auflage 2010
Insel Verlag Berlin 2010

Vertrieb durch den Suhrkamp Taschenbuch Verlag
Umschlag: Anke Rosenlöcher
Satz: Hümmer GmbH, Waldbüttelbrunn
Druck: CPI – Ebner & Spiegel, Ulm
Printed in Germany
ISBN 978-3-458-35345-4

3 4 5 6 – 15 14 13 12 11

Inhalt

Einleitung

Wer war Sofja Andrejewna Tolstaja? Die Antwort scheint einfach. Sonja, wie Tolstoj sie in seinen Tagebüchern und Briefen nannte, war die Frau, die fast fünfzig Jahre lang an der Seite des Schriftstellers lebte. Sie war die Mutter seiner vielköpfigen Kinderschar, verwaltete das Landgut der Tolstojs, kümmerte sich um die Finanzen und gab als Verlegerin seine Werke heraus. Viele Jahre lang war sie erste Leserin und Kritikerin der Werke Tolstojs. In langen Nächten schrieb sie seine oft fast unentzifferbaren Manuskripte unzählige Male ab, machte Änderungsvorschläge, diskutierte mit ihm die Pläne für seine Romane.

Es scheint, daß Sofja Tolstaja das Schicksal der Schriftstellergattin, die ihr eigenes Leben ganz dem Erfolg des Gatten widmet und ihre eigene Begabung in den Dienst des Mannes und seiner Karriere stellt, durchaus guthieß. Nach zwei Jahrzehnten Ehe jedoch begann eine Zeit der dramatischen Konflikte. Tolstoj wandte sich fast ganz von der Literatur ab, beschäftigte sich zunehmend mit religiös-philosophischen und sozialen Themen und stellte alle Werte seines bisherigen Lebens in Frage.

Zahlreiche Zeitgenossen standen Tolstojs geistigem Umschwung verständnislos gegenüber. In seinem letzten, auf dem Sterbebett mit Bleistift niedergeschriebenen Brief an Tolstoj beschwor Iwan Turgenjew: »Mein Freund, kehren Sie zur Literatur zurück! Ihre Begabung ist Ihnen von dort verliehen, woher auch alles andere kommt ... Mein Freund, großer Schriftsteller russischer Lande, erhören Sie meine Bitte!«[1]

Auch Sofja Andrejewna wollte und konnte die neuen Ideen ihres Ehemannes nicht als die ihren akzeptieren. »Ich konnte mich mit meinen neun Kindern doch nicht wie eine Wetterfahne dorthin drehen, wohin mein Mann, immerfort seine Anschauungen ändernd, sich begab«, rechtfertigt Tolstaja sich in ihrer *Kurzen Autobiographie.*[2] Sie begann, sich von ihrem Gatten zu emanzipieren. Nachdem sie die Rolle der »Amme des Talents ihres Mannes« anfangs bereitwillig übernommen hatte, hörte sie auf, das geistige und literarische Leben Tolstojs als ihr eigenes zu begreifen, und begann, aus der ihr von ihm zugewiesenen »Sphäre des Kinderzimmers, der Küche und des beschränkten weiblichen Lebens« herauszutreten.[3] Sie verspürte die Notwendigkeit nach einer eigenen Form der Selbstverwirklichung, der Realisierung ihrer künstlerischen Begabungen. »Ich möchte ein eigenes Leben, ein *eigenes* Werk und nicht die Arbeit an fremden Werken«, lautete von da an das Leitmotiv in ihrem Tagebuch.[4]

In einer Zeit, in der mit der Aufhebung der Leibeigenschaft im Jahr 1861 in Rußland der Aufbruch in die Moderne begann, in einer »Atmosphäre des Frühlings«, in der auch das liberale russische Bürgertum die Frauenfrage diskutierte, blieb Tolstoj als Schriftsteller und Mensch ganz den traditionellen Rollenzuweisungen verhaftet. Dem neuen Frauenbild zahlreicher Schriftstellerkollegen und ihrer Auffassung von Liebe und Ehe, die auf der Gleichberechtigung beider Partner gründete, stellte Tolstoj ein Ehemodell entgegen, das geprägt war von seiner patriarchalischen Lebenseinstellung und von Ethik und Konventionen des Christentums.

In seinen Werken griff Tolstoj das Thema Liebe, Ehe und Familie immer wieder auf und entwarf das Ideal einer selbstlosen Liebe, in der die Frau ihre einzig mögliche Erfüllung in der Fürsorge für Ehemann und Kinder findet. Die Suche und das Streben nach Selbsterkenntnis und nach Lebenszielen außerhalb von Ehe und Mutterschaft setzte er gleich mit einer Perversion der Weiblichkeit, die die Frau auf einen Irrweg führt und sie vom göttlichen Prinzip entfernt.

»Lew Nikolajewitsch störte an mir stets genau jenes, was ich liebte: Ich liebte alles Feine, alles Reine, in der inneren wie der äußeren Welt, liebte leidenschaftlich jegliche Kunst«, schreibt Sofja Tolstaja voller Bitterkeit in ihren Erinnerungen. »Er brauchte dies bei mir nicht. Er brauchte eine Frau, passiv, gesund, sprachlos und willenlos.«[5] Die Emanzipation Tolstajas ist nicht allein vor dem Hintergrund persönlicher Unvereinbarkeiten zu sehen, sondern auch im Zusammenhang mit der gesellschaftlichen Entwicklung Rußlands.

Als Tolstaja aus dem übermächtigen Einfluß ihres Mannes herauszutreten versuchte, wurde sie von ihm mit Herabsetzung bestraft. Ebenso wie sie seine neuen Überzeugungen nicht teilen konnte, mißbilligte auch Tolstoj die Entwicklung seiner Frau. Diese Sichtweise des Schriftstellers wurde von vielen Biographen übernommen. Tolstojs Ehefrau gilt bis heute als Inbegriff der »schlechten« Schriftstellergattin. Aus der biographischen Literatur über Tolstoj kennt man Sofja Andrejewna Tolstaja als »hysterisches Frauenzimmer«, als Frau, die durch ihre Halsstarrigkeit, Nörgelei und Uneinsichtigkeit den über achtzigjährigen Schriftsteller nötigte, das Landgut der Familie zu verlassen, und ihn damit in den Tod trieb. Wer Sofja Andrejewna war, was sie für ein Mensch war, diese Frage wurde bisher mit wenigen Ausnahmen kaum einmal vorurteilsfrei beantwortet.

Wohl kaum eine Ehe ist so gut dokumentiert wie die fast fünfzigjährige Ehe der Tolstojs. Die Tagebücher, autobiographischen Notizen, Briefe und Erinnerungen der beiden Ehepartner, ihrer Nachkommen und Zeitgenossen füllen Bände. Dennoch ist kaum bekannt, daß Sofja Tolstaja auch selbst geschrieben hat. Nachdem sie dem eigenen literarischen Talent vor der Hochzeit entsagt und ihre von Tolstoj gelobte Erzählung *Natascha* vernichtet hatte, begann Sofja Tolstaja im Alter von fast fünfzig Jahren wieder zu schreiben. Doch obwohl es Ende des 19. Jahrhunderts auch in Rußland bereits Vorbilder für Frauen gab, die den Beruf der Schriftstellerin ergreifen wollten, stellte Sofja Tolstaja sich selbst und ihr Werk ein weiteres Mal hinter das ihres Mannes zurück und ließ ihre wichtigsten Erzählungen unveröffentlicht. Bis heute sind nur wenige ihrer literarischen Arbeiten publiziert. Ihr Hauptwerk, die umfangreiche Autobiographie *Mein Leben*, konnte bisher nur in Auszügen erscheinen, und bei der Veröffentlichung ihrer Tagebücher wurde unbotmäßig Scheinendes einfach getilgt.

Tolstajas autobiographische Aufzeichnungen und ihre literarischen Werke geben beredt Auskunft über ihre Ehe mit dem Schriftsteller. Dennoch hat sich bisher niemand die Mühe gemacht, die literarischen Werke Tolstajas in ihre Lebensbeschreibung mit einzubeziehen. Die vorliegende Biographie lenkt erstmals die Aufmerksamkeit auf das schriftstellerische Werk Tolstajas und verleiht der Schriftstellergattin, fast hundert Jahre nach ihrem Tod, so eine eigene Stimme.

»Ein jedes Leben ist interessant«, schreibt Sofja Tolstaja im Vorwort zu ihren Erinnerungen, »und vielleicht wird auch meines irgendwann einmal jemanden interessieren, der wissen möchte, was diese Frau für ein Mensch war, die im Leben an die Seite des genialen und hochkomplizierten Grafen Lew Nikolajewitsch Tolstoj zu stellen Gott und dem Schicksal gefiel.«[6]

I Sonetschka Behrs aus dem Kreml

»Feierlich und schweigend fuhren wir zur Kremlkirche, die sich unweit unseres Hauses befand. Ich weinte auf dem Weg dorthin die ganze Zeit. Der Wintergarten und die Hofkirche Mariä Geburt lagen in wunderbarem Licht. Im Wintergarten kam Lew Nikolajewitsch mir entgegen, nahm meine Hand und führte mich zur Kirchentür, wo uns der Priester empfing. Er nahm unser beider Hände in die seine und führte uns zum Altar. Es sang der Hofchor, zwei Priester leiteten den Gottesdienst, und alles war überaus prächtig, würdevoll und feierlich. Alle Gäste waren bereits in der Kirche. Die Kirche war auch gefüllt mit Außenstehenden, der Dienerschaft des Hofes. Im Publikum machte man Bemerkungen über mein allzu junges Alter und die verweinten Augen.

Den Ritus unserer Trauung hat Lew Nikolajewitsch unübertrefflich in seinem Roman *Anna Karenina* in der Hochzeit Lewins und Kittys beschrieben. Eindrücklich und kunstvoll hat er den äußeren Ablauf des Zeremoniells und den inneren psychologischen Prozeß Lewins dargestellt. Was mich betrifft, so hatte ich in den vergangenen Tagen so viel Aufwühlendes durchlebt, daß ich, als ich unter der Brautkrone stand, nichts fühlte und empfand. Mir schien, daß etwas Unausweichliches, Unwiderrufliches sich vollzog, etwas wie ein elementares Naturereignis. Daß etwas geschah, was geschehen mußte, und daß alles Nachsinnen darüber müßig sei.«[1]

Sofja Andrejewna Behrs heiratet am 23. September 1862 Lew Nikolajewitsch Tolstoj. In der kurzen Woche nach der Verlobung mit dem Grafen ist dem jungen Fräulein viel Aufregendes widerfahren. Romantisch verliebt in den viel älteren Schriftsteller, weiß Sofja nichts von den dunklen Seiten seines Lebens. Er jedoch ist der Ansicht, es dürfe keine Geheimnisse zwischen künftigen Ehepartnern geben, und gibt der Verlobten seine Tagebücher zu lesen, die minutiös von seinem ausschweifenden Vorleben berichten. Die Braut ist von der Lektüre zutiefst bestürzt, doch sie verzeiht ihm.

Selbst am Hochzeitstag ist die Aufregung für die junge Frau

noch immer nicht zu Ende. Am Morgen stürmt der immer zweifelnde Tolstoj in Sofjas Zimmer und bedrängt sie mit Fragen und Bedenken. Ob sie ihn denn wirklich liebe und heiraten wolle? Noch sei es nicht zu spät, alles abzusagen. Die resolute Brautmutter bereitet diesem Auftritt ein Ende und macht ihrem zukünftigen Schwiegersohn heftige Vorwürfe wegen seines ungebührlichen Verhaltens. Als die Braut schließlich zurechtgemacht ist, wartet sie zur verabredeten Stunde vergeblich auf den Brautführer. Nach dem ungeheuerlichen Vorfall am Morgen beschleicht sie die Angst, Tolstoj könne sich in letzter Minute davongemacht haben. Nach mehr als einer Stunde bangen Wartens erscheint schließlich Tolstojs Diener Andrej Stepanowitsch und berichtet, es sei vergessen worden, dem Bräutigam ein gestärktes Hemd bereitzulegen. Nachdem ein solches gefunden ist, kann die Trauung dann endlich stattfinden.

Ein solch aufregender Prolog leitet das Eheleben der Sofja Andrejewna Tolstaja ein. Kurz nach der Hochzeitszeremonie bricht das neuvermählte Paar nach Jasnaja Poljana, dem Landgut Tolstojs im südrussischen Gouvernement Tula, auf. Für den Rest ihres Lebens werden Jasnaja Poljana und Lew Nikolajewitsch Tolstoj für die »Gräfin Sofja Tolstaja«, wie sie im ersten Brief nach der Hochzeit gewichtig unterschreibt, Mittelpunkt ihres Lebens sein.

Das junge Fräulein Behrs ist eine vorzügliche Wahl. Aus gutem Hause, gebildet, hübsch, romantisch und unerfahren, ist sie die ideale Ehefrau für Lew Tolstoj.

Geboren am 22. August 1844 in Pokrowskoje, dem nur wenige Kilometer von Moskau entfernten Landsitz der Familie, als zweites von insgesamt acht Kindern des kaiserlichen Hofarztes Andrej Jewstafjewitsch Behrs und seiner Frau, Ljubow Alexandrowna, wächst Sofja Andrejewna ganz in der Tradition der russischen Intelligenzija auf.

Der Name Behrs geht zurück auf die deutsche Herkunft der Familie des Vaters Andrej Jewstafjewitsch. Sein Großvater Hans Behrs war als Rittmeister des Kürassierregiments an den Reformen des russischen Militärs nach westlichem Vorbild beteiligt.

Während der Regentschaft der Tochter Peters des Großen, Elisabeth I., nach Rußland eingewandert, war Hans Behrs einer der Verantwortlichen für die Umsetzung der Neuorganisation der russischen Regimenter nach den noch von Peter I., dem »Großen, Allweisen und Vater des Vaterlandes«, erlassenen Dienstvorschriften. Beim Brand von Moskau im Jahr 1812, der im Krieg gegen Napoleon fast die gesamte Stadt zerstörte, verlor die Familie Behrs ihren Besitz. So mußten die Söhne Alexander und Andrej einen soliden Beruf ergreifen. Beide studierten an der medizinischen Fakultät der Moskauer Universität und wurden Ärzte.

Sofja Behrs und ihre Geschwister leben also in der gediegenen Atmosphäre eines Arzthaushaltes. Die gesellschaftliche und finanzielle Position des Vaters ist recht gut. Unter Zar Nikolaj I. ist ihm der Titel eines kaiserlichen Hofarztes verliehen worden, er hat ein auskömmliches Gehalt und ein gutes Einkommen aus seiner Privatpraxis. Die Familie lebt im Winter in Moskau, in einer Dienstwohnung im sogenannten Ordonnanzhaus im Kreml, das an den kaiserlichen Palast grenzt. Die Sommer verbringt man im Haus auf dem Lande. Eine Dienerschaft von etwa zehn Personen verleiht dem Leben einige Bequemlichkeit, und man achtet auf das gesellschaftliche *comme il faut*. So werden die drei Töchter bei ihren Spaziergängen stets von einem livrierten Diener begleitet, der ihnen in gemessenem Abstand folgt.

Vermögend jedoch ist die Familie nicht, und der Haushalt wird bescheiden geführt. Im Vergleich zum eleganten Sankt Petersburg, der Residenzstadt des Zaren und damit Zentrum der Aristokratie, ist das Moskau des 19. Jahrhunderts ziemlich provinziell. »In unserem Heim gab es keinerlei Luxus. Überhaupt ging es damals in Moskau recht patriarchalisch zu«, berichtet Sofjas jüngere Schwester, Tatjana Kusminskaja, wobei unter »patriarchalisch« ganz offenbar »rückständig« zu verstehen ist: »Das Trinkwasser wurde in Fässern herangefahren, die Straßen waren schmutzig und kümmerlich beleuchtet. Allerlei Viehzeug lief in den Höfen herum und oft sogar in den Straßen.«[2]

Auch Lew Tolstoj beschreibt das Leben der Familie Behrs als das einer bescheidenen Beamtenfamilie in durchaus beengten Verhältnissen: »Die gesamte Wohnung bestand aus einem komischen Flur, die Entreetür führte vom Treppenhaus direkt ins Eßzimmer, das Arbeitszimmer des Familienoberhauptes war ein Käfterchen, die Fräulein Töchter schliefen auf seltsamen, verstaubten, durchgesessenen Sofas, der heutige Engländer *Mister water-closet* hieß dazumal noch gut russisch. Heute wäre das alles undenkbar. Unausdenkbar, daß die Kranken zu ihrem Arzt über eine wacklige Stiege gelangten und gelegentlich auch herunterstürzten, unausdenkbar, daß im Zimmer ein Kronleuchter hing, gegen den selbst ein Patient von mittlerer Größe stieß, so daß er sich, wenn er nicht auf der Stiege stürzte, zumindest am Kronleuchter den Kopf einrannte.«[3]

In der Familie wird besonderer Wert auf Erziehung und Bildung der drei Töchter Jelisaweta, Sofja und Tatjana gelegt, denn dies ist ihr Kapital, mit dem sie, statt mit einer hohen Mitgift, ins Leben entlassen werden sollen. Sie erhalten Fremdsprachenunterricht durch Gouvernanten, nehmen Tanzunterricht, beschäftigen sich mit der Literatur, lernen Zeichnen oder Gesang und besuchen die Oper und das Theater – all dies entspricht den Gepflogenheiten ihrer Gesellschaftsschicht zu jener Zeit.

Neben dem Unterricht, der zu Hause stattfindet und zunächst von der Mutter und französischen sowie deutschen Gouvernanten erteilt wird, bereitet man die Mädchen auch auf die Rolle der Hausfrau vor, sie lernen Nähen und Sticken, und die beiden ältesten Töchter, Lisa und Sonja, wie Jelisaweta und Sofja genannt werden, sind seit früher Kindheit an der Haushaltsführung beteiligt.

»Wir Schwestern hatten unsere Wäsche selbst zu nähen und zu stopfen, zu sticken und des Abends der Mutter nicht weniger als dreißig Seiten am Stück vorzulesen. Auch der Haushalt lag zum Teil in den Händen meiner Schwester Lisa und mir. Bereits im Alter von elf Jahren mußten wir des Morgens früh aufstehen und dem Vater den Kaffee kochen. Dann gaben wir der Köchin aus der Vorratskammer die Tagesration aus, und danach machten wir uns alle für den Unterricht, der um neun begann, zurecht.

Meine Schwester Lisa und ich wirtschafteten im Wechsel ... und hatten alles einwandfrei zu übergeben: die Vorratskammer, den Schrank mit den Trockenvorräten und den mit den Haushaltsbüchern und der Tischwäsche. Ebenso mußten wir den Monatsvorrat an Zucker kleinschlagen, Kaffee mahlen und die Schrankböden putzen.«[4]

Die Mutter Ljubow Alexandrowna Behrs scheint in allem recht streng gewesen zu sein. Sie lebte zurückgezogen ganz für die Familie. Für schlechtes Betragen erteilte sie den Kindern herbe Verweise und verlieh diesen bisweilen mit einer tüchtigen Tracht Prügel Nachdruck. Der Vater wird als geradliniger, warmherziger Mensch beschrieben. Sein Jähzorn ist zwar selbst von seiner Gattin gefürchtet, aber er tut der allgemeinen Beliebtheit des Familienoberhaupts keinen Abbruch. »Vater liebte und verwöhnte uns und versorgte uns nicht nur mit allem Notwendigen, sondern auch mit allen Annehmlichkeiten des Lebens.«[5] Als Hofarzt ist Andrej Behrs monarchistisch gesinnt und verehrt den Zaren. Diesen Patriotismus vermittelt er auch seinen Kindern. Als eine der eindrücklichsten Kindheitserinnerungen schildert Sofja Tolstaja die Feierlichkeiten anläßlich der Krönung von Zar Alexander II. im August 1856. Gleichwohl ist Andrej Jewstafjewitsch ein Mensch ohne Dünkel, für den keine Standes- oder nationalen Unterschiede existierten. Oft bringt er Gäste mit nach Hause, die Kreml-Wohnung der Familie Behrs ist ein offenes Haus, immer voll von Verwandten und Freunden.

Häufige und bei den Kindern der Behrs-Familie besonders gern gesehene Gäste sind die Brüder Nikolaj und Lew Tolstoj. Die Familien Tolstoj und Islenjew, der Sofjas Mutter entstammt, sind einander seit Jahrzehnten in Freundschaft verbunden, ihre Landgüter liegen nur wenige Werst voneinander entfernt.

Die Verhältnisse, in denen die Kinder der Familie Islenjew aufwuchsen, waren ziemlich ungeordnet. Sofja Petrowna Koslowskaja, die Großmutter der Behrs-Kinder, hatte sich nach kurzer, unglücklicher Ehe von ihrem Mann, dem viel älteren Fürsten Koslowski, getrennt und danach mit dem Tulaer Gutsbesitzer Alexander Michailowitsch Islenjew in gesetzlich nicht anerkannter Ehe zusammengelebt. Der Fürst Koslowski wollte seiner jungen Frau nicht die Freiheit geben, und aufgrund einer von ihm angestrengten Klage hatten die Behörden die in heimlicher kirchlicher Trauung geschlossene Ehe Sofja Petrownas mit Islenjew für nichtig erklärt. »Vor Gott bin ich sein Eheweib«, soll die Großmutter ihre schwierige Situation gerechtfertigt haben. Alexander Islenjew, Offizier des Moskauer Leibgarderegiments, nahm aufgrund der illegitimen Verbindung mit der Fürstin Koslowskaja seinen Abschied von der Armee. Da die Vaterschaft Islenjews für die Kinder, die der Verbindung entstammten, nicht offiziell anerkannt werden konnte, trugen diese den erdachten Familiennamen Islawin, »was sie in ihrem späteren Leben oftmals in eine prekäre Lage brachte«.[6]

Sofja Petrowna Koslowskaja war von bester Herkunft und vor ihrer Ehe Hoffräulein gewesen – ihr Vater, Graf Pjotr Sawadowski, war unter Zarin Katharina der Großen Chef der Geheimkanzlei und später der erste russische Bildungsminister –, und so hatte diese Geschichte selbst am Zarenhof viel Staub aufgewirbelt. Was in der großen Gesellschaft bei Hofe als Stigma galt, wurde in den Kreisen der fortschrittlichen russischen Intelligenzija indes stillschweigend geduldet. Tolstojs Vater Nikolaj Iljitsch Tolstoj war ein guter Freund Alexander Islenjews, und Lew Tolstoj war seit frühester Jugend mit einer der Töchter, Ljubow Alexandrowna Islawina, der späteren Frau Behrs, bekannt und befreundet. Ljubow Alexandrowna und Lew Tolstoj waren etwa im selben Alter, und manche berichten gar, er sei in seiner Jugend in sie verliebt gewesen.

Lew Tolstoj ist den Töchtern Behrs seit ihrer Kindheit vertraut. »Immer sah er elegant aus und war sorgfältig frisiert ...«, erinnert sich Tolstajas Schwester Tatjana Kusminskaja, »und wir waren immer froh über sein Kommen, denn er brachte Leben ins Haus, half uns beim Einstudieren unserer Rollen, gab uns Rätsel auf, turnte und sang mit uns, bis er dann unvermittelt auf die Uhr guckte, sich eiligst verabschiedete, und fort war er.«[7]

Der stets elegante Tolstoj, zu jener Zeit nicht einmal dreißig Jahre alt, verkehrt in der Hautevolee und führt ein ziemlich unstetes Leben, wie es in den Kreisen der Aristokratie nicht unüblich ist. Geboren am 28. August 1828 als viertes von insgesamt fünf

Kindern in einer der besten Familien der russischen Aristokratie, wuchs Lew Tolstoj zunächst in Jasnaja Poljana auf, dem unweit der Gouvernementshauptstadt Tula gelegenen Landgut der Familie. Kaum zwei Jahre war er alt, als seine Mutter starb. Die Erziehung der fünf Kinder übernahm die im Hause wohnende entfernte Verwandte von seiten des Vaters, Tatjana Alexandrowna Jergolskaja, genannt Tantchen Toinette. Der Vater Lew Tolstojs, Nikolaj Iljitsch Tolstoj, hat seiner jungen Verwandten einst zärtliche Gefühle entgegengebracht und machte ihr einige Jahre nach dem Tod seiner Frau einen Antrag. Wie eine wertvolle Reliquie bewahrte Toinette ihre Notiz zu diesem Ereignis in ihrem mit Glasperlen besetzten Portefeuille mit allen ihren Dokumenten auf: »16. August 1836: Nikolaj hat mir heute einen seltsamen Vorschlag gemacht«, heißt es dort, »nämlich ihn zu heiraten, seinen Kindern die Mutter zu ersetzen und sie niemals im Stich zu lassen. Ersteres habe ich abgelehnt, das zweite versprach ich zu erfüllen, solange ich lebe.«[8] Tatjana Jergolskaja hielt ihr Versprechen und lebte bis zu ihrem Tod auf Jasnaja Poljana.

Im Juni 1837 starb der Vater. Die Vormundschaft der Kinder übernahm die Schwester des Vaters, Pelageja Iljinitschna Juschkowa, die mit ihrem Mann in Kasan ansässig war. Die beiden nahmen die Waisen auf. Seine Jugendzeit in Kasan bezeichnet Tolstoj später als die »Wüste der Einsamkeit«, in der niemand ihm moralische Orientierung zu geben vermochte. »Jedesmal, wenn ich das, was meine tiefsten Herzenswünsche ausmachte, auszusprechen versuchte, nämlich daß ich moralisch unfehlbar sein wolle, traf ich auf Verachtung und Spott«, schreibt er in seiner *Beichte*. »Aber wenn ich mich den schlechten Leidenschaften hingab, lobte man mich und förderte dies. Ehrgefühl, Herrschsucht, Habsucht, Sinnlichkeit, Stolz, Wut, Rache – all dies wurde geachtet.«[9]

Nachdem er im zweiten Anlauf das Aufnahmeexamen der Universität bestanden hatte, nahm Tolstoj 1844 das Studium an der Fakultät für orientalische Sprachen an der Universität Kasan auf. Er war jedoch kein strebsamer Student. Gleichwohl las er viel und beschäftigte sich mit Philosophie. Jean-Jacques Rousseaus *Confessions* waren seine Offenbarung. Bei seinen Aufenthalten auf dem

Land inszenierte er sich als Diogenes. Der einstige Stutzer, der in der Stadt größten Wert auf ein entsprechendes Auftreten legte und nirgendwo erschien, ohne feinste Handschuhe zu tragen, trug auf Jasnaja Poljana, inspiriert durch seine philosophischen Studien, eine Art Schlafrock aus Sackleinwand, keine Strümpfe und plumpe Pantoffeln.

Kasan galt als das russische Eldorado jener Zeit, und die Möglichkeiten des Amüsements waren zahllos. Bälle, Diners, Soireen boten interessantere Zerstreuung als die Universität. Einer angesehenen Familie entstammend, war Tolstoj als möglicher Heiratskandidat ein gerngesehener Gast in den Salons. Da er sich für unansehnlich und wenig anziehend hielt, war Tolstoj gehemmt, tanzte nur ungern, und die jungen Damen fanden ihn hölzern und langweilig, einmal muß er sich gar sagen lassen, er sei ein »sac de farine« [Mehlsack]. Das Gesicht, das ihm aus dem Spiegel entgegenblickte, rief in ihm Mißfallen hervor. Tolstojs Schwester Maria berichtet dagegen, daß »er seine Häßlichkeit stets übertrieb. Er war sehr charmant und anziehend und steckte uns mit seiner Fröhlichkeit oft an.«[10]

Doch nicht nur in der sogenannten feinen Gesellschaft war der junge Tolstoj anzutreffen. Im Alter von knapp fünfzehn Jahren verlor er seine Unschuld. Seine älteren Brüder nahmen ihn in ein Bordell mit, wo der Heranwachsende sich zum ersten Mal seiner sexuellen Leidenschaft hingab.

Der Wechsel an die juristische Fakultät weckte bei Tolstoj keinen Enthusiasmus für das Studium. Ihm fehlte die Disziplin, was einmal gar mit Arrest im Karzer endet. »Was werden wir aus diesem heiligen Tempel der Wissenschaften mitnehmen?« fragte er. »Worauf sollen wir hier vorbereitet werden, wozu werden wir nützlich sein?«[11] Am 12. April 1847 reichte der Student Tolstoj sein Gesuch um Exmatrikulation »aufgrund gesundheitlicher Probleme und familiärer Umstände« bei der Universitätsleitung ein. Die Begründung war ebenso fadenscheinig wie zutreffend. Im Monat zuvor hatte er sich aufgrund einer venerischen Erkrankung einer Behandlung im Universitätsklinikum unterziehen müssen.

Tolstoj kehrte nach Jasnaja Poljana zurück, wo er nach einem von ihm selbst aufgestellten Plan ein nützliches und mustergültiges Leben zu verbringen gedachte. Innerhalb von zwei Jahren wollte er sich »den gesamten Kurs der juristischen Wissenschaften« aneignen, der notwendig war, »das Abschlußexamen der Universität« abzulegen. Weiterhin erlegte er sich auf, fünf Sprachen zu erlernen, die »praktische und einen Teil der theoretischen« Medizin ebenso wie die Landwirtschaft zu studieren. Daneben Geschichte, Geographie, Statistik und Mathematik. Dann wollte er eine »Dissertation schreiben« und in Musik sowie Malerei einen »mittleren Grad der Vollkommenheit« erreichen.[12] Doch bereits vor Ablauf der Zweijahresfrist floh er in die Stadt. Zuerst nach Moskau, wo er beachtliche Summen beim Kartenspiel verlor. Dann reiste er mit zwei Bekannten nach Petersburg, wo er »einen Haufen Geld« ausgab und Schulden machte. Um die Spielschulden begleichen zu können, beauftragte Tolstoj seinen Bruder Sergej, diskret eines seiner kleineren Güter zu veräußern. So gingen die nächsten Jahre dahin. Glücksspiel, Frauen, Versuche, ein besseres Leben zu beginnen.

Mit Anfang Zwanzig »verbannte« sich Tolstoj in den Kaukasus. Am 29. April 1851 brach er gemeinsam mit seinem Bruder Nikolaj, der als Artillerieoffizier in der Armee diente, auf. Zweieinhalb Jahre blieb Tolstoj in Diensten der Armee im Kaukasus, einer auch damals schon krisengeschüttelten Region, deren rebellische Bergvölker sich nicht dem Großmachtstreben des zaristischen Rußland unterwerfen wollten. Die schlechten Angewohnheiten, denen Tolstoj zu entfliehen suchte, konnte er allerdings auch dort nicht ablegen. Trinkgelage, Karten, Frauen gehörten zum Leben der jungen Offiziere.

Im Kaukasus begann Tolstoj zu schreiben. »Erinnern Sie sich, liebes Tantchen«, schrieb er an Tatjana Jergolskaja, »daß Sie mir einst rieten, ich solle Romane schreiben? Nun, ich habe auf Ihren Rat gehört, und meine Beschäftigung ist jetzt die Literatur. Ich weiß nicht, ob das, was ich schreibe, jemals irgendwo erscheinen wird, doch mir bereitet diese Arbeit Vergnügen, und darüber hinaus bin ich so lange schon unentwegt damit beschäftigt, daß ich es nicht mehr aufgeben möchte.«[13] Die Geschichte seiner *Kind-*

heit, die er geschrieben hat, schickte Tolstoj an den Herausgeber der führenden Monatsschrift *Sowremennik* [*Der Zeitgenosse*], den Dichter Nikolaj Nekrassow. »Ich habe Ihr Manuskript gelesen«, antwortete dieser. »Es birgt so viel Interessantes in sich, daß ich es drucken werde ... Ihr Roman und auch Ihr Talent haben mein Interesse geweckt.«[14] Die Veröffentlichung der Erzählung rief sowohl bei der Kritik als auch beim Publikum beachtliche Aufmerksamkeit hervor. Tolstoj begann nun, ernsthaft zu schreiben. Seine Erzählungen *Knabenalter* (1854) und *Jugend* (1857) machten die autobiographische Trilogie komplett.

Im November 1854 verließ Tolstoj den Kaukasus für immer. Nach der Landung der alliierten französisch-britischen Truppen auf der Halbinsel Krim nördlich von Sewastopol Mitte September 1854 ließ er sich in den Krimkrieg abkommandieren, der Europa seit der Kriegserklärung des Osmanischen Reiches gegen Rußland im Oktober 1853 erfaßt hat. Auf dem Weg dorthin machte Lew Nikolajewitsch Tolstoj in Moskau Station. Er ließ sich mit seinen Brüdern Dmitri, Nikolaj und Sergej auf einer Daguerreotypie aufnehmen und nahm Abschied von Freunden und Bekannten. In schmucker Uniform erschien der schriftstellernde Graf im Haus seiner Kindheitsfreundin Ljubow Behrs und ihrer Familie. »Die Nachricht davon, daß Lew Nikolajewitsch in den Krieg müsse, ergriff mich so sehr, daß ich mich sogleich auf den nackten Fußboden setzte und regelrecht zu heulen begann«, erinnert sich Tolstaja, die damals gerade einmal zehn Jahre alt ist.[15] Als der Gast die Familie verließ, band die zutiefst erschütterte Sonja Behrs ein Bändchen um die Lehne des Stuhls, auf dem er gesessen hat. In jenem Jahr hat sie zum ersten Mal Tolstojs *Kindheit* gelesen, und die Lektüre machte dem Mädchen tiefen Eindruck.

Nach der Niederlage im Krimkrieg nimmt Alexander II., der Nikolaj I. 1855 auf den Thron folgt, weitreichende Reformen in Angriff. Mit dem neuen Herrscher scheint eine neue Epoche anzubrechen. Unter den fortschrittlichen Kräften des Landes entsteht die Hoffnung auf Demokratisierung des Zarenreiches, Abschaffung der Leibeigenschaft und den Wandel des Russischen Reiches in eine moderne Staatsmacht. Nur drei Jahrzehnte zuvor noch waren Versuche, Rußland auf den Weg zu einem liberaleren Staat zu zwingen, von der Staatsgewalt grausam unterdrückt worden. Jene jungen Verschwörer, die im Dezember 1825 eine militärische Erhebung gegen zaristische Selbstherrschaft und Leibeigenschaft versucht hatten, wurden erbarmungslos bestraft. Fünf der Dekabristen wurden hingerichtet, viele andere nach Sibirien verbannt.

Tatsächlich beginnt die Herrschaft Alexanders II. mit einer Zahl von Reformen. Die Zensur wird gelockert, Studenten werden an den Universitäten wieder ohne Beschränkungen zugelassen. Sondersteuern für Juden und Beschränkungen der Reisefreiheit werden abgeschafft, die Wehrpflicht für drei Jahre aufgehoben. Mit einer Amnestie für politische Gefangene, die zahlreichen nach Sibirien Verbannten, darunter auch den noch lebenden Dekabristen, die Rückkehr ins europäische Rußland erlaubt, versucht Alexander II. sein Volk vom Anbruch einer neuen Ära zu überzeugen. Die lange geforderte Aufhebung der Leibeigenschaft jedoch läßt noch sechs Jahre auf sich warten. Am Jahrestag seiner Thronbesteigung im März 1861 unterzeichnet Alexander II. die lang erwartete Befreiungsproklamation. Als sie zwei Wochen später verlesen wird, erfaßt Jubel die Bevölkerung.

In diesem für Rußland so wichtigen Jahr legt Sofja Behrs das Examen an der Moskauer Universität ab und erhält das Hauslehrerinnen-Diplom. Als die beiden Ältesten, Lisa und Sonja, siebzehn und sechzehn Jahre alt sind, beginnen sie, sich auf das externe Universitätsexamen vorzubereiten. Da ein Studium an den höheren Bildungsstätten den jungen Damen noch nicht gestattet ist, findet der Unterricht weiterhin zu Hause statt. Den Französischunterricht übernimmt nun ein Lektor für französische Sprache von der Universität. Russisch und »die Wissenschaften« unterrichten Studenten. Durch sie werden die jungen Damen schon früh mit den »neuen Ideen« jener Zeit bekannt, denn die Universitäten waren schon in der zweiten Hälfte des 19. Jahrhunderts ein Hort jenes revolutionären Gedankenguts, dessen Anhänger einige Jahrzehnte später nicht nur das alte Rußland erschüttern sollten.

Als Hauptfächer wählt das Fräulein Behrs Russische Sprache und Literatur und Französisch. »Ich war sehr gut vorbereitet«, erinnert sie sich. »Auf alle Fragen antwortete ich erschöpfend. Das Russisch-Examen umfaßte zugleich die Weltliteratur. Und Professor Tichonrawow, der die russische Sprache prüfte, begann lispelnd und mich spöttisch anblickend mit mir über die Existenz oder Nichtexistenz Homers zu streiten. Sobald ich Fakten dafür anführte, daß Homer tatsächlich gelebt habe, begann er mir das Gegenteil zu beweisen. Als ich dann jene Argumente nannte, die dagegensprachen, widersprach er mir. Ich begann schließlich fast zu weinen und sagte ihm: ›Sie sind der Professor, ich kann mit Ihnen nicht streiten.‹ Da schüttete er sich aus vor Lachen.«[16]

Drei Erörterungen hat das Fräulein Behrs zu schreiben. Am besten gelingt ihr der Aufsatz über *Die Musik.* »Als Tichonrawow meinen Aufsatz las«, erinnert sie sich, »neigte er den Kopf zur Seite, lächelte und, nachdem er über den Tisch mit Ilowaiski, dem Professor für Geschichte, und Sergejewski gesprochen hatte, gab er ihn ihnen ... Ich war weder tot noch lebendig, mir schien, daß alle über mich lachten, daß Tichonrawow meinen Aufsatz mißbilligte und ihn deshalb den anderen zeige. Doch er schrieb langsam am unteren Rand des Blattes: ›Ausgezeichnet‹ – und übergab mir, mich genau betrachtend, schweigend den Aufsatz ... Ich war begeistert von der guten Zensur.«[17] Auch in Französisch erhält das junge Fräulein ein »Ausgezeichnet«, und im letzten Examen im Fach Geschichte erhält sie ein »Sehr gut«. »Das auf Pergament verfaßte Diplom der Hauslehrerin erhielt ich im Juli, und ich las mit Stolz und Begeisterung meinen dort geschriebenen Namen mit den Fächern und den Zensuren.«[18]

Die Bildung der Behrs-Töchter entspricht der damals bestmöglichen für junge Frauen. Das Recht auf ein Universitätsstudium selbst müssen sich die Frauen auch in Rußland erst erstreiten. Noch im 19. Jahrhundert sind Frauen aller Schichten in Rußland politisch rechtlos, ebenso sind ihre bürgerlichen Rechte sehr beschränkt. Eine verheiratete Frau besitzt keinen eigenen Paß, und es ist ihr untersagt, ohne Erlaubnis ihres Gatten die Stadtgrenze zu überschreiten. Eine Ehescheidung ist nur unter strengsten Bedingungen möglich und wird nur in seltenen Fällen vollzogen.

Die Forderung nach Bildung für Frauen und ihr Recht auf Zugang zu den höheren Bildungsstätten wird immer lauter artikuliert. Diese Forderung, die von vielen Liberalen unterstützt wird, ist die wichtigste Losung im Kampf der russischen Frauenrechtlerinnen wie Anna Filosofowa und Nadeshda Stasowa. Doch erst in den 1870er Jahren, als Sofja Behrs bereits verheiratet ist, werden in einigen Städten Kurse für junge Frauen eröffnet, die ihnen die Möglichkeit zur höheren Bildung ermöglichen.

»Es war eine bedeutungsvolle Zeit. Ich ... bewegte mich häufig in universitären Kreisen unter klugen und gebildeten Professoren und Studenten. Dies war zu Beginn der in geistiger Hinsicht herrlichen sechziger Jahre. Gerade war die Aufhebung der Leibeigenschaft proklamiert worden, alle sprachen darüber, und wir jungen Menschen waren voller Begeisterung über dieses große Ereignis. Wir versammelten uns, diskutierten, waren froh.«[19]

Auch im Haus Behrs setzt man sich mit den neuen Gesellschaftsentwürfen auseinander. Der Hauslehrer Wassili Iwanowitsch Bogdanow bringt der jungen Sonja den »extremen Materialismus« nahe: »Er gab mir Büchner und Feuerbach zu lesen, erklärte mir, daß es keinen Gott gebe und die Religion ein rückständiges Vorurteil sei.« Von diesen Ansichten zuerst durchaus angetan, ist das junge Mädchen doch in seinen Grundfesten nicht zu erschüttern: »Zunächst gefielen mir die Einfachheit seiner Ausführungen über die Atome und der Schluß, alles auf der Welt sei auf deren Verbindungen zurückzuführen. Schon bald jedoch fehlten mir der gewohnte orthodoxe Glaube und die Kirche, und ich sagte mich für immer vom Materialismus los.«[20]

Auch die Frauenfrage wirft Diskussionen in der Familie auf. Die Mutter erweist sich als konservative Verfechterin der Tradition, die alle Schuld für die neue Unordnung in der Gesellschaft beim »Nihilismus« sieht. Die jüngste der drei Behrs-Schwestern schildert ein Gespräch der Mutter mit ihren Töchtern:

»›So etwas ist leider Mode geworden. Die Nihilisten haben das eingeführt. Von denen gibt es jetzt, besonders nach Turgenjews Roman *Väter und Söhne*, leider immer mehr. Unser Wassili Iwanowitsch hat Sonja doch tatsächlich überreden wollen, sich die Zöpfe abzuschneiden, aber Sonetschka ist ein vernünftiges Mädchen und hat ihn ausgelacht.‹

›Aber Mamá‹, beteuerte Sonja, ›ich werde doch nicht auf ihn hören.‹

›Überdies predigen sie jetzt die Befreiung der Frau‹, fuhr Mamá fort.

›Was für eine Befreiung? Wovon?‹ fragte ich.

›Vom Gehorsam gegenüber den Eltern. Die Töchter sollen heiraten, wen sie wollen, ohne die Eltern um Erlaubnis zu fragen.‹

›Das ist doch fein!‹ rief ich. ›Wen ich liebe, den heirate ich auch!‹

Lisa und Sonja lachten.

›Gutes ist daran wenig‹, belehrte mich Mamá, ›Eltern wissen immer am besten, was ihren Kindern frommt. Und heutzutage gehen die jungen Mädchen auch noch allein aus, und die Männer drücken ihnen die Hand, daß die Finger weh tun ... Jetzt will man auch noch die Mädchen zum Universitätsstudium zulassen und irgendwelche Kurse eröffnen.‹

›Ich würde mit Freuden an die Universität gehen‹, meinte Lisa ...

›Was wollt ihr damit anfangen? Ihr kommt auch ohne das aus‹, meinte Mamá. ›Die Bestimmung der Frau ist die Familie.‹«[21]

Nach ihrem Hauslehrerinnen-Examen werden den beiden ältesten Behrs-Töchtern lange Kleider geschneidert, sie tragen nun eine Uhr und das Haar nicht mehr zum mädchenhaften Zopf gebunden, sondern damenhaft aufgesteckt – »damals gab es für all diese Dinge strenge Regeln«.[22] Sie sind nun fast erwachsen und, wie man zu sagen pflegt, im heiratsfähigen Alter, sie werden in die Gesellschaft eingeführt und nehmen an Tanzabenden teil. Die Schwestern Lisa und Sonja sind recht hübsch, von sehr unterschiedlichem Naturell. Lisa, die Älteste, von allen nur »die Professorin« genannt, ist ernst und verschlossen und legt eine gewisse Verachtung für die alltäglichen Sorgen der Familie an den Tag. »Die Babys, das Füttern der Kleinen, die Windeln – das alles war ihr zuwider und langweilte sie.«[23]

Die rotwangige Sonja mit ihrem dunklen Haar und den dunklen eindrucksvollen Augen hingegen ist von heiterer Lebensfreude und ihrer Mutter in allem eine wichtige Stütze: »Es versteht sich, daß ich die tatkräftigere Helferin war, da die kluge und gebildete Lisa ihre gesamte Zeit mit ernsthaften Büchern verbrachte und die kleine, verwöhnte Tanja für keine schwierige Arbeit zu gebrauchen war.

War etwas einzukaufen, so wurde ich danach geschickt. War etwas hochzuheben, zu verschieben, irgendwelche Dinge oder die Kinder an einen anderen Platz zu bringen, oder sollte im Zimmer des Vaters oder der Mutter besser aufgeräumt werden – all dies hatte ich zu tun ... Als ich heiratete, sagte meine Mutter, sie bliebe ohne Hände zurück.«[24]

Im Gegensatz zur ernsten und klugen Lisa ist Sonja auch durchaus sentimental und neigt zu Melancholie. »Ob wohl jene Frische und Sorglosigkeit, jenes Verlangen nach Liebe und jene Kraft des Glaubens, die man in der Kindheit besitzt, jemals wiederkehren? Welche Zeit kann besser sein als jene, wo die beiden schönsten Tugenden – unschuldige Fröhlichkeit und grenzenloses Verlangen nach Liebe – die einzigen Impulse des Lebens sind?« Dieses Zitat aus Tolstojs *Kindheit* gefällt der schwärmerischen Sonja besonders gut, sie hat es in ihr Tagebuch eingetragen und auswendig gelernt. »Dumme Gans!« kommentiert die ältere Lisa. »Unsere Fuffel« – so der Spitzname, den sie ihrer Schwester gegeben hatte – »schwelgt in Lyrik und zarten Gefühlen.«[25]

Die empfindsame Sonja lebt ganz in ihren Gefühlen. »Nie gab sie sich restlos der Fröhlichkeit oder dem Glück hin, mit dem sie in ihrer Jugend und in den ersten Jahren ihrer Ehe so reichlich bedacht wurde. Es war, als traue sie dem Glück nie so ganz, als verstünde sie nicht, es zu packen und voll zu genießen ...

Diesen Wesenszug behielt sie zeit ihres Lebens. Sonja war sich dessen selbst bewußt und schrieb mir darüber in einem ihrer Briefe:

›Wie bist du doch um die erstaunliche Gabe zu beneiden, in

allem und an allem Fröhliches zu finden; ganz im Gegenteil zu mir, die es fertigbringt, in der Fröhlichkeit und im Glück das ›Traurige‹ zu entdecken.‹

Papá wußte um diesen ihren Charakterzug und sagte: ›Unsere arme Sonjuschka wird nie ganz glücklich sein.‹«[26]

Ihre neue Rolle als junge Dame in der Gesellschaft genießt Sonja. Und sie genießt die Freiheit, eigenen Interessen nachzugehen. »In meinem letzten Jahr zu Hause ... führte ich ein für mich sehr bedeutungsvolles Leben ... Der Winter 1861-62 flog unbemerkt und schnell vorbei. Der erste und letzte Winter meines Lebens, in dem ich fast ganz frei war, mich mit dem zu beschäftigen, was mich interessierte.«[27] Zwar müssen die beiden Ältesten sich nach wie vor im Haushalt nützlich machen – so haben sie nun auch die Aufgabe, die vier jüngeren Geschwister zu unterrichten, von der Mutter übernommen –, doch findet Sonja genügend Zeit für die Lektüre und die Musik. Sie erhält Malunterricht und zeichnet mit Begeisterung aus Bildbänden der Dresdner und Berliner Gemäldegalerien ab. Und sie widmet sich voller Leidenschaft der damals noch neuen Technik der Photographie. Dabei geht Sonja ein Freund des Bruders Sascha, Mitrofan Poliwanow, zur Hand, »was dies noch interessanter machte«.[28]

Seit Alexander Behrs, das dritte der Behrs-Kinder, mit elf Jahren in die Kadettenschule eingetreten ist, bringt er an den Wochenenden seinen Kameraden mit in die Familie. Als Sonja älter wird, verbindet sie eine romantische Verliebtheit mit dem zwei Jahre älteren Mitrofan.

Noch kurz zuvor hat Sonja Behrs alle Annäherungen junger Herren als Zumutung empfunden. Im Alter von sechzehn Jahren hatte sie einen Antrag vom Sohn des Hofapothekers Senger entrüstet zurückgewiesen. Auch der als Hauslehrer angestellte Student Wassili Iwanowitsch Bogdanow war Sonja gegenüber nicht gleichgültig und verliebte sich in sie. »Eines schönen Tages schrieb er mir, unter einer Vielzahl von Gedichten, eine Liebeserklärung, um sich später vor mir auf die Knie zu werfen und meine Hand zu küssen.« Dies ruft bei der den Mädchenkleidern noch nicht entwachsenen Sonja jedoch nur Ekel und Empörung hervor: »Ich wurde furchtbar böse, begann zu weinen und lief zuerst in mein Zimmer, um den Kuß des Lehrers Wassili Iwanowitsch mit Eau de Cologne fortzuwischen, und dann zu meiner Mutter, um mich über ihn zu beschweren.«[29]

Bald aber beginnt Sonja, die schwärmerischen Gefühle, die ihr entgegengebracht werden, naiv-romantisch zu erwidern. »Weißt du, Tanja, was er mir gesagt hat?«, gesteht sie ihrer Schwester über ihre Gefühle für Mitrofan Poliwanow. »›Sie haben ein wunderbares Herz. Wenn ich mit Ihnen zusammen bin, werde ich ein anderer Mensch.‹«[30]

Als der junge Verehrer nach Abschluß der Kadettenschule in die Militärakademie in Sankt Petersburg eintritt, finden die regelmäßigen Besuche mit dem Bruder Sascha an den Wochenenden ein Ende. Sonja, die ihre Gefühle für ihn vor den anderen zu verbergen sucht, ist betrübt und weint heimlich. »Poliwanow und ich hatten entschieden, daß wir in ferner Zukunft, wenn er die Akademie beendet hat und seine Laufbahn beginnen wird, heiraten werden, und ich fühlte mich gebunden.«[31]

Zwei Jahre sind vergangen, seit Tolstoj die Familie auf seinem Weg in den Krieg aufgesucht hat. Es ist Frühsommer, und die Familie ist bereits auf das Landgut übergesiedelt. Unerwartet erscheint Konstantin Islawin, Onkel Kostja, in Begleitung Tolstojs in Pokrowskoje. »Lisa und ich rannten in die Küche. Unsere alte Köchin ... hatte die weiße Haube und ihre Schürze bereits abgelegt, sich nach oben begeben und ... zur Ruhe gelegt. Wir wagten nicht, sie zu stören. Wir machten selbst das Holz im Ofen an, wärmten das Mittagessen auf und bedienten unsere lieben Gäste.«[32] Lew Tolstoj ist begeistert, und es scheint, als ob er die Behrs-Töchter zum ersten Mal bewußt wahrnimmt. »Welch reizende Mädchen«, notiert er im Tagebuch.[33]

Im November 1855 ist er von seinen Vorgesetzten als Kurier nach Petersburg geschickt worden und genießt nach den Schrekken des Krieges, die er bei der Belagerung Sewastopols durch die alliierten Truppen erleben mußte, seine Freiheit. Mehrere Werke spiegeln seine Zeit bei der Armee. Die *Sewastopoler Erzählungen* zeigen den Wandel des von patriotischer Begeisterung ergriffenen jungen Offiziers zum überzeugten Gegner eines widersinnigen Krieges, der Tausende russische Soldaten das Leben gekostet hat.

Die *Sewastopoler Erzählungen* ergreifen das literarische Publikum. »Dieser junge Offizier macht uns alle zu Nieten, man müßte die Feder für immer weglegen«, schreibt der Literat Alexej Pisemski.[34] Der Erfolg öffnet Tolstoj die Türen zur literarischen Welt der Hauptstadt. Er macht die Bekanntschaft Iwan Turgenjews, der ihn mit offenen Armen als seinen Gast aufnimmt. Bei ihm lernt Tolstoj den jungen Dichter Afanassi Fet kennen, mit dem ihn eine jahrzehntelange Freundschaft verbinden wird. »Er kehrte aus Sewastopol zurück, ist bei mir untergekommen und hat sich dem lockeren Leben hingegeben«, berichtet Turgenjew. »Trinkgelage, Zigeunerinnen, Karten die ganze Nacht. Dann schläft er bis zwei Uhr nachmittags wie ein Toter.«[35]

Tolstoj sucht seinen Platz im Leben und in der Literatur. Bei letzterem geht er nicht eben diplomatisch vor und überwirft sich mit allen wichtigen Persönlichkeiten des literarischen Lebens in Sankt Petersburg. Mit Turgenjew gerät er aneinander (im Laufe seines Lebens wird sich dies vielfach wiederholen und 1861 sogar fast zu einem Duell der beiden Schriftsteller führen). Im Salon von Nikolaj Nekrassow, des Herausgebers der Zeitschrift *Sowremennik*, die für Innovation und Liberalität steht, provoziert er durch ständige Einwände; die Ansichten der Slawophilen hält er für engstirnig. »Welche Ansicht auch immer geäußert wurde und je größer die Autorität seines Gesprächspartners ihm schien, desto beharrlicher trieb es ihn dazu, das Entgegengesetzte zu verteidigen und mit Worten zu befehden.«[36]

»Ich habe mich entschieden, aufs Land zu ziehen und möglichst schnell zu heiraten«, trägt Tolstoj am 21. März 1856 in sein Tagebuch ein. Er widmet sich nun mit Entschlossenheit seinem neu gesetzten Ziel, ein anderes Leben zu beginnen. Dazu gehört eine standesgemäße Ehefrau. »Seit einiger Zeit denke ich ernsthaft an Heirat«, schreibt er seiner Tante Pelageja Juschkowa, »und betrachte alle jungen Damen, denen ich begegne, vom Standpunkt einer möglichen Ehe.«[37] Als geeignetes Objekt erscheint schon bald

Walerija Wladimirowna Arsenjewa, eine junge Dame, die auf einem benachbarten Gut lebt. In den folgenden Monaten studiert Tolstoj aufmerksam das von ihm erwählte Objekt und hält seine Eindrücke peinlich genau im Tagebuch fest. »Walerija im weißen Kleid. Sehr hübsch. Habe einen der schönsten Tage meines Lebens verbracht. Liebe ich sie denn tatsächlich? Und kann sie lange lieben?« notiert er am 26. Juni 1856. Schon zwei Tage später heißt es: »Walerija ist schrecklich schlecht erzogen, ungebildet, wenn nicht gar dumm.«[38] Endlich gesteht Tolstoj sich ein, daß er möglicherweise in Walerija verliebt sein könnte.

Ende Oktober zeigt Tolstoj Arsenjewa einen Eintrag in seinem Tagebuch, der mit den Worten »ich liebe sie« endet.[39] Arsenjewa reißt das Blatt heraus und läuft damit weg. Sofort bereut Tolstoj sein Geständnis: »Ich habe mich absolut ungewollt in die Rolle des Bräutigams gebracht. Und das ärgert mich.«[40] In seinem Schrekken flieht er nach Petersburg – ungeachtet der Vorwürfe des Tantchens, daß er dorthin und nicht in die Kirche fahre.

Obwohl er sich noch nicht endgültig entschieden hat, ob er Arsenjewa nun um ihre Hand bitten wird oder nicht, beginnt Tolstoj in seinen Briefen die mögliche zukünftige Braut nach seinen Vorstellungen von einer idealen Ehefrau zu unterweisen. »Die wichtigste Bestimmung der Frau, außer jener, Ehefrau zu sein, ist es, *Mutter* zu sein, und um Mutter und nicht *Weibchen* (Sie verstehen den Unterschied?) zu sein, braucht es Entfaltung.«[41] Arsenjewa ist ihrerseits der guten Ratschläge und der stetigen Zweifel an ihren Gefühlen und an den Gefühlen zu ihr bald müde. Als sie dies in einem Brief andeutet, fühlt Tolstoj sich beleidigt. Seine Antwort darauf klingt wie ein Lebewohl: »Von allen Frauen, die ich kenne, liebte und liebe ich Sie am meisten, doch ist dies immer noch zu wenig.«[42] Sein erster ernsthafter Versuch, die Ehe einzugehen, ist gescheitert.

Ende November 1856 nimmt Tolstoj seinen Abschied aus der Armee. Kurz darauf bricht er nach Westeuropa auf und absolviert dort das für einen jungen russischen Aristokraten übliche Bildungsprogramm: Er bereist Deutschland, die Schweiz, Italien und Frankreich, besucht die Museen, Theater, öffentliche Vorlesungen. In

Paris wird er Zeuge einer öffentlichen Hinrichtung, die ihn schwer erschüttert. »Ich habe im Krieg und im Kaukasus viel Schreckliches gesehen, aber wenn man vor meinen Augen einen Menschen in Stücke gerissen hätte, wäre dies nicht so widerwärtig gewesen wie eine solch kunstvolle und elegante Maschine, mit Hilfe derer man in einem Augenblick einen starken und gesunden Mann tötete.«[43]

Im August ist Tolstoj wieder in Jasnaja Poljana. In den Tagebuchaufzeichnungen des Winters 1857/58 taucht immer öfter der Name Jekaterina Fjodorowna Tjutschewa auf, der Tochter des berühmten Dichters. Sie ist zweiundzwanzig Jahre alt, klug und gebildet. Es ist derselbe Zwiespalt der Gefühle wie bei Arsenjewa. Sie sei, so erklärt er später diesen weiteren mißglückten Versuch, eine passende Frau zu finden, zu sehr »Orangeriepflanze, zu sehr zu einem unverbindlichen Genußleben erzogen, als daß sie meine Arbeit und Interessen nicht nur teilen, geschweige denn sie nachempfinden könne. Sie ist gewohnt, moralische Konfekts zu bakken, ich aber wühle in Erde und Dünger.«[44]

Die einzige Frau, bei der er Verständnis fühlt, ist seine entfernte Verwandte Alexandra Alexandrowna Tolstaja, Alexandrine, wie er sie nennt, Hofdame der Tochter des Zaren Nikolaj I., Großfürstin Maria Nikolajewna. Tolstoj und Alexandrine sind sich bei Tolstojs Reise in die Schweiz nähergekommen, doch für eine Heirat ist Alexandrine als Frau von vierzig Jahren für ihn natürlich bereits viel zu alt. »Wie sehr möchte ich mich verlieben, es ist geradezu furchtbar«, klagt Tolstoj am 11. Mai 1857. »Wenn Alexandrine doch nur zehn Jahre jünger wäre!« Kaum ein Jahr später heißt es wie zur endgültigen Bestätigung: »Alexandra Tolstaja ist alt geworden und existiert als Frau für mich nicht mehr.«[45] Doch bis ans Ende ihres Lebens – Alexandra Tolstaja stirbt 1904 in Sankt Petersburg als Ehrendame am Zarenhof – wird Tolstoj seine »Babuschka«, wie er Alexandrine mehr oder weniger scherzhaft nennt, höher schätzen als andere Frauen und ihr in vertrauter Freundschaft verbunden bleiben.

»Ich muß heiraten – dieses Jahr oder nie«, notiert Lew Tolstoj am Neujahrstag des Jahres 1859 in seinem Tagebuch. Gleichwohl findet er immer noch keine standesgemäße Kandidatin. Doch er ist verliebt. Seit Mai 1858 hat er eine leidenschaftliche Affäre mit der Leibeigenen Aksinja Basykina. Aber obwohl er schon bald einen Sohn mit ihr hat, hält auch diese Liebe ihn nicht in Jasnaja Poljana. Im Juli 1860 bricht er erneut nach Westeuropa auf, dieses Mal mit dem festen Ziel, moderne Erziehungsmethoden zu studieren. Wieder hat er den Vorsatz gefaßt, ein nützliches Leben zu führen. 1859 hat er in Jasnaja Poljana eine Schule für Bauernkinder eröffnet. Diese Beschäftigung will er nun auf ein theoretisches Fundament bringen.

Während Tolstoj in Bad Kissingen die Bekanntschaft mit Julius Fröbel, dem Neffen des berühmten Pädagogen, macht und sich mit ihm über die Themen der Zeit austauscht, liegt Nikolaj, sein Lieblingsbruder, nur eine Bahnreise von kaum fünf Stunden in Bad Soden im Sterben. Bereits zu Beginn des Jahres 1856 war Tolstojs Bruder Dmitri in Orel an der Tuberkulose gestorben. Damals ging es über Tolstojs Kräfte, dem Sterbenden beizustehen. »Ich war zu jener Zeit besonders widerwärtig«, schreibt Tolstoj in seinen *Erinnerungen.* »Ich fuhr von Petersburg, wo ich Gesellschaften besuchte und meines Ruhmes voll war, nach Orel. Mitenka tat mir leid, doch nicht genug. Ich reiste wieder ab, und er starb einige Tage später.«[46] Diese Grausamkeit dem sterbenden Bruder gegenüber kann Tolstoj sich nicht verzeihen. Doch auch nun will er dem Tode nicht ins Auge sehen. Der todkranke Nikolaj muß selbst nach Bad Kissingen reisen, um seinen Bruder zu sehen. Allein reist er zurück nach Bad Soden. Erst zwei Wochen später faßt Tolstoj sich ein Herz und fährt zu ihm, da es um Nikolajs Gesundheit immer schlechter bestellt ist. Als es mit Nikolaj zu Ende geht, ist Tolstoj an seiner Seite. »Nikolenkas Tod ist der stärkste Eindruck meines Lebens«, trägt er in sein Tagebuch ein.[47] Zeit seines Lebens wird die Büste des Bruders, die Tolstoj nach dessen Totenmaske anfertigen läßt, im Arbeitszimmer des Schriftstellers stehen.

»Die Behrsens sind mir besonders sympathisch, und wenn ich einmal heiraten sollte, dann nur in diese Familie«, soll Tolstoj einmal seiner Schwester gegenüber bemerkt haben.[48] Der Wunsch, zu heiraten und eine Familie zu gründen, hat Tolstoj auch während seiner Reise durch Westeuropa nicht verlassen. Die Töchter seiner Jugendfreundin Ljubow Alexandrowna Behrs, jene »reizenden Mädchen«, die ihm vor wenigen Jahren noch das Mittagessen auftrugen, sieht er nun mit anderen Augen. Recht entscheiden kann er sich indes noch nicht. Nur wenige Tage nach seiner Rückkehr nach Rußland notiert er am 6. Mai 1861 in seinem Tagebuch: »Vergaß: Angenehmer Tag bei den Behrsens, doch *Lisa zu heiraten, wage ich nicht.*« Kaum anderthalb Jahre werden da bis zur Hochzeit mit Lisas jüngerer Schwester Sonja noch vergehen.

Während dieser Zeit hält Tolstoj sich häufig auf seinem Landsitz Jasnaja Poljana auf. Er kehrt zur pädagogischen Tätigkeit zurück und unterrichtet in einem Raum seines Hauses etwa zwanzig Schüler. Für die Arbeit in der Schule stellt er sogar seine literarische Tätigkeit zurück. Erst 1863 wird wieder ein Werk von ihm erscheinen. »Die Schule war, seit ich sie gegründet hatte, mein ganzes Leben, sie war mein Kloster, meine Kirche, in die ich mich vor allen Aufregungen, Zweifeln und Versuchungen des Lebens rettete und rette.«[49] Im Mai 1861 wird Tolstoj vom Gouverneur des Regierungsbezirks Tula zum Friedensrichter ernannt, der in Konflikten der ehemaligen Leibeigenen mit ihren einstigen Herren vermitteln soll.

Nach seiner Rückkehr nach Jasnaja Poljana nimmt Tolstoj auch seine Beziehung zu Aksinja wieder auf. Bereits im Mai 1858 hatte er im Tagebuch über sein Verhältnis zu ihr vermerkt: »Wunderbarer Pfingsttag ... Sah im Vorbeigehen Aksinja. Sie ist sehr schön. Die ganzen Tage habe ich geduldig gewartet. Heute im großen alten Wald, ... ich bin ein Narr. Ein Vieh ... Bin verliebt wie nie zuvor. Habe keinen anderen Gedanken. Quäle mich.«[50] Zwei Jahre später heißt es: »Nicht mehr das Gefühl des Hirsches, sondern das des Gatten zu seiner Frau.«[51] Eine Heirat mit der Bäuerin Aksinja kommt für Tolstoj indes nicht in Frage. »Trotz des Bauernkittels, den er beharrlich trug, trotz seiner absoluten Verachtung aller Vorurteile des Adels war er Aristokrat und blieb es bis ans Ende seiner Tage«, charakterisiert ihn sein Sohn Ilja.[52]

Kaum ist der glückliche Sommer auf dem Lande vorüber, nimmt Tolstoj in Moskau sein altes, unstetes Leben wieder auf und beginnt erneut zu spielen. Im Februar 1862 verliert er eine große Summe und muß beim Herausgeber des *Russki Westnik* [*Russischer Bote*], dem Verleger Michail Katkow, einen Vorschuß erbitten. »Eines Abends erschien Lew Nikolajewitsch bei uns im Kreml ...«, erinnert sich Tolstaja. »Er schien schlechter Stimmung, um nicht zu sagen zerrüttet ... ›Ich habe eine unverzeihliche Dummheit begangen‹, begann er reuig, ›gestern habe ich im chinesischen Billard tausend Rubel verloren und habe deshalb heute Katkow vom *Russki Westnik* meine Erzählung *Die Kosaken* verkauft. ...‹ ›Wie? Sie haben Ihr Werk im Glücksspiel verloren?‹ fragte ich voller Entsetzen und lief, da ich plötzlich zu weinen begann, in mein Zimmer ... Ich konnte nicht ertragen, daß diese Handlung mein Idol, jenen Schriftsteller ..., den ich seit der Kindheit, seit der Lektüre der *Kindheit*, vergötterte, entzauberte.«[53]

Bei seinem Aufenthalt in Moskau im Januar 1862 ist Tolstoj wieder häufiger Gast bei der Familie Behrs. Mit der klugen Lisa erörtert er Fragen der Literatur und Pädagogik, und sie verfaßt zwei Aufsätze für die von ihm herausgegebene Zeitschrift *Jasnaja Poljana*. Mit Sonja spielt er vierhändig Klavier, und die jüngste Schwester Tanja begleitet er beim Gesang. Er macht die jungen Damen mit den zeitgenössischen Werken der russischen Literatur bekannt. »Einmal brachte Tolstoj Turgenjews Erzählung *Erste Liebe* mit, um sie uns vorzulesen ... Wir hörten zu und waren gleichermaßen entzückt von seinem Vortrag wie von der Erzählung selbst.«[54]

Man rechnet damit, daß der Graf um die Hand der ältesten Tochter anhalten wird, schließlich ist es üblich, daß die Töchter der Reihe nach verheiratet werden. Auch Lisa, die kühle »Professorin«, macht sich Hoffnungen und verliebt sich in Tolstoj. Ihre Erwartungen indes werden enttäuscht. Bereits am 22. September 1861 notiert Tolstoj: »Lisa Behrs reizt mich; aber es wird nicht geschehen. Berechnung allein reicht nicht aus, und das Gefühl fehlt.«

Wie jedes Jahr beginnen Anfang Mai 1862 im Hause Behrs die Vorbereitungen für die Übersiedlung auf den Landsitz Pokrowskoje. »In unserem Haus herrschte ein emsiges Hin und Her. In allen Räumen wurde gepackt. Von früh bis spät erteilte Mamá ihre Befehle ... Am nächsten Tag sollte es losgehen.«[55] Doch die Abreise wird verschoben. Unerwartet erscheint Lew Tolstoj bei der Familie Behrs. Mit zweien seiner Schüler ist er auf dem Weg in die baschkirische Steppe, wo er seine Gesundheit bei einer Kumys-Kur kurieren will. Die vergorene Stutenmilch, Kumys, gilt damals als Allheilmittel bei den unterschiedlichsten Krankheiten.

Ende April hat Tolstoj bei den Behörden um Entlassung aus dem Amt des Friedensrichters gebeten. Seine Tätigkeit, in der er mit der ihm eigenen Kompromißlosigkeit alle Streitigkeiten zwischen den Gutsbesitzern und den Bauern zugunsten der einstigen Leibeigenen entschieden hat, hat zahlreiche konservative Vertreter des Adels gegen ihn aufgebracht. »Ich bin des Postens müde, und der Kampf mit dem Landadel ist mir so über, daß ich um Amtsenthebung gebeten habe«, berichtet er der Familie.[56]

Während seines Aufenthalts läßt Tolstoj sich von Dr. Behrs untersuchen. Nachdem seine Brüder Dmitri und Nikolaj an Tuberkulose gestorben sind, fürchtet er, ihn könne das gleiche Schicksal ereilen. »Mein Vater befand die Lungen Lew Nikolajewitschs für völlig gesund und seine Konstitution für kräftig und vital«, erinnert sich Sofja Tolstaja. »Trotzdem reiste er zu seiner Kur. Und er fragte meinen Vater auch, ob seine Gesundheit ihm erlaube zu heiraten. Auch diese Frage beantwortete mein Vater positiv.«[57]

Beim Wiedersehen mit Tolstoj ist Sonja befangen. Ihre Gefühle für das Idol ihrer Kindheitstage, für »Le Comte«, wie die Behrs-Schwestern Tolstoj scherzhaft nennen, haben sich verändert. Tanja ist die einzige, die es bemerkt. Nach dem Theaterbesuch mit Tolstoj am Abend ist Sonja niedergeschlagen und betet lange.

»Ich beobachtete sie schweigend, konnte mir dann aber nicht verkneifen, leise zu fragen:

›Sonja, tu aimes le comte?‹

›Je ne sais pas‹, gab sie ebenso leise zurück, ohne ein Zeichen der Verwunderung über meine Frage ...

Lange konnte Sonja nicht einschlafen. Ich hörte sie murmeln und merkte, daß sie weinte.«[58]

In Pokrowskoje beginnt das sonnig unbeschwerte Leben – »Ferien und die geliebte Natur!« Die Familie Behrs hat wie immer viele Gäste. Alexander Behrs genießt nach bestandenem Examen an der Kadettenakademie seine freien Stunden, der elegante Cousin Sascha Kusminski, den mit der jüngsten Schwester schon in jenen Jahren eine nicht nur verwandtschaftliche Zuneigung verbindet, ist aus Sankt Petersburg angereist, und viele andere Besucher bevölkern das großzügige Haus. An den Sonntagen sitzen bis zu zwanzig Personen bei Tisch.

Als Alexander Behrs und Sascha Kusminski einige Zeit später abreisen, wird es stiller im Haus. Man musiziert, liest, macht ausgedehnte Spaziergänge. In Sonja aber lodern die Emotionen. Sie ist hin- und hergerissen zwischen ihrer Liebe zum Gefährten ihrer Jugendtage, Mitrofan Poliwanow, und den neuen, veränderten Gefühle für Tolstoj. Darf sie den, der sie nach dem Abschluß seiner Ausbildung offiziell zu seiner Verlobten zu machen gedenkt, enttäuschen? Darf sie der in den Grafen verliebten Schwester Lisa in die Quere kommen? Hat der um vieles ältere Schriftsteller überhaupt Augen für sie, oder sieht er in ihr nur das Mädchen, die Tochter seiner guten Freundin? Ist sie tatsächlich in ihn verliebt?

Durch das Schreiben versucht sie sich über ihre widersprüchlichen Empfindungen klarzuwerden. »Seit meinem elften Lebensjahr bis zu meiner Ehe führte ich ein Tagebuch, doch habe ich leider alle meine Papiere vor meiner Hochzeit verbrannt«, erinnert sich Tolstaja. »Unter ihnen war auch eine lange Erzählung, deren Sujet unserem Leben entsprang. Ich beschrieb in ihr uns drei Schwestern, unsere Verliebtheiten, die Beziehungen untereinander in unserem Hause, die unterschiedlichsten Ereignisse.«[59]

Sonja zieht sich oft auf ihr Zimmer zurück und schreibt an ihrer Erzählung. »Jeden Abend setzte ich mich ans Fenster unseres Unterrichtsraums und schrieb mit Begeisterung. Mit besonderer Liebe beschrieb ich meine Schwester Tanja, die ich Natascha nannte.«[60] Tanja ist denn auch an der Erzählung besonders interessiert, und jeden Abend liest die Schwester ihr vor, was sie inzwischen geschrieben hat. Allein diesem Umstand ist es zu verdanken, daß wir heute den Inhalt der vermutlich ersten Erzählung

Tolstajas kennen, denn Kusminskaja hat ihn in ihrer Autobiographie für die Nachwelt festgehalten.

Das Sujet läßt tatsächlich an die Konstellation im Hause Behrs denken. Die Erzählung handelt von drei Schwestern, die älteren beiden in heiratsfähigem Alter, und von ihren Empfindungen für die zwei männlichen Protagonisten. Die älteste Schwester, Sinaida, eine wenig sympathische, kühle Blonde, ist in den Fürsten Dublizki verliebt, einen energischen und klugen Herrn mittleren Alters von wenig anziehendem Äußeren, der im Hause der Familie verkehrt, ohne im entferntesten auch nur an Liebe zu denken. Jelena, die mittlere der drei Schwestern und weibliche Hauptperson, aus deren Perspektive erzählt wird, eine hübsche junge Frau mit dunklen Augen, hat den jungen Smirnow, einen positiven Helden von ruhigem, edelmütigem Charakter zum Verehrer, der auch ihr nicht gleichgültig ist. Nachdem Smirnow um Jelenas Hand angehalten hat – Jelena bittet um Bedenkzeit für ihre Antwort –, begibt er sich auf Dienstfahrt. Jelena gerät in einen Strudel einander widerstreitender Emotionen. Zögernd gesteht sie sich ihre Liebe zu Dublizki ein, wird aber von Schuldgefühlen gegenüber der älteren Schwester und Smirnow gequält. Gegen ihre neue Liebe anzukämpfen, gelingt ihr indes nicht, um so mehr, als ihr scheint, daß Dublizki nicht in die Schwester, sondern in sie verliebt sei. Um den Konflikten zu entfliehen, will Jelena gar ins Kloster gehen. Die Geschichte endet damit, daß Jelena der älteren Schwester die Heirat mit dem Mann ermöglicht, den sie beide lieben. Später heiraten auch Jelena und Smirnow.[61] »Bemerkenswert an dieser Erzählung ist, daß meine Schwester Sonja darin ihre damalige seelische Verfassung schildert«, resümiert Tatjana Kusminskaja.[62]

Als Tolstoj Ende Juli von seiner Kur zurückkehrt, sucht er umgehend die Familie Behrs auf. Er ist außer sich. Während er fernab von Gesellschaft und Politik seine Gesundheit kurierte, haben seine Gegner weitere Intrigen gegen ihn geschmiedet und der Obrigkeit zugetragen, in Tolstojs Haus in Jasnaja Poljana befände sich eine Bauernschule, an der Studenten unterrichteten, die von der Zensur verbotene Schriften läsen, und sogar eine Geheimdrukkerei für revolutionäre Proklamationen. Daraufhin fand am 6. und 7. Juli 1862 in Tolstojs Abwesenheit dort eine Haussuchung durch die Gendarmerie statt, bei der sämtliche privaten Dokumente Tolstojs bis hin zu seinen Tagebüchern überprüft wurden. Tolstoj ist erbittert und verleiht seiner Empörung über den Vorgang in einem Protestschreiben an den Zaren Ausdruck.

Im Kreise der Familie Behrs findet Tolstoj Ablenkung und Ruhe nach diesen Aufregungen. Bis zu seiner Abreise nach Jasnaja Poljana besucht er die Behrs regelmäßig. Bei einem langen Spaziergang haben Sonja und er Gelegenheit zum Gespräch. »Ich erwähnte ihm gegenüber, daß ich an einer Erzählung arbeite, die aber noch nicht fertig ist«, berichtet sie später der Schwester. »Darüber war er sehr erstaunt und interessiert. Immer wieder sagte er: ›Eine Erzählung? Wie kamen Sie denn auf diese Idee, und wovon handelt sie?‹

Ich sagte, im Grunde handele sie von unserem Leben.

›Und wem geben Sie sie zu lesen?‹

›Ich lese Tanja daraus vor.‹

›Und ich, darf ich sie auch lesen?‹

›Nein‹, sagte ich.

›Und warum nicht?‹ wollte er wissen.

Aber ich habe ihm nicht gesagt, daß auch er darin vorkommt und ich ihm die Erzählung deshalb nicht zu lesen geben kann. Er bat mich sehr, doch ich blieb fest.«[63]

Wenige Tage später bricht Ljubow Alexandrowna Behrs mit ihren Töchtern zum Besuch ihres Vaters, Alexander Michailowitsch Islenjew, zu dessen Landsitz Iwizy auf. Auf dem Weg dorthin will man in Jasnaja Poljana Station machen. Tolstoj hat seinen Freunden vor seiner Abreise das Versprechen abgenommen, ihn dort zu besuchen.

Die Fahrt von Moskau in das etwa zweihundert Kilometer südlich gelegene Jasnaja Poljana war damals ziemlich beschwerlich. Die Eisenbahnverbindung Moskau–Tula wurde erst Ende der 1860er Jahre in Betrieb genommen, und so reiste man mit der Kutsche. Zwei Tage war man unterwegs. Für die Behrs-Töchter ist dies die erste größere Reise ihres Lebens.

Nach einem Mittagessen in Tula kommt man gegen Abend auf Tolstojs Landsitz an. »Maria Nikolajewna und Lew Nikolajewitsch empfingen uns laut und fröhlich.«[64] Tolstojs Schwester und Mutter Behrs ergehen sich in Wiedersehensfreude und Kindheitserinnerungen, die jungen Damen spazieren durch den weitläufigen Park.

»Jene Stimmung, die mich damals ergriff, habe ich nie vergessen, obwohl ich sie niemals zu beschreiben vermögen werde«, schreibt Tolstaja. »Waren dies die Eindrücke des ursprünglichen Dorfes, der Natur und der Weite? War dies eine Vorahnung dessen, was eineinhalb Monate später geschehen sollte, da ich als Hausherrin die Schwelle dieses Hauses überschreiten sollte? War dies einfach nur Abschied vom freien Leben der Unverheirateten? Oder all das zusammen? Ich weiß es nicht. Doch war meine Stimmung überaus bedeutsam, ernst, glücklich und auf eine Weise neu und grenzenlos.«[65]

Zum ersten Mal sieht Sofja Andrejewna Jasnaja Poljana. Möglicherweise ist sie ein wenig enttäuscht. Die Einrichtung ist bescheiden und entspricht vermutlich nicht ganz den Vorstellungen, die die wohlumsorgten Behrs-Töchter von einem gräflichen Haushalt haben. Tolstoj quartiert die Damen im ehemaligen Lagerraum im Erdgeschoß ein. »Uns wurde das große Gewölbezimmer zugewiesen, das nicht nur einfach, sondern geradezu ärmlich möbliert war. An den Wänden des Raums standen mit weißer Farbe gestrichene Diwane, mit sehr harten Kissen anstelle der Lehnen und mit ebensolchen Matratzen, bezogen mit blau-weiß gestreiftem Zwillich. Es stand dort auch ein großer Sessel, mit ebensolchen Kissen und auch weiß gestrichen ... In der Decke waren Eisenringe befestigt, an denen früher Sattel, Schinken und ähnliches aufgehängt wurden, als der Raum, zu Zeiten des Großvaters Lew Nikolajewitschs, des Grafen Wolkonski, noch als Lagerraum diente.«[66] Da nicht einmal ausreichend Schlafgelegenheiten vorhanden sind, schlägt Tolstoj vor, eine Person könne im Sessel schlafen, und bereitet diesen für Sonja als Bettstatt vor. »Es war mir unangenehm, aber zugleich lag etwas angenehm Intimes darin, gemeinsam die Nachtlager vorzubereiten«, erinnert sich Tolstaja.[67]

»Wie einfach und klar Sie doch sind!« – allein dieser Satz Tolstojs gräbt sich von einem langen Gespräch auf dem Balkon der jungen Sofja Andrejewna ins Gedächtnis ein.

Die Tage bei Tolstoj verbringen die Gäste in angeregter Geselligkeit. »Welch heitere Stimmung herrschte auch damals schon in Jasnaja Polana!«[68] Tolstoj lädt zum Picknick ein. Der Pferdewagen wird angespannt, doch da es nicht für alle Plätze darin gibt, bietet der Gastgeber Sonja an, mit ihm zu reiten. Das junge Fräulein ziert sich, da sie kein Reitkleid hat, doch Tolstoj legt auf solche Äußerlichkeiten keinen Wert und hebt Sonja kurzerhand selbst aufs Pferd. »Es schien mir, daß es niemanden auf Erden gibt, der glücklicher ist als ich, als ich neben Lew Nikolajewitsch ritt. Wenn ich später mein ganzes Leben lang diese Wege entlangfuhr, habe ich sie kaum mehr als jene von damals erkannt. Damals war alles ganz anders, etwas Verzaubert-Schönes lag darin, das es im alltäglichen Leben nicht gibt, das nur in einer ganz bestimmten, geistig gehobenen Stimmung empfunden werden kann.«[69]

Kaum sind die Behrs' zum Gut des Großvaters weitergereist, erscheint auch schon Tolstoj dort. »Am Tag nach unserer Ankunft in Iwizy kam unerwartet Lew Tolstoj auf seinem Schimmel angeritten. Er war die 50 Werst geritten und trotzdem frisch, frohgemut und aufgeregt.«[70]

Bei einer Abendgesellschaft macht Tolstoj dem Fräulein Sonja Komplimente. Der Verächter aller gesellschaftlichen Kleiderordnungen, der sich vor nicht allzu langer Zeit noch ganz und gar unbeeindruckt gezeigt hat, als Sonja ihm ihr erstes Ballkleid vorführte, hat plötzlich Augen für die Anmut einer jungen Dame im hellvioletten Barège-Kleid mit den nach damaliger Mode an den Schultern befestigten farbigen Bändern, die nicht ohne Anzüglichkeit »Suivez-moi« [»Folget mir«] genannt wurden. Einen Tanz allerdings lehnt er ab – »Ich bin schon alt«.

Am Ende des Abends kommt es zu einer ziemlich ungewöhnlichen Liebeserklärung Tolstojs an Sonja. Mit Tolstojs *Anna Karenina*, der Szene, in der Lewin Kitty seine Liebe gesteht, fand sie Eingang in die Weltliteratur. Sofja Tolstaja und ihre Schwester Tatjana Kusminskaja schildern sie in ihren Erinnerungen.

Als die Mutter die Töchter zu Bett ruft, hält Tolstoj Sonja zurück und bittet sie, etwas, das er schreiben würde, zu lesen.

»›Ich werde nur die Anfangsbuchstaben schreiben, und Sie müssen die Worte erraten.‹

›Wie das? Das ist unmöglich. Nun gut, schreiben Sie.‹

Lew Nikolajewitsch wischte mit einer Bürste die Ergebnisse des Kartenspiels aus, nahm die Kreide und begann zu schreiben. Wir waren beide sehr ernst und sehr erregt. Ich folgte seiner großen roten Hand und fühlte, wie all meine geistigen Kräfte und Fähigkeiten, meine ganze Aufmerksamkeit und Energie auf diese Kreide gerichtet war und auf die Hand, die sie hielt. Wir schwiegen beide.

›I. J. u. I.V. n. G. e. m. a. d. a. m. A. u. m. U. z. G.‹, schrieb Lew Nikolajewitsch.

›Ihre Jugend und Ihr Verlangen nach Glück erinnern mich allzu deutlich an mein Alter und meine Unfähigkeit zum Glück‹, las ich.

Mein Herz schlug heftig, in den Adern klopfte es, mein Gesicht brannte – ich war außerhalb jeder Zeit, des Bewußtseins alles Irdischen: Mir schien, daß ich alles könne, alles verstünde, daß ich alles Unbegreifbare in dieser Minute begreifen könne.

›Nun, noch ein wenig‹, sagte Lew Nikolajewitsch und schrieb weiter.

›I. I. F. h. e. f. A. ü. m. u. I. S. L. S. S. m. d. z. m. I. S.T.‹

Schnell und ohne Zögern las ich: ›In Ihrer Familie herrscht eine falsche Auffassung über mich und Ihre Schwester Lisa. Schützen Sie mich davor zusammen mit Ihrer Schwester Tanja‹, las ich rasch und ohne Stocken nach den Anfangsbuchstaben.

Lew Nikolajewitsch war nicht einmal überrascht. Als ob dies ein völlig normaler Vorgang sei. Unser Geisteszustand war derart empfindsam, mehr als es menschlichen Seelen gemeinhin eigen ist, daß uns nichts zu erstaunen vermochte. Es ertönte Mutters ungehaltene Stimme. Wir verabschiedeten uns schnell, löschten die Kerzen und gingen auseinander. Oben, im Zimmer, hinter dem Schrank, entzündete ich einen Kerzenstummel und machte mich, auf dem Boden sitzend, daran, Tagebuch zu schreiben. Ich schrieb umgehend die Worte Lew Nikolajewitschs auf, und ich begriff unwillkürlich, daß zwischen uns etwas Bedeutendes, Wichtiges vorgefallen sei, das nicht einfach zu Ende gehen könne.«[71]

Ob sich diese Episode indes tatsächlich so zugetragen hat, darf bezweifelt werden. Sofja Tolstaja hat ihre Erinnerungen erst Jahrzehnte später niedergeschrieben und dabei diese Szene gleichsam mythisch überhöht, wie auch Tolstoj, als er das Erlebte über zehn Jahre später in *Anna Karenina* literarisch verarbeitet, ganz offensichtlich die Wunschvorstellung dessen, was er von seiner zukünftigen Frau erwartete, beschrieben hat. Diesen Schluß jedenfalls legt Tolstojs Tagebuch nahe, in dem er an seinem Geburtstag, dem 28. August, sein vergangenes Lebensjahr resümiert: »Ich bin 34 Jahre alt. Mit der gewohnten Traurigkeit aufgestanden ... Ich habe ... Sonja vergeblich mit Buchstaben geschrieben ... Du miese Visage, denk nicht an Heirat, deine Bestimmung ist eine andere, und viel ist dir dafür gegeben.«[72] Doch Tolstoj ist im Begriff, sich in das junge Fräulein Sofja Behrs zu verlieben. Dies bleibt auch bei den anderen nicht unbemerkt.

Auf dem Rückweg nach Pokrowskoje machen die Behrs noch einmal Station in Jasnaja Poljana. Vor der Abreise entscheidet Tolstoj spontan, mit ihnen nach Moskau zu fahren. »Jetzt so ganz allein hier zurückbleiben, das kann ich einfach nicht.«[73] In Pokrowskoje besucht er die Familie wieder fast täglich.

Am 23. August, einen Tag nach Sonjas achtzehntem Geburtstag, erwähnt Tolstoj sie zum ersten Mal in seinem Tagebuch: »Übernachtete bei den Behrsens. Ein Kind! Vielleicht! Welch Durcheinander ... Ich habe Angst vor mir selbst, daß auch dies wieder nur der Wunsch nach Liebe, nicht aber Liebe ist. Versuche, nur ihre schwachen Seiten zu sehen, doch dies scheint es zu sein. Ein Kind! Vielleicht.«[74]

»Es gab zwischen uns keinerlei romantische Szenen oder Erklärungen«, erinnert sich Tolstaja an diese Phase der beginnenden Verliebtheit. »Wir kannten einander so lange. Unsere Beziehungen waren einfach und unkompliziert.«[75]

Wenige Tage später gibt Sofja Andrejewna Tolstoj ihre Erzählung zu lesen. »Welch Energie der Wahrheit und Einfachheit. Sie quält die Ungewißheit. Ich las alles ohne Erschauern, ohne Anzeichen von Eifersucht oder Neid, doch ›von ungewöhnlich wenig anziehendem Äußeren‹ und ›Unbeständigkeit des Urteils‹ traf mich tief«, hält Tolstoj seine Eindrücke im Tagebuch fest.[76] »Er erzählte mir später«, berichtet Sofja Tolstaja, »daß er in dieser Nacht nicht geschlafen habe, und daß meine Ausführungen über ... den Grafen Dublizki, in dem er sich wiedererkannt habe, ihn überaus bekümmert hätten.«[77] Für die nächste Zeit wird das autobiographische Sujet der Erzählung Tolstoj ebenso beunruhigen wie die Frage, ob er, der »alte, zahnlose Trottel«, als den er sich in einem Brief bezeichnet, das Recht habe, vom Glück mit einem charmanten jungen Fräulein zu träumen. »Du Narr, das alles ist nicht über dich geschrieben, aber ich bin verliebt, wie zuvor nur in Sonja Koloschina und in A. Ich übernachtete bei ihnen, konnte nicht schlafen, immer nur sie.«[78]

Die Dame seines Herzens ist ein Mädchen, das vom Erwachsensein träumt. »Wenn ich einmal Königin bin, mache ich dies oder jenes!« ruft sie übermütig. »Wenn ich einmal Königin bin, fahre ich nur in solchen Cabriolets!« lacht sie aus der vor dem Haus stehenden offenen Kutsche des Vaters. Und vom ausgelassenen Spiel angesteckt, packt Tolstoj die Deichsel der Kutsche, aus der gerade die Pferde ausgespannt worden sind, und fährt die Königin seines Herzens herum: »Und ich werde meine Königin spazierenfahren!«[79]

Wie ernst und vertraut klingt dagegen der einzige Brief Sofja Andrejewnas aus der Zeit vor ihrer Ehe, den sie, als eine wunderschöne Blüte im »Strauß von Blumen und Briefen« der Glückwünsche der ganzen Familie Behrs, Tolstoj zum Geburtstag schreibt: »Wenn ich eine Königin wäre, schickte ich Ihnen zu Ihrem Geburtstag ein herzallerliebstes Reskript, als gewöhnliche Sterbliche aber gratuliere ich Ihnen einfach dazu, daß Sie eines schönen Tages Gottes Welt erblickten, und wünsche Ihnen, noch lange, wenn möglich für immer, auf diese mit ebensolchen Augen zu blicken wie heute. Sonja.«[80]

Nachdem die Familie Anfang September wieder nach Moskau übersiedelt ist, beginnen Spannungen das Familienleben zu belasten. Seit der Rückfahrt von Jasnaja Poljana betrachtet Lisa Tolstojs nicht zu übersehende Zuneigung für Sonja mit Eifersucht und Neid. Vater Behrs ist ungehalten, daß Tolstoj seiner Ältesten nicht endlich, wie es die Konventionen verlangen, den lange erwarteten Antrag macht, und zieht sich bei dessen Besuchen vorwurfsvoll in sein Kabinett zurück. Es wäre nun an Tolstoj, eine Klärung herbeizuführen, doch er ist sich nach wie vor unsicher, ob seine Gefühle von der allseits umschwärmten Sonja erwidert werden. Schließlich steht ihm ihr junger Verehrer Mitrofan Poliwanow ihm Wege. Und noch jüngst hat sich in Pokrowskoje der solide Professor Popow, ein Bekannter des Vaters, sehr angetan von Sonja gezeigt und ihr den Hof gemacht.

Eines Abends faßt Sonja sich ein Herz und sucht das Gespräch mit der Mutter. »›Was ist, Sonja?‹ fragte mich Mutter. ›Nun, Mamá, es ist so. Alle denken, daß Lew Nikolajewitsch nicht mich heiraten wird, doch er ist, so scheint mir, in mich verliebt‹, sagte ich verzagt. Meine Mutter wurde aus irgendeinem Grund böse und fiel über mich her: ›Ständig bildet sie sich ein, daß alle in sie verliebt sind‹, spottete sie, ›laß ab, geh zu Bett und schlag dir die Flausen aus dem Kopf!‹«[81]

»Dublizki, dränge nicht dorthin, wo die Jugend Poesie, Schönheit und Liebe sind«, notiert Tolstoj verstört am 7. September, »– dort, Bruder, sind die Kadetten ... Die Klause, die Arbeit, das sind deine Belange, von dort kannst du ruhig und freudvoll auf fremde Liebe und fremdes Glück schauen ... Ja. Unehrliches Tagebuch. Arrière pensée, daß sie bei mir, neben mir sitzen und lesen wird und daß ich dies für sie schreibe.« Er ist sich der Erwartungen in der Familie Behrs bewußt, doch noch fühlt er sich außerstande, eine Entscheidung zu treffen.

Innerhalb einer Woche schreibt Tolstoj zwei Briefe an Sofja Andrejewna. Im ersten Brief vom 9. September kommt er zu dem Schluß, daß er seine Besuche im Hause Behrs einstellen müsse: »Eines ist traurig, daß ich in Ihrer Familie Verwirrung gestiftet habe und selbst in Verwirrung geraten bin, und daß ich infolgedessen auf den größten Genuß verzichten muß, der mir seit langem zuteil wurde – bei Ihnen zu sein ... Ich bin Dublizki, aber eine Frau zu heiraten, nur weil man doch eine haben muß – das kann ich nicht.

Ich verlange Furchtbares, Unmögliches von der Ehe. Ich verlange, daß man mich ebenso liebt, wie ich lieben kann. Aber das ist unmöglich.

Ich werde nicht mehr bei Ihnen im Hause verkehren ...

Lew Tolstoj.«[82]

Gleichwohl besucht Tolstoj die Behrs-Familie weiterhin. Schon am nächsten Tag ist er wieder dort. Seinen Brief schickt er nicht ab.

»Ging spazieren«, lautet das Protokoll vom 10. September in Tolstojs Tagebuch. »In den Kreml. Sie war nicht da ... Kam, streng, ernst. Ich verließ sie wieder hoffnungsvoll und noch verliebter als zuvor. Au fond gibt es Hoffnung. Es ist absolut unerläßlich, daß ich diesen Knoten zerschlagen muß. Lisa beginne ich zu hassen, zugleich empfinde ich Mitleid. Herr, hilf mir, lehre mich!« Zwei Tage später heißt es: »Den ganzen Tag unterwegs ..., im Klub gegessen. Ich bin verliebt, wie ich nie geglaubt hätte, daß man verliebt sein kann. Ich bin von Sinnen, ich erschieße mich, wenn das so weitergeht. War am Abend bei ihnen. Sie ist in jeglicher Beziehung liebreizend. Und ich bin ein widerwärtiger Dublizki. Hätte früher auf mich achtgeben sollen. Nun aber gibt es kein Halten mehr. Und wenn ich auch Dublizki bin, bin ich doch wunderbar durch die Liebe. Morgen früh gehe ich zu ihnen.«[83] Und wieder einen Tag darauf: »Jeden Tag denke ich, ich kann nicht länger leiden und gleichzeitig glücklich sein, und jeden Tag komme ich mehr von Sinnen. Bin wieder voll Sehnsucht, Reue und Glück fortgegangen. Morgen gehe ich hin, sobald ich aufgestanden bin, und sage alles, oder ich erschieße mich.«[84]

Tatsächlich findet am nächsten Tag so etwas wie eine Erklärung statt. Doch weder Tolstoj noch Sofja Andrejewna sind danach klüger als zuvor. »Am 14. September sagte Lew Nikolajewitsch mir, er habe mir etwas überaus Wichtiges mitzuteilen, doch es gelang ihm nicht, mir zu sagen, was dies sei. Es zu erraten war nicht allzu schwierig ... Ich spielte im Salon auf dem Flügel, er lehnte am Ofen, und sobald ich aufhörte zu spielen, sagte er: ›Spielen Sie, spielen Sie ...‹ Die Musik verhinderte, daß die anderen seine Worte verstehen konnten, meine Hände zitterten vor Aufregung, und die Finger wurden fahrig, als sie wohl schon zum zehnten Mal immer ein und dasselbe Motiv aus dem Walzer *Der Kuß* wiederholten ... Ich erinnere mich nicht an seine Worte. Ich erinnere mich, daß der Sinn seiner Worte war, daß er mich liebe, daß er mich heiraten wolle. Doch waren dies lediglich Andeutungen.«[85]

In der Nacht zuvor hat Tolstoj erneut einen Brief an das Fräulein Behrs geschrieben, jedoch wieder nicht gewagt, ihn zu übergeben. »Habe nichts gesagt«, schreibt er über jenen Abend am 14. September bei den Behrs, »aber gesagt, daß es etwas zu sagen gibt ... Morgen.«[86]

Endlich bereit, im Buch seines Lebens eine neue Seite aufzuschlagen, übergibt Tolstoj am 16. September Sonja schließlich seinen Brief. »Ich wollte mit Ihnen sprechen, doch ich konnte es nicht. Hier mein Brief, den ich schon seit einigen Tagen in der Tasche mit mir herumtrage. Lesen Sie ihn. Ich werde hier auf Ihre Antwort warten.«[87]

»Sofja Andrejewna! Ich ertrage es nicht länger. Seit drei Wochen sage ich mir jeden Tag: ›Heute sage ich alles‹, und gehe doch mit derselben Sehnsucht, Reue und Angst und mit demselben Glück im Herzen wieder fort. Und jede Nacht, wie auch jetzt, deute ich das Geschehene, quäle mich und sage mir: Warum habe ich es nicht gesagt, ja, wie und was ich hätte sagen sollen. Ich nehme diesen Brief mit, um ihn Ihnen zu überreichen, wenn es mir wieder nicht gelingt und mir der Mut fehlt, Ihnen alles zu sagen. Die falsche Auffassung Ihrer Familie von mir besteht, wie mir scheint, darin, daß man meint, ich sei in Ihre Schwester Lisa verliebt. Das stimmt nicht. Ihre Erzählung geht mir nicht aus dem Kopf, denn nachdem ich sie gelesen hatte, war ich überzeugt, daß es mir, Dublizki, nicht anstünde, vom Glück zu träumen, daß Ihre romantischen Vorstellungen von der Liebe etwas Besonderes sind ... Ich glaubte, ich könne mich an Ihnen freuen, wie an Kindern. In Iwizy schrieb ich: ›Ihre Jugend erinnert mich allzu deutlich an mein Alter, ja, gerade Sie ...‹

Aber damals und auch nachher belog ich mich selbst. Damals hätte ich noch einhalten können und mich in mein Kloster einsamer Arbeit und unermüdlichen Schaffens zurückziehen können. Nun kann ich dies nicht mehr und fühle, daß ich in Ihrer Familie alles durcheinandergebracht habe, daß die einfachen und teuren Beziehungen zu Ihnen, als einem Freund und ehrlichen Menschen, verloren sind ... Sie sind ein ehrlicher Mensch, Hand aufs Herz, sagen Sie mir, um Gottes willen nicht unbedacht, was soll ich tun? ... Sagen Sie mir als ehrlicher Mensch, wollen Sie meine Frau werden? Aber nur, wenn Sie von ganzem Herzen mutig sagen können: Ja. – Sagen Sie lieber: Nein, wenn Sie auch nur den Schatten eines Zweifels in sich tragen. Bei Gott, prüfen Sie sich gut. Es wird mir furchtbar sein, ein Nein zu vernehmen, doch ich sehe es voraus und werde in mir die Kraft finden, es zu ertragen. Doch sollte ich als Ehemann nicht ebenso geliebt werden, wie ich liebe, wird dies furchtbar sein!«[88]

Sonja kann den Brief nur überfliegen. Lisa klopft ungeduldig an die Tür des gemeinsamen Zimmers der drei Töchter und verlangt zu erfahren, was »Le Comte« ihr schreibt. »Le Comte m'a fait la proposition«, ist die Antwort. Die herbeigeeilte Mutter schickt Sonja, Tolstoj ihre Antwort zu geben.

»Wie beflügelt lief ich die Treppe hinauf, flog am Eßzimmer und am Salon vorbei und stürmte in Mutters Zimmer. Lew Nikolajewitsch stand, an die Wand gelehnt, in der Ecke des Zimmers und wartete. Ich trat auf ihn zu, und er nahm meine Hände. ›Nun?‹ fragte er. ›Selbstverständlich: Ja!‹ antwortete ich.«[89]

»Habe es gesagt«, hält Tolstoj am 16. September in seinem Tagebuch fest. »Sie: Ja. Sie ist wie ein angeschossener Vogel. Weiter nichts. All dies ist unvergeßlich, man kann es nicht niederschreiben.«

Als die Mutter anläßlich ihres Namenstages am nächsten Tag die Gratulationen der Gäste entgegennimmt und mitteilt, es gebe auch eine Verlobung zu feiern, kommt es zu einem peinlichen Mißverständnis, da manche Gäste sich anschicken, Lisa zur bevorstehenden Hochzeit zu gratulieren. Ohnehin herrscht »Gewitterstimmung« im Hause. Vater Behrs will seine Einwilligung in die

Hochzeit nicht geben, denn es scheint ihm unannehmbar, daß die jüngere Tochter vor der älteren heiraten soll. Erst nachdem Lisa jedoch selbstlos dem erhofften Eheglück mit Tolstoj entsagt, gibt er seine Zustimmung. Lisa küßt den Bräutigam, Andrej Jewstafjewitsch Behrs spricht sich mit Tolstoj aus, und Mitrofan Poliwanow, der unerwartet erschienen ist, muß sich dem Schicksal, das Sonja nicht zu seiner, sondern zu Tolstojs Braut gemacht hat, ergeben.

Schon eine Woche später findet die Hochzeit statt. Nach Wochen des Zögerns hat es nun für Tolstoj nicht schnell genug gehen können. Er hat auf einen baldigen Hochzeitstermin gedrängt. Es scheint, als traue er seinem Glück nicht und fürchte, seine Braut oder er selbst könne die Entscheidung rückgängig machen. »Diese Woche verging wie ein schwerer Traum«, erinnert sich Sofja Tolstaja.[90] In aller Eile werden die Hochzeitsvorbereitungen getroffen, ein Brautkleid anprobiert, die Aussteuer genäht, Fotografien bestellt. Das Fräulein Behrs ist aufgewühlt und fürchtet, dem Bräutigam nicht ebenbürtig sein zu können. »Ich erinnere mich an mein Gefühl, daß ich Lew Nikolajewitsch ein wenig fürchtete, daß ich fürchtete, er könne von mir, dem dummen, nichtssagenden Mädchen, bald schon enttäuscht sein.«[91]

Nicht genug, daß die veränderte Situation und die Hast, mit der sich alles vollzieht, für Sofja Andrejewna, die sich der ständigen Angst ausgesetzt sieht, die Liebe Tolstojs zu verlieren, schon Aufregung und Überforderung genug ist, meint Tolstoj, in jeglicher Hinsicht reinen Tisch machen zu müssen, und gibt seiner Braut seine Tagebücher zu lesen. Sein Entschluß, sein ausschweifendes Leben zu beenden und ein ehrbares Dasein als Ehemann und Familienvater zu beginnen, ist unumstößlich. Von seiner jungen Verlobten erwartet er Absolution für die Sünden seiner Vergangenheit. Was er ihr damit zumutet, bedenkt er nicht.

Tolstojs Jugendtagebücher sind das exakte Protokoll seines lasterhaften Lebens als Spieler und Schwerenöter und seiner ständigen Versuche der Selbstläuterung durch Lebensregeln, die er sich auferlegt, aber immer wieder bricht. Im ersten Eintrag vom 17. März 1847, verfaßt während eines Krankenhausaufenthalts aufgrund einer Geschlechtskrankheit, resümiert der Achtzehnjährige sein exzessives Leben voller Vergnügungen und »widerwärtiger Leidenschaft«: »Ich habe klar erkannt, daß das lasterhafte Leben, welches ein großer Teil der Gesellschaft für eine Folge der Jugend halten, nichts anderes ist als die Folge einer frühen Unzucht der Seele.« Die sexuelle Leidenschaft und Tolstojs Hadern mit ihr sind wichtige Themen im Tagebuch. Er sucht Prostituierte auf, verführt das unschuldige Hausmädchen seiner Tante, bisweilen ist sein sexuelles Verlangen so groß, daß er in seine Listen der »dringend zu erledigenden Dinge« einträgt, er müsse »eine Frau haben«. Er faßt Vorsätze, sich nicht mehr der Ausschweifung hinzugeben. »Betrachte die Gesellschaft von Frauen als eine unabwendbare Notwendigkeit des gesellschaftlichen Lebens, und halte dich weitestmöglich von ihnen fern.«[92] Doch er bricht seine Vorsätze und verachtet sich dafür. Diese Verachtung überträgt er auf die Frauen, die ihn – so sieht er es – zur Unzucht verführen.

»Ich erinnere mich, wie tief mich die Lektüre dieser Tagebücher erschütterte, die er mir aus übertriebenem Verantwortungsgefühl vor der Hochzeit zu lesen gab. Und es war unnötig: Ich weinte sehr, nachdem ich in seine Vergangenheit geblickt hatte.«[93] Die kaum dem Mädchenalter entwachsene Braut ist fassungslos angesichts des zügellosen Vorlebens ihres zukünftigen Ehemanns, ihre schwärmerische Liebe und Verehrung für Tolstoj erhält einen ernüchternden Schlag. »Seine Vergangenheit, all das Unzüchtige, was ich aus dem Tagebuch Lew Nikolajewitschs erfuhr, verschwand niemals aus meinem Herzen, und mein ganzes Leben litt ich darunter.«[94]

Sie träumt von einer reinen, romantischen Liebe, wie sie sie in ihrer Erzählung beschrieben hat, ihr Bräutigam indes hofft, die Ehe könne ihm Erlösung von seinem als sündhaft empfundenen bisherigen Leben bringen.

Sonjas Reaktion auf seine Tagebücher bleibt Tolstoj unverständlich. Er sieht »Eifersucht auf die Vergangenheit«, wo sie doch in ihren Grundfesten erschüttert ist. Er zweifelt an ihrer Liebe zu ihm und mutmaßt, »daß sie sich selbst betrüge«. Er zweifelt an seiner eigenen Liebe zu ihr, mißtraut sich und ihr. »Mir schien gar, daß er davonlaufen wolle, daß er Angst vor der Ehe bekommen habe«, schreibt Tolstaja in Erinnerung an jenen Morgen.[95]

Doch gibt es für beide kein Zurück mehr. Mit eineinhalbstündiger Verspätung treten sie vor den Traualtar. Als die Zeremonie vorüber ist, begibt sich die Hochzeitsgesellschaft in die Wohnung der Familie Behrs zu einem kleinen Empfang, bei dem alles bereitsteht, »was gewöhnlich bei Hochzeiten gereicht wird: Champagner, Obst, Konfekt usw. Die Gäste waren nicht zahlreich, nur die Verwandten und engsten Freunde.«[96]

Nur wenig später brechen die beiden Neuvermählten nach Jasnaja Poljana auf.

2 *Unvorstellbares Glück?*

»Jasnaja Poljana! Wer gab dir deinen schönen Namen? ... Ja, du bist tatsächlich ›hell‹ – von Licht durchströmt ... Mag es auch Tage gegeben haben, an denen die Sonne nicht zu sehen war, mag es Wolken, Gewitter und Stürme gegeben haben, bleibst du in meinem Gedanken doch immer hell, sonnig, ja märchenhaft.«[1]

Die Entscheidung, das Landgut mit dem poetisch klingenden Namen »Helle Lichtung« zu ihrem neuen Zuhause zu machen, hat Sofja Andrejewna noch vor der Hochzeit getroffen. Wie Lewin seiner Kitty in *Anna Karenina* hatte Tolstoj ihr die Wahl überlassen, nach der Hochzeit eine Weile bei der Familie in Moskau zu bleiben, ins Ausland zu reisen oder auf sein Anwesen zu fahren. »Und ich wählte das letztere, um sogleich ein richtiges Familienleben zu Hause zu beginnen. Und Lew Nikolajewitsch freute sich, wie es schien, darüber.«[2]

Der Abschied von den Eltern und Geschwistern fällt der jungen Ehefrau schwer. »Der Herbstregen fiel ohne Unterlaß; in den Pfützen spiegelten sich die fahlen Straßenlaternen und die eben entzündeten Lichter der Kutsche. Die Pferde stampften ungeduldig mit den Hufen, und das Paar an der Spitze mit dem Vorreiter zog vorwärts. Lew Nikolajewitsch schloß die Tür der Kutsche hinter sich ... Die Hufe der Pferde klatschten in die Pfützen, und wir fuhren los. In die Ecke gekauert, ganz zerschlagen von Müdigkeit und Trauer, weinte ich ohne Unterlaß.«[3] Die Fahrt in der komfortablen sechsspännigen Dormeuse, die Tolstoj eigens für diesen Anlaß erworben hat, ist aufreibend. »Etwas Schweres, Quälendes faßte mich an den Hals und würgte mich. Ich fühlte plötzlich zum ersten Mal ganz klar, daß ich *für immer* von meiner Familie getrennt sein würde, von jenen, die ich so sehr liebte, mit denen ich mein ganzes Leben verbracht hatte ... Es war schrecklich!«[4]

Tolstoj hat kein Verständnis für das Verhalten seiner frisch angetrauten Ehefrau. Ihr Abschiedsschmerz bleibt ihm unverständlich, er vermutet, sie liebe ihn nicht genug. »Als wir die Stadtgrenze Moskaus hinter uns gelassen hatten, wurde es dunkel und furchterregend ... Bis Birjuljowo, wo wir in der Nacht Station machten, sprachen wir fast kein Wort ... Man brachte den Samowar, machte Tee. Ich saß in der Ecke des Sofas und schwieg, wie eine zum Tode Verurteilte. ›Bewirte uns, schenk Tee ein‹, sagte Lew Nikolajewitsch. Ich gehorchte, und wir tranken Tee, ich war durcheinander und ganz verängstigt. Nicht ein einziges Mal wagte ich, zum ›Du‹ überzugehen, vermied es, Lew Nikolajewitsch anzusprechen, und auch danach sagte ich noch lange ›Sie‹ zu ihm.«[5]

Tolstoj berichtet in seinem Tagebuch nur in Andeutungen über die Fahrt von Moskau nach Jasnaja Poljana. »Sie – ganz verweint. In der Kutsche. Sie weiß alles, und es ist leicht. In Birjuljowo. Ihre Ängstlichkeit.«[6]

Am Abend des 24. September 1862 kommen Lew Tolstoj und seine junge Ehefrau in Jasnaja Poljana an. »Das erste, was ich wahrnahm, als ich in das Haus trat ... war Tantchen Tatjana Alexandrowna [Jergolskaja], mit der Ikone der Erscheinung der Mutter Gottes, und neben ihr Sergej Nikolajewitsch [Tolstoj] mit Brot und Salz. Ich verneigte mich vor ihnen bis zum Boden, bekreuzigte mich und küßte die Ikone und die Tante. Lew Nikolajewitsch tat dasselbe ... An diesem Tag begann mein Leben in Jasnaja Poljana, das ich in den ersten 18 Jahren kaum verließ.«[7]

Die Niedergeschlagenheit der Ehefrau ist nicht allein dem Abschied von der Familie geschuldet. Sie hat Angst vor dem Unbekannten, das sie erwartet. In ihren Erinnerungen *Die Heirat* berichtet sie über die Fahrt in der Kutsche zwar »Ich erinnere mich, daß Lew Nikolajewitsch ganz besonders zärtlich zu mir war«,[8] doch hielt diese verständnisvolle Zärtlichkeit des Ehemanns nicht allzu lange an. »Nach Birjuljowo, ja noch während des Aufenthalts dort, begannen jene Qualen, die jede junge Ehefrau auszustehen hat. Ganz abgesehen von den physischen Schmerzen, wie groß war allein die Scham! Wie war es qualvoll, wie unerträglich beschämend! Welch neues, rasendes, instinktives Gefühl der Leidenschaft erwachte plötzlich in jenem jungen, noch nicht endgültig erwachsenen Mädchen. Gut, daß es dunkel war in der Kutsche, gut, daß wir einander nicht sehen konnten. Ich spürte nur nah, ganz nah, seinen Atem, erregt, schnell, leidenschaftlich ... Sein starker, kraftvoller Körper bemächtigte sich meiner ganz – der Ergebenen, Liebenden, doch von qualvollen Schmerzen und unerträglicher Scham Niedergedrückten. Wieder und wieder, die ganze Nacht über, die immergleichen Versuche, die immergleiche Scham.«[9]

Allerdings ist Tolstaja nicht völlig unvorbereitet in die Ehe gegangen. Obwohl nicht im heutigen Sinne aufgeklärt, war sie im Alter von fünfzehn Jahren von der Cousine in die Geheimnisse des Ehelebens eingeführt worden. »Diese Entdeckung war für mich, das alles romantisierende Mädchen, einfach verheerend. Ich wurde hysterisch, warf mich auf das Bett und begann derart zu weinen, daß meine Mutter herbeigeeilt kam ... Doch ich mußte selbst irgendwie mit diesem Gefühl fertig werden, und ich entschied damals, daß ich, sollte ich jemals heiraten, dann nur einen Menschen, der ebenso unschuldig war wie ich.«[10] Daß der fast doppelt so alte Ehemann keineswegs ebenso unschuldig ist wie sie, weiß Tolstaja aus seinen Tagebüchern. Trotzdem ist sie bei ihrer Ankunft in Jasnaja Poljana desillusioniert und ernüchtert. Doch auch Tolstoj ist von der Situation überfordert. Seine verständnisvolle Zärtlichkeit für die Gefühle der Frau an seiner Seite, die noch ganz Kind ist, läßt allzu schnell nach, und er fordert sein Recht als Ehemann, ohne sich der Bedürfnisse des jungen Mädchens bewußt zu sein. Die erste sexuelle Erfahrung in der Ehe ist deshalb auch für ihn unbefriedigend. In seinem Tagebuch erwähnt er die Hochzeitsnacht nur mit wenigen Worten: »Nacht, schwerer Traum. Nicht sie.«[11]

»Dieses Gefühl der Enttäuschung und Schalheit durchlebte auch er«, erinnert sich Tolstaja. »Er war den Umgang mit einer jungen Frau aus der Gesellschaft nicht gewöhnt. Er hat mir erzählt, daß er vor der Ehe mit der agilen, schönen Bäuerin Aksinja in Jasnaja Poljana zusammen war. Davor hatte er jene Häuser aufgesucht, und in den Hotels besuchten ihn Frauen, die mit ihrem Körper handelten. Die Beziehung zu ihnen betrachtete er als Befriedigung einer körperlichen Notwendigkeit, nicht mehr, manchmal als Vergnügen. In dieser Umgebung war alles einfach. Und nun ein verschrecktes, unschuldiges Mädchen, das physisch und psychisch leidet.«[12]

Gleichwohl geben sich beide nicht ihrer Enttäuschung hin. Sie wollen ihr Glück. »Aus Jasnaja Poljana kamen glückstrahlende Briefe«, schreibt Tatjana Kusminskaja über die erste Zeit der Ehe.[13] »Ich bin vierunddreißig Jahre alt geworden, ohne zu wissen, daß man so lieben und so glücklich sein kann«, schreibt Tolstoj kurz nach der Hochzeit an Alexandrine Tolstaja.[14] »Unvorstellbares Glück!« jubelte er einige Tage zuvor im Tagebuch. »Es kann nicht sein, daß all dies im Alltag endet.«[15] Auch den Freunden und Bekannten entgeht das Glück des jungen Paares nicht. »Wissen Sie, wen ich kürzlich sah?« so ein Freund über Tolstoj. »Einen *neuen* Lew Nikolajewitsch. Er war mit seiner Frau für ein paar Tage in Nikolskoje. Sie ist eine anmutige Schönheit – ganz und gar. Mit einem gesunden Verstand, einfach und aufrichtig – sie hat wohl auch einen starken Charakter ... Er war in sie verliebt bis über beide Ohren.«[16]

»Noch bin ich ein wenig fremd hier, und es kommt mir sonderbar vor, daß Jasnaja Poljana jetzt mein Zuhause ist«, berichtet Sonja am Tag nach der Ankunft im Brief an die Schwester. »Schon heute wurde oben der Samowar aufgetragen und der Teetisch gedeckt, wie es zu einem glücklichen Familienleben gehört ... Was glaubst Du, wird er einmal aufhören können, mich zu lieben? Ich fürchte mich, an die Zukunft zu denken, denn jetzt kann ich nicht mehr schwärmen, wie einst in meiner Mädchenzeit, jetzt sehe ich meinen Lebensweg vorgezeichnet und habe Angst, etwas zu verderben.«[17]

Tatsächlich ist der Weg, den die junge Frau in ihrer Ehe beschreitet, vorgezeichnet, und das Leben des Paares auf Jasnaja Poljana gestaltet sich wie selbstverständlich nach dem Muster der traditionellen Ehe. Tolstoj hat nie einen Hehl daraus gemacht, daß er die Frauenemanzipation vehement ablehnt. So hat er bei einer Abendgesellschaft in Sankt Petersburg 1859 bei Nikolaj Nekrassow, in dessen Kreis ein regelrechter Kult um die französische Schriftstellerin George Sand herrschte, allgemeine Empörung hervorgerufen, als er erklärte, man müßte die »Heldinnen der Romane George Sands, existierten sie tatsächlich, als Mahnung für die Bevölkerung auf den Schandwagen binden und sie durch die Straßen Petersburgs fahren«.[18]

Während George Sand sich in Leben und Werk gegen die bürgerlichen Konventionen und die Institution der Ehe auflehnt und in ihrem auch in Rußland viel gelesenen Roman *Emanzipation der Gefühle* für gleichberechtigte Beziehungen von Mann und Frau eintritt, sieht Tolstoj in den Ideen des Feminismus ein »Verbrechen gegen die Natur«. »Er war ein Gegner der Frauenbildung in Kursen und Universitäten. Für ihn war die Frau nur als Mutter und Gattin eine richtige Frau«, charakterisiert ihn seine Schwägerin Tatjana Kusminskaja.[19]

Schon als junger Offizier skizzierte Tolstoj zehn Jahre vor seiner Heirat in einem Brief an Tantchen Toinette seine ideale Vorstellung vom Zusammenleben in Ehe und Familie: »So also stelle ich es mir vor: In einigen Jahren werde ich, nicht alt, nicht jung, in Jasnaja Poljana leben, meine Angelegenheiten sind geregelt ... Ich bin verheiratet. Meine Gattin ist ruhig, gut, liebend; sie liebt Sie ebenso wie ich. Wir haben Kinder ... Das Haus wird entsprechend jener Ordnung geführt, wie sie unter Vater war, und wir leben eben jenes Leben.«[20]

Tolstoj hat jenes Familienleben, nach dem er strebt, indes nie selbst kennengelernt. Im Alter von knapp zwei Jahren verlor er die Mutter, der Vater starb sieben Jahre später. An seine Mutter hat Tolstoj keine Erinnerung, einzig ein Scherenschnitt von ihr als Mädchen im Alter zwischen zehn und zwölf Jahren ist überliefert. Tolstojs Mutter Gräfin Maria Nikolajewna hatte erst mit 32 Jahren geheiratet. Nach dem frühen Tod der Mutter lebte sie zusammen mit ihrem Vater Graf Nikolaj Sergejewitsch Wolkonski auf dem Landgut Jasnaja Poljana, das dieser nach einer vorzüglichen Karriere am Hof Katharinas II. erbaut hatte. Trotz all ihrer Vorzüge war der Gräfin ein Makel eigen – sie war keine Schönheit, stand in dem Ruf, eine »häßliche alte Jungfer zu sein«. Ihr Verlobter war gestorben, und sie hatte sich und ihr Leben ganz dem Vater gewidmet. Nach dessen Tod wurde ein Bräutigam für sie gefunden: der junge Nikolaj Iljitsch Tolstoj. Die Genealogie der Familie Tolstoj läßt sich bis ins 14. Jahrhundert zurückverfolgen. Von

Peter dem Großen wurde sie in den Stand der Grafen erhoben, verarmte jedoch, und der einstige Oberstleutnant ohne Vermögen war auf der Suche nach einer guten Partie.

Tolstoj verehrt seine Mutter geradezu religiös, stilisiert sie zur idealen Ehefrau und Mutter mit den herausragenden Eigenschaften Bescheidenheit und Demut, Nachsicht mit anderen und Aufrichtigkeit der Gefühle. »Sie war in meiner Vorstellung ein solch hohes, reines, geistiges Wesen, daß ich in meiner Lebensmitte, im Kampf um die Überwindung der Versuchung, oft zu ihr gebetet habe, sie um Hilfe gebeten habe, und dieses Gebet hat mir stets geholfen.«[21]

In seinem Kurzroman mit dem programmatischen Titel *Familienglück*, der 1859 erschien, griff Tolstoj das Thema Liebe, Ehe und Familie in einem literarischen Werk auf. Tolstoj entwickelt hier seinen Lebenstraum von einer glücklichen Ehe und harmonischem Familienleben. Sein Anliegen ist unverkennbar: Das Glück der Familie ist tiefer und inhaltsreicher als das persönliche Glück der Protagonisten. Dies wird eines der Hauptthemen seiner späteren Werke sein.

Tolstaja weiß um die Ansichten ihres Ehemannes. Sie ist bereit, alles zu tun, um seinen Ansprüchen gerecht zu werden. Das Leben an der Seite und im Dienste des Schriftstellers scheint der jungen Frau Rechtfertigung genug, ihr eigenes Ich, ihre eigenen Begabungen zurückzustellen. »Das Bewußtsein, einem Genie und großen Menschen zu dienen, gab mir Kraft zu allem.«[22]

In der zweiten Hälfte des 19. Jahrhunderts gibt es durchaus Vorbilder für Frauen, die ihre literarische Berufung zum Beruf machen wollen, so die vielbewunderten und anerkannten Dichterinnen Anna Bunina, Karolina Pawlowa und Sinaida Wolkonskaja. Die junge Sofja Behrs jedoch entscheidet sich anders. Vor ihrer Hochzeit verbrennt sie ihre Jugendtagebücher und ihre Erzählung *Natascha*.

Nachdem Tantchen Toinette ihr nach der Ankunft symbolisch die Schlüssel übergeben hat, übernimmt die junge Gräfin die Rolle der Hausherrin in Jasnaja Poljana. Dies fällt ihr nicht schwer, ist sie doch von Kindheit an mit der Führung des Haushalts vertraut.

»Sie trägt heute eine Haube mit roten Bändern – nicht übel. Und wie sie heute am Morgen die Erwachsene und Hausherrin spielte – überzeugend und außerordentlich gut«, begeistert sich Tolstoj über seine junge Frau.[23]

Das Haus ist spartanisch, ja geradezu ärmlich ausgestattet und in ziemlich verwahrlostem Zustand. Vom einstigen hochherrschaftlichen dreistöckigen Gutshaus mit sechsunddreißig oder zweiundvierzig Zimmern (die Zahlenangaben schwanken), das Tolstojs Großvater Wolkonski Ende des 18. Jahrhunderts erbauen ließ, sind lediglich zwei durch einen Hof getrennte Seitenflügel erhalten geblieben. Das Haupthaus hat Tolstoj 1854 verkaufen müssen, um Spielschulden begleichen zu können, und der neue Besitzer hat es abtragen und an einem anderen Ort wieder errichten lassen. Der weitläufige Park mit der Birkenallee, die zum Haus führt, und den rechts und links der Allee gelegenen Teichen und den Obstbäumen, ist heruntergekommen und verwildert. Nichts zeugt vom früheren Reichtum der Familie Tolstoj, deren Mitglieder dereinst, wie die Familienlegende zu berichten weiß, die Wäsche mit speziellen Pferdefuhrwerken zur Reinigung nach Holland geschickt und nur besten französischen Wein aus böhmischen Kristallgläsern getrunken haben.

Sofja Andrejewna führt die Lebensregeln, welche sie aus ihrer Familie gewohnt ist, in Jasnaja Poljana ein. Dies betrifft zunächst einfachste Dinge des Alltags wie Bettwäsche, denn als Junggeselle hatte Tolstoj sich mit einem unbezogenen, harten Lederkopfkissen begnügt. »In Jasnaja Poljana wurde ich nicht eben verwöhnt«, erinnert sich Tolstaja. »Wenn der Koch krank oder betrunken war, kochte ich selbst und konnte danach vor lauter Müdigkeit – schließlich war dies für mich ungewohnt – nichts mehr essen ... Ich badete mich notdürftig im Fluß, und es gab noch nicht einmal einen Verschlag, wo man sich hätte umziehen können – es war barbarisch und peinlich. Bei uns in Pokrowskoje hatte Vater uns eine *eigene* großartige Badestelle anlegen lassen, in Jasnaja Poljana hingegen herrschte jene Einfachheit, die Lew Nikolajewitsch schon damals in alles hineinzubringen versuchte.«[24] Die primitive Ausstattung des Hauses wird jedoch nach und nach aufgebessert: »Bis das Silber aus meiner Aussteuer gebracht wurde, aßen wir mit einfachen Gabeln aus Eisen und überaus altertümlichen Silberlöffeln, von denen stellenweise das Silber abgeplatzt war. Ich stach mir, da es so ungewohnt war, des öfteren beim Essen in die Lippen.«[25]

Auch die Bediensteten müssen sich umstellen. Sonja weist ihnen, die sich zuvor dort zum Schlafen hinlegten, wo es sich gerade ergab, feste Schlafplätze zu und übernimmt energisch auch die Aufsicht über die Küche. Der Koch Nikolaj Michailowitsch diente einstmals als Flötist im Hausorchester des Fürsten Wolkonski und ist nun in der Küche tätig, da er, wie er augenzwinkernd zu sagen pflegt, sein Mundstück verloren hat. Er versteht sein Handwerk zwar recht gut, doch spricht er bisweilen über die Maßen dem Branntwein zu und führt die Küche nicht immer mit der erforderlichen Akkuratesse. »Er war außerordentlich schmutzig, und nachdem ich einmal beim Essen in Tränen ausgebrochen war, da ich in der Suppe einen widerwärtigen Parasiten gefunden hatte, traf ich energisch die notwendigen Maßnahmen: Ich führte weiße Jacken, Mützen und Schürzen ein, ging regelmäßig in die Küche und schaute nach allem.«[26]

Schon bald scheint der Alltag in Jasnaja Poljana eingezogen zu sein. Auf Tage »unvorstellbaren Glücks« folgen Tage der Mißverständnisse und Auseinandersetzungen. »Schreibe wieder Tagebuch. Es ist schon trostlos, mit alten Gewohnheiten wieder zu beginnen, die ich vor der Hochzeit aufgegeben hatte«, beginnt Tolstaja am 8. Oktober 1862 ihr Tagebuch, das sie die gesamten achtundvierzig Jahre ihrer Ehe führen wird. »Früher schrieb ich, wenn mir schwer ums Herz war, und nun ist es, wie es scheint, ebenso.«

Und auch Tolstoj ist wie bereits vor der Hochzeit von Gefühlsschwankungen erschüttert. »Ich erkenne mich selbst nicht wieder. Alle meine Fehler sind mir klar. Ich liebe sie ebenso, wenn nicht noch mehr. Heute gab es eine *Szene*. Mir war traurig zumute, daß bei uns alles ist wie bei den andern. Sagte es ihr, und sie beleidigte mich in meinen Gefühlen zu ihr, ich begann zu weinen. Sie ist voller Liebreiz. Ich liebe sie nun noch mehr. Doch ist da nicht Unaufrichtigkeit?«[27]

Sofja Andrejewna steht den Zweifeln Tolstojs verständnislos gegenüber und fühlt sich der ständigen Notwendigkeit, ihrem Mann ihre Liebe beweisen zu müssen, nicht gewachsen. Kurz nach ihrer Ankunft in Jasnaja Poljana zieht sie ein Resumé der ersten Tage ihrer Ehe: »Zwei Wochen lang hatten wir, so schien mir, eine unkomplizierte Beziehung zueinander, zumindest fiel es mir leicht, nichts vor ihm zu verheimlichen, er war mein Tagebuch.

Doch seit dem gestrigen Tage, als er mir sagte, er glaube nicht an meine Liebe, ist es mir furchtbar schwer. Doch ich weiß, warum er nicht an sie glaubt ... Seit frühester Zeit träumte ich von jenem Menschen, den ich einmal lieben würde, als von einem ganz und gar makellosen, neuen, *reinen* Menschen. Ich erträumte mir – es waren dies kindische Träume, von denen mich zu trennen mir bis heute schwerfällt –, daß dieser Mensch immer um mich sein würde, daß ich den geringsten seiner Gedanken kenne, fühle, daß er mich allein sein Leben lang lieben wird ...

Nun, da ich verheiratet bin, sollte ich alle meine einstigen Träume als dumm erkennen, mich von ihnen lossagen, doch das kann ich nicht. Die ganze Vergangenheit meines Mannes ist so furchtbar für mich, daß ich mich wohl niemals mit ihr abfinden kann. Vielleicht, wenn es andere Aufgaben in meinem Leben geben wird, Kinder, die ich mir so sehr wünsche, damit es eine ganz neue Zukunft gibt ... Er versteht nicht, daß seine Vergangenheit ein ganzes Leben mit Tausenden von guten und niedrigen Gefühlen ist, die nicht mir gehören, ebenso wie seine Jugend mir nicht gehören kann, die er Gott weiß womit und mit wem vergeudet hat. Und er versteht nicht, daß ich ihm alles hingebe, daß ich nichts vergeudet habe, daß ihm nur meine Kindheit nicht gehört. Doch auch sie gehörte ihm ...

Ich werde mich nach und nach in mich zurückziehen und ihm dadurch das Leben vergiften. Doch wie tut er mir leid in jenen Minuten, wenn er mir nicht glaubt und Tränen in den Augen hat und einen solch sanften und traurigen Blick. Ich könnte ihn mit

Liebe erdrücken, doch dann verfolgt mich der Gedanke: *Er glaubt mir nicht, er glaubt mir nicht.*«[28]

So viel haben sich beide von der Ehe erwartet, doch schon von Anfang an ist ihre Beziehung von Schwierigkeiten und Konflikten belastet, die sie nicht überbrücken können. Bereits in den ersten Ehetagen begreift Sonja intuitiv, daß Tolstoj ihr nicht das geben kann, was sie sich ersehnt hat.

»Heute spürte ich plötzlich, daß wir uns immer mehr voneinander entfernen, daß ich mir meine eigene traurige Welt aufbauen werde und er die seine – ohne Vertrauen zu mir, voller Arbeit ... Und auch ich begann, nicht an seine Liebe zu glauben. Er küßt mich, und ich denke: ›Nicht zum ersten Mal ist er verliebt.‹ Und es ist so verletzend, tut so weh, daß meine Liebe, die mir so teuer ist, da sie meine erste und letzte ist, ihm nicht genug ist ... Und er glaubt noch dazu, daß ich ihn nicht liebe.«[29]

Mit Tolstajas Eintrag beginnt ein Dialog der Ehepartner in den Tagebüchern, den sie während der gesamten Zeit ihrer Ehe führen. Überzeugt, es dürfe in ihrer Beziehung keine Geheimnisse geben, lesen beide die Tagebücher des anderen und schreiben somit im Bewußtsein, daß der andere die Aufzeichnungen lesen und darauf reagieren werde. Wenn also Tolstoj in seinem Tagebuch an der Liebe seiner Frau zweifelt, sie ihrerseits ihre Liebe zu ihm beteuert, aber zugleich über die entstehende Distanz zwischen ihnen beiden schreibt, geschieht dies immer auch mit dem Ziel, dem anderen etwas mitzuteilen. Die Tagebücher der Tolstojs sind nicht nur Reflexionen über die eigene Gefühlswelt, sondern auch Instrumente in einer absonderlichen Kommunikation von schonungsloser Offenheit, die in den späteren Jahren der Ehe häufig auch dazu benutzt werden wird, einander Verletzungen zuzufügen. »Sobald man gegenseitig sein Tagebuch liest, wird man unaufrichtig«, schreibt Tolstaja im März 1865.[30] »Alles, was in diesem Buch steht, ist nahezu Lüge, Unaufrichtigkeit«, stellt Tolstoj fest. »Der Gedanke, daß sie über der Schulter mitliest, verringert und verdirbt meine Wahrheit.«[31]

Die Veränderung anzunehmen, die sie so sehr gewollt hat, fällt Tolstaja schwer. »Das Leben auf dem Lande war damals sehr einfach, ohne Eisenbahnverbindungen, mit einer einsam geduldigen Genügsamkeit für jene Interessen, die das eigene Leben betrafen: die Landwirtschaft, die Nachbarn, die Jagd, die Handarbeiten der Frauen und die seltenen fröhlichen Feiern von Familien- und Kirchenfesten.«[32] Aufgewachsen in der heiter-ausgelassenen Atmosphäre der Gesellschaft von Geschwistern und Freunden, ist sie nun den größten Teil der Tage allein, da Tolstoj tagsüber mit seiner Arbeit beschäftigt ist. Er hat Verwalter und Vorarbeiter des Landguts entlassen und kümmert sich selbst mit Leidenschaft um die Bewirtschaftung des Guts. Auch ist er vorerst weiterhin als Herausgeber seiner pädagogischen Zeitschrift *Jasnaja Poljana* tätig und führt die von ihm gegründete Schule weiter.

Tolstajas einzige Gesprächspartner in Jasnaja Poljana sind ihr Mann, dessen altes Tantchen Toinette, deren Gesellschafterin Natalja Petrowna und die Bediensteten. Eine nicht eben erhebende Gesellschaft für eine romantische junge Frau. »Des Abends nahm Tantchen Tatjana Alexandrowna auf ihrem harten, blauen, mit Sphinxköpfen geschmückten Diwan aus rotem Holz Platz, der ihr auch als Schlafstatt diente, und lud Natalja Petrowna zu einer Partie Patience ein ... Wenn die Patience aufging, waren beide vergnügt und begeistert. Wie sehr ich mich auch bemühte, ich konnte mich einfach nicht für die Patiencen und anderen Spiele, an denen sich sogar Lew Nikolajewitsch bisweilen beteiligte, begeistern. Nachdem meine Arbeit getan war, begab ich mich in Tantchens Zimmer und langweilte mich unendlich, wenn ich den alten Damen bei ihrem begeisterten Kartenspiel zusah. Dann versetzte ich mich in Gedanken zurück nach Hause, zu meiner Familie, wo es so viel Aufgaben und Fröhlichkeit gab, und ich begann, mich selbst zu bemitleiden.«[33]

Tolstajas Versuche, sich dem Landleben anzupassen, verlaufen nicht glücklich. »Als er ein Fräulein *aus der Stadt* heiratete, vergaß er, daß man es nicht schnell an das Dorf gewöhnen kann.«[34] »Anfangs war ich bei den Versammlungen Lew Nikolajewitschs mit den Lehrern immer zugegen, doch bald schon konnte ich den Tabakqualm nicht mehr ertragen . . ., mir wurde speiübel, und ich legte mich in meinem Zimmer hin, allein und bekümmert, daß ich nicht an den Interessen und an der Arbeit Lew Nikolajewitschs teilhaben kann.

Ebenso war es mit der Landwirtschaft. Lew Nikolajewitsch wollte mir die Viehwirtschaft und das Melken beibringen und ging mit mir in den Stall. Ich bemühte mich, zuzuschauen und den Milchertrag zu berechnen, beim Butterstampfen dabeizusein und so fort. Doch bald wurde mir vom Gestank des Stallmists übel, und man brachte mich blaß und zitternd ins Haus.«[35]

»Ich vermag es nicht, mir eine Aufgabe zu finden . . . Es ist ja nicht schwer, sich eine Betätigung zu finden, es gibt vieles zu tun, doch vor allem muß man sich mit den Kleinigkeiten beschäftigen, Hühner züchten, auf dem Klavier klimpern, viel Dummes und wenig Gutes lesen und Gurken einlegen. Es wird schon alles werden, wenn ich mein fröhliches Mädchenleben vergesse und mich auf dem Lande einleben werde . . . In den nächsten Jahren werde ich also meine *weibliche*, ernsthafte Welt aufbauen und diese noch mehr lieben, denn dann wird es neben dem Mann noch die Kinder geben, die man mehr liebt als die Eltern und Geschwister.«[36]

Als Sofja Tolstaja kaum drei Monate nach der Hochzeit bemerkt, daß sie schwanger ist, scheint sich alles zum Guten zu wenden. Tolstoj ist beflügelt von der Tatsache, daß sein eigenes Familienglück sich seinem Ideal annähert. Doch auch die Schwangerschaft kann die Distanz nicht überwinden. Sie sind nicht das ideale Paar, das sie sein wollen: Der Altersunterschied von sechzehn Jahren und die daraus entspringenden unterschiedlichen Erfahrungen und Erwartungen an das Leben machen das Zusammenleben schwer.

Nach der Veröffentlichung von *Familienglück* 1859 war Tolstoj in eine Krise geraten. »Ich bin immer noch wie betäubt und werde wohl nie mehr etwas schreiben«, klagte er.[37] Damals wandte er sich von der Literatur ab und wurde zum passionierten Gutsbesitzer und Pädagogen. Doch auch seine pädagogische Tätigkeit desillusionierte ihn schon bald. In dieser Depression sollte ihn die Ehe mit Sonja erretten. »Vielleicht wäre ich bereits damals in jene Verzweiflung geraten, die mich im Alter von fünfzig Jahren erfaßte, wenn es nicht noch eine mir bis dahin unbekannte Seite des Lebens gegeben hätte, die mir Rettung verhieß – das Familienleben«, legt Tolstoj in seiner *Beichte* dar.[38] Daß diese übergroßen Erwartungen Tolstojs an die Ehe mit Sonja die junge Ehefrau überfordern müssen, versteht sich fast schon von selbst.

Schon bald nach der Hochzeit trägt sich Tolstoj mit dem Gedanken, seine pädagogische Tätigkeit in Schule und Zeitschrift zu beenden. »Um die Wahrheit zu sagen«, heißt es in einem Brief Tolstojs an Sonjas Schwester Lisa, »beginnt mir meine kleine Zeitschrift lästig zu werden, insbesondere das lästige Drum und Dran: Studenten, Korrekturen etc. Es drängt mich sehr zur freien Arbeit de longue haleine – ein Roman oder dergleichen.«[39]

Zunächst macht er sich an die Überarbeitung und Fertigstellung der Werke, die er bereits vor der Ehe begonnen hat. »Habe den ersten Teil der *Kosaken* beendet«, vermerkt er am 19. Dezember 1862. Die Erzählungen *Die Kosaken* und *Polikuschka*, beide 1863 im *Russki Westnik* erschienen, sind die ersten Werke ihres Mannes, die Tolstaja in ihrer »unschönen, aber deutlichen Handschrift« abschreibt. Unglücklich und unausgefüllt in ihren Hausfrauenpflichten, wirft sie ihre ganze kreative Energie und Begabung auf die literarische Tätigkeit ihres Mannes, dessen Werke sie schon als junges Mädchen bewundert hat.

Sofja Andrejewna, die sich immer wieder einzureden versucht, daß die erste schwere Zeit ihrer Ehe nur eine »unerträgliche Phase des Übergangs« sei, versucht ihr Gefühl des Verlassenseins zu überwinden, doch es gelingt ihr nicht. Während sie ganz für ihren Mann, ihren Ljowa, Ljowotschka, wie sie ihn liebevoll nennt, lebt, ist er unstet und geschäftig, hat seine Literatur und seine Landwirtschaft. Sie bewundert seine Arbeitslust, fühlt sich jedoch zugleich zurückgesetzt und empfindet sich selbst als unbedeutend, untalentiert und banal. »Die erdrückende Überlegenheit Lew Nikolajewitschs in allem empfindend – in Alter, Bildung, Klugheit, Lebenserfahrung, ganz zu schweigen von seiner Genialität –, versuchte ich mit ganzer Kraft, mich ihm geistig anzunähern, und wenn schon nicht ihm ebenbürtig zu werden, so doch, ihn aus der Distanz zu verstehen, und fühlte meine eigene Talentlosigkeit.«[40]

All seine Betriebsamkeit, alles außer der Beschäftigung mit der Literatur, betrachtet sie mit Argwohn als etwas Trennendes. »Er ist mir zuwider mit seinem Volk. Entweder ich als Vertreterin der Familie oder das Volk, das L. mit solch heißer Liebe liebt – so empfinde ich es. Das ist egoistisch. Sei's drum. Ich lebe für ihn, durch ihn, und will es ebenso für mich ... Er war mir nicht zuwider, doch plötzlich fühlte ich, daß er und ich uns in verschiedene Richtungen entwickeln, d. h., daß sein Volk mich nicht auf gleiche Weise ausfüllen kann wie ihn, und daß ich ihn nicht ebenso ausfüllen kann wie er mich. Das ist absolut einfach. Doch wenn ich ihn nicht ganz ausfülle, wenn ich Puppe bin, wenn ich nur *Eheweib* bin und nicht *Mensch* – so kann ich nicht leben und will es auch nicht.«[41]

Die Weihnachtsfeiertage 1862 verbringen die Tolstojs in Moskau. Tolstoj ist nicht entgangen, daß seine Sonja sich an den langen Abenden des russischen Winters nach der Gesellschaft ihrer Familie sehnt. Und auch er will Freunde und Bekannte treffen und Sonja bei den Familien seines Bekanntenkreises einführen sowie seine literarischen Angelegenheiten vorantreiben. Sie steigen im eleganten Hotel Chevalier ab, und die junge Gräfin Tolstaja genießt das Leben in der Stadt.

Trotz aller Geselligkeit und Ablenkungen verläuft das Zusammenleben des Paares indes auch in Moskau nicht ungetrübt. Nichtigkeiten führen zu aufreibenden Streitigkeiten. Bereits in den ersten Tagen kommt es zu einer Szene, als Sonja für einen Besuch einen Hut anprobiert, der »nach der damaligen Mode vorn sehr hoch war, die Ohren bedeckte und unterm Kinn mit Bändern befestigt wurde ... ›Was?‹ rief er. ›Mit diesem Turm zu Babel soll Sonja Visite machen?‹«.[42] Sie möge doch bitte ihre Pelzkappe tragen, beharrt er auf seiner Ablehnung des Huts, was wiederum nicht nur Sonja, sondern auch seine Schwiegermutter Ljubow Behrs als ganz und gar unpassend empfindet.

Obwohl Tolstoj selbst zu jener Zeit bei seinen Aufenthalten in Moskau noch beim besten französischen Schneider der Stadt gefertigte Anzüge trägt, pocht er bei der Kleidung seiner Frau auf Einfachheit. Alles, was ihn vor der Hochzeit am Fräulein Sonetschka Behrs fasziniert hat, ihr heiteres Gemüt, ihre Eleganz und ihr Wunsch zu gefallen, scheint ihm unvereinbar mit der Rolle, die sie als seine Ehefrau übernommen hat. In Jasnaja Poljana trägt Tolstaja meist ein »sehr schlichtes, braunes, weit geschnittenes Kleid aus einfachem Tuch. Dieses Kleid hatte Lew Nikolajewitsch selbst bestellt und gekauft. Er sagte, unter dem weiten Rock eines Krinoline-Kleids mit seinen Stahlreifen und der Schleife fände er seine Frau ja gar nicht.«[43] In Moskau freilich will sie bei ihren Antrittsbesuchen eine gute Figur machen, was jedoch bei Tolstojs Ansichten keine einfache Aufgabe ist. Wenige Tage nach dem Streit wegen des Huts kommt es erneut zu einer Szene. »Am Morgen das Kleid. Sie provozierte mich dazu, mich dagegen auszusprechen, ich war dagegen, ich sagte es – Tränen, häßliche Wortgefechte ... Wir haben es irgendwie gekittet. Ich bin dann mit mir immer selbst unzufrieden, besonders wegen der Küsse, sie sind ein trügerischer Kitt.«[44] »Jeder Streit, wie belanglos er auch sei, ist ein Riß in der Liebe«, stellt Tolstoj fest.[45]

Wenn Tolstoj seine Visiten ohne sie macht, vergeht seine Ehefrau vor Eifersucht. Sie hat Tolstaja bereits in Jasnaja Poljana ergriffen. Als sie drei Monate nach der Hochzeit zum ersten Mal mit der einstigen Geliebten ihres Ehemannes, der Bäuerin Aksinja, zusammentraf, die gemeinsam mit anderen Frauen den Boden des gräflichen Hauses scheuerte, wurde sie von ohnmächtiger Wut gegen die Vergangenheit ihres Mannes und gegen diese Frau aufgewühlt. »Ich glaube, ich werde aus Eifersucht noch einmal Hand an mich legen. ›Bin verliebt wie nie zuvor!‹ Einfach ein Bauernweib, dick, weiß – furchtbar ... Ich las den Anfang eines seiner Werke, und überall, wo es um Liebe geht, um Frauen, ist es mir abscheulich, schwer, ich würde am liebsten alles, alles verbrennen. Damit nichts mich an seine Vergangenheit erinnerte. Und es täte mir nicht leid um seine Werke, denn durch die Eifersucht werde ich zu einer schrecklichen Egoistin. Wenn ich ihn umbringen, und dann von neuem, ganz genau so, wie er ist, erschaffen könnte, ich täte dies mit Vergnügen.«[46]

Sogar in ihren Träumen wird Tolstaja von der Eifersucht verfolgt. Es ist ein offenes Geheimnis, daß ihr Mann mit seiner Geliebten einen Sohn hat, und auch Sonja weiß dies. »Ich hatte heute einen unangenehmen Traum. Zu uns in einen riesigen Garten kamen die Bauernmädchen und Frauen aus dem Dorf, und alle waren gekleidet wie Damen. Sie kamen alle nacheinander irgendwo heraus, als letzte A.[ksinja], in einem schwarzen Seidenkleid. Ich unterhielt mich mit ihr, und plötzlich packte mich eine solche Wut, daß ich von irgendwoher ihr Kind ergriff und in Stücke riß. Die Beine, den Kopf – alles riß ich ab, ich war wie besessen. Dann kam Ljowotschka, ich sagte ihm, daß man mich nach Sibirien verbannen werde, aber er sammelt die Beine, Hände und alle Körperteile wieder zusammen und sagt, das mache nichts, es ist eine Puppe. Ich schaute, und tatsächlich: statt eines Körpers nur Baumwolle und Glacéleder ... Ich quäle mich oft, wenn ich an sie denke, sogar hier in Moskau. Mich quält die Vergangenheit, nicht eine tatsächliche Eifersucht.«[47]

»Er beteuert mir fortwährend, daß er mich in Moskau nicht den vierten Teil dessen lieben konnte, wie er mich hier liebt«, schreibt Tolstaja nach der Rückkehr nach Jasnaja Poljana an ihre Schwester Tanja.[48] Beflügelt von neuer Schaffenskraft stürzt Tolstoj sich in die Arbeit. Seine Beschäftigung mit der Pädagogik beurteilt er im nachhinein als »Enthusiasmus der Jugend – ja fast Pharisäertum, das ich nun, da ich zu Großem herangewachsen bin, nicht fortsetzen kann«,[49] und will, nachdem er die Erzählung *Die Kosaken* in Moskau in Druck gegeben hat, etwas Neues schreiben. Seine Frau ist glücklich über seine Rückkehr zur literarischen Tätigkeit. »Er interessierte sich für die Geschichte der Dekabristen und begann im Winter 1863 zu schreiben«, berichtet Tolstaja in ihren Erinnerungen, »vertiefte sich in die Lektüre von Unterlagen, Briefen, Notizen ...«[50]

Gleichwohl hat die Idee für den neuen Roman noch nicht endgültig Gestalt angenommen. Mit Begeisterung widmet Tolstoj sich in jener Zeit weiterhin der Bewirtschaftung seines Gutes und will eine solide finanzielle Basis für das Leben der Familie erarbeiten. »Uns geht es glänzend«, berichtet Tolstaja. »Wir werden hier zu richtigen Gutsbesitzern, schaffen uns Rinder, Geflügel, Ferkel und Kälber an.«[51] »Inspektoren, Verwalter und Aufseher sind in der Wirtschaft nur im Wege«, schreibt Tolstoj an seinen Freund und Dichterkollegen Afanassi Fet. »Probieren Sie mal, diese ganze Obrigkeit hinauszuwerfen . . ., und Sie werden sehen, daß alles ohne sie ebenso gut läuft.«[52] Nach der Entlassung der Angestellten, die sich um die Bewirtschaftung des Gutes kümmerten, übernimmt Sofja Tolstaja die Arbeit der Kontoristin, führt die Bücher und zahlt die Tagelöhner aus.

Allerdings sind Tolstojs Bemühungen als Gutsherr trotz aller Leidenschaft nicht mit allzuviel Glück gesegnet. »In der Folge geschahen einige tragikomische Ereignisse bei der Bewirtschaftung des Gutes«, erinnert sich Tolstaja. »Lew Nikolajewitsch stellte für seine kostbaren japanischen Schweine einen trunksüchtigen ehemaligen Soldaten an und dachte, er tut diesem damit etwas Gutes. Doch der einstige Soldat empfand dies als Beleidigung und fütterte die Schweine nicht. Eins nach dem anderen krepierte, und Lew Nikolajewitsch verstand den Grund dafür nicht, unterstellte eine Epidemie, beklagte den Vorgang, klärte aber nie die Ursache auf . . . Auch eine andere Geschichte betrübte Lew Nikolajewitsch sehr: Er pökelte Schinken und schickte Alexej Stepanowitsch, dem er absolut vertraute, damit nach Moskau, jedoch hatte er nicht bedacht, daß die Fastenzeit bevorstand. Es begann bereits wärmer zu werden, die Schinken verdarben . . . und mußten zu einem Spottpreis verkauft werden.«[53] Tolstoj indes läßt sich von solchen Mißerfolgen nicht beirren, betreibt die Landwirtschaft weiter mit dem »schöpferischen Eifer eines Genies«[54] und gibt dieses Steckenpferd erst einige Jahre später ganz auf. »Sein ganzes Leben lang interessierte er sich für die unterschiedlichsten Dinge: für das Spiel, die Musik, das Griechische, die Schulen, japanische Schweine, die Pädagogik, Pferde, die Jagd – alles kann man gar nicht aufzählen . . . Für alles brachte er eine Zeitlang überaus große Leidenschaft auf.[55] »Für nichts jedoch reichten ihm Geduld und Kenntnis. Alles wurde begonnen und ging gleich darauf zugrunde.«[56]

Im Überschwang der Tatkraft ist Tolstoj rundum zufrieden mit seinem Leben: »Es geht mir gut, so gut, ich liebe sie so sehr ... Sie weiß und versteht nicht, wie sehr sie mich verändert, unvergleichlich mehr als ich sie.«[57] »Ich bin glücklich mit ihr, doch mit mir selbst schrecklich unzufrieden ... Die Wahl ist längst getan: Literatur – Kunst, Pädagogik und Familie.«[58] Seine Frau schreibt entzückt: »Las *sein* Tagebuch, mir wurde glücklich zumute. Die Arbeit und ich ... Ich bin froh, daß er schreibt ... Wie ist mir das Leben leicht und einfach. Ich spüre so sehr, daß hier *meine Pflicht* ist, mein Leben, daß ich nichts anderes brauche.«[59]

Wie bereits vor der Ehe idealisiert Tolstoj seine Frau: »Ich liebe sie immer mehr. Heute sind es sieben Monate, und ich empfinde wieder jenes anfängliche Gefühl der Unvollkommenheit ihr gegenüber. Sie ist so unerhört rein und gut und makellos für mich. In diesen Minuten fühle ich, daß ich sie, ungeachtet dessen, daß sie sich mir ganz hingibt, nicht ganz besitze ... Etwas quält mich. Die Eifersucht gegen jenen Menschen, der ihrer wert ist. Ich bin es nicht.«[60]

Dieses Gefühl der moralischen Unterlegenheit gegenüber seiner Frau, dazu seine ständigen Zweifel an der Aufrichtigkeit ihrer Liebe zu ihm, lassen Tolstojs Eifersucht bisweilen tyrannische Züge annehmen. Der sich häufig alt und unattraktiv fühlende Tolstoj sieht in manch gutaussehendem, wohlerzogenem jungen Mann eine Bedrohung für seine Ehe. So wirft er seiner Frau vor, dem Dorfschullehrer Erlenwein allzu große Aufmerksamkeit zu schenken. »Als wir neulich beim Tee saßen«, berichtet Tolstaja ihrer Schwester, »unterhielt ich mich etwas heftig mit Erlenwein, es war nichts Wichtiges, jedenfalls entsinne ich mich nicht mehr, worüber wir sprachen. Und gleich wurde er eifersüchtig.«[61] Diese nichtige Episode nimmt in Tolstojs Tagebuch großen Umfang ein: »Heute erhoben mich ihr sichtliches Vergnügen, mit Erlenwein zu plaudern und seine Aufmerksamkeit auf sich zu lenken, und die wahnsinnige Nacht auf die alte Höhe von Wahrheit und Kraft ... Ich bin ein Spieler und Trinker. Ich habe in meinem Rausch für die Landwirtschaft die unwiederbringlichen neun Monate verloren, die die besten meines Lebens hätten sein können, die ich jedoch zu den schlechtesten gemacht habe ... Wahnsinnige Nacht. Ich suche dich, womit ich dir unwillkürlich weh tun könnte. Das ist häßlich und geht vorüber, doch sei nicht böse, ich kann dich nicht nicht lieben.«[62] »Sie beide waren überaus eifersüchtig und verbitterten sich dadurch ihr Leben«, resümiert Tolstajas Schwester Tanja.[63]

»Ich liebe sie«, heißt es in Tolstojs Tagebuch vom Januar 1863, »wenn ich des Nachts oder des Morgens aufwache und merke: Sie schaut mich an und liebt ... Ich liebe sie, wenn sie sich zu mir setzt, und wir wissen, daß wir einander lieben, wie wir nur können ... Ich liebe sie, wenn sie böse auf mich ist und plötzlich, in einem Augenblick, ihre Gedanken und Worte ärgerlich sind: ›Laß mich, du ödest mich an‹; und eine Minute später schon lächelt sie mich schüchtern an. Ich liebe sie, wenn sie mich nicht sieht und nicht kennt, und ich liebe sie auf meine Weise. Ich liebe sie, wenn sie ein kleines Mädchen ist in einem gelben Kleid und ihren Unterkiefer und die Zunge vorschiebt, liebe sie, wenn sie den Kopf in den Nacken legt, liebe ich ihr ernstes, kindliches und leidenschaftliches Gesicht, liebe sie, wenn ...«[64]

Bereits zu Beginn der Ehe begreift Tolstaja, wie stark die Beziehung zu ihrem Mann von der Sexualität abhängt. Die körperliche Seite der Beziehung überfordert die junge Ehefrau: »Alle körperlichen Ausdrücke der Liebe sind mir abscheulich«, schreibt sie im Tagebuch.[65] »Bei ihm spielt die physische Seite der Liebe eine große Rolle. Das ist furchtbar, denn bei mir spielt sie gar keine Rolle. Doch ist er moralisch *anständig* – das ist das wichtigste«, so lautet lakonisch eine der wenigen Äußerungen Tolstajas über die sexuelle Seite ihrer Ehe.[66]

»An allem ist die Schwangerschaft schuld ... Ich existiere für Ljowa nicht«, stellt Sophia Tolstaja im Mai 1863 ernüchtert fest. »Ich fühle, daß ich ihm unerträglich bin ..., kann ihm nichts Fröhliches schenken, da ich schwanger bin. Welch bittere Wahrheit, daß man gerade dann erkennt, wie der Mann liebt, wenn die Frau schwanger ist ... Wenn er wüßte, wie sehr er sich verändert hat ... Doch es läßt sich nicht ändern. Er wird wieder aufwachen, wenn das Kind geboren ist.«[67]

Der werdende Vater verfolgt die Entwicklung seines Kindes gespannt, wälzt medizinische Werke, teilt seiner Frau freudig mit, daß es nun schon Fingernägel habe, und errechnet den genauen Geburtstermin. Dennoch hat Tolstoj kein Verständnis für seine schwangere Ehefrau. »Möchte schrecklich gern mich um die Bienen kümmern, um die Apfelbäume, wirtschaften, etwas tun – doch eine ständige Schwere, Mattigkeit, eine gewisse Hinfälligkeit erinnert mich daran: Bleib still sitzen, gib acht auf deinen Bauch ... Und es ödet an, daß Ljowa auf diese Hinfälligkeit feindselig schaut – als ob ich schuld sei, daß ich schwanger bin.«[68]

Die Distanz zwischen den Ehepartnern, die aufgrund der Unberührbarkeit der Schwangeren noch größer wird, läßt sich auch aus einem langen Brief an Tanja erkennen. Sonja beginnt den Brief, doch nach wenigen Zeilen schreibt Tolstoj weiter und berichtet von einem Traum. »Um zehn Uhr ... legte ich mich allein schlafen. Ich hörte, wie sie die Tür öffnete, atmete, sich auskleidete ... Ich öffnete die Augen ... und sah Sonja, doch nicht jene Sonja, die wir beide kennen, sondern eine Sonja – aus Porzellan! ... Du kennst doch diese Porzellanpüppchen mit bloßen, kalten Schultern, Hals und mit auf der Brust verschränkten Armen, ... mit schwarz aufgemalten Haaren in großen Wellen, deren schwarze Farbe oben abgerieben ist, mit hervorstehenden Porzellanaugen ... und mit gestärkten Kleiderfalten auch aus Porzellan. Genauso eine war Sonja, ich berührte sie an der Hand – sie war glatt, angenehm anzufassen, doch kalt, aus Porzellan ... Und plötzlich schien sie zu verschwinden, wurde immer kleiner, so klein wie meine Handfläche, blieb aber immer dieselbe ... Sie sagte: ›Es macht doch nichts, daß ich aus Porzellan bin?‹ Ich wollte sie nicht betrüben und sagte, es mache nichts ... – Ich empfand ein merkwürdiges Gefühl. Mir war es plötzlich angenehm, daß sie solcher Art war, und ich hörte auf, mich zu wundern – alles schien mir ganz natürlich ... Wir schliefen ein. Am Morgen stand ich auf und ging fort, ohne sie anzusehen ... Als ich zum Frühstück kam, war sie wie immer ... Ich dachte, daß alles vergangen sei, doch all die letzten Tage, jedesmal, wenn wir allein bleiben, wiederholt es sich. Sie wird plötzlich zur kleinen Porzellanpuppe ... Offen gestanden, wenn es auch seltsam klingen mag, bin ich sogar froh darüber, und wir sind, ganz ungeachtet dessen, daß sie aus Porzellan ist, glücklich zusammen.«[69]

Die bezaubernde junge Ehefrau als empfindungslose Puppe im ehelichen Schlafzimmer. Wo Leidenschaft sein sollte, ist Kälte und Gefühllosigkeit. Am Ende des Briefes bittet Tolstoj, bei Moskauer Medizinern in Erfahrung zu bringen, »was dieser Kasus bedeuten mag«. Doch weder dem Vater Behrs, dem Tanja verständnislos den Brief zu lesen gibt, noch der Ehefrau erschließt sich der Sinn der Metapher Tolstojs.

Anfang Juni treffen Sonjas Geschwister Sascha und Tanja in Begleitung einiger Freunde auf dem Landsitz der Tolstojs ein. Tanja und ihre jungen Begleiter unternehmen Spaziergänge und Ausritte und vergnügen sich bei Picknicks. Die hochschwangere Tolstaja kann sich nur selten den Gesellschaften anschließen und fühlt sich bald vernachlässigt. »Die Jugend ist hier eingefallen und stört leider unser Leben ...«, schreibt sie schon kurz nach deren Ankunft. »Sie sind unterwegs, Ljowa ist unterwegs, und ich blieb allein, und in mir stieg Sehnsucht auf. Ich fühle sogar Wut in mir und möchte ihm Vorwürfe machen.«[70]

Tolstajas jüngere Schwester Tatjana ist von zauberhafter Leichtigkeit, charmant, kokett, hat eine herrliche Stimme. Sie weiß zu gefallen und betört das andere Geschlecht. In ihrer Gesellschaft lebt Tolstoj auf. Er schreibt in jenem Sommer kaum, notiert aber »viel in ein Büchlein, das er immer bei sich trug«. Auf Tanjas Frage, was er notiere, antwortet er: »Euch schreib ich auf.«[71] »Eine bezauberndere Frau als Tante Tanja habe ich in meinem Leben nicht kennengelernt«, erinnert sich Tolstojs Sohn Ilja. »Sie war nicht schön im herkömmlichen Wortsinn. Ihr Mund war zu groß, ihr Kinn trat zu sehr zurück, und ihre Augen waren, wenn auch kaum merklich, ungleich, doch all dies unterstrich ihre ungewöhnliche Weiblichkeit und Anziehung nur noch stärker. Die Franzosen bezeichnen dies mit dem Wort charmante ... Ja, war es denn möglich, Tante Tanja nicht zu lieben? Immer fröhlich, schön, klug, amüsant, originell und – allem voran – ganz Frau ... Und wie sie sang!

Heute weiß ich, daß ihre Stimme nicht außerordentlich und nicht eben sicher war. Doch wenn mir in der Kindheit jemand gesagt hätte, daß jemand besser singen könne als Tante Tanja – ich hätte ihm nicht geglaubt. Oft begleitete Papá sie am Klavier.«[72]

Tanja ist verliebt. Bei einer Reise ins feine Sankt Petersburg im Frühjahr ist die kaum Siebzehnjährige für den um zwei Jahre älteren Anatole Schostak entbrannt und hat ihn nach Jasnaja Poljana eingeladen. Tanja flirtet und kokettiert und wird von Anatole im Wald geküßt. Da aber allzu schnell allen klar wird, daß der junge Mann keine ernsthaften Absichten hegt, wird der Verehrer unter dem Vorwand der bevorstehenden Geburt von dem gestrengen Tolstoj nach Hause geschickt.

Möglicherweise ist indes auch eine gewisse Eifersucht Tolstojs der Grund für das abrupte Ende des Aufenthalts von Anatole Schostak in Jasnaja Poljana. Mit »Tatjantschik« verbindet ihn eine amitié amoureuse, ihre Leichtigkeit und ihr Witz faszinieren ihn. »Als ich erwachsen war, stellte ich mir die Frage, ob Papá wohl in Tante Tanja verliebt war?« schreibt Ilja Tolstoj. »Und heute glaube ich, daß er es war ... Ich verstehe darunter nicht jene vulgäre Verliebtheit, deren Ziel es ist, eine Frau zu besitzen – ein solches Gefühl konnte mein Vater natürlich nicht für Tante Tanja empfinden; ich meine das anregende Gefühl der Bewunderung, das allein der reinen Seele des Poeten erreichbar ist.«[73] Sofja Andrejewna spürt, wie sehr sich ihr Mann von der Unbeschwertheit Tanjas angezogen fühlt, und ist unzufrieden mit dem Betragen der jüngeren Schwester. »Manchmal weinte ich und begriff intuitiv, daß Lew Nikolajewitsch mit der unbekümmerten, fröhlichen, grazilen Sängerin Tanja glücklicher ist als mit seiner ... Ehefrau, die ihm bereits zur Last fällt«, erinnert sie sich.[74]

Allerdings sollte sie in der Folge nicht so sehr Tanjas Beziehung zu ihrem Mann beunruhigen als vielmehr die zu dessen älterem Bruder Sergej Nikolajewitsch Tolstoj. »Als ich im Sommer 1863 gezwungen war, Tanjas Verehrer Anatole Schostak hinauszuwerfen, klagte sie weinend Sergej Nikolajewitsch ihr Leid. In dieser Lage sind die Menschen in Gefahr.« Die beiden verlieben sich ineinander. »Die Liebe zwischen den beiden nahm ein solches Ausmaß an, daß man gezwungen war, über Heirat zu sprechen.«[75]

Doch Sergej Tolstoj ist gebunden, wenn auch nicht durch eine Ehe. Seit über fünfzehn Jahren lebt er mit Maria Schischkina zusammen, einer Zigeunerin, die er einst von ihrer Sippe losgekauft hat. Sie erwartet gerade das vierte gemeinsame Kind. So wird beschlossen, mit der Heirat noch ein Jahr zu warten. »Und so begann jene Herzenspein Sergej Nikolajewitschs ..., der zwischen zwei glühenden Lieben hin- und hergerissen wurde.«[76] Zwei Jahre später findet die Romanze ein Ende. Als Tanja im Mai 1865 wieder nach Jasnaja Poljana kommt, wird ein Hochzeitstermin festgelegt. Sergej fährt nach Hause, um seine Beziehung zu Maria zu klären. Doch er sieht sich außerstande, sie zu verlassen, und teilt Tanja dies in einem Brief mit. »Die Hochzeit fand nicht statt«, notiert Tolstaja am 12. Juli 1865. »Sergej hat Tanja hintergangen ... Sie waren zwölf Tage Braut und Bräutigam, sie küßten sich, und er wiegte sie in Sicherheit und raspelte Süßholz und baute Luftschlösser. Ein ausgemachter Schuft!« Tanja ist erschüttert und nimmt Gift. Sie überlebt den Selbstmordversuch und heiratet später ihren Cousin Alexander Kusminski, ihren Verehrer seit Kindertagen.

»Le bon Dieu a donné un fils à Sophie et à Léon«, verkündet Tante Tatjana Jergolskaja in der Nacht des 28. Juni 1863 die Geburt des ersten Kindes der Tolstojs. Mit Champagner wird auf die Gesundheit des Kindes und der Mutter angestoßen und das glückliche Ereignis gefeiert.

In der Nacht des 26. Juni ließ Sonja nach der Hebamme schikken. »Die Wehen dauerten den ganzen Tag über, sie waren schrecklich. Ljowotschka war die ganze Zeit bei mir, ich sah, daß ich ihm sehr leid tat, er war so zärtlich, Tränen blitzten in seinen Augen, er wischte mir mit einem Taschentuch und Eau de Cologne den Schweiß von der Stirn, denn ich war durch die Schmerzen und die Hitze schweißgebadet, meine Haare klebten an den Schläfen; er küßte mich und meine Hände, ich ließ seine Hände nicht los, drückte sie fest im unerträglichen Schmerz oder küßte sie, um seine Zärtlichkeit zu erwidern und um ihm zu zeigen, daß ich ihm diese Schmerzen nicht vorwerfe ... Im Moment der Geburt des Kindes herrschte eine Unheil verheißende Stille. Ich sah das Grauen im Blick Lew Nikolajewitschs und die furchtbar emsige Aufregung und Geschäftigkeit der Hebamme Maria Iwanownas mit dem Säugling. Sie spritzte ihm Wasser ins Gesicht, klopfte mit der Hand seinen Leib ab, drehte ihn, und endlich begann er zu wimmern und dann immer lauter zu schreien.«[77]

Noch am Abend wird der Junge auf den Namen Sergej getauft. Da Tolstoj abfällig über Mütter urteilt, die ihre Kinder nicht selbst stillen, gibt seine Frau den Säugling nicht in die Obhut einer Amme. Tolstajas Familie indes hat kein Verständnis für die Ansichten des Ehemannes. Ljubow Alexandrowna Behrs, die kurz vor der Geburt nach Jasnaja Poljana angereist war, kann nur den Kopf schütteln: »Ljowa hat immer so seltsame Ideen. Er will, daß Sonja wie eine Bäuerin leben soll.«[78] Andrej Behrs ist empört über den Bericht seiner Frau. »Dein Brief vom 31. Juli, liebe Sonja, hat mir das Herz zerrissen ...«, schreibt er seiner Tochter, »Du wähnst dich eine unglückliche Mutter, weil Du Dich genötigt siehst, eine Amme zu nehmen; und Dein Gatte meint Dich dadurch trösten zu müssen, daß er versichert, das Kinderzimmer nicht mehr betreten zu wollen, usw. usf. ... Sei nicht töricht, liebe Sonja, und beruhige Dich ... Ist es denn so schlimm, wenn Du Dein Kind nicht selbst stillen kannst? Wer ist denn daran schuld? Du selbst und erst recht Dein Mann, der, ohne Rücksicht auf den Zustand seiner Frau, sie zwingt, alles zu tun, was ihr schadet ... Er ist ein großer Meister in Wort und Schrift, doch was dabei herauskommt, sieht anders aus. Soll er doch einmal eine Erzählung schreiben, in der ein Mann vorkommt, der seine kranke Frau quält und sie zwingt, ihr Kind weiterhin selbst zu stillen! Alle Frauen würden ihn steinigen.«[79]

Erst nachdem ein Arzt der jungen Mutter das weitere Stillen aufgrund einer eitrigen Brustentzündung verbietet, willigt Tolstoj, wenn auch äußerst ungehalten, ein, eine Amme zu nehmen. Sonjas Gesundheitszustand ist schlecht, sie leidet darunter, den Ansprüchen, die ihr Mann an die ideale Mutterschaft stellt, nicht gerecht werden zu können, und spürt, daß dies sie wieder voneinander entfremdet. »Er ist unausstehlich, so daß ich ihm den ganzen Tag aus dem Weg gehe …«, schreibt sie einen Monat nach der Geburt. »Gerade habe ich sein Tagebuch gelesen. ›Diese neun Monate waren die schlechtesten in meinem Leben.‹ Vom zehnten gar nicht zu reden. Wie oft mag er bei sich gedacht haben: ›Warum nur habe ich geheiratet‹, und wie oft sich laut gesagt haben: ›Wo bin ich, der ich einmal war?‹«[80] Wenige Tage später notiert sie: »Es ist nicht normal, sein Kind nicht selbst zu stillen … Doch was soll man gegen körperliche Schwäche tun? Instinktiv spüre ich, daß er ungerecht gegen mich ist … Am liebsten würde er mich vom Erdboden tilgen, weil ich leide und meine Pflicht nicht erfülle.«[81]

»Sonja, verzeih mir, erst jetzt weiß ich, daß ich schuldig bin und wie sehr ich schuldig bin«, bittet Tolstoj, nachdem er Sonjas Aufschrei gelesen hat. »Ich war hart und grausam, doch gegen wen? Gegen das einzige Wesen, das mir das größte Glück der Welt gegeben hat und das allein mich liebt … Sonja, mein Liebling, ich bin schuldig, ich bin abscheulich, doch in mir steckt ein ausgezeichneter Mensch, der bisweilen schläft. Liebe ihn und schelte ihn nicht, Sonja.«[82]

»Dies schrieb Ljowotschka, um mich um Verzeihung zu bitten. Aber bald darauf geriet er außer sich und strich alles wieder durch … Ich hatte diese wenigen Zeilen der Zärtlichkeit und Reue von ihm verdient, doch in einer Minute der Wut gegen mich nahm er sie mir wieder, bevor ich sie gelesen hatte.«[83]

In ihren Erinnerungen schreibt Tolstaja über die Auseinandersetzungen mit ihrem Mann: »Es fiel mir schwer, mich im Zaum zu halten, ich war aufbrausend, eifersüchtig, leidenschaftlich. Wie oft bin ich nach einem Streit zu ihm gegangen, habe ihm die Hände geküßt, geweint und um Verzeihung gebeten. Er besaß diese Eigenschaft nicht. Stolz und sich seines Ranges bewußt, hat er, wenn ich mich recht erinnere, nur einmal im Leben ›Verzeih mir‹ zu mir gesagt … Es ist merkwürdig, daß er mich niemals gelobt oder gefördert hat. Als ich noch jung war, rief dies in mir die Überzeugung hervor, daß ich ein solch minderwertiges, unbegabtes, dummes Geschöpf sei, daß alles, was ich tue, schlecht sei. Mit den Jahren machte es mich traurig, im Alter verurteilte ich meinen Mann dafür. Sein Verhalten mir gegenüber unterdrückte alle meine Begabungen, machte mich oft mutlos und ließ mich die Freude am Leben verlieren.«[84]

Kaum ein Jahr nach der Hochzeit scheinen beide Ehepartner ihren Entschluß, die Ehe miteinander eingegangen zu sein, zu bereuen. »Wo bin ich, der, den ich kannte und achtete, der manchmal zum Vorschein kommt und mich selbst freut und schreckt«, fragt Tolstoj wenige Tage vor der Geburt des Sohnes im Tagebuch. »Ich bin klein und nichtswürdig. So bin ich, seit ich die Frau, die ich liebe, geheiratet habe ... Es ist furchtbar, beängstigend, sinnlos, sein Glück an materielle Dinge zu hängen – Ehefrau, Kinder, Reichtum. Der Narr in Christo hat recht. Man kann eine Frau, Kinder, Gesundheit haben, und doch liegt das Glück nicht darin.«[85]

Die Unzufriedenheit mit seiner Situation überträgt Tolstoj auf seine Frau. »Ihr Charakter wird von Tag zu Tag schlechter ...«, notiert er Anfang August, als seine Frau unter den Folgen ihrer Brustentzündung leidet. »Von irgend jemandem hat sie gehört, daß Ehemänner ihre kranken Frauen nicht lieben, und ruht sich nun darauf aus, daß sie im Recht ist. Oder sie hat mich nie geliebt, sondern sich selbst betrogen ... Alles hinzugeben – nicht, wie andere, die heirateten, das bei Dusseau und Mätressen verbummelte Junggesellenleben, sondern die Poesie der Liebe, alle Wünsche und die Arbeit für das Volk –, um all dies gegen die Poesie des heimischen Herdes einzutauschen, den Egoismus gegen alles außer der eigenen Familie, und im Gegenzug allein die Sorge auf Dorfkneipenniveau, den Ausschlag des Kindes, die Marmelade, Brummigkeit zu erhalten und nichts davon, was das Familienleben strahlend macht, nicht die Liebe und nicht das stille und stolze Familienglück ... Am Morgen stehe ich glücklich auf, heiter, und sehe die *Gräfin*, der die Magd Duschka das Haar bürstet ... und alles in mir bricht zusammen ... Man gibt mir Küsse, aus Gewohnheit zärtlich, und es beginnen die Nörgeleien an Duschka, Tantchen, Tanja, an mir, an allem, und ich kann dies nicht ruhig ertragen, denn dies ist nicht einfach nur schlecht, sondern grausam im Vergleich dazu, was ich mir wünsche.«[86]

Tolstojs Erbitterung und Verzweiflung über den Verlust seines Ideals ist so groß, daß er sogar mit dem Gedanken spielt, seine Frau und die junge Familie zu verlassen und sich der russischen Armee bei der Niederschlagung des polnischen Aufstandes anzuschließen. »Morgen ist ein Jahr vorbei«, notiert Tolstaja am Tag vor ihrem ersten Hochzeitstag. »Damals gab es Hoffnung auf das Glück, nun – auf das Unglück. Bis jetzt glaubte ich, es sei ein Scherz; jetzt begreife ich, daß es annähernd die Wahrheit ist. In den Krieg. Was ist das für eine Marotte? ... Für die Männer ist alles nur ein Scherz, eine vorübergehende Chimäre. Heute heiratet man, ja, es gefällt einem, morgen schon will man in den Krieg ziehen, wirft alles hin ... Ein Jahr des Glücks reicht ihm, nun hat er eine neue Idee.«[87]

Tolstaja rebelliert gegen die Rolle, die Tolstoj ihr zugedacht hat. »Ich liebe Ljowa ganz schrecklich, doch es macht mich ärgerlich, daß ich mich zu ihm in eine Beziehung begeben habe, in der wir nicht gleich sind.«[88] Ihre Auflehnung gegen den Willen ihres Mannes ist jedoch nur von kurzer Dauer. »Ich habe kein Gran des Ideals verwirklichen können und werde es nicht verwirklichen können ... Ich bin Befriedigung, ich bin Kindermädchen, ich bin ein alltägliches Möbelstück, ich bin eine Frau. Jegliches menschliche Gefühl versuche ich in mir zu ersticken.«[89] Tolstaja versucht weiterhin, den Vorstellungen ihres Mannes zu entsprechen. In den ersten sechsundzwanzig Jahren ihrer Ehe wird sie sechzehn Schwangerschaften ertragen müssen. Sie wird dreizehn Kinder gebären und drei Fehlgeburten erleiden. Als sie nach der Geburt des fünften Kindes, die sie nur mit knapper Not überlebt, eine weitere Schwangerschaft zu vermeiden wünscht, hält Tolstoj diesen Entschluß für unannehmbar und zieht deshalb sogar eine Trennung in Erwägung.

»Nie waren meine geistigen und sogar moralischen Kräfte ungebundener und zur Arbeit fähiger als jetzt«, schreibt Tolstoj im Herbst 1863 an Alexandrine Tolstaja. »Und diese Arbeit habe ich jetzt. Diese Arbeit ist ein Roman aus den 1810er und 1820er Jahren, der mich seit dem Herbst ausschließlich beschäftigt ... Ich bin jetzt von ganzer Seele Schriftsteller und schreibe und denke, wie ich noch nie weder geschrieben noch gedacht habe. Ich bin ein glücklicher Mann und Vater, habe vor niemandem Geheimnisse und keinen Wunsch außer dem, daß alles bleiben möge, wie es ist.«[90] Tolstoj hat seine Aufgabe gefunden. Er beginnt das Werk, an dem er die nächsten Jahre arbeiten wird: *Krieg und Frieden.*

Nachdem Sofja Andrejewna zuerst nur für die Liebe zu ihrem Mann leben wollte, hat auch sie nun ihre Rolle gefunden. Sie wird zur rechten Hand des Schriftstellers. Beim Schein der Kerze, wenn alle Pflichten der Hausfrau und Mutter erledigt sind, sitzt Tolstaja oft bis tief in die Nacht kurzsichtig über die mit der großen, unleserlichen Handschrift ihres Mannes beschriebenen Blätter gebeugt und überträgt seine Arbeit ins reine. »Wie müde ich auch immer gewesen sein mag, welcher Stimmung, ob gesund oder krank, nahm ich am Abend das von Lew Nikolajewitsch am Vormittag Geschriebene und schrieb alles ins reine. Am nächsten Tag streicht er vieles wieder durch, setzt etwas hinzu, schreibt noch ein paar Seiten – sofort nach dem Essen nehme ich es mir wieder vor und schreibe erneut alles ins reine. Es ist unmöglich, zu zählen, wie oft ich *Krieg und Frieden* abgeschrieben habe.«[91]

Tolstoj schreibt unzählige Varianten, verwirft sie wieder, arbeitet mühevoll und zweifelnd. Noch in den Druckfahnen korrigiert er derart exzessiv, daß Drucktermine nicht nur einmal verschoben werden müssen. Sogar nachdem er den Roman nach fünf Korrekturdurchgängen zum Druck freigegeben hat, telegraphiert Tolstoj noch, um einzelne Worte zu ersetzen.

Tolstaja ist begeistert von dem entstehenden Roman und hegt keinerlei Zweifel am Genie ihres Mannes. »Im Augenblick schreibe ich Ljowas Roman ab, ohne ihn vorher gelesen zu haben«, notiert sie im Dezember 1866 in ihrem Tagebuch. »Das bereitet mir sehr große Freude, beim Abschreiben habe ich das Gefühl, auch in seiner Welt zu leben ... Nichts wirkt stärker auf mich als seine Gedanken, sein Talent ... Ich weiß nicht, ob ich mich geändert habe oder ob der Roman besonders gut ist ... Oft sprechen wir über den Roman, Ljowa scheint Wert auf mein Urteil zu legen (das erfüllt mich mit Stolz).«[92] Tolstoj selbst jedoch ist von Selbstzweifeln geplagt. »Heute habe ich alles von Dir Abgeschriebene nochmals durchgelesen, und mir schien, daß es überaus armselig sei ... Überhaupt fühle ich Enttäuschung hinsichtlich meines Talents.«[93] Tolstaja weiß um seine Unsicherheit und rät ihrem Mann eindringlich, sich nur auf sein eigenes Urteil zu verlassen. »Ich möchte Dich an etwas erinnern, das Du selbst gesagt hast. Lies niemandem den Roman vor, der Dir Richter sein könnte. Vergiß nicht, daß man Dich oft vom Weg abgebracht hat, nun aber ist die Sache zu ernst, als daß Du Dir ein dummes Wort, das irgend jemand sagt, zu Herzen nehmen solltest.«[94]

Krieg und Frieden begründet Tolstojs Ruhm als Schriftsteller von Weltrang. Wenn man sich den Umfang des Monumentalwerks von mehr als tausend Druckseiten vor Augen hält, kann man die Bedeutung der Arbeit der Schriftstellergattin als »wahre Amme des Talents ihres Mannes« – so ein Bonmot des Schriftstellers Wladimir Sologub – annähernd ermessen. Tolstaja spricht über das Werk wie über ein Kind. »Wie hast Du hinsichtlich unseres Heiligsten – Deines Romans entschieden?« fragt sie Tolstoj. »Ich beginne zu empfinden, daß dies Dein und irgendwie auch mein Kind ist, und indem ich diesen Packen Papier aus den Händen gebe und nach Moskau schicke, ist mir, als ob ich das Kind aus den Händen gebe, und ich fürchte, daß ihm jemand etwas Schlimmes zufügen könnte. Ich habe Deinen Roman sehr liebgewonnen. Wohl kaum werde ich jemals ein anderes Werk so liebhaben wie diesen Roman.«[95]

Selbst manch Tolstaja nicht eben wohlgesonnener Biograph erkennt ihren durchaus beachtlichen Anteil an Tolstojs Werk an. »Wenn Tolstoj den Mut und die Geduld für solche Aufgabe fand, dann war das nicht zuletzt Sonja zu verdanken, die es verstand, um ihn eine Atmosphäre zu schaffen, die ihm die nötige Ruhe gab. Wenn sie nicht eifersüchtig darüber gewacht hätte, daß er nicht gestört wurde, hätte er vielleicht *Krieg und Frieden* nie zu Ende geschrieben.«[96]

Im Laufe der sechs Jahre währenden Arbeit an *Krieg und Frieden* werden drei Kinder geboren, und Sofja Andrejewna erleidet zwei Fehlgeburten. Nach der Geburt des zweiten Kindes, der Tochter Tatjana am 4. Oktober 1864, schreibt sie überglücklich an ihren Mann: »Wer jenes Fräulein Sonjetschka Behrs im Kreml war, darüber existieren nur noch Legenden, aus dem Gedächtnis ist sie verschwunden. Nun will ich mich meinem Ideal der guten, vor allem tätigen und zu allem begabten Hausfrau annähern.«[97] Daß dies vor allem das Ideal ihres Mannes ist, ist ihr nicht bewußt. Entgegen ihren Beteuerungen zeigen Tolstajas Tagebücher und Briefe, daß sie die Mutterrolle allein nicht befriedigt: »Ich lebe jetzt ganz im Kinderzimmer, stille, kümmere mich um die Kinder, und bisweilen zerstreut mich dies. Oft denke ich, daß Ljowa diese Weiberwelt langweilt, und fühle mich unfähig, ihn glücklich zu machen, fühle, daß ich ein gutes Kindermädchen bin – und nichts weiter. Habe keinen Verstand, keine gute Bildung, kein Talent – nichts.«[98]

Tolstoj interessiert sich nur wenig für die Sorgen der Mutter seiner Kinder. »Für Lew Nikolajewitsch war seine literarische Arbeit das Wichtigste, alles andere war für ihn zweitrangig«, berichtet Tolstaja in ihren Erinnerungen.[99] Halb scherzhaft schreibt Tolstoj an Afanassi Fet: »Ich bin sehr darüber erfreut, daß Sie meine Frau gern haben; ich liebe sie zwar weniger als meinen Roman, aber immerhin: Sie ist meine Frau.«[100] Tolstaja allerdings leidet unter der in Tolstojs Brief launig beschriebenen Situation. »Ljowa zerstört mich noch ganz mit seiner absoluten Gleichgültigkeit und seiner fehlenden Anteilnahme für alles, was mich betrifft. Er will allein Anteilnahme an seinen Angelegenheiten, die mir ohnehin lieb und teuer sind.«[101]

Wie sehr Tolstaja darunter leidet, ihrer eigenen Neigung zu Literatur und Musik nicht nachgehen zu können, zeigt ein Brief an Tolstoj nach gut zwei Jahren Ehe. »Ich sitze in Deinem Arbeitszimmer und weine ... Die Musik, die ich schon so lange nicht mehr gehört hatte, trug mich mit einem Mal aus meiner Welt der Kinderstube und Windeln heraus ... Mir wurde sogar ängstlich zumute, ich habe längst all diese Dinge in mir erstickt, die mich schmerzten bei den Klängen der Musik, beim Anblick der Natur, bei all dem, das Du nicht in mir gesehen hast und worüber Du manchmal böse bist ... Ich wünsche mir, daß in mir niemals dieses Gefühl erweckt wird, ... das mir, der Mutter und Hausfrau, nur schmerzlich ist, da ich mich ihm nicht hingeben kann und darf.«[102]

Die »längst in sich erstickten Dinge«, nach denen Sofja Tolstaja sich sehnt, finden ihre Erfüllung im Werk ihres Mannes, in der Arbeit an *Krieg und Frieden.* »Ich weiß nicht, ob es gut war, daß ich ... alle meine Begabungen in mir erstickt habe. Ich weiß nicht, was bei meiner leidenschaftlichen und begeisterungsfähigen Natur aus mir geworden wäre, wenn ich mir die Freiheit genommen hätte, mich der Musik, der Poesie, der Malerei oder einfach nur der sozialen Arbeit zu widmen«, resümiert sie in ihren Erinnerungen.[103]

Obwohl beide Ehepartner schon nach einem Jahr des Zusammenlebens erkennen, daß Tolstojs Vorstellungen von der Ehe ihnen nicht das ersehnte Glück zu bringen vermag, halten sie daran fest. Und es entsteht eine paradoxe Situation: Nicht Ehe und Familie, sondern die literarische Arbeit an Tolstojs Werk macht das Glück für beide Ehepartner vollkommen. »Sonja, meine Liebe, ohne Dich habe ich keine Ruhe, keine Entscheidungskraft, keine Schöpferkraft – und alles nur deshalb, weil ich ohne Dich mein *équilibre* verliere, es ist, als ob ich ohne Dich auf nur einem Bein stünde ... Ich liebe Dich so sehr mit allen Lieben.«[104] »Es ist, als ob erst jetzt unsere Flitterwochen begonnen hätten«, bekennt Tolstoj.[105] Und in einer seiner seltenen Tagebuchaufzeichnungen jener Jahre heißt es: »Ich bin mit ihr zusammen so glücklich, wie vermutlich nur ein einziger unter einer Million.«[106]

In *Krieg und Frieden* greift Tolstoj die auch für seine weiteren Werke und sein weiteres Leben bestimmenden Themen Liebe, Ehe und Familie auf. Als er 1863 mit der Arbeit an dem Roman beginnt, ist gerade Nikolaj Tschernyschewskis Roman *Was tun?* erschienen. Der Untertitel *Erzählungen von neuen Menschen* ist Programm. Tschernyschewski erzählt die Geschichte der Tochter eines kleinbürgerlichen Petersburger Beamten, Vera Pawlowna, die sich aus der Unterjochung durch gesellschaftliche Zwänge befreit und eine Nähwerkstatt für Arbeiterinnen gründet. Der Medizinstudent Lopuchow übernimmt die moralische Verpflichtung der Rolle des Mentors der Frau, die Scheinehe der beiden wird zum Akt der Befreiung der Frau.

Tschernyschewski entwirft ein neues Modell von Liebe und Ehe, in dem deren Funktion nicht auf die der Reproduktion beschränkt ist. Beim Entwurf seines Ideals des Zusammenlebens, das auf völliger Gleichberechtigung der Geschlechter basiert, geht Tschernyschewski von seiner eigenen Biographie und den Lebensentwürfen einiger Freunde und Bekannter aus. Zahlreiche liberale Zeitgenossen leben in einer sogenannten »bürgerlichen Ehe«, in der nicht die rechtlich sanktionierte Institution der Ehe, sondern allein Zuneigung und moralische Verpflichtung die Verbindung zweier Partner begründet.

Dem Patriarchen Tolstoj mißfallen derartige freiheitliche Verhältnisse und deren Propagierung in der Literatur. Bevor er sich ganz in die Arbeit an seinem Roman vertieft, schreibt er eine kleine Komödie. »Ihr Sujet bestand darin, daß ein *Nihilist* – ein alles negierender Student, Atheist und Materialist – als Hauslehrer des Sohnes auf das Gut zu einer Familie kommt und dort die gesamte Familie mit seiner Weltanschauung, dem Nihilismus (eine zu jener Zeit neue und modische Erscheinung), ansteckt.«[107] Seine Komödie, die, so schreibt Tolstoj seiner Schwester, »als Satire auf die Frauenemanzipation und die sogenannten Nihilisten«[108] erdacht wurde, nennt Tolstoj *Die infizierte Familie.* Im Februar 1864 fahren die Tolstojs nach Moskau, um das Stück zur Aufführung zu bringen. Allerdings kann sich keiner der zu Rate gezogenen Dramatiker so recht für die Posse erwärmen. »Lew Nikolajewitsch wollte unbedingt, daß ich mit zu ihm komme, und hat mir seine Komödie vorgelesen«, berichtet der Dramatiker Alexej Ostrowski, »sie ist ein solches Ärgernis, daß ich froh gewesen wäre, wenn meine Ohren bei seiner Lesung den Dienst versagt hätten.«[109]

Dem Bild der neuen Frau der »russischen Feministen« stellt Tolstoj seinen Typus der »idealen Frau« entgegen. Die Entwicklung der Natascha Rostowa in *Krieg und Frieden* ist charakteristisch für Tolstojs Auffassung von *Familienglück* und der Rolle der Frau, die in der Liebe und Fürsorge für Ehemann und Kinder die einzig mögliche Erfüllung findet. Natascha ist nicht eine jener Frauengestalten, die nach Bildung und Freiheit streben, sondern ganz weibliche Emotion und unfähig, diese zu kontrollieren. Aufgrund ihrer impulsiven Art, die sie alle Regeln der vermeintlich feinen Gesellschaft verletzen läßt, die sie schon als Kind intuitiv als scheinheilig und falsch erkennt, wird sie im Scherz »der kleine Kosak« genannt. Und gerade dieser Charakterzug ist es, der sie so bezaubernd macht.

Dennoch ist Natascha Rostowa nicht ohne Ambivalenz gezeichnet. Das Helleuchtende Nataschas findet seinen Widerpart in Hélène Kuragin, einer Dame der Petersburger Gesellschaft, deren Leben allein durch Kalkül bestimmt wird. Durch ihren kurzen, aber heftigen Flirt mit Hélènes Bruder Anatole, einem typischen Vertreter der vergnügungssüchtigen Adelsgesellschaft, der über seine Verhältnisse lebt und ein Frauenheld ist, gerät Natascha in die Sphäre des Salonlebens und der dunklen, frivolen Welt der Kuragins. All die positiven Eigenschaften Nataschas – ihr freier Geist, ihre Fähigkeit, Freude zu empfinden, ihre Empfindsamkeit – verkehren sich in ihr Gegenteil. In dieser sexuellen Anziehung, die keine Grenzen kennt, sieht Tolstoj ein fatales Moment in den Beziehungen zwischen Mann und Frau. Anders als in seinen späteren Werken indes läßt Tolstoj seine Natascha Rostowa der Strafe für ihre Verfehlung entgehen.

Nach dem Tod ihres Verlobten, des Fürsten Andrej Bolkonski, wird Natascha durch ihre Heirat mit Pierre Besuchow zur modellhaft idealen Mutter und Ehefrau. Im Epilog ist in ihr nur noch schwer jene bezaubernde Kindfrau des Romans zu erkennen. »Natascha hatte im zeitigen Frühjahr des Jahres 1813 geheiratet, und im Jahr 1820 hatte sie bereits drei Töchter und einen Sohn, den sie sich gewünscht hatte und selbst stillte. Sie war fülliger und breiter geworden, so daß man in dieser energischen Mutter nur schwer die einst schmale, anmutsvolle Natascha wiedererkennen konnte ... Man sah einzig ein kraftvolles, schönes und fruchtbares Weib.«[110]

Tolstajas Beitrag an *Krieg und Frieden* beschränkt sich nicht auf die unermüdliche Arbeit an der Abschrift der Manuskripte. Die Familie Behrs bietet dem Schriftsteller reiches Anschauungsmaterial, aus dem er für die Darstellung des Familienlebens im Roman schöpft. »Mädels, unter dem Siegel der Verschwiegenheit vertraue ich euch an, bitte sagt es nicht weiter – Ljowotschka wird über uns schreiben, wenn er fünfzig ist«, verriet Tolstaja schon im November 1862 ihren Schwestern.[111] Im Kreise der Familie lauscht man denn auch mit gespannter Aufmerksamkeit den Lesungen Tolstojs aus seinem Roman. »Über die Familie Rostow sagte man, sie seien lebendige Menschen, und wie vertraut sind sie mir!« berichtet Tolstajas Schwester Tanja dem einstigen Verlobten Sonjas, Mitrofan Poliwanow. »Boris erinnert in Aussehen und seiner Art an Sie. Vera ist die leibhaftige Lisa. Ihre gesetzte Haltung uns, d. h. eher Sonja, gegenüber ist genau getroffen. Die Gräfin Rostowa ist Mamá, wie sie leibt und lebt ... Als von Natascha die Rede war, zwinkerte Warenka mir listig zu, doch hat dies offenbar, Gott sei Dank, niemand bemerkt.«[112]

Natürlich fühlt sich die nicht einmal zwanzigjährige Schwägerin Tolstojs durch das Porträt im Roman geschmeichelt. »Er hat mir ganz offen gesagt, daß ich nicht umsonst bei ihnen wohne, und daß er mich beschreibt«, schreibt Tanja großtuerisch an Poliwanow.

»Ich habe Tanja genommen, sie mit Sonja verwoben, und heraus kam Natascha«, soll Tolstoj gesagt haben.[113] Wenngleich er an anderer Stelle schreibt, der Romanschriftsteller sei »weder Personenbeschreiber noch Memoirenverfasser«, scheint es unstreitig, daß zahlreiche Episoden der Darstellung seiner Protagonistin tatsächlich auf die Schwägerin verweisen.

In der Natascha des Epilogs meinen die Biographen wiederum

Sofja Tolstaja zu erkennen. Die Selbstaufgabe für den Ehemann und die Familie, die Eifersucht – all diese Eigenschaften Nataschas scheinen auf Tolstojs Ehefrau hinzuweisen. Viele Darstellungen der Biographie Tolstajas beruhen womöglich auf der falschen Annahme, Tolstoj habe im Epilog ein Porträt Sofja Andrejewnas gezeichnet. In den Tagebüchern, Briefen und Erinnerungen Tolstajas zeigt sich – wie wir gesehen haben – eine ganz andere Persönlichkeit als die im Epilog von Tolstoj beschriebene Frauengestalt. Im Gegensatz zu Natascha kann Tolstaja die Rolle der Ehefrau und Mutter allein nicht zufriedenstellen, sie sucht eine Aufgabe und Beschäftigung, die sie in der Mitarbeit bei der literarischen Tätigkeit ihres Mannes findet.

Das Leben in Jasnaja Poljana nimmt seinen alltäglichen Lauf. Außer Verwandten weilt nur selten Besuch bei den Tolstojs. Die Bahnverbindung von Moskau nach Tula wird erst 1867 in Betrieb genommen, die Straßen sind oft unpassierbar, und den Kontakt zu den meisten Gutsbesitzern der Umgebung lehnt Tolstoj gelangweilt ab. Die schnell anwachsende Kinderschar, die Abschriften für ihren Mann, der Haushalt und die Wirtschaft lassen Tolstaja kaum Zeit für Zerstreuung. »Einmal entwöhne ich ein Kind, dann wieder gebe ich die Brust, einmal kauterisiere ich, und dann wieder mache ich einen Verband; außerdem: die Kinder, Marmelade kochen, Einpökeln, Süßigkeiten, die Abschrift für Ljowa. Ich habe kaum einen Augenblick Zeit für les beaux arts, und dies überhaupt nur, wenn es regnet«, berichtet Tolstaja ihrer Schwester Tanja knapp vier Jahre nach der Hochzeit.[114]

Solange sie klein sind, bringt der Vater den Kindern wenig Interesse entgegen. »Lew Nikolajewitsch nahm Serjosha nie auf den Arm. Er war glücklich, daß er einen Sohn hatte, liebte ihn auf seine Weise, doch verhielt er sich mit einem unsicheren Unverständnis gegen ihn. Er trat zu ihm heran, schaute ihn an, rief seinen Namen – das war alles.«[115] Doch als die Kinder älter werden und ihre ersten Worte zu sprechen beginnen, nimmt Tolstoj regen Anteil an ihrer Entwicklung. »Serjosha ist sehr krank, hustet«, notiert er Anfang 1865, der Erstgeborene ist anderthalb Jahre alt. »Ich beginne ihn sehr zu lieben. Ein ganz neues Gefühl.«[116] Die im Oktober 1864 geborene Tochter indes beachtet er kaum. »Serjosha läuft, tanzt, beginnt zu sprechen«, schreibt Tolstaja ihrer Schwester. »Ljowotschka ist sehr zärtlich zu ihm, beschäftigt sich viel mit ihm. Tanja schaut er kaum einmal an, mir tut dies weh und ich empfinde es als seltsam. Sie ist so ein liebes, hübsches, stilles und gesundes Mädchen!«[117]

Als die Kinder größer sind, macht Tolstoj mit ihnen Gymnastik, unternimmt Spaziergänge, bringt ihnen Schwimmen, Reiten und Schlittschuhlaufen bei. Er erzählt ihnen faszinierende Geschichten und spielt mit ihnen Verstecken.

Tolstojs Umgang mit seinen Kindern entbehrt nicht einer gewissen Strenge, doch die Kinder verehren ihn. »In meinem ganzen Leben war Vater nicht einmal zärtlich zu mir«, erinnert sich sein Sohn Ilja. »Das bedeutet nicht, daß er mich nicht liebte. Im Gegenteil, ich weiß, daß er mich liebte, es gab Zeiten, in denen wir uns sehr nahe waren, doch hat er niemals sein Liebe durch offene Zärtlichkeit ausgedrückt, die ihn irgendwie immer peinlich berührt hat. In unserer Kindheit wurde jede Art von Zärtlichkeiten ›Affenliebe‹ genannt.«[118]

Nach der Geburt des dritten Kindes, des Sohnes Ilja, am 22. Mai 1866 engagiert Tolstoj eine englische Gouvernante. Mit Hannah Tarsey halten verschiedene Veränderungen in Jasnaja Poljana Einzug. Eine der ersten Neuerungen, die sie einführt, ist das tägliche Baden der Kinder. Dafür läßt sie eigens eine Badewanne aus England anschaffen. Resolut setzt sie ihre Vorstellung von Sauberkeit im Haus durch, und das Mädchen Duschka hat von nun an täglich den Boden mit speziellen englischen Bürsten zu scheuern. Auch die »philosophische Bekleidung« der Kinder mißfällt der jungen Engländerin. Tolstoj will, daß seine Kinder in aller Schlichtheit aufwachsen, und läßt ihnen einfache Russenkittel aus grauem Leinen nähen. Der Stoff dieser Hemden ist derart grob, daß Sofja Andrejewna heimlich feine Unterhemdchen für die Kinder näht. Schon in den ersten Tagen ihres Aufenthalts beginnt Hannah, den Kindern dem Zeitgeschmack entsprechende Kleidung anzufertigen, die allmählich die unförmigen grobleinenen Kittel ersetzt. Nach und nach erhalten die Kinder auch Spielzeug zu Weihnachten, das Tolstoj zunächst noch mit der Begründung verboten hatte, es verkümmere die Phantasie.

Die Engländerin Hannah bleibt sechs Jahre bei den Tolstojs. Ihr folgen andere englische Gouvernanten und zahlreiche Hauslehrer.

Im Laufe der Jahre unterscheidet sich das Leben der Familie Tolstoj kaum mehr von dem der anderen Gutsbesitzer jener Zeit. Da Tolstaja, mit ihren drei kleinen Kindern und den Abschriften vollauf ausgelastet, nicht auch noch die Buchführung des Gutes besorgen kann, wird 1866 auch wieder ein Verwalter angestellt. Mit dessen junger und hübscher Frau Maria Iwanowna, einer überzeugten Nihilistin, führt Tolstoj lange, angeregte Gespräche über Literatur und Weltanschauungen. Wenngleich Tolstoj die Ansichten der gebildeten Frau des neuen Verwalters absolut nicht teilt, ist er doch von ihr fasziniert. Sonja fühlt sich zurückgesetzt und fürchtet, als auf die hausfraulichen Pflichten reduzierte Ehefrau und Mutter nicht gegen die vermeintliche Nebenbuhlerin, »dieses bête noir«, ankommen zu können. »Diese unangebracht langen Gespräche mit ihr sind mir eine Qual, und ihr schmeicheln sie. Er hat doch verkündet, daß man in die Familie, die ›intimité‹, kein weiteres junges schönes Geschöpf einführen dürfe, und tut es nun selbst als erster. Ich zeige natürlich nicht im geringsten, daß mir dies unangenehm ist, doch habe ich keine ruhige Minute mehr.«[119]

Trotz allem ist das Zusammenleben in jenen Jahren recht gut. Anläßlich des Namenstags Sonjas am 17. September 1866 wird ein großes Fest gefeiert. Die Damen tragen leichte weiße Kleider mit bunten Bändern an Schultern und Taille, Blumen schmücken die festlich gedeckte Tafel auf der sonnendurchfluteten Terrasse des Hauses. »Plötzlich vernahmen wir von der Parkallee her Musik. Eine Blaskapelle spielte die Ouvertüre zur Oper *Die Stumme von Portici*, die Sonja besonders liebte ... Wie soll ich Sonjas Gesichtsausdruck beschreiben? Alles war darin zu lesen: Erstaunen, Angst, es könnte ein Traum sein, Freude und Rührung, als sie Tolstojs Miene sah und alles verstand. Und er strahlte genau wie sie. Sonja sah an diesem Abend blühend und froh aus und sehr anziehend.

Lange hatte ich sie nicht so schön und gut gelaunt gesehen und freute mich über sie.«[120] Am Abend wird ausgelassen getanzt. »Wie glücklich macht mich die Erinnerung an den 17. September mit der Musik, mit der man mich nach dem Essen überraschte und erfreute, und bei all dem die liebe, liebende Miene Ljowas«, schreibt Tolstaja einige Monate später über jenen Septembertag.[121]

Im Januar und Februar 1865 erscheint der erste Teil von *Krieg und Frieden* in der Zeitschrift *Russki Westnik*. Die Aufnahme durch die Kritik ist zunächst verhalten. Tolstoj arbeitet an seinem Roman, entschlossen, ein Meisterwerk zu schaffen: »Was ich bisher geschrieben habe, erachte ich lediglich als Versuche mit der Feder, als Skizzen«, schreibt er an Afanassi Fet; »was nun gedruckt ist, gefällt mir zwar besser als das Frühere, doch es ist schwach, was wohl bei allem Anfang der Fall ist. Aber was nun kommt – oh weh!!!«[122]

Während ihn zu Beginn das Ausmaß der bevorstehenden Arbeit noch schreckte, versinkt er später immer mehr in sein Werk, zieht sich zurück und lebt nur noch für seinen Roman. »Der Schriftsteller nimmt das Beste aus seinem Leben und legt es in sein Werk. Deshalb ist sein Werk einzigartig schön und sein Leben schlecht«, notiert Tolstoj in einem seiner Hefte.[123] »Sein Leben war nicht schlecht, es gab überhaupt kein Leben«, kommentiert Tolstaja, »nur auf der Jagd, die er liebte ... und bei seinen einsamen Spaziergängen und Ausritten, bei denen er neue Ideen sammelte und den weiteren Fortgang seines Schreibens überdachte. Wie oft bat ich ihn, daß er mich mitnehme, doch er lehnte ab und erklärte mir, er brauche die Einsamkeit, um über seinen Roman nachzudenken.«[124]

Wenn er nur wenig schreibt und ihm scheint, in seiner Arbeit nicht voranzukommen, ist Tolstoj mißgelaunt und gereizt. »Wir, die Familie, erfahren vor allem die ›fatigues du travail‹«, notiert Tolstaja.[125] »Er warf mir vor«, erinnert sie sich, »daß ich immer noch nicht verstanden habe, was der Mann liebe und was er ertragen könne. An allem nörgelte er herum.«[126] Tolstoj kann sehr wütend werden. Tolstajas Schwester Tatjana Kusminskaja berichtet von einer Szene, die allerdings, so beteuern alle, einzigartig blieb. Sonja ist schwanger, sitzt in ihrem Zimmer auf dem Fußboden und sortiert Stoffreste. »Lew Nikolajewitsch trat ein und herrschte sie an: ›Warum sitzt du auf dem Boden, steh auf!‹ ›Gleich, ich räume nur alles auf.‹ ›Ich sage dir, steh auf, sofort!‹ brüllte er, wandte sich um und ging in sein Arbeitszimmer.« Sonja geht ihrem Mann nach, um zu fragen, was ihn so wütend gemacht habe, er donnert sie wieder an, Tatjana hört das Klirren von Geschirr und eilt ihrer Schwester nach. »Ich riß seine Tür auf. Auf dem Boden lagen die Scherben vom Kaffeegeschirr und von dem Barometer, das immer an der Wand hing. Tolstoj stand kreidebleich, mit zitternden Lippen, die Augen starr auf einen Punkt gerichtet, mitten im Zimmer … – so hatte ich ihn noch nie gesehen …. Weder Sonja noch ich sind je dahintergekommen, was seinen Wutanfall verursacht hatte.«[127]

Sehnsuchtsvoll erinnert sich Tolstaja an das rauschende Fest anläßlich ihres Namenstags. »Ohne es zu wollen, habe ich den ganzen Tag an den 17. September des letzten Jahres gedacht. Ich wünsche mir nicht Fröhlichkeit, nicht Musik, nicht Tanz – Gott behüte, all dies brauche ich nicht! Ich wünsche mir allein sein Verlangen, seine Freude, mir Glück zu bereiten, mich heiter zu sehen, wie es vor einem Jahr war; wenn er nur wüßte, wie sehr ich ihm dafür mein ganzes Leben lang dankbar sein werde.«[128]

Je weiter die Arbeit am Roman voranschreitet, desto zufriedener ist Tolstoj mit seinem Leben. Tolstaja widmet jede freie Minute der Abschrift. Nur ein Eintrag in ihrem Tagebuch gibt Auskunft über das Zusammenleben der letzten beiden Jahre der Arbeit an *Krieg und Frieden.* Das Verhältnis der Ehegatten scheint besser als je zuvor: »Sonderbar, das eigene Journal zu lesen. Welche Widersprüche, als ob ich eine unglückliche Frau sei. Aber gibt es denn eine glücklichere als mich? Finden sich denn glücklichere, besser miteinander übereinstimmende Eheleute? Manchmal, wenn ich alleine bin, lache ich auf vor lauter Glück und bekreuzige mich: Gebe Gott, daß es noch lange so bleiben möge!«[129]

1 *Tolstajas Eltern: Andrej Jewstafjewitsch Behrs (1808-1868) und Ljubow Alexandrowna Behrs (1826-1886)*

2 *Die Schwestern Sofja (1844-1919) und Tatjana Behrs (1846-1925), Anfang der 1860er Jahre*

3 *Lew Tolstoj (um 1854)*

4 *Alexandra Andrejewna Tolstaja (1817-1904), genannt: Alexandrine (1860)*

5 *Braut und Bräutigam: Sofja Behrs (1862) und Lew Tolstoj (1862)*

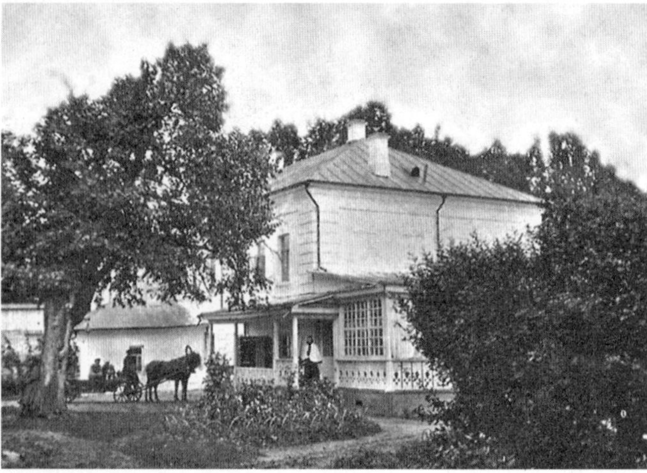

6 *Jasnaja Poljana (1896)*

7 *Zimmer Tolstajas in Jasnaja Poljana*

8 *Tolstaja mit den Kindern Sergej (rechts) und Tatjana (1866)*

9 *Sofja Tolstaja und Lew Tolstoj im Kreise ihrer Kinder (um 1882)*

10 *Zeichnung der Tolstaja*

11 *Wanetschka (1888-1895),*
das letzte Kind der Familie Tolstoj

12 *Alltagsleben in Jasnaja Poljana: Apfelernte (Photographie: Sofja Tolstaja)*

13 *Alltagsleben in Jasnaja Poljana: Marmeladeeinkochen (Photographie: Sofja Tolstaja)*

14 *Sofja Tolstaja 1908 in Jasnaja Poljana beim Malen*

15 *Lew und Sofja in Jasnaja Poljana (1895)*

16 *Drei Lews (1899)*

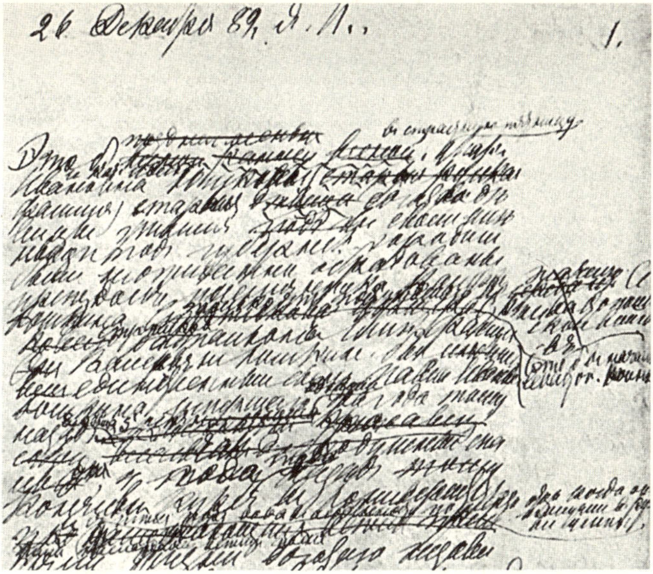

17 *Manuskriptseite Tolstojs*

18 *Tolstoj mit seiner Tochter Alexandra (Sascha)*

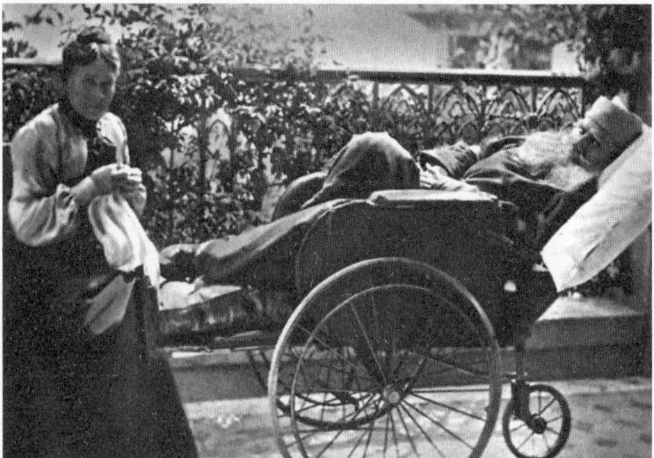

19 *Tolstaja und Tolstoj in Gaspra (Krim) (1902)*

20 *Tolstoj bei der Arbeit (1908)*

21 *Tolstoj mit Wladimir Grigorjewitsch Tschertkow (1854-1936)*

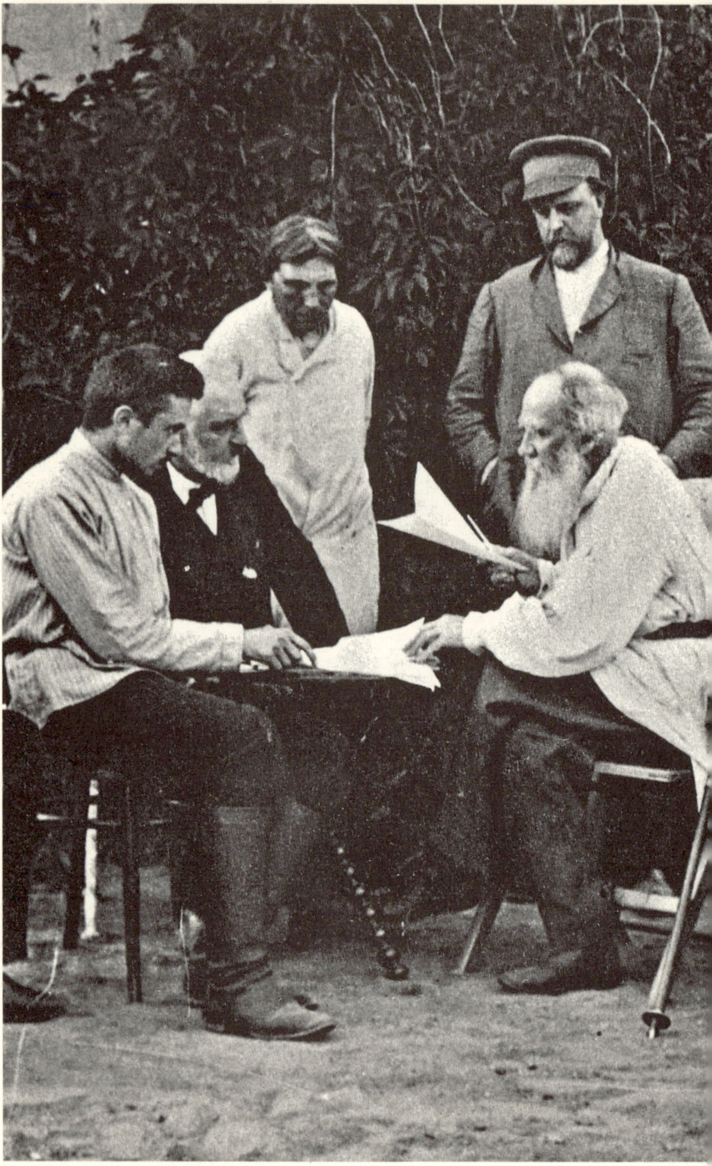

22 *Tolstoj im Kreis von Tolstojanern*

23 *Sofja und Lew am Hochzeitstag 1910 – das letzte Photo von Tolstoj*

24 *Beerdigung Tolstojs*

3 *Etwas ist zwischen uns getreten, ein Schatten, der uns trennt*

Sieben Jahre sind vergangen, seit Sonja als junge Frau nach Jasnaja Poljana gekommen ist. Sie hat sich in ihre Rolle der Schriftstellergattin, Gutsbesitzerin, Ehefrau und Mutter eingefunden.

Nach zwei Fehlgeburten und der Angst, sie könne keine Kinder mehr bekommen und ihr Mann werde sie deshalb verlassen, ist Tolstaja seit Herbst 1868 wieder schwanger. Auf dringendes Anraten des Arztes hin muß sie während der letzten Monate der Schwangerschaft liegen. So wird das Schlafzimmer Tolstajas zum Mittelpunkt des Hauses. Im Bett sitzend gibt sie den Bediensteten Instruktionen für die Haushaltsführung, übergibt dem Koch Nikolaj den täglichen Speiseplan und unterrichtet die Kinder. Ungeachtet ihres Zustandes macht sie sich abends, wenn im Hause alles ruhig geworden ist, an ihre Kopierarbeit. Zu diesem Zwecke ist ein spezielles Schreibpult angefertigt worden. Am 20. Mai 1869 wird das vierte Kind der Tolstojs geboren. Der Sohn wird auf den Namen des Vater Lew getauft.

1869 erscheint die erste vollständige Ausgabe von *Krieg und Frieden*. Der Roman ist ein Erfolg. Nach kurzer Zeit ist die erste Auflage vergriffen. Nach dem Abschied von seinen Protagonisten durchlebt Tolstoj eine regelrechte Depression. Wie vor seiner Ehe beginnen ihn Gedanken über die Sinnlosigkeit des Lebens heimzusuchen. Seine dunklen Gedanken vertraut Tolstoj in einem Brief Alexandrine an. Ihre Antwort ist voller Anteilnahme für seine Gefühle. Sonja indes hat kein Verständnis für seine Launen. Es ärgert sie, daß er Unterstützung bei Alexandrine und nicht bei ihr sucht. Diese werde vermutlich annehmen, so hat Tolstaja schon zu Beginn ihrer Ehe gefürchtet, daß »Ljowas Gattin außer für Windeln und leichte Alltagsgeschäfte zu nichts zu gebrauchen ist«.[1]

Wie bereits früher bisweilen regt sich in Tolstaja Protest. Es ergreift sie das Bedürfnis, »aus meiner alltäglichen Betriebsamkeit, die mich so absolut verschlungen hat, auszubrechen, ins Leben zu treten, mich mit etwas zu beschäftigen, das mir mehr Befriedigung und Freude bereitet.«[2] Doch, so gesteht sie ein, weiß sie zunächst noch nicht, wie.

Ende August hört Tolstoj von einem Landgut im Gouvernement Pensa, das zum Verkauf steht. Vielleicht um den Ängsten, die ihn in letzter Zeit immer wieder zu Boden drücken, zu entfliehen, begibt er sich mit seinem Diener Sergej Arbusow auf den Weg dorthin. Am 31. August brechen die beiden auf. Man beschließt, in einer kleinen Ortschaft namens Arsamas zu übernachten. Dort wird Tolstoj plötzlich von großer Panik ergriffen. Am 4. September 1869 schreibt er an seine Frau: »Wie geht es Dir und den Kindern? Es ist doch nichts passiert? Mich quält seit zwei Tagen große Unruhe. Am dritten Tag unserer Reise übernachteten wir in Arsamas, und dort geschah mir etwas Absonderliches. Es war zwei Uhr nachts, ich war furchtbar müde, wollte schlafen, nichts tat mir weh. Plötzlich jedoch überfielen mich Schwermut, Angst, Entsetzen ... Ein solch quälendes Gefühl habe ich noch nie erlebt und Gott behüte, daß irgend jemand sonst es einmal empfinden muß ... Heute fühle ich mich gesund und heiter, zumindest so, wie ich es ohne die Familie sein kann. Während dieser Reise habe ich zum ersten Mal erkannt, wie sehr ich mit Dir und den Kindern zusammengewachsen bin. Ich kann allein bleiben, um Geschäfte zu erledigen, wie es in Moskau der Fall ist, doch sobald ich ohne Arbeit bin, fühle ich ganz entschieden, daß ich nicht allein sein kann.«

So sehr sind die beiden Ehepartner miteinander verbunden, daß sich die Panik, die Tolstoj über hunderte Kilometer von seiner Frau entfernt ergreift, Sonja mitteilt. »Gestern nacht, in nervöser Unruhe, konnte ich die schwarzen Gedanken an Dich nicht abschütteln. Kaum habe ich mich hingelegt, beginnt es irgendwo zu klopfen; ich denke: Das sagt mir, daß Ljowotschka etwas passiert ist, das Klopfen ist merkwürdig, taub. Dann denke ich: Es klopft gar nicht, ich verliere den Verstand. Ich habe den Kleinen schlafen gelegt und war voller Angst, horchte, blickte um mich, verfiel in Nachdenken.«[3]

Tolstoj besichtigt das zum Verkauf stehende Gut, kann sich aber nicht zum Kauf entscheiden. Schnellstmöglich will er zurück nach Hause, zu seiner Frau und den Kindern. Erst als er von ferne die beiden kleinen Türme des Eingangstores erblickt, wo Sonja ihn ungeduldig erwartet, fühlt er sich sicher. Fünfzehn Jahre später beschreibt er in seinen *Aufzeichnungen eines Wahnsinnigen* die Empfindungen jener Nacht. Die Attacken wiederholen sich. Wenn er ihr Annahen fühlt, pflegt man in der Familie zu sagen, Tolstoj werde »von dem Grauen von Arsamas ergriffen«. Wenn er sich in Jasnaja Poljana aufhält, ist er durch die Anwesenheit seiner Frau und der Kinder vor dem »Grauen von Arsamas« sicher. Wenn er verreist, dann fortan nur noch in Begleitung eines Nahestehenden.

Nach Beendigung von *Krieg und Frieden* hat auch Tolstaja, befreit von der mühseligen und zeitraubenden Arbeit der Kopistin, endlich ein wenig Zeit für Muße und Lektüre. Als sie sich mit der Biographie Puschkins beschäftigt, kommt ihr »die Idee, für die Nachwelt, die sich für das Leben Ljowotschkas interessieren wird, von Nutzen zu sein«, so notiert sie, »und nicht nur sein alltägliches Leben im Tagebuch festzuhalten, sondern seine Gedankenwelt, insofern ich imstande bin, ihm zu folgen.«[4] So beginnt Tolstaja im Februar 1870 *Meine Notizen zur allgemeinen Information.*

»*Krieg und Frieden* ist abgeschlossen und bis jetzt nichts Ernsthaftes begonnen, ... die ganze letzte Zeit las er eine Unmenge dramatischer Werke. Molière, Shakespeare, Puschkins *Boris Godunow*, ... der ihm nicht gefällt, und nun will er selbst auch eine Komödie schreiben.«[5] Allerdings, so erfährt man aus Tolstajas *Notizen* weiter, »ist der Gedanke an eine Komödie bald wieder aufgegeben, und jetzt denkt er an ein Drama«, dessen Handlung in der Zeit Peters des Großen spielen solle. Wenig später ist der »Gedanke an ein Drama oder eine Komödie ... verworfen«,[6] und Tolstoj beschließt, einen Roman über die petrinische Epoche zu schreiben. Der Plan zu einem Roman über die Zeit Peters des Großen, zu dem Tolstoj über mehrere Jahre immer wieder zurückkehren wird, sollte schließlich allerdings nicht zu Ende geführt werden.

Tolstoj martert »das Gefühl des Haderns, der widerwärtigen Gedanken ... und der Unsicherheit [seiner] selbst«,[7] und er fürchtet bisweilen gar, nie wieder etwas schreiben zu können. Seine Frau, die Kinder, die im Hause wohnenden Anverwandten, die Bediensteten – alles ruft dumpfe Gereiztheit in ihm hervor. So heißt es in einem Brief an Afanassi Fet, der sich über seine Einsamkeit beklagt hat, als seine Frau auf Reisen war: »Sie schreiben: ›Ich bin allein! Allein!‹ Doch ich lese es und denke: Dieser Glückspilz ist *allein*! Ich habe eine Frau, drei Kinder und einen Säugling als viertes, zwei alte Tanten, ein Kindermädchen und zwei Zofen, und die ganze Schar leidet an fiebriger Erkältung, Altersschwäche, Kopfschmerzen oder Husten.«[8]

Die finsteren Attacken von Depression und Selbstzweifeln wechseln sich ab mit Phasen der Unbeschwertheit. »Im Winter haben wir auf dem Teich eine Eisbahn angelegt«, erzählt Tolstaja in ihren Erinnerungen, »und wir alle – die beiden ältesten Kinder, die Engländerin, meine Brüder, die uns an den Feiertagen besuchten, und andere Gäste – liefen vergnügt Schlittschuh. Mit der ihm eigenen Leidenschaft brachte es Lew Nikolajewitsch soweit, daß er auf einem Bein Kreise und alle nur erdenklichen Figuren zu laufen vermochte.«[9]

Gerade einmal ein Jahr nach der Geburt des letzten Kindes bemerkt Sonja im Frühsommer 1870, daß sie erneut in anderen Umständen ist. Nicht ohne Bitterkeit konstatiert sie im Tagebuch: »Vor vier Tagen habe ich Ljowuschka abgestillt ... Offenbar bin ich wieder schwanger. Mit jedem Kind gibt man mehr vom eigenen Leben auf und beugt sich dem Joch der Sorgen, Ängste, Krankheiten und Jahre.«[10] Doch ist Sonja nicht allein aufgrund der neuerlichen Schwangerschaft beunruhigt, sondern auch, weil Ljowuschka der Ältere seit Beginn des Frühlings alle literarischen Beschäftigungen aufgegeben hat und sich in ihr sinnlos scheinenden Tätigkeiten ergeht. »Ich bin, Gott sei's gedankt, in diesem Sommer dumm wie ein Pferd«, schreibt Tolstoj an Afanassi Fet. »Ich arbeite, schlage Holz, mähe und an die mir widerwärtige Lit-t-teratur und die Lit-t-teraten denke ich, Gott sei Dank, nicht.«[11] Im Dezember 1870 notiert Tolstaja: »Heute hat er das erste Mal wieder zu schreiben begonnen, es scheint mir ernst zu sein. Ich vermag gar nicht auszudrücken, was während dieser Zeit der

Untätigkeit in seinem Kopf vorgegangen ist.«[12] Voller Ungeduld wartet Sonja darauf, endlich wieder ihrer geliebten Aufgabe des Abschreibens nachgehen zu können. Doch da verkündet Tolstoj plötzlich, er werde nun Griechisch lernen. »Wie bin ich froh, daß Gott diese Laune hat auf mich kommen lassen. Erstens bereitet es mir Vergnügen, zweitens habe ich begriffen, daß ich ... von allem wahrhaft Schönen und elementar Schönen, welches die menschliche Sprache hervorgebracht hat, bis jetzt nichts wußte ..., drittens bin ich froh darüber, daß ich nicht schreibe und nie wieder ein solch ungereimtes Zeug wie *Krieg und Frieden* schreiben werde.«[13]

Tolstaja fühlt sich während der Schwangerschaft schlecht. Sie nimmt stark ab, leidet häufig unter Migräneattacken. Tolstoj interessiert sich wie immer nicht sonderlich für die Sorgen seiner Frau. Er fällt wieder in eine schwere Depression. In dieser unerquicklichen Atmosphäre wird am 12. Februar 1871 vorzeitig das fünfte Kind der Tolstojs geboren. Die Tochter, ein schwacher Säugling mit blauen Augen, wird nach Tolstojs Schwester Maria genannt. Nach der Geburt erkrankt Tolstaja am Kindbettfieber. Man bangt um ihr Leben.

Als Tolstaja gesundet, zieht sich ihr Mann wieder in sich zurück. Seine finstere Stimmung geht mit körperlichen Beschwerden einher. Tolstaja beschwört ihren Mann, einen Arzt zu konsultieren, der ihm zu einer Kumys-Kur rät. Tolstoj entschließt sich zu der Reise in die baschkirische Steppe. Aus Angst, erneut so etwas wie das »Grauen von Arsamas« zu durchleben, läßt er sich nicht nur von seinem Diener, sondern auch vom sechzehnjährigen Bruder seiner Frau, Stepan Behrs, begleiten.

Sofja Andrejewna, selbst von ihrer beinahe tödlichen Erkrankung noch nicht vollständig genesen, sorgt sich einzig um ihren Mann, wie er mit all den Unannehmlichkeiten des einfachen Lebens in der kargen Steppe zurechtkommt. »Wir leben in einer großen Jurte ..., und wir trinken Kumys«, schreibt er ihr. »Die Beschwernisse des Lebens hier würden Deine Kreml-Seele in Grauen versetzen: Es gibt keine richtigen Betten, kein Geschirr, kein Weißbrot, keine Löffel. Wenn Du uns sehen könntest, wäre es Dir leichter, ein Unglück wie einen nicht durchgebratenen Puter oder ein nicht ausreichend gesalzenes Hefebrot zu ertragen.«[14] Nach diesen ironischen Spitzen berichtet Tolstoj wenig Beruhigendes von seiner psychischen Verfassung: »Meine Gesundheit ist immer noch schlecht. Seit ich hier angekommen bin, ergreift mich jeden Tag schon um sechs Uhr am Morgen Schwermut, wie ein Fieber, eine physische Schwermut ... Auf alles blicke ich wie ein Toter.«[15] Tolstaja antwortet ihrem Mann: »Wenn Du über den Griechen sitzt, wirst Du nicht gesunden. Sie haben diese Schwermut und diese Gleichgültigkeit gegen das Leben über Dich gebracht. Nicht umsonst ist dies eine tote Sprache, sie bringt den Menschen in eine tote Seelenverfassung. Denke nicht, ich wüßte nicht, warum man das Griechische eine tote Sprache nennt, doch ich gebe dem eine weitere Bedeutung.«[16]

Nach einiger Zeit fühlt Tolstoj sich besser und teilt dies per Telegramm mit. Briefe aus dem entlegenen Baschkirien sind viele Tage unterwegs, und Tolstoj will seiner Frau sogleich ihre Sorgen um ihn nehmen. »Seit dem gestrigen Tage sind mir Flügel gewachsen«, jubelt Sonja in ihrer Antwort. »Gestern erhielt ich dein Telegramm und seitdem bin ich froh, habe wieder Kraft und bin guten Mutes.«[17]

Im folgenden Brief berichtet Tolstoj: »Alles, worüber ich klagte – Schwermut und Gleichgültigkeit –, ist vergangen; ich fühle, wie ich in einen skythischen Zustand gerate – alles ist interessant und neu ...: die Baschkiren, die nach Herodot riechen, die russischen Bauersleute, die Dörfer, die besonders schön sind wegen der Einfachheit und Güte ihrer Bewohner. Ich habe ein Pferd für 60 Rubel gekauft, Stjopa und ich reiten viel ... Ich schieße Enten, von denen wir uns ernähren, gerade bin ich ausgeritten, um Trappen zu jagen, wie immer haben wir sie nur erschreckt. Ich lese Griechisch, aber nur wenig. Habe gar keine Lust dazu.«[18]

Während der Trennung empfindet Tolstoj besonderes stark, wie sehr er seine Sonja liebt und braucht. »Einen Brief von Dir zu bekommen«, schreibt er am 27. Juni 1871, »ist wie ein kleines Rendezvous: Ich empfinde dasselbe Gefühl der Ungeduld, Freude und Angst, wenn ich ihn zur Hand nehme, als ob ich nach Hause komme.« Um ihrem Mann eine Freude zu machen, hat Sonja ihm ein Erinnerungsbild geschickt, das sie mit einem Häubchen mit Spitzen und Bändern zeigt. Sie trug diese Haube in der Zeit nach der Geburt Maschas, da man ihr den Kopf kahl geschoren hatte, als sie im Kindbettfieber lag. Mit der ihm eigenen Geradlinigkeit teilt Tolstoj ihr mit: »Deine Photographie habe ich erhalten. Sie hat mich sehr gefreut und tut es noch (denn ich blicke oft auf sie), obwohl der erste Eindruck nicht gerade angenehm war. Du schienst mir alt, mager und bedauernswert.« Zur Beruhigung setzt Tolstoj hinzu: »Mittlerweile habe ich mich mit dem Porträt ausgesöhnt, es ist mir angenehm, sehr sogar ... Dein Porträt erinnert an eine Märtyrerin, und doch bin ich glücklich darüber.«[19]

Tolstoj bittet Sofja Andrejewna stets, ihm ausführlich ihr Leben und den Alltag ohne ihn zu beschreiben. Ihre Briefe sind so eine kleine Enzyklopädie des Lebens in Jasnaja Poljana. »Serjosha ist die ganze Zeit mit Slawotschka [dem jüngeren Bruder Sofja Andrejewnas] zusammen«, berichtet Tolstaja, »heute sind sie eine Leiter hinaufgeklettert, die die Tischler mitgebracht hatten, Serjosha ist heruntergefallen und hat sich die Nase blutig geschlagen; er wollte zu weinen anfangen, doch dann machte sich Slawotschka über ihn lustig, und Serjosha begann zu lachen.«[20] »Iljuscha amüsiert alle mit seinen originellen und lustigen Einfällen. Zum Namenstag bekam er ein Gewehr und eine Trommel. Er dachte sich aus, daß er in die Armee zieht und Serjosha und eine Bauernmagd, die seiner Frau die Wäsche waschen würde, mitnimmt. Als man ihn fragte, warum er denn eine Frau brauche, antwortete er: ›Damit es nicht langweilig wird.‹«[21]

Tolstaja nutzt die Abwesenheit ihres Mannes, um das Haus zu renovieren. »Hier werden die Wände geweißt, und wir springen von einem Zimmer ins nächste. Zuerst wurde das Kinderzimmer unten gestrichen, die Kinder schliefen in Deinem Arbeitszimmer und waren begeistert.«[22] »Nach dem Essen liefen wir heute in den Wald, denn es wurden die Klosetts geleert. Dort haben wir Pilze und Beeren gesammelt, und ich war so glücklich mit den Kindern: So ruhig und froh war mir bei dem Gedanken, daß ich meine Aufgabe habe und daß mein Platz und meine Ruhe hier ist.«[23]

»Gestern waren wir in der Kirche, und ich ließ alle Kinder die Kommunion empfangen. Ljowuschka stach wie bei allem besonders hervor. Als die anderen Kinder tranken und die Hostie aßen, hob er den Kopf und rief: ›Ljolja auch will bitte!‹ Als dann der Kelch zum Altar getragen wurde, rief er aus: ›Ljolja more davon!‹ Alle haben gelacht.«[24] Diese Episode hat als Kirchgang Dolly Oblonskajas mit ihren Kindern in *Anna Karenina* Eingang gefunden.[25]

Ungeachtet dessen, daß Sofja Andrejewna mit all ihren Aufgaben ausgefüllt ist, fehlt ihr die geistige Zerstreuung, die sie in der Arbeit an den Manuskripten ihres Mannes fand. Ihre eigenen Neigungen und Begabungen zu entwickeln, liegt ihr noch fern. »Ich bin daran gewöhnt, mich gemeinsam mit Dir auf jene geistige Höhe zu erheben, die mich erleuchtet und mit dem Preis für das Birkhuhn (d. h. mit dem Haushalt) versöhnt«, schreibt sie Tolstoj.[26]

Durch die Kumys-Kur kehrt Tolstojs Lebensfreude zurück. Er ist begeistert von der Ursprünglichkeit der Landschaft Baschkiriens und dem einfachen Leben in der Steppe, besucht die bunten Märkte und pilgert zu einem Einsiedler in einer Höhle. Sein Enthusiasmus ist immens, er erwirbt sogar ein fast dreitausend Hektar großes Stück Land bei Samara. Anfang August kehrt Tolstoj »zufrieden, glücklich und wohlauf nach Hause zurück«. »Unser Wiedersehen, unsere wahnsinnige Freude war so groß, daß sie unbeschreiblich ist«, erinnert sich Tolstaja viele Jahre später.[27]

Wie in den vergangenen Jahren hat Tolstajas Schwester Tanja mit ihrem Mann Alexander Kusminski und ihren Kindern den Sommer in Jasnaja Poljana verbracht. Nach Jahren der engen Verbundenheit steht den beiden Schwestern jedoch nun die erste wirkliche Trennung bevor. Tanjas Mann wird in den Kaukasus versetzt. »Gestern nacht habe ich Tanja und die Kinder verabschiedet«, trägt Tolstaja in ihr Tagebuch ein. »Meine Seele ist leer, traurig, und ich fürchte mich vor dem Leben getrennt von einer solch guten Freundin ... Es gibt niemanden auf der Welt, der mich besser aufheitern, mich in meinem Kummer trösten, mich wieder aufrichten könnte, wenn mich der Mut verläßt.«[28]

Tolstajas schlechte Stimmung beruht auch darauf, daß sie sich wieder Sorgen um Tolstoj macht. »Zwei Monate hat er Kumys getrunken, doch das hat ihn nicht gesund gemacht«, notiert sie im Tagebuch, »die Krankheit sitzt in ihm; ich begreife dies nicht mit dem Verstand, sondern mit dem Gefühl aufgrund seiner Gleichgültigkeit gegen das Leben und all das, was es interessant macht ... Etwas ist zwischen uns getreten, ein Schatten, der uns trennt ... Seit dem vergangenen Winter, als Ljowotschka und ich so krank waren, hat es einen Bruch in unserem Leben gegeben. Ich weiß, daß in mir der feste Glaube an das Glück und das Leben zerbrochen ist, den ich besaß. Ich habe meine Festigkeit verloren und habe nun die ständige Angst, etwas könne geschehen. Und es geschieht tatsächlich etwas. Tanja ist nicht mehr hier. Ljowotschka ist krank. Dies sind die beiden Menschen, die ich mehr als alles auf der Welt liebe. Beide sind für mich verloren. Ljowotschka, da er nicht mehr der ist, der er war. Er sagt: ›Das ist das Alter.‹ Ich sage: ›Das ist eine Krankheit.‹ Doch dieses *Etwas* beginnt uns voneinander zu trennen.«[29]

Es gibt noch einen weiteren Grund für Tolstajas gedrückte Stimmung. Sie fürchtet, nach der letzten schweren Geburt wieder schwanger zu werden. Gewiß hat sie dieses Thema nach der Rückkehr ihres Mannes offen angesprochen. Wie Tolstoj darauf reagierte, kann man sich denken: »Nach einer schweren Krankheit wollte meine Frau auf Anraten der Ärzte keine Kinder mehr bekommen«, erläutert Tolstoj im Jahr 1906 seinem Biographen Pawel Birjukow. »Dies hatte schwere Auswirkungen auf mich, dies war meiner gesamten Idee des Familienlebens derart entgegengesetzt, daß ich lange nicht entscheiden konnte, wie dieses Leben fortgesetzt werden könne. Ich habe sogar an Scheidung gedacht.«[30] Erst als Sofja Andrejewna ihre Weigerung, weitere Kinder zu bekommen, aufgibt, normalisiert sich die Beziehung wieder. Doch allein die Tatsache, daß sie es gewagt hat, seine Überzeugungen in Frage zu stellen, empfindet Tolstoj als Kränkung. Im Jahr 1884, als die Krise in ihrer Ehe offenbar geworden ist, hält er im Tagebuch dazu fest: »Es begann damals, vor 14 Jahren, daß die Saite riß und ich meine Einsamkeit erkannte.«[31]

Tolstaja gibt ihrem Mann nach. Kurze Zeit später ist sie wieder schwanger. Ihrem Unbehagen macht sie in Briefen an die Schwester Luft: »Ich bin ... überaus traurig, und ständig fühle ich mich krank. Ich bin wieder schwanger, Du weißt, was das heißt, besonders im ersten Monat; und die Perspektive: im Mai das sechste Kind, es wird nicht möglich sein, nach Samara zu fahren, es wird nicht möglich sein, Dich zu besuchen, wieder die Kinderfrau und so weiter und so weiter.«[32]

Das Haus wird langsam zu klein für die wachsende Familie. Durch die Einnahmen von *Krieg und Frieden* ist die finanzielle Situation der Tolstojs mittlerweile recht passabel, und so kann ein Anbau in Angriff genommen werden. »Bereits im Winter hatte ich Lew Nikolajewitsch bedrängt, das Haus vergrößern zu lassen, um einen großen Saal zu haben, in dem die Kinder sich bewegen und spielen können, vor allem im Herbst und im Winter, wenn sie nicht nach draußen können.«[33] Im Sommer 1871 beginnen die Bauarbeiten, zu Weihnachten soll der Anbau fertig sein.

Kurz vor Weihnachten machen sich Tolstaja und ihr für seinen guten Geschmack bekannter Onkel Kostja an die Einrichtung der neuen Räume. Die schwangere Sonja schont sich dabei nicht, schließlich soll am Weihnachtsfest alles fertig und behaglich sein. Auch die Kinder bereiten sich auf das bevorstehende Fest vor. »Hannah und wir waren mit der Vorbereitung eines riesigen Plumpuddings und dem Basteln von Christbaumschmuck beschäftigt«, erinnert sich Tatjana Tolstaja.[34] Außer dem Christbaumschmuck werden Geschenke für die Bauernkinder gebastelt. »Einen Monat vor Weihnachten fuhr Mamá nach Tula«, berichtet Ilja Tolstoj, »und brachte eine ganze Kiste voll Holzpuppen mit, kleine Skelettchen, wie wir sie nannten, und Mamá und wir Kinder begannen, diese Skelettchen anzukleiden.«[35] Für die Kleider der »Skelettchen« hat Tolstaja das ganze Jahr über die verschiedensten Materialien gesammelt, »Reste von Bändern, haufenweise kleine Stücke von Samt und Kattun. Feierlich bringt sie einen großen schwarzen Ballen, und wir alle sitzen mit der Nadel in der Hand am großen runden Tisch und nähen voller Konzentration Röckchen, Hemdchen,

Höschen und Käppchen, besetzen sie mit goldenen Tressen und freuen uns, wenn aus den nackten Holzpuppen mit den dümmlichen aufgemalten Gesichtern schmucke Knaben und Mädchen werden ...

Die Puppen waren als Geschenke für die Dorfkinder gedacht, normalerweise wurden dreißig oder vierzig davon angefertigt. Danach begannen wir mit der Vergoldung von Nüssen und damit, Bänder an verschiedene Kartonkästchen, bunte Lebkuchen, Krimäpfel und Bonbons zu binden.«[36]

Am Abend vor dem Weihnachtsfest dürfen die Kinder zum ersten Mal den neuen Raum besichtigen. »Der Saal war prachtvoll: Das gebohnerte Parkett spiegelte, die Wände zierten Ahnenbilder und Spiegel, die die beiden gegenüberhängenden flackernden Petroleumlampen widerspiegelten. In der Mitte des Zimmers harrte der Gäste ein langer, weiß gedeckter Tisch voller Geschirr und Köstlichkeiten ... Am nächsten Morgen standen wir früh auf, und der Vormittag schien uns endlos, denn wir erwarteten die Gäste.«[37]

Nach und nach treffen die Gäste ein. Tolstojs Freund und Tanjas Patenonkel Dmitri Alexejewitsch Djakow, den die Kinder Mikliksejitsch nennen, kommt mit seiner Tochter Mascha und deren Gesellschafterin Sofesch, später treffen auch Tolstojs Nichten Warja und Lisa und ihr Mann ein. »Endlich ist es soweit. Die Türen zum Saal werden geöffnet, durch die eine schiebt sich die Menge der Dorfkinder, zur anderen rennen wir aus dem Speisezimmer. Ein großer Christbaum, der bis zur Decke reicht, strahlt von entzündeten Kerzen und goldenen Figuren. Es riecht nach Harz. An den Wänden stehen die Tischchen mit unseren Geschenken.«[38]

Wie immer sind die Geschenke von Onkel Mikliksejitsch die schönsten. Tolstoj ist gegen teures Spielzeug. »Je mehr Spielzeug man Kindern gibt, desto einfallsloser wird ihr Spiel«, meint er. »Gekauftes Spielzeug führt zu schablonenhaftem Denken und zerstört die kindliche Phantasie.«[39] Die Kinder sind begeistert von den neuen Errungenschaften.

Auch die Dorfkinder erhalten Geschenke: die von den Tolstoj-Kindern gebastelten Puppen, Lebkuchen, Nüsse. »Wir zeigen den

Dorfkindern voller Stolz unsere Geschenke«, erinnert sich Ilja Tolstoj. »Wir sind etwas Besonderes, und deshalb erscheint es ganz natürlich, daß wir richtige Geschenke bekommen haben, sie aber nur die Skelett-Püppchen. Sie sollen sich eben darüber freuen. Daß sie uns beneiden könnten, kam uns nicht einmal in den Sinn.«[40]

Der Abend endet mit einer tragikomischen Episode, die in den Sprichwortschatz der Tolstojs eingehen wird. Der fünfjährige Ilja hat eine Tasse bekommen, die ihm besonders gefällt. Müde und unachtsam macht er sich mit seinem neuen Schatz auf den Weg ins Kinderzimmer, stolpert über die Schwelle der Tür, und von der neuen Tasse bleiben nur Scherben. »Mamá beugte sich zu mir hinunter, wollte mich beruhigen und sagte, ich sei selbst schuld, da ich unaufmerksam gewesen sei. Das machte mich schrecklich wütend, und ich begann zu schreien, daß nicht ich, sondern der schreckliche Architekt schuld sei, der verantwortlich für die Schwelle ist ... Papá hörte dies und begann zu lachen, ›Der Architekt ist schuld, ja, der Architekt ist schuld‹, und das machte mich noch trauriger. Seitdem war der Satz ›Der Architekt ist schuld‹ bei uns ein geflügeltes Wort, und Papá wiederholte ihn oft, wenn jemand die eigene Schuld nicht einsehen wollte.«[41]

Am nächsten Tag findet ein Kostümfest statt, als dessen Höhepunkt ein Bärenführer mit zwei Bären und einer Ziege erscheinen. »Ich erkenne sogleich, daß es keine echten Bären, sondern Menschen sind, die ihre Pelzumhänge von innen nach außen gekehrt haben ...«, erzählt Tanja. »Den Bärenführer zu erkennen, ist nicht schwierig: Wer anders als Mikliksejitsch kann einen solch dicken Bauch haben? ›Mikliksejitsch!‹ rufen wir. ›Es ist Mikliksejitsch!‹ ›Und das ist Papá‹, erklären wir, auf die Ziege zutretend ... In den zwei Bären erkennen wir Onkel Kostja und Nikolenka.«[42]

»Der Winter war glücklich, wir lebten einander von Herzen nah, und Ljowotschkas Gesundheit war nicht schlecht«, notiert Tolstaja Anfang 1872.[43] »Bei mir zu Hause ist noch immer alles in schönster Ordnung«, liest man bei Tolstoj, »der Kinder fünf und der Arbeit so viel, daß es mir immer an Zeit gebricht.«[44] Der Schriftsteller hat sich wieder ins Schreiben vertieft. Mit Enthusiasmus arbeitet er an einem *ABC-Buch* und den *Lesebüchern*. Die Arbeit steht kurz vor dem Abschluß. »Meine stolzen Träume betreffs dieses ABC-Buchs sind«, berichtet er Alexandrine, »daß aus diesem Buch zwei Generationen *aller* russischen Kinder, von denen des Zaren angefangen bis zu den Bauernkindern, lernen und daraus ihre ersten poetischen Eindrücke schöpfen werden und daß ich, wenn dieses ABC-Buch fertiggeschrieben ist, ruhig werde sterben können.«[45] Das fast achthundert Seiten starke Werk umfaßt außer dem Alphabet einen Teil über Arithmetik und einen überaus umfangreichen Literaturteil, *Die Lesebücher*, von Tolstoj für Kinder bearbeitete Märchen, Legenden, Fabeln, russische Heldenepen und von ihm, bisweilen nach Erzählungen der Bauernkinder, verfaßte Geschichten aus dem Alltagsleben.

Die gesamte Familie arbeitet an Tolstojs Fibel mit. Auch die Kinder: »Ich leistete meinen Beitrag, indem ich Buchstaben des Alphabets mit Zeichnungen versah. Sorgfältig zeichnete ich eine Melone [russ.: *arbús*] für das ›A‹ und ein Faß [russ.: *bótschka*] für das ›B‹«, erinnert sich die Tochter Tatjana.[46]

Tolstaja arbeitet nicht nur an der Reinschrift der Manuskripte ihres Mannes, sondern übersetzt für das Lesebuch Geschichten aus dem Französischen und dem Deutschen und bearbeitet sie für den russischen Sprachgebrauch und Alltag. Sie schreibt auch selbst eine Kurzgeschichte mit dem Titel *Die Spatzen* und eine Erzählung für Kinder, *Im Dorf*. In jener Zeit ist die Auswahl an Kinderbüchern nicht sehr groß. Deshalb malt Tolstaja für ihre Kinder selbst kleine Bilderbücher. Wenn längere Reisen anstehen, bereitet sie immer etwas Neues vor, damit den Kindern die Zeit unterwegs nicht lang wird. »Am Abend sortierte sie winzige Töpfchen Wasserfarben auf einem weißen Teller und begann Bilder zu zeichnen und zu bemalen, die uns während der Fahrt zerstreuen sollten. Unzählige solche Bilderbücher machte Mamá ... für ihre eigenen und anderer Leute Kinder, und sie fanden stets ungeheuren Anklang bei den kleinen Lesern. Das war auch nicht verwunderlich. Was sah man nicht alles auf den Bildern! Man entdeckte furchterregende Wölfe, die kleine Kinder in den Wald verschleppten; hier wurden Pilze gesammelt; dort nahm man ein Bad im Fluß;

dort war ein Brand, bei dem auch die Kinder beim Löschen halfen; da waren Hasen, die Kohl und Möhren stibitzten; eine Tanne, geschmückt mit Lebkuchen, Äpfeln und Kerzen. Mamá zeichnete ohne Rücksicht auf Perspektive, Proportionen und Gegenstandstreue ... Ihre Zeichnungen waren naiv, aber welcher Reichtum an Einfällen!«[47]

Während der Arbeit am *ABC-Buch* nimmt Tolstoj den Unterricht für die Dorfkinder wieder auf, um sein Werk in der Praxis zu erproben. »Jeden Tag nach dem Mittagessen kommen etwa 35 Kinder, die wir unterrichten«, erzählt Sofja Andrejewna ihrer Schwester. »Serjosha, Tanja, Onkel Kostja, Ljowotschka und ich – wir alle geben Unterricht.«[48] Für die beiden »Großen« Serjosha und Tanja, acht und sieben Jahre alt, ist diese neue Aufgabe ein großes Vergnügen. »Da ich von mir selbst wußte, daß man durch das Unterrichten auch selbst noch viel lernt, und ich es für förderlich hielt, wenn die Kinder eine Verpflichtung übernehmen, hatte ich gegen ihren Wunsch, sich am Unterricht zu beteiligen, nichts einzuwenden«, erinnert sich Tolstaja.[49]

Der kaum sechsjährige Ilja ist neidisch auf die beiden älteren Geschwister und verkündet eines Tages, er werde nun auch unterrichten. Mit seinen bescheidenen Kenntnissen macht er sich also daran, einem Jungen das Alphabet beizubringen. Seine Lehrmethoden entsprechen allerdings nicht im geringsten Tolstojs Auffassungen von Reformpädagogik. »Ich bemühte mich sehr«, heißt es in Iljas Erinnerungen, »doch mein Schüler wollte einfach nichts verstehen. Da wurde ich wütend und schlug ihn, und es begann eine Prügelei. Papá kam dazu und sagte, daß ich nie wieder unterrichten dürfe, da ich es nicht könne. Ich war natürlich beleidigt und beschwerte mich bei Mamá, daß es nicht meine Schuld sei, da Tanja und Serjosha gute Schüler hätten, meiner aber dumm und eklig sei.«[50] Wieder einmal also hatte der Architekt die Schuld.

Im Laufe der Zeit empfindet Tolstaja die Unterrichtstätigkeit immer mehr als Belastung. »Jeden Vormittag unterrichte ich die eigenen Kinder«, klagt sie ihrer Schwester, »und am Nachmittag versammeln sich die Schüler. Das Unterrichten ist aufwendig, damit aufzuhören täte mir jetzt aber leid; der Unterricht läuft so gut, und alle lesen und schreiben schon, wenn auch nicht sehr gut, so doch recht ordentlich. Noch ein wenig mehr, und sie werden es ihr Leben lang nicht vergessen.«[51] Die Arbeit an der Schule wird denn auch schon nach wenigen Monaten wieder eingestellt. Tolstaja ist mittlerweile im sechsten Monat schwanger. Die eigenen Kinder wachsen heran und nehmen mehr und mehr Zeit in Anspruch.

Die Nachkommen des Grafen Tolstoj sollen eine Erziehung genießen, die ihrer Herkunft entspricht. »Es versteht sich, daß Vater, selbst in der Tradition des alten Adels erzogen, auch seinen Kindern die Erziehung des echten Adels zuteil werden lassen wollte«, berichtet Ilja Tolstoj. »Sie müssen die größtmögliche Zahl an Fremdsprachen erlernen, gute Manieren haben und vor jeglichen äußeren Einflüssen bewahrt werden. Die zeitgenössischen Gymnasien taugen nichts, deshalb müssen die Kinder ihre Schulbildung zu Hause erhalten und dort auf die Universität vorbereitet werden.«[52]

Die Grundlagen der Schulbildung legen also die Eltern selbst. Sofja Andrejewna lehrt die Kinder Lesen und Schreiben, unterrichtet Französisch und Deutsch und gibt Tanzunterricht. Lew Nikolajewitsch übernimmt die Unterweisung in Arithmetik und Griechisch. Englisch lernen die Kinder bei der Gouvernante Hannah. Als die beiden ältesten Knaben zu alt »für den Frauenunterricht« sind, wird der deutsche Hauslehrer Fjodor Fjodorowitsch Kaufmann engagiert. Bald wird er von den Jungen nur noch »FoFo« genannt. Der Lehrer erweist sich als »recht schlichter, primitiver und grober Mensch«, der seinen Zöglingen vor allem dadurch im Gedächtnis bleibt, daß er eine Perücke trägt. »Seine Erziehungsmethoden waren typisch deutsch, Disziplin und Strafe«, erinnert sich Ilja Tolstoj. »Manchmal schlug er, ohne Wissen unseres Vaters, mit dem Lineal zu oder ließ Serjosha und mich ganze Stunden lang in der Ecke knien. Er war es, der mir meine Abneigung gegen das Lernen vermittelte, eine Abneigung, die ich später nie mehr überwinden konnte.«[53]

In seiner Schule für die Bauernkinder setzt Tolstoj sein reformpädagogisches Prinzip des freien Lernens in die Praxis um. Seiner

Theorie zufolge soll der Lernprozeß beim Kind von dessen Interessen geleitet sein. Die Ausbildung der eigenen Kinder indes wird von Tolstoj energisch reglementiert. »Der Unterricht war im Stundenplan fixiert, und während der Unterrichtszeit, das heißt im Winter, hatten wir, wie im Gymnasium, eine Stunde nach der anderen.«[54] Den Bauernkindern ein geduldiger und verständnisvoller Lehrer, ist Tolstoj streng und anspruchsvoll im Unterricht der eigenen Kinder. »Bereits seit dem Alter von acht Jahren wurde Serjosha von Lew Nikolajewitsch in Arithmetik unterrichtet«, berichtet Tolstaja. »Häufig schrie dieser ungeduldig den armen Knaben, der klug und strebsam war, derart an, daß er völlig verschreckt war und ich hinter der Tür weinte, da mein Sohn mir leid tat. Wie hätte der Junge denn die Aufgaben verstehen und durchdenken können, wenn er vor Angst unter den Schreien des Vaters zitterte?«[55]

»Bei Mamá konnte man manchmal einfach nur aus dem Fenster blicken, nicht zum Thema gehörende Fragen stellen, konnte gläserne Augen machen und nichts verstehen, bei Papá jedoch war das anders – bei ihm mußte man alle seine Kräfte anstrengen und durfte sich nicht eine Minute ablenken lassen. Er unterrichtete sehr gut, klar und interessant, doch wie auch beim Reiten ging es die ganze Zeit im Galopp, und man mußte mit ihm mithalten, koste es, was es wolle.«[56] Wie diese Erinnerung Iljas bezeugt, war Tolstaja keine allzu strenge Lehrerin. Sie selbst erklärt, ihr wichtigstes Ziel beim Unterricht sei es gewesen, bei den Kindern Interesse zu wecken und sie mit den Unterrichtsgegenständen nicht zu langweilen oder zu überfordern. »Ich erinnere mich, wie sehr ich zu vermeiden suchte, daß die Kinder eines Faches überdrüssig werden. Als ich ihnen das russische und lateinische Alphabet beibrachte, zeichnete ich zu jedem Buchstaben eine Illustration, A – arbús [Wassermelone], B – bábotschka [Schmetterling] usw., und erzählte ihnen dazu Geschichten. Die Religionsstunden waren zugleich Zeichenstunden, ich ließ die Kinder etwas abzeichnen, während ich ihnen aus der Heiligen Schrift vorlas, was die Kinder mir später nacherzählten.«[57]

Tolstaja gibt den Kindern auch die ersten Musikstunden, später wird ein Musiklehrer aus Tula dazu verpflichtet. »Von uns drei Ältesten war nur Serjosha musikbegabt. Auf Ilja traf zu, was Fo-Fos Nachfolger, ein französischer Lehrer, sagte: ›Quand Elie se met à jouer, tous les chiens se sauvent en hurlant‹ [Wenn Ilja zu spielen beginnt, laufen alle Hunde heulend davon].«[58] Serjosha ist von der Musik bezaubert. Wenn die Eltern sich am Abend an den Flügel setzen, um vierhändig zu spielen, lauscht der kleine Serjosha, im Nachthemd und mit nackten Füßen, entrückt an der Tür.

Die Lehrbücher zur Geschichte erscheinen Tolstaja als »sehr trocken«, »was das Fach sehr langweilig machte«. So entsteht die Idee, »indem ich die verschiedensten Werke las, historische Erzählungen für Kinder zu schreiben.« Doch voller Bitterkeit erinnert sich Sofja Andrejewna: »Meine dahin gehenden Versuche wurden jedoch immer wieder entweder durch Schwangerschaft, Säuglingspflege oder einfach nur aufgrund des ständigen Defizits an Zeit und Übermüdung unterbrochen.«[59]

Besonderes Augenmerk legt Tolstoj auf die körperliche Entwicklung der Kinder. »Eine Zeitlang versammelte er uns täglich zum Sport auf der Allee, und wir alle mußten der Reihe nach schwierige Übungen am Trapez und an den Ringen vollbringen.«[60] Tolstoj selbst war sehr sportlich und erwartete dies auch von seinen Sprößlingen.

Trotz aller Verbundenheit mit den Bauern und der einfachen Bevölkerung ist Tolstoj in den ersten Jahren des Familienlebens entschieden darauf bedacht, seine Nachkommen von äußeren Einflüssen fernzuhalten. »Wir wuchsen als echte ›Herren‹ auf, die stolz auf ihre aristokratische Abstammung und der übrigen Welt fremd sind«, berichtet Ilja Tolstoj, »umgeben von einer steinernen Mauer von Engländerinnen, Gouvernanten und Lehrern.«[61] Als Ilja im Alter von etwa zehn Jahren erste Kontakte zu den Dorfkindern hat, gebietet Tolstoj dem strengstens Einhalt. »Ich erfuhr von ihnen Dinge, die ich nicht wußte und die zu wissen mir verboten war ... Wir fuhren im Dorf zusammen Schlitten und freundeten uns an, doch Papá bemerkte dies und bereitete dem ein Ende.«[62]

»Die Welt teilte sich in zwei Teile: wir auf der einen Seite, und unseresgleichen gibt es nicht. Wir, das sind Papá, Mamá, die Kusminskis, Onkel Serjosha Tolstoj und seine Kinder, Tante Mascha und einige der zu jener Zeit seltenen Gäste. Die auf der anderen Seite sind alle niedriger stehende Wesen, die uns zu bedienen haben, die zu arbeiten haben, von denen man sich fernzuhalten hat und die einem nicht als Beispiel dienen können. In der Nase bohren kann ein Bauernjunge, aber nicht wir. Sie können schmutzige Hände und zerrissene Hosen haben, sie können Kerne kauen und die Schale auf den Boden spucken, sie können sich schlagen und fluchen, für uns jedoch ist das alles ›shocking‹. Natürlich ging dies vor allem von Mamá aus, doch auch Papá achtete peinlichst darauf, daß wir keinen Kontakt zu den Kindern aus dem Dorf hatten.«[63]

Am 13. Juni 1872 wird das sechste Kind der Tolstojs geboren, ein gesunder, strammer Junge, der Pjotr, kurz: Petja, genannt wird. Einen Monat später reist Tolstoj zum neuerworbenen Gut im Gouvernement Samara. Während seiner Abwesenheit kommt auf dem Landgut in Jasnaja Poljana ein Stallknecht bei einem Unfall zu Tode. Nach der Rückkehr soll der Grundbesitzer Tolstoj dafür zur Verantwortung gezogen werden, das Gericht fordert, daß er bis zur Eröffnung des Gerichtsverfahrens Jasnaja Poljana nicht verläßt. Tolstoj tobt. Umgehend macht er seiner Wut in einem Brief an seine Freundin Alexandrine Luft. »Unversehens und unverhofft brach ein Ereignis über mich herein, das mein ganzes Leben verändert hat. In Jasnaja Poljana hat ein junger Stier einen Hirten tödlich verletzt, und ich bin in gerichtlicher Untersuchung, in Arrest – darf das Haus nicht verlassen (und dies alles aufgrund der Willkür eines Knaben, der sich Untersuchungsrichter nennt), und in diesen Tagen soll ich angeklagt werden, mich vor Gericht verteidigen – vor wem? ... Ich, mit grauem Bart, mit sechs Kindern, mit dem Bewußtsein eines nützlichen und arbeitsamen Lebens, mit der steten Überzeugung, daß ich unmöglich schuldig sein kann ... – ich kann auf keinen Fall in Rußland leben, wo man immer in der Angst schweben muß, daß ein Knabe, dem mein Gesicht nicht gefällt, mich zwingen kann, auf der Anklagebank vor Gericht und nachher im Gefängnis zu sitzen ... Wenn ich vor Ärger und Gram nicht schon im Gefängnis sterbe, wohin man mich wahrscheinlich bringen wird ..., so bin ich entschlossen, nach England zu übersiedeln, entweder für immer oder wenigstens bis zu dem Zeitpunkt, wo bei uns die Freiheit und die Würde eines jeden Menschen gesichert sein wird. Meine Frau ist mit Vergnügen einverstanden – sie liebt das Englische, für die Kinder kann das nützlich sein, die Mittel werden reichen.« Ein Leben in der Emigration müßte allerdings standesgemäß sein. »Damit das Leben in England ein angenehmes ist«, schreibt Tolstoj weiter, »muß man die Bekanntschaft mit guten aristokratischen Familien haben. Darin könnten Sie uns helfen, und darum bitte ich Sie ... Nur zwei, drei Briefe, die uns die Türen eines guten englischen Kreises öffnen würden. Das ist für die Kinder notwendig, denen es bestimmt ist, dort aufzuwachsen.«[64]

Dieser Brief an Alexandrine zeigt deutlich Tolstojs Standesdünkel, der ihm, trotz aller Verbundenheit mit der einfachen Bevölkerung und trotz allen Strebens nach Schlichtheit und Bescheidenheit, zu eigen war. »Wenn Eitelkeit und Stolz auch alle Menschen haben, so besaß Lew Nikolajewitsch von beiden Eigenschaften mehr als andere«, berichtet Stepan Behrs, der Bruder Sofja Andrejewnas. »Er war überzeugter Aristokrat, und wenngleich er immer das einfache Volk liebte, so liebte er die Aristokratie noch mehr.«[65] Schließlich muß Tolstoj doch nicht ins Gefängnis, der Gedanke an die Emigration wird verworfen, er versöhnt sich mit seinem Vaterland.

»Sie haben mir ein Briefthema gegeben, über das ich mit Vergnügen schreiben werde«, schreibt Tolstoj Alexandrine Ende 1872, »meine Kinder. Da! Sehen Sie selbst, was das für welche sind:

Der Älteste, Serjosha, blond gelockt – nicht häßlich. Hat etwas Schwaches, Geduldiges in seinem Ausdruck, und etwas sehr Sanftes. Wenn er lacht, steckt es nicht an, wenn er aber weint, dann halte ich mich nur mit Mühe zurück, um nicht mitzuweinen ... Serjosha ist klug – ein mathematischer Kopf und mit feinem Sinn für die Kunst, lernt ausgezeichnet, springt und turnt gewandt, jedoch *gauche* und zerstreut. Hat wenig Ursprüngliches. Hängt von seiner Physis ab: Wenn er gesund und wenn er nicht gesund ist, sind das zwei verschiedene Knaben.

Ilja, der dritte. Ist nie krank gewesen. Breit gebaut, weiß, rot, strahlend. Lernt schlecht. Immer denkt er über Dinge nach, worüber nachzudenken man ihn nicht geheißen hat. Denkt sich selbst Spiele aus. Ist pünktlich und sparsam: ›Meins‹ ist für ihn sehr wichtig. Er ist hitzig, *violent*, beginnt gleich, sich zu schlagen; er ist aber auch zart und sehr empfindsam. Sinnlich – er liebt es zu essen und ruhig dazuliegen ... Ist durch und durch ein Original. Weint er, ärgert er sich zugleich und kann recht unangenehm werden, aber wenn er lacht, da müssen alle mitlachen. Alles Unerlaubte hat einen großen Reiz für ihn, und er weiß es sofort. Schon als kleiner Zwerg hat er eines Tages aufgeschnappt, daß meine schwangere Frau die Bewegung des Kindes fühlte. Lange Zeit war es sein Lieblingsspiel, sich etwas Rundes unter die Jacke zu binden und den Bauch mit der Hand vorsichtig zu streicheln und dabei lächelnd zu flüstern ›Das ist mein ‚bebitschka'‹ ...

Tanja – acht Jahre. Alle sagen, daß sie Sonja ähnlich sieht, und ich glaube es gern, da es offensichtlich ist ... Ihr schönstes Vergnügen ist, sich mit den Kleinen zu beschäftigen. Es ist offensichtlich, daß sie physisches Vergnügen dabei empfindet, einen kleinen Körper auf dem Arm zu halten, ihn zu berühren. Ihr Traum, schon jetzt bewußt, ist es, Kinder zu haben ... Sie ist nicht sehr klug, liebt es nicht, mit dem Kopf zu arbeiten, aber der Mechanismus dieses Kopfes ist gut. Sie wird eine wunderbare Frau werden, wenn Gott ihr einen Mann gibt ...

Der vierte ist Lew. Hübsch, geschickt, graziös, mit gutem Gedächtnis. Jedes Kleidchen sitzt ihm wie für ihn gemacht. Alles, was andere machen, macht auch er, und alles sehr geschickt und gut. Nur verstehe ich ihn noch nicht ganz.

Die fünfte ist Mascha. Zwei Jahre alt, die, bei deren Geburt Sonja fast gestorben wäre. Ein schwaches, kränkliches Kind. Ein Körper, weiß wie Milch, lockige, weiße Härchen; große, seltsame blaue Augen; seltsam durch ihren tiefen, ernsthaften Ausdruck. Sehr klug und nicht schön. Das wird eines der Rätsel werden. Sie wird leiden, suchen, nicht finden; doch wird sie immer das Unerreichbare suchen.

Der sechste, Pjotr, ist ein Riese. Ein riesiges, reizendes Baby mit Häubchen, dreht die Ellenbogen nach außen, strebt irgendwohin, und meine Frau gerät in eine entzückte Aufregung und Eilfertigkeit, wenn sie ihn auf dem Arm hat; aber ich verstehe nichts.«[66]

Für die Kinder ist die Mutter die wichtigste Person im Hause. »Vor allem Mamá ist verbunden mit meinem Leben«, schreibt die Tochter Tanja. »Sie war unaufhörlich beschäftigt. Mal war sie beschäftigt mit einem Säugling, mal unterrichtete sie uns, dann wieder kümmerte sie sich um den Haushalt oder nähte in schwindelerregendem Tempo auf der Nähmaschine, wenn sie nicht gerade eine Arznei für eine kranke Bäuerin bereitete.«[67]

»Sie ist alles ...«, erzählt Ilja. »Ihr leichter, schneller Schritt ist stets in allen Zimmern zu hören, und immer schafft sie alles, und für alles ist gesorgt ... Niemandem von uns kam jemals in den Sinn, daß Mamá müde oder schlechter Laune sein könnte, oder daß Mamá etwas für sich selbst wollte. Mamá lebt für mich, für Serjosha, für Tanja, für Ljolja, für uns alle, und ein anderes Leben konnte und durfte sie nicht haben.«[68]

Während die Mutter ganz den Kindern gehört und ihr Leben bestimmt, schauen diese zum Vater mit bewundernder Verehrung auf. »Papá zog sich tagsüber in sein Kabinett zurück und ›arbeitete‹, dann hatten wir leise zu sein, und keiner wagte es, bei ihm einzutreten«, heißt es bei Ilja Tolstoj.[69]

Alle im Hause respektieren den Vater und fürchten ihn gar ein wenig. Sogar die Mutter. Der Vater hingegen fürchtet niemanden. »Beim Essen sitzt Papá Mamá gegenüber, und er hat einen runden Silberlöffel. Wenn die alte Natalja Petrowna, die bei Tatjana Alexandrowna wohnte, sich Kwas in ihr Glas einschenkte, nahm er ihr Glas und trank es aus, und sagte dann: ›Verzeihen Sie, Natalja Petrowna, das war ein Versehen‹, und wir sind alle sehr vergnügt und lachen, und es scheint uns seltsam, daß Papá überhaupt keine Angst vor Natalja Petrowna hat. Und wenn es zum Nachtisch Kisel gibt, dann sagt Papá, daß man damit wunderbar Papierkästchen kleben kann, und wir laufen gleich los und holen Papier, und Papá klebt damit Papierkästchen. Mamá ist verärgert darüber, doch auch vor ihr hat er keine Angst.«[70]

Bei der Mutter kann man seine Launen haben, wenngleich sie bisweilen auch böse wird und die Kinder straft. Beim Vater indes wagt man das nicht. Er straft die Kinder nie und zwingt sie auch nicht, etwas gegen ihren Willen zu tun, trotzdem ordnen sie sich seiner Autorität unter. Sie streben nach seiner Anerkennung. »Der Unterschied in der Erziehung Vaters und Mutters war folgender: Für irgend etwas braucht man zwanzig Kopeken. Wenn man zu Mamá geht, so fragt sie einen ganz genau aus, wozu man denn das Geld brauche, macht einem haufenweise Vorwürfe und gibt einem manchmal auch kein Geld. Wenn man zu Papá geht, so fragt er nicht, schaut einem nur in die Augen und sagt: ›Auf dem Tisch liegt etwas, nimm es dir.‹

Wie dringend auch immer ich die zwanzig Kopeken gebraucht habe, ich ging nie ihretwegen zum Vater, sondern bevorzugte es immer, sie bei Mutter zu erbitten. Die erzieherische Stärke meines Vaters lag darin, daß man vor ihm, wie vor dem eigenen Gewissen, nichts verbergen konnte.«[71]

Bei der Mutter kann man ein wenig flunkern, aber wenn der Vater einen nur ansieht, hat man gleich das Gefühl, daß er einen durchschaut. Alle Geheimnisse der Kinder sind ihm bekannt. »Es wurde sehr selten gestraft, zum Beispiel, indem man das Zimmer nicht verlassen durfte oder ähnliches, vor allem aber zeigte sich dies in dem kühlen Umgang der Eltern mit den Kindern nach einem Fehltritt. Sobald Anzeichen von Reue bemerkt wurden, wurde die Strafe umgehend aufgehoben. Den Kindern wurden nie Versprechen, das Vergehen nicht zu wiederholen, oder Bitten um Vergebung abverlangt.«[72]

Im Umgang mit den Kindern, besonders den Söhnen, ist Tolstoj zurückhaltend, ja kühl. Den Vorhaltungen seiner Frau, Kinder brauchten »vor allem Liebe und Zärtlichkeit«, hält er entgegen: »Strenge, Härte im Umgang entwickelt bei den Kindern Duldsamkeit, Energie, läßt sie frühzeitig ernst werden und bereitet sie auf das Leben vor.«[73] »Unsere gegenseitige Liebe war selbstverständlich, sie wurde nicht ausgesprochen«, erinnert sich Ilja. »Wenn man als Kind hinfiel – ›Weine nicht‹; sind die Beine kalt geworden – ›Steig aus, lauf hinter der Kutsche her‹; – tut der Bauch weh – ›Hier ist Kwas mit Salz, das hilft‹; niemals bedauert er einen, niemals tröstet er einen. Wenn man Mitleid will, wenn man ›heulen‹ will, läuft man zu Mamá. Sie legt eine Kompresse auf, tröstet und beruhigt einen.«[74]

Trotz seiner Zurückhaltung der Gefühle vermag es Tolstoj, die Kinderwelt farbig und fröhlich zu machen. Ein besonders beliebtes Spiel ist die »Numidische Kavallerie«. Wenn nach der Abreise von besonders langweiligen Gästen oder nach einem Streit alle noch beisammensitzen und nicht wissen, was man einander sagen soll, springt Tolstoj plötzlich auf, »erhebt eine Hand und läuft im springenden Galopp um den Tisch herum. Wir alle rennen ihm hinterher, ebenso wie er, springen und winken mit der Hand.«[75] Wenn man ein paarmal so durchs Zimmer gelaufen ist, haben alle plötzlich wieder gute Laune, die Langeweile und der Streit sind vergessen. Ein anderes Spiel Tolstojs besteht darin, daß er die Kinder abwechselnd in einen Wäschekorb setzt, mit einer Decke zudeckt und diesen zusammen mit den anderen Kindern durchs Haus trägt. Wenn der Korb dann in einem der Zimmer abgestellt wird, muß das in ihm sitzende Kind erraten, wo es sich befindet.

In den Sommermonaten steht Tolstoj früh auf und nimmt die Söhne Serjosha und Ilja mit zum Schwimmen. Sie reiten zu dritt jenen alten Pfad entlang, den früher Tolstoj mit seinen Brüdern gegangen ist. Auf dem Weg durchqueren sie einen kleinen Hain, an dessen Ende einige Eichen stehen. Hier hat, erzählt Tolstoj seinen Söhnen, einst sein Bruder Nikolaj das grüne Stöckchen vergraben: »Er erklärte uns Brüdern –«, so Tolstoj, »ich war damals fünf Jahre alt, Dmitri sechs und Sergej sieben –, daß er das Geheimnis gefunden habe, mit dem alle Menschen glücklich werden können; es werde keine Krankheiten, kein Unglück mehr geben, niemand werde einem anderen mehr böse sein, alle werden einander lieben, alle werden zur Ameisenbruderschaft gehören … Die Bruderschaft stand uns offen, das wichtigste Geheimnis aber, wie alle Menschen ... auf immer glücklich sein werden, dieses Geheimnis hatte er, wie er uns verkündete, auf dieses grüne Stöckchen geschrieben und dieses Stöckchen am Rande der Schlucht im Wald vergraben.«[76] Das mit der Ameisenbruderschaft war ein kindliches Mißverständnis. Der phantasievolle und ideenreiche Nikolaj hatte vermutlich von der durch Petr Chelčický im 15. Jahrhundert gegründeten religiösen Gemeinschaft der Mährischen Brüder gehört oder gelesen: Der russische Gleichklang machte für den Jungen aus den *Morawskije bratja* [Mährische Brüder] die *Murawejnyje bratja* – die Ameisenbrüder.

Bisweilen spricht Tolstoj auf dem Weg mit seinen Söhnen auch über seine literarische Arbeit. »Weißt du, Ilja, heute bin ich sehr zufrieden mit mir«, erzählt er dem kleinen Sohn einmal von einer Szene aus *Anna Karenina*, die dann aber nicht in die Endfassung des Romans eingegangen ist. »Drei Tage habe ich mich gequält und konnte sie nicht dazu bringen, ins Haus zu gehen ... Und heute habe ich mich daran erinnert, daß es in jeder Empfangshalle einen Spiegel gibt, und daß jede Dame einen Hut trägt. Und sobald ich mich daran erinnert hatte, trat sie sofort ins Haus und tat alles, wie es zu sein hat. Es scheint, daß das doch eine Kleinigkeit ist – ein Hut, doch in diesem Hut, so erweist sich, liegt alles.«[77] Diese kleine Szene sagt viel über das Verhältnis Tolstojs zu seinen Kindern. Er nimmt sie ernst und erörtert mit ihnen belangvolle Themen. Er führt sie an die Literatur heran. Nach dem Abendtee versammeln sich die »Großen« am Tisch im Saal, und der Vater liest ihnen vor. Eine Zeitlang interessieren sich alle für die Werke Jules Vernes. Da die Ausgabe des Romans *In achtzig Tagen um die Welt* nicht illustriert ist, fertigt Tolstoj jeden Tag einige Zeichnungen zu dem Kapitel an, das er am Abend lesen wird. Die Kinder sind begeistert, denn seine Illustrationen sind voller Originalität und Ideenreichtum. »Vater konnte zwar überhaupt nicht zeichnen, und doch kam etwas Gutes dabei heraus, und wir waren sehr zufrieden damit.

Wir warteten aufgeregt auf den Abend und krochen alle über den großen Tisch zu ihm, wenn er, als er an die Stelle, die er illustriert hatte, kam, das Bild unter dem Buch hervorzog ... Ich erinnere mich wie heute an die Zeichnung einer buddhistischen Göttin mit vielen Köpfen, die mit Schlangen verziert sind – phantastisch und furchterregend.«[78]

»Noch nichts störte in jener Zeit unser Glück und unsere Liebe«, blickt Tolstaja auf jene Jahre zurück. »In allem waren wir vereint und stimmten überein: sowohl hinsichtlich der Erziehung der Kinder als auch des Lebens auf dem Lande und in unseren Überzeugungen, den religiösen und den weltlichen.«[79] Und Tolstoj schreibt an Alexandrine: »Mein Leben ist immer dasselbe, d. h., besser kann ich es nicht wünschen. Es gibt in meinem Leben einige verständige große Freuden, gerade so viel, wie ich eben zu ertragen fähig bin … Diese großen Freuden sind: eine schrecklich glückliche Familie – alle Kinder leben, sind gesund, und, wie ich fast überzeugt bin, klug und unverdorben.«[80]

Gegen Ende des Sommers 1872 müssen die Tolstojs Abschied von Hannah Tarsey nehmen. Da es um ihre Gesundheit schlecht bestellt ist, reist sie mit den Kusminskis in den Kaukasus. »Der Abschied von ihr und zugleich von der Schwester bereitete mir großen Kummer«, heißt es bei Tolstaja, »und ich weinte und war untröstlich. Und es war mir schwer mit sechs Kindern ohne die gewohnte Helferin und ohne freundschaftliche Anteilnahme an meinem und der Kinder Leben; ohne jegliche Anteilnahme an allem, was damals die weibliche Seite meines Lebens ausmachte.«[81]

Auch die Kinder, vor allem Tanja, leiden unter dem Weggang Hannahs. Eine neue englische Gouvernante muß engagiert werden. Die Kandidatin, die Tolstoj in Moskau gefunden hat, scheint geeignet, auch wenn sie unglücklicherweise Dora heißt – wie der Haushund der Tolstojs. Die junge Engländerin nimmt es mit dem sprichwörtlichen englischen Humor und entgegnet diesbezüglichen Sorgen der Tolstojs, sie fühle sich ob der Namensgleichheit geehrt und sehe darin kein Hindernis, die angebotene Stelle anzutreten. Sie kann den Kindern allerdings die geliebte Hannah nicht ersetzen. Tolstaja hält sie für »schlicht« und »leer«, und man sieht sich bald gezwungen, sich von ihr zu trennen. Ihr folgt Emily Tabor, die bald das Herz der »Kleinen« gewinnt, Tanja allerdings, die ihre Hannah sehr geliebt hat, peinigt »sie mit ihren Launen und ihrem Eigensinn«.[82] Mit der kleinen Mascha versteht sich Emily besonders gut, und die beiden sind binnen kurzem ein Herz und eine Seele. Mascha spricht bald fließend Englisch und tut sich dafür in der Muttersprache schwer.

Tolstaja läßt die Monotonie ihres Lebens bisweilen verzweifeln. »Was in unser Leben hier Abwechslung bringt? Nur, aus dem Fenster zu schauen – heute Schnee, morgen Regen, übermorgen Sonne – das ist alles.«[83] Wie stets, wenn sie verzweifelt ist, greift Tolstaja in solchen Momenten zu ihrem Tagebuch. »Und dann blickt man, wenn man sich schlecht fühlt, in sein Innerstes und fragt sich: Was willst du denn?« notiert sie am 13. Februar 1873. »Entsetzt« antwortet sie sich selbst: »Ich will Fröhlichkeit, leere Plauderei, ich will elegante Kleider, will gefallen, will, daß man mir sagt, daß ich schön bin.« Und widerspricht sich sogleich im nächsten Satz: »Ich hasse jene Leute, die mir sagen, ich sei schön. Ich selbst habe das nie gedacht, und nun ist es zu spät ... Oben sitzen die Kinder und warten darauf, daß ich ihnen Musikstunden gebe, und ich sitze hier und schreibe dieses dumme Zeug«, schämt sie sich für ihre unschönen Gedanken, die doch ganz natürlich sind für eine nicht einmal Dreißigjährige. »Und mit der mir eigenen Leichtigkeit gegenüber allem«, erinnert sie sich später, »ging ich hinauf, unterrichtete die Kinder, stillte Petja, und dann gingen wir alle Schlittschuhlaufen; und als ich die Schönheit der Bewegungen auf dem Eis erfühlte, die sich mir durch den Rausch der Schnelligkeit, der eisigen Luft, der eigenen Stärke und Lebenskraft, angesteckt durch die Fröhlichkeit der Kinder, vermittelte, vergaß ich schnell meine sehnsuchtsvoll leichtsinnige Stimmung und machte mich daran, mir wieder das Zaumzeug anzulegen und weiterzuarbeiten.«[84]

Tolstoj bemerkt nicht, daß seine Frau niedergeschlagen ist, oder er mißt dem keine Bedeutung zu. Ihre Unausgeglichenheit liegt in der Familie Behrs, ist Tolstoj überzeugt, vergißt dabei aber, daß er selbst unter ständigen Stimmungsschwankungen und hypochondrischen Ängsten leidet. Alle menschlichen Schwächen seiner Frau – Müdigkeit, Krankheit, ganz zu schweigen von seelischem Mißbehagen – rufen bei ihm nur Gereiztheit hervor. Schon in den ersten Jahren der Ehe hat Sonja sich damit abgefunden, daß sie mit ihren Gefühlen bei ihrem Mann auf taube Ohren stößt. Verständnis und Mitgefühl findet sie bei der Schwester Tanja oder bei manchem Gespräch mit Tolstojs Nichte Warwara, die in jener Zeit in Jasnaja Poljana wohnt. »Sonja ist unglücklich, wünscht sich etwas anderes, hat Sehnsucht. Sie ist müde, so zu leben«, hält diese in ihrem Tagebuch fest, »immer am selben Ort, immer dasselbe Leben. Ich verstehe sie ... Mir ist aufgefallen, daß Sonja ohne ihn ruhiger und fröhlicher ist, d.h. nicht fröhlicher, sondern natürlicher. Ljowotschka ist gereizt, durch ihre Art zu reden, wie sie mit den Dienstboten umgeht und sie anknurrt, davon, wie sie sich mit der Wirtschaft abmüht, denn dies ist ihr ganzes Leben ... Sie unterrichtet die Kinder, und dies ist ihre einzige geistige Beschäftigung. Es ist zu wenig, nur gute Ehefrau, Mutter und Hausherrin zu sein.«[85]

Als Tolstoj beginnt, an einem neuen Werk zu arbeiten, empfindet seine »treue Helferin« wieder, wie sehr er sie braucht. »Gestern abend sagte mir Ljowotschka plötzlich: ›Ich habe anderthalb Blatt geschrieben, und mir scheint, es ist gut‹«, notiert Sofja Andrejewna im März 1873. »Da ich dachte, es sei ein neuer Anlauf, über die Zeit Peters des Großen zu schreiben, maß ich dem keine besondere Bedeutung zu. Später erfuhr ich, daß er begonnen hatte, einen Roman über das zeitgenössische Leben zu schreiben.«[86] Glücklich teilt sie umgehend der Schwester mit: »Gestern begann Ljowotschka plötzlich, einen Roman ... zu schreiben. Das Sujet ist die Untreue einer Dame und das gesamte sich daraus ergebende Drama. Ich bin so froh.«[87] Die Arbeit an *Anna Karenina* ist begonnen.

Die Idee zu einem Roman über eine untreue Ehefrau hatte Tolstoj schon einige Jahre zuvor. Im Februar 1870 erzählte er Tolstaja, »ihm schwebe der Typus einer Frau vor, verheiratet, aus der Gesellschaft, die aber einen Fehltritt begangen hat. Er sagte, seine Aufgabe sei es, diese Frau als bedauernswert und nicht schuldig zu zeigen, und sobald er diesen Typus vor Augen gehabt hätte, hätten sich alle Personen und männlichen Figuren, die er zuvor entworfen hatte, um diese Frau herum gruppiert.«[88]

Gleich zu Beginn steht das tragische Ende der Protagonistin für Tolstoj fest. Immer wieder geht ihm der Selbstmord Anna Stepanowna Pirogowas zu Beginn des Jahres 1872 durch den Kopf. Anna Stepanowna war eine entfernte Verwandte der verstorbenen Frau Alexander Nikolajewitsch Bibikows, eines Nachbarn und Bekannten der Tolstojs, führte dessen Haushalt und erzog seinen kleinen Sohn. Daß Bibikow mit seiner Haushälterin mehr als ein freundschaftliches Verhältnis verband, war allgemein bekannt. Als der Sohn älter wurde, stellte Bibikow eine Gouvernante für ihn ein – eine hübsche, junge Deutsche, in die sich der Witwer verliebte. Als er Anna Stepanowna eröffnete, er werde die Deutsche heiraten, verließ diese mit leichtem Gepäck das Haus. An der nahe gelegenen Bahnstation Jassenki warf sie sich vor einen Güterzug. Bevor sie freiwillig aus dem Leben schied, hatte sie ihrem einstigen Liebhaber einen kurzen Abschiedsbrief zukommen lassen: »Sie sind mein Mörder; seien Sie glücklich mit ihr, so Mörder glücklich sein können. Wenn Sie mich noch einmal sehen wollen, so können Sie meinen Körper auf den Gleisen von Jassenki finden.«[89] Als Tolstoj von dem Vorfall hörte, machte er sich eilends nach Jassenki auf und war bei der Obduktion des Leichnams anwesend. Später berichtete er seiner Frau, welch grauenhaftes Bild sich ihm dort geboten hatte. Das, was von Anna Stepanowas großem und kräftigem Leib übrig war, lag nackt und zerschmettert auf dem Tisch. Zahlreiche Männer standen neugierig um den Tisch herum.

Tolstojs Anna Karenina stirbt auf dieselbe Weise. Letzte Anregung zu dem Roman über »Verbrechen und Strafe« einer Dame der Aristokratie, die ihren Mann betrügt, ist für Tolstoj die Lektüre eines Bandes mit Werken von Puschkin, der ihm zufällig in die Hände gefallen ist. »Die Gäste waren im Sommerhaus der Gräfin zusammengekommen«, beginnt dort ein Fragment. »Wie gut, wie einfach«, befindet Tolstoj. »Direkt zur Sache. So muß man schreiben. Puschkin ist mein Lehrer.«[90] Noch am selben Abend beginnt er zu schreiben. Eine Woche später berichtet er in einem (nicht abgesandten) Brief seinem Freund, dem Kritiker Nikolaj Strachow, das Buch sei »im Unreinen« bereits fertig. Ein Roman, »sehr lebendig, hitzig«, mit dem er »sehr zufrieden« sei. Es bliebe nur noch wenig Arbeit, höchstens zwei Wochen.[91] Tatsächlich arbeitet Tolstoj die nächsten fünf Jahre an diesem Roman.

Tolstaja ist überzeugt, daß ihr Ljowotschka wieder etwas Großes schaffen wird. Und sorgt mit noch größerem Eifer dafür, daß er in Ruhe arbeiten kann. Der gesamte Tagesablauf in Jasnaja Poljana wird diesem Ziel untergeordnet.

Tolstoj zieht sich zurück in sein Arbeitszimmer, das sich im Erdgeschoß des neuerrichteten Anbaus des Hauses befindet. Seine »Höhle«: »Papás Kabinett ist durch große Bücherschränke geteilt ... Zwischen ihnen eine kleine Tür aus Birke, hinter der Papás Schreibtisch und der runde alte Sessel stehen.«[92] Tolstoj ist kurzsichtig und trägt keine Brille, die Beine des kleinen Schreibtischstuhls wurden deshalb gekürzt. In dem Sessel sitzt Tolstoj nach seinem täglichen Spaziergang, liest oder legt Patiencen. Im Arbeitszimmer steht auch der berühmte grüne Diwan, auf dem Tolstoj und alle seine Geschwister und auch einige seiner Kinder geboren wurden. »An der Wand ein Hirschgeweih, das Vater aus dem Kaukausus mitgebracht hatte, und ein ausgestopfter Hirschkopf. Am Geweih hängt er sein Handtuch und den Hut auf. An der Wand hängen ebenso Porträts von Dickens, Schopenhauer, seinem Freund Fet als jungem Mann und die bekannte Photographie der Schriftsteller aus dem Kreis um die Zeitschrift *Sowremennik* aus dem Jahr 1856. Auf ihr sind Turgenjew, Ostrowski, Gontscharow, Grigorowitsch, Drushinin und Vater, noch jung, ohne Bart, in Offiziersuniform, zu sehen.«[93]

Bis drei oder vier Uhr herrscht im Haus absolute Ruhe. Alle, von den Kindern bis zu den Bediensteten, bewegen sich in dieser Zeit nur auf Zehenspitzen durch das Haus: »Lew Nikolajewitsch arbeitet.« Nach der Arbeit geht Tolstoj spazieren oder reitet aus, manchmal geht er jagen, manchmal baden. Um fünf Uhr ruft die Glocke, die an einem Ast der alten Ulme vor dem Haus hängt, alle zum Essen zusammen. Nicht selten verspätet sich Tolstoj. Doch alle haben auf ihn zu warten. »Wenn er kommt, ist er ein wenig zerstreut, entschuldigt sich bei Mamá, schenkt sich ein wenig Kräuterlikör in das silberne Likörglas ein und nimmt am Tisch Platz. Er ist sehr hungrig und ißt gierig alles, was ihm in die Finger kommt.«[94]

Nach dem Essen zieht sich Tolstoj wieder zurück. Um acht Uhr versammelt sich die Familie beim Samowar im Saal, und es beginnen »die schönsten Stunden des Tages«: Gespräche, Vorlesen, Musik, Gesang. Hier spielen und tummeln sich auch die Kinder, doch wenn die alte englische Uhr auf dem Treppenabsatz zehn geschlagen hat, heißt es für sie, sich für heute von den »Großen« zu verabschieden und zu Bett zu gehen. Das fällt ihnen natürlich schwer, denn sie vermuten, daß gerade jetzt der interessanteste Teil des Abends beginnt. Noch lange sind aus dem Saal angeregte Gespräche zu hören, man spielt Schach oder Karten, Tolstoj und seine Frau spielen vierhändig Klavier.

»Die Gesundheit Lew Nikolajewitschs begann, mich zu beunruhigen«, erinnert sich Tolstaja. »Er hustete, hatte des Nachts Fieber, war finster, konnte nicht arbeiten. So entschied ich fest, mit ihm und der gesamten Familie auf das neuerworbene Gut im Gouvernement Samara zu reisen, damit er dort wieder eine Kumys-Kur machen konnte.«[95]

Aus Tula reist die achtköpfige Familie in Begleitung der Bediensteten nach Nishni Nowgorod mit dem Zug, von dort geht die Reise per Dampfschiff auf der Wolga weiter. In Kasan legt das Schiff für kurze Zeit an. Tolstoj und die beiden ältesten Söhne steigen aus, um einen Spaziergang durch die Stadt zu machen, in der der Vater seine Jugend verbracht hat. Als die drei zum Hafen zurückkehren, hat das Schiff längst abgelegt. »›Sie sind in Kasan ausgestiegen und nicht zurückgekommen‹, sagte jemand«, erinnert sich Tolstaja. »Ich lief zum Kapitän und bat ihn mit tränenzitternder Stimme, nach Kasan zurückzukehren ... Der Kapitän lüftete seine Kapitänsmütze, verneigte sich ehrerbietig ... und rief laut und ruhig: ›Kommando zurück!‹ ... Als wir an die Anlegestelle kommen, sehen wir Lew Nikolajewitsch dort mit erhobenen Händen stehen, in der Pose des Schuldbewußten; an seiner

Seite stehen Serjosha und Iljuscha, der laut heult. Als sie wieder auf dem Schiff waren, boten wir dem Kapitän an, für seine Auslagen aufzukommen, doch er lehnte ab und sagte, daß er sich geehrt fühle, die Familie Tolstoj an Bord zu haben, und daß er nicht oft solch große Familien an Bord habe. Mit der Kinderfrau, dem Koch, dem Diener, dem Zimmermädchen, den Hauslehrern, meinem Bruder Stepan und der Engländerin waren wir insgesamt 16 Personen.«[96]

Die letzten gut 120 Kilometer von Samara bis zum Gut werden in der großen Dormeuse aus Jasnaja und einigen kleinen Wagen zurückgelegt. Die Fahrt ist anstrengend. Hitze, Staub, nicht ein einziger Baum. Nur Steppe. Die Sonne brennt unerbittlich. Das vierzimmrige Holzhaus ist in desolatem Zustand, schlecht eingerichtet. In der Umgebung kein Baum, keine Pflanze. Nur vertrocknetes, stechendes Gras. Das Wasser und die Hitze sind ungewohnt. Von den ersten Tagen an klagen die Kleinen über schlimme Bauchschmerzen. Im näheren Umkreis gibt es keinen Arzt. So muß man sich mit Hausmitteln und Kräutern behelfen. Tolstaja ist der Verzweiflung nahe. Doch sie steht den Aufenthalt durch, schließlich ist die Kumys-Kur der Gesundheit ihres Ljowotschka zuträglich. Erquickung findet Sofja Andrejewna bei der Lektüre der kleinen Shakespeare-Bändchen, die sie vorausblickend eingepackt hat, »um die Kenntnis dieser Sprache zu vervollkommnen und nicht ohne geistige Beschäftigung zu sein«.[97]

Für die Kumys-Kur Tolstojs wird ein alter Baschkire in Dienste genommen, der mit seiner Familie und seiner Ziegenherde unweit des Gutes der Tolstojs seine Jurten aufgeschlagen hat. Zweimal täglich nimmt Tolstoj und wer immer ihn begleiten will im »Salon« der Nomaden seine Stutenmilch ein. »Man betrat die Jurte, ließ sich mit überkreuzten Beinen auf die im Halbkreis auf dem persischen Teppich ausgelegten Kissen nieder ... und eine hinter dem Vorhang unsichtbare weibliche Hand reichte ein ledernes Gefäß mit Kumys heraus. Der Baschkire rührt ihn mit einem besonderen Löffel aus Holz um und verteilt dann mit einer Schöpfkelle aus karelischer Birke feierlich das Getränk in die Tassen.«[98] Tolstoj ist ein großer Liebhaber des Kumys. Bis zu acht Tassen trinkt er während einer Sitzung. Den Kindern mundet das Getränk nicht, der strenge Geschmack stößt sie ab. Die Exotik des Lebens in der Steppe indes bezaubert die älteren Kinder. Man unternimmt Ausflüge in die benachbarten Dörfer, macht Wanderungen auf den Berg Schischka, besucht die erhaltenen skythischen Hügelgräber, bewundert den Sternenhimmel der Steppe.

Die Idylle wird jedoch getrübt durch die Not der Bevölkerung aufgrund einer lang anhaltenden Trockenheit. In ihren Erinnerungen berichtet Tolstaja: »Wir kamen zu der Überzeugung, daß die Mißernte bei der großen Bevölkerungszahl des Gebiets zu schrecklichem Elend führen werde. Ich überzeugte meinen Mann, sich dieser Sache anzunehmen. Er suchte die umliegenden Dörfer auf und stellte eine Statistik auf, die zeigte …, daß eine Hungersnot unausweichlich sein würde.«[99] Tolstoj schreibt einen offenen Brief an »alle Russen«, in dem er zur Hilfe für das »notleidende Volk« aufruft. Der Brief führt zu einer wahren Woge der Hilfsbereitschaft. In zahlreichen Städten werden Komitees ins Leben gerufen, die Spendensammlungen organisieren. Besonders engagiert zeigen sich dabei die »Damen-Komitees«.

Am 22. August 1873, dem 29. Geburtstag Tolstajas, treffen die Tolstojs wieder in Jasnaja Poljana ein. Tolstoj hat sich gerade wieder an die Arbeit an seinem Roman gemacht, als der bekannte Porträtist Nikolaj Kramskoj in Jasnaja Poljana eintrifft. Im Auftrag des Mäzens Pawel Tretjakow soll er für dessen Gemäldegalerie in Moskau den Schriftsteller porträtieren. »Wir werden im Moment täglich von einem Künstler, dem Maler Kramskoj, besucht, der zwei Ölporträts von Ljowotschka malt«, berichtet Sofja Andrejewna ihrer Schwester. »Er hatte schon vor längerem gebeten, Ljowotschka malen zu dürfen, doch der hatte abgelehnt. Nun hat ihn der Maler selbst dazu überredet, Ljowotschka hat zugestimmt, unter der Bedingung, daß er ein zweites Porträt malt, das hierbleibt und das uns etwa 250 Rubel kosten wird.«[100] Den Preis hat die geschäftstüchtige Hausherrin vereinbart. Üblicherweise beträgt das Honorar des Malers für ein Porträt das Vierfache.

Kramskoj weiß nicht, daß auch er Modell sitzt. Der Künstler dient Tolstoj als Vorlage für den Maler Michailow in *Anna Kare-*

nina, der im Auftrag Wronskis Anna während der gemeinsamen Italienreise porträtiert. Kramskoj bleibt ebenso verborgen, daß er und sein Talent in der Familie schon bald eine Verehrerin haben. Die neunjährige Tanja schleicht oft unbemerkt in das Künstlerzimmer und sieht dem Maler begeistert bei der Arbeit zu und beginnt selbst, voller Eifer zu zeichnen. Das Ergebnis – die Kopie eines Bildes, das einen auf einem Baumstumpf sitzenden Jungen zeigt –, präsentiert sie den Eltern. »Du mußt zeichnen lernen«, beschließt der Vater. Ein Zeichenlehrer wird verpflichtet.

Einen Monat nach der Rückkehr – gerade hat sie den im Juni 1872 geborenen Petja der Brust entwöhnt – ist Sofja Andrejewna wieder schwanger. Bevor jedoch das siebte Kind der Tolstojs geboren wird, muß die Familie eine »Zeit des Unglücks und der Verluste« erleben.[101] Im November 1873 stirbt, eineinhalbjährig, das jüngste Kind, Petjuscha. »So leer ist es nun bei uns im Haus, das Kinderzimmer leer, das war es lange nicht mehr ...«, schreibt Tolstaja ihrer Schwester. »Ich habe Angst um mein werdendes Kind; neben ihm trage ich einen schweren Stein steten Unglücks auf meinem Herzen ..., als es sich zum ersten Mal bewegte, am 8. November, schied Petja schon dahin, und am nächsten Morgen war er tot.«[102]

Tolstoj scheint dagegen recht gefaßt. Dem Bruder schreibt er: »Am Tag nach Deiner Abreise, d.h. gestern morgen, starb Petja, und heute wurde er beerdigt. Er erstickte an dem, was Krupphusten genannt wird. Das ist ein unbekanntes Gefühl für uns, es ist sehr schwer, besonders für Sonja. Gestern erhielt ich auch einen Brief aus der Druckerei, daß am 12. die Werkausgabe erscheint. Und heute sind die Djakows gekommen. Djakow fährt heute nach Moskau und läßt Mascha und Sofesch bei uns. Ich würde am liebsten auch nach Moskau fahren. Sonja bleibt ja nicht allein. Wenn Du kannst, laß uns übermorgen fahren, d.h. am 12.«[103] Nur einige knappe Worte über den Tod des Sohnes. Anscheinend unbewegt geht Tolstoj zu den Geschäften über. Zum vereinbarten Termin reist er nach Moskau ab. Der Tod hat seine Familie heimgesucht, und wie in jener Nacht in Arsamas ergreift Tolstoj die Flucht.

Am 22. April 1874 wird Sofja Andrejewna von einem Sohn entbunden. »Bei uns ist alles wohl«, berichtet Tolstoj Alexandrine. »Sie haben uns ein Mädchen prophezeit, doch es kam ein Knabe zur Welt, und gerade so einer, wie jener war, den wir verloren haben, und obwohl wir ihn Nikolaj getauft haben, nennen wir ihn oft versehentlich Petja.«[104]

Im Winter vor der Geburt hat Tolstaja oft bis spät in die Nacht den ersten Teil von *Anna Karenina* abgeschrieben. Im März geht der erste Teil des Romans in Moskau in Druck. Während Tolstaja den zweiten Teil ins reine schreibt, beginnt Tolstoj wieder, sich mit der Pädagogik zu beschäftigen, und unterbricht die Arbeit an seinem Roman.

»Ljowotschka hat sich ganz in die Volksbildung zurückgezogen«, klagt Sofja Andrejewna enttäuscht dem Bruder Stepan, »Schulen, Lehrerausbildung ... all dies beschäftigt ihn von früh bis spät. Ich betrachte dies mit Unverständnis, es tut mir leid um seine Kräfte, die er für diese Beschäftigung verschleudert und nicht mit dem Schreiben eines Romans.«[105] Ihrer Schwester Tanja legt sie ihre Position noch aufrichtiger dar: »Ljowotschka hat sich überlegt, noch ein ABC für Kinder nach dem Beispiel der amerikanischen first, second und third reader zu schreiben ... Der Roman wird nicht weitergeschrieben, und von allen Seiten regnet es aus den Redaktionen Briefe: 10 000 im voraus und 500 für den Bogen. Ljowotschka spricht einfach nicht darüber, als ob ihn dies nichts anginge.« Die angebotenen Honorare sind durchaus stattlich, wenn man bedenkt, daß Tolstoj für den ersten Teil von *Krieg und Frieden* 300 Rubel pro Druckbogen vom Verleger geradezu abpressen mußte. »Mein Gott, es geht mir ja nicht um das Geld«, schreibt Tolstaja weiter, »sondern darum, daß diese seine Beschäftigung, das heißt das Schreiben von Romanen, von mir geliebt und geachtet wird ...; aber diese Alphabete, Arithmetiken, Grammatiken verachte ich, und ich kann nicht so tun, als ob mich dies begeisterte. Mir fehlt nun etwas im Leben, etwas, das ich geliebt habe; es fehlt mir Ljowotschkas Arbeit, die mir immer Genuß bereitet und Respekt eingeflößt hat. Siehst Du Tanja, ich bin eine echte Schriftstellergattin, so sehr nehme ich mir unsere Autorenarbeit zu Herzen.«[106]

Trotzdem schreibt Sofja Andrejewna zunächst ohne Widerrede auch das ihr immer unerträglichere *ABC-Buch* ins reine. Doch als sie bemerkt, daß »diese Angelegenheit nicht bald zu Ende sein wird«, wagt sie Protest. »Ich bin dieser kurzen Sätze wie ›Mascha aß Kascha‹ und ähnl. so überdrüssig, daß ich das Abschreiben aufgegeben habe, soll das doch ein Schreiber erledigen.« Für sie, die »echte Schriftstellergattin«, war es »eine Aufgabe, Unsterbliches wie *Krieg und Frieden* oder *Anna Karenina* abzuschreiben, das aber ist langweilig«.[107] Tolstoj ist von der Widerrede seiner Frau überrascht. Schließlich hat sie sich die ganzen Jahre lang seinem Willen und seinen Vorstellungen gefügt. Die Konflikte der Zukunft zeichnen sich ab.

Am 20. Juni 1874 verstirbt nach langer Krankheit Tatjana Jergolskaja, Tolstojs Tantchen Toinette. Die letzten Jahre war sie hinfällig, verwechselte Gegenwart und Vergangenheit, hielt Tolstoj für dessen Vater, dessen Bitte um ihre Hand sie einst ausgeschlagen hatte. »Sie fehlt mir«, schreibt Tolstoj an die Schwester, »für mich ist die wichtigste Verbindung mit der Vergangenheit abgerissen.«[108]

Nach dieser Zeit »des Unglücks und der Verluste« freut man sich besonders über den alljährlichen Besuch der Kusminskis. »Es begann die übliche glückliche Sommerzeit mit Baden, Ausflügen, Marmeladeeinkochen, den Kindern.«[109] Als der Sommer dem Ende entgegengeht und die Gäste wieder abgereist sind, wird es in Jasnaja Poljana indes wieder »traurig«. In Tolstojs *Beichte* heißt es, er habe seit dem Jahr 1874 immer öfter gespürt, wie das Leben innehalte. »Minuten der Verzweiflung«, des Zweifels, in denen plötzlich alles sinnlos erscheint.

Doch nicht nur die Trauer nach den Todesfällen in der Familie macht Tolstoj das Leben schwer. Der Schriftsteller ist unzufrieden mit seinem Roman und mit sich selbst. Die Beziehung der Ehegatten bleibt davon nicht unberührt. Tolstaja kann es nicht erwarten, daß ihr Mann die Arbeit an *Anna Karenina* wieder aufnimmt. Sie ist unzufrieden, daß er, ganz in Suche und Zweifel verstrickt, der Familie immer weniger Aufmerksamkeit schenkt. Am Ende des Jahres ist ihre Gesundheit schwach, ihr Lebensmut erschöpft. »Du und ich waren den Herbst über sehr krank an Fieber und Schwermut«, schreibt sie der Schwester. »Nun fühle auch ich mich besser, trete wieder ins Leben, doch ich habe noch keine Kraft geschöpft; ich bin mager, gelb, bekomme keine Luft, bin unruhig, doch das wird bald vergehen. Leb wohl, liebe Tanja, bleibe gesund, laß uns aufhören, schwermütig zu sein, denn man muß doch leben, und so muß man versuchen, so gut als möglich zu leben ... Bei uns ist alles so gescheit, und dafür habe ich manchmal keine Kraft.«[110]

Im Januar 1875 erscheinen in der Zeitschrift *Russki westnik* die ersten Kapitel der *Anna Karenina*. Noch vor der Veröffentlichung kursiert das Gerücht, Tolstoj zeige darin die Kreise der Aristokratie in unvorteilhaftem Licht und porträtiere reale Personen. Jede neue Nummer der Zeitschrift wird mit Spannung erwartet. »Sogar jene zahlreichen Vertreter der Aristokratie, die auf die russische Belletristik mit der üblichen Verachtung blickten und nur französische Romane lasen, stürzten sich geradezu auf *Anna Karenina*.«[111]

Daß das Publikum nun das neue Werk so enthusiastisch aufnimmt, hebt Tolstojs Laune. »Nicht nur, daß ich diesen Erfolg nicht erwartet habe«, vertraut er Strachow an, »habe ich, das muß ich gestehen, befürchtet, daß meine Berühmtheit infolge dieses Romans beschädigt wird ... Ich beschäftige mich im Moment mit praktischen Dingen: leite 70 Schulen, die in unserem Landkreis eröffnet wurden und vortrefflich funktionieren. Alsdann die pädagogische Arbeit ... und die ältesten Kinder, die ich selbst unterrichte.« Erst am Ende des Briefes, nach der Aufzählung der wichtigen und weniger wichtigen Tätigkeiten, schreibt Tolstoj über das neue »Unglück in der Familie«, über die schwere Krankheit des neunmonatigen Nikolaj. Das Kind ist an Hirnhautentzündung erkrankt. »Es ist nun schon die vierte Woche, daß er alle Phasen dieser hoffnungslosen Krankheit durchmacht. Meine Frau stillt selbst und ist einmal verzweifelt darüber, daß er sterben kann, ein anderes Mal darüber, daß er ein Idiot bleiben wird.« Doch die Sorge um den kranken Sohn mindert seine Arbeitslust nicht. »Es ist seltsam«, schließt er seinen Brief, »ich verspüre eine solche Notwendigkeit und Freude, wieder zu arbeiten, wie nie zuvor.«[112]

Wenige Tage später sind die Qualen des kleinen Nikolaj zu Ende. Am 20. Februar 1875, noch kein Jahr alt, stirbt das Kind. Tolstoj bewahrt Haltung. »Es ist schwer für mich, meiner Frau wegen«, schreibt er an Fet, »und ihr, die selbst stillte, ist es sehr schwer.«[113] Sofja Andrejewna gibt sich ihrem Schmerz ganz hin. Ihr Brief an die Schwester ist herzzerreißend: »Dieser Tod war nicht wie der Petjas, der plötzlich aus unserer Mitte gerissen wurde, gesund und voller Kraft – der Kleine starb fast einen Monat lang, und der Anblick seiner Leiden war uns allen eine schreckliche Qual ... Ich kann Dir nicht beschreiben, Tanja, mit welchem Grauen ich das Kind stillte, das mich anblickte und doch nicht sah und sinnlos, wie ein kleines Tier, mit Zähnen und Lippen die Brust saugte, gierig saugte und alles fast besinnungslos ... Gestern haben Ljowotschka und ich ihn beerdigt. Den ganzen Winter über war es nicht so kalt: 20 Grad Frost und starker Wind. Wir sind beide nicht sehr gesund, etwas Unheilschweres lag über der Beerdigung. Als sein kleiner Sarg zum Grab getragen wurde, wurden der Stoff, der ihn bedeckte, und der Kranz auf seinem Kopf vom Wind weggerissen, und der Wind schleuderte das hilflose, blasse Köpfchen hin und her, daß ich vor diesem Anblick geflohen bin ... Ljowotschkas Roman wird gedruckt, und es heißt, er habe furchtbaren Erfolg, aber in mir steigt ein seltsames Gefühl auf: Bei uns herrscht eine solche Trauer, und zugleich werden wir überall gefeiert.«[114]

Im Mai bricht die Familie erneut nach Samara auf, um dort den Sommer zu verbringen. Tolstaja ist geschwächt, sie hustet Blut. Doktor Sacharin diagnostiziert zwar nicht die befürchtete Tuberkulose, sieht aber die Gefahr, sie könne sich entwickeln. »Ich entsinne mich«, heißt es in Tolstajas Erinnerungen, »wie er vorwurfsvoll zu Lew Nikolajewitsch sagte: ›Sie haben sie nicht geschont.‹ ... Ganz offensichtlich war Ljowotschka davon ein wenig erschreckt, und daraufhin war er sehr gut zu mir, schonte mich, so gut er konnte. Das fiel ihm schwer, er war es ja nicht gewohnt.«[115] Wieder ist Tolstaja schwanger – zum zehnten Mal.

Am 30. Oktober erleidet Tolstaja eine Frühgeburt. Nach einer Bauchfellentzündung haben die Wehen verfrüht eingesetzt. Das Mädchen wird sofort nach der Geburt auf den Namen Warwara getauft und lebt kaum eine Stunde. Dies ist der dritte Tod eines Kindes innerhalb von nur zwei Jahren. Wenig später stirbt Pelageja Juschkowa, Tolstojs Tante, die nach dem Tod des Tantchens Toinette nach Jasnaja Poljana übergesiedelt war. »Wie sonderbar es auch ist, aber dieser Tod der achtzigjährigen Greisin wirkte auf mich wie kein anderer Tod«, bekennt Tolstoj Alexandrine. »Es tut mir leid, sie zu verlieren, leid um diese letzte Erinnerung an den erloschenen Stamm meines Vaters, meiner Mutter.«[116]

Tolstaja ist am Ende ihrer Kräfte. Ihr Mann, der fortwährend mit hypochondrischer Besorgnis auf seine Gesundheit achtet und ständig unter den verschiedensten Beschwerden leidet, ist erbarmungslos: »Es gibt nichts Schlimmeres für einen gesunden Mann als die Krankheit seiner Ehefrau. Ich habe diesen Zustand im vergangenen Jahr durchlitten und leide noch immer darunter.«[117]

Die Arbeit an *Anna Karenina* geht langsam voran. Obwohl Tolstoj sich von der ihm »lästigen« Karenina endlich erlösen will, ist er oft nicht bei der Sache. Sofja Andrejewna begreift, daß sich eine grundlegende Veränderung vollzieht. »Unser Familienleben, damals bereits mit fünf Kindern, verlief in den gewohnten Bahnen; alles schien wie immer: Unterricht der Kinder, Arbeit, Spaziergänge, Schlittschuhlaufen, Lew Nikolajewitschs Arbeit an *Anna Karenina*. Doch war bei Lew Nikolajewitsch eine innere Unruhe zu spüren, eine Unzufriedenheit mit dem Leben, Suche und das Bedürfnis nach mehr religiösem Inhalt in seinem Leben.«[118]

Die Fragen der Religion und des Todes beschäftigen Tolstoj unentwegt und sind seine Lieblingsthemen in Gesprächen und Briefen. »Geistig schlafe ich und kann nicht erwachen«, schreibt er an Strachow. »Bin nicht gesund, niedergeschlagen. Enttäuschung über die eigenen Kräfte.«[119] Tolstojs Zustand trägt gelegentlich fast hysterische Züge. Einmal weckt er nachts das ganze Haus mit lauten, angstvollen Rufen nach seiner Frau. Er hatte im Dunkeln die

Orientierung verloren und war von ebenjenem Grauen ergriffen worden wie einst in dem Gasthaus in Arsamas.

Im September beginnt wieder die Unterrichtszeit. »Ich hätte nie gedacht, daß die Erziehung und Ausbildung der Kinder, das heißt, sie dahinzuführen, daß sie so sind wie alle anderen, soviel Mühen bereitet und soviel Zeit in Anspruch nimmt«, heißt es in einem Brief Tolstojs vom Sommer 1876.[120] Tolstaja bemüht sich, den Kindern eine gute Lehrerin zu sein, doch es gelingt nicht immer. »Mein Gott, wie bin ich ungeduldig, wie werde ich ärgerlich, schreie. Und heute, unzufrieden mit Serjoshas Aufsatz über die Wolga und seinen Fehlern in der Orthographie und mit Iljas Faulheit, bin ich am Ende des Unterrichts gar in Tränen ausgebrochen. Die Kinder waren erstaunt; Serjosha hatte Mitleid mit mir, das hat mich gerührt. Danach wich er nicht von meiner Seite, war aufmerksam und ruhig. Das Verhältnis zu Tanja ist nicht sehr harmonisch. Wie traurig ist doch dieser ewige Kampf mit den Kindern.«[121]

Stetig wächst die Zahl der Erzieher, Gouvernanten und Hauslehrer. Mit der Zeit entsteht im Haus der Tolstojs »eine richtige Hausuniversität«.[122]

Im September 1876 bricht Tolstoj wieder nach Samara auf. Die Briefe ihres Mannes versöhnen Sofja Andrejewna mit seiner Abreise. Tolstoj beschwört die Tage im August 1862, als ihn Sonetschka Behrs bezauberte: »Ich habe mich nicht nur an Dich erinnert, sondern dachte und denke an Dich, da ich Dich ganz furchtbar liebe. Ich versetze mich in die Vergangenheit – Pokrowskoje, das violette Kleid, Gefühl der Rührung, das Herz schlägt schneller.«[123] »Ich denke in jeder Minute an Dich«, heißt es bei Tolstaja, »und bin in diesen Tagen so glücklich durch Dich.«[124] »Mein Herz, Liebe, ich bin so glücklich über das Gefühl, welches ich für Dich empfinde, und daß Du auf der Welt bist«, schreibt ihr Mann. »Nur sollst Du gesund bleiben – bleibe die, die Du bist.«[125]

Während der Abwesenheit ihres Mannes beginnt Tolstaja, an einer kurzen Biographie des Schriftstellers zu arbeiten, die einem

Sammelband seiner Werke in der Serie *Russkaja biblioteka* beigegeben werden soll. Es wird zwei Jahre dauern, bis ihre Arbeit an der ersten Biographie Tolstojs abgeschlossen ist. Oft ist sie von Zweifeln begleitet, die Sofja Andrejewna dem Tagebuch anvertraut. »Sein Innenleben ist so komplex, die Lektüre seiner Tagebücher wühlt mich so sehr auf, daß ich in Gedanken und Gefühlen verwirrt bin und nicht mehr vernünftig auf alles blicken kann. Es täte mir leid, meinen Traum aufzugeben.«[126] Sie wird ihren Traum verwirklichen, wenngleich es nicht leicht ist. »Ich habe ein wenig geschrieben, doch es ist schlecht«, notiert sie am 16. Oktober 1878. »Die Kinder störten mich, das Stillen, der Lärm und die Tatsache, daß ich Ljowotschkas Leben vor unserer Ehe für eine Biographie nicht gut genug kenne.«

Als sich abzeichnet, daß die Arbeit gelingt, nimmt auch Tolstoj regen Anteil daran. »Gestern haben wir gemeinsam die wichtigsten Daten aus Ljowotschkas Leben für die biographische Skizze zusammengestellt. Er erzählte und ich schrieb. Die Arbeit verlief sehr fröhlich und harmonisch, und ich bin froh, daß wir das erledigt haben.«[127] Die fertige Biographie gefällt Tolstoj hervorragend. »Ich empfinde es als anregend, im Gedächtnis mein Leben wiederauferstehen zu lassen«, schreibt er an Strachow. »Und wenn Gott mir noch weiterhin Leben schenkt und ich irgendwann auf die Idee komme, meine Lebensgeschichte aufzuschreiben, wird dies mir eine gute Grundlage bieten.«[128] Von ihm selbst durchgesehen, wird Tolstajas Biographie 1879 veröffentlicht.[129]

Bei seiner Rückkehr nach Jasnaja Poljana ist Tolstoj »verliebt wie nie zuvor im Leben und seelisch völlig erholt«.[130] Anfang Dezember teilt Tolstaja der Schwester freudig mit: »Nun endlich schreiben wir richtig, das heißt, ohne Unterbrechungen, an *Anna Karenina*.«[131]

Ständig ist nun der Name *Anna Karenina* in den Gesprächen im Hause Tolstoj zu vernehmen. Auch die ältesten Kinder wissen bereits, daß es sich um einen neuen Roman handelt, und sie sind überzeugt, daß »sowohl Papá als auch Mamá gleichermaßen daran arbeiten«. Der Beitrag der Mutter, erinnert sich Ilja Tolstoj, scheint den Kindern gar »größer als der Papás, denn sie arbeitete in unserer Gegenwart und war oft sehr viel länger als er beschäftigt«.[132] Sobald die Tagesarbeit verrichtet ist, macht Tolstaja sich an die Reinschrift, die »wichtigste Tätigkeit ihres mit Aufgaben reichlich ausgefüllten Tages«. »Manchmal sah ich, wie mein Vater hinter meine Mutter trat und ihr über die Schulter blickte«, erinnert sich die Tochter Tanja. »Meine Mutter ergriff seine große Hand und küßte sie liebevoll und bewundernd, während er ihr zärtlich über das glatte schwarze Haar strich und einen Kuß darin verbarg.«[133]

Manchmal, wenn sie die Handschrift ihres Mannes absolut nicht entschlüsseln kann, geht Tolstaja ins Arbeitszimmer und fragt bei ihrem Mann nach. »Was ist denn hier unverständlich?« fragt Tolstoj unwirsch und beginnt zu lesen, »doch an der schwierigen Stelle bleibt er hängen und liest unter größter Schwierigkeit oder errät eher, was er geschrieben hat. Er hatte eine sehr schlechte Handschrift und die fürchterliche Gewohnheit, ganze Sätze zwischen die Zeilen, in die Ecken des Papierbogens oder manchmal gar quer über das Blatt zu schreiben.«[134]

Als die Korrekturbögen per Post zur Durchsicht geschickt werden, beginnt Tolstajas Arbeit von neuem. »Zuerst werden die Ränder mit Korrekturzeichen versehen, vergessene Buchstaben, Interpunktionszeichen ergänzt. Dann werden einzelne Wörter geändert, später ganze Sätze, es beginnt ein Durchstreichen und Ergänzen, und zuletzt ist die Korrekturfahne ganz bunt, an manchen Stellen völlig schwarz.«[135] Die Fahnen so zurückzuschicken ist unmöglich. Niemand außer Tolstaja versteht es, aus diesem Durcheinander der Korrekturen schlau zu werden. Wieder sitzt sie ganze Nächte und schreibt alles ins reine. Am nächsten Morgen sieht Tolstoj die Abschrift »ein letztes Mal« durch, und am Abend ist wieder alles durchgestrichen und umgeschrieben. »›Sonja, meine Seele, verzeih mir, schon wieder habe ich deine ganze Arbeit vernichtet, es kommt nie wieder vor‹, sagte er und zeigte ihr mit schuldbewußtem Blick die verbesserten Stellen. ›Morgen schicken wir es unbedingt ab.‹ Und oft kam es vor, daß dieses ›morgen‹ Wochen oder Monate dauerte.«[136]

Der Erfolg des Romans ist überwältigend. »Er wird von allen in höchsten Tönen gelobt, in Gesprächen und Rezensionen«, beeilt sich Tolstaja, der Schwester mitzuteilen. »Für die Januarausgabe ist die Fortsetzung bereits in Druck, doch nun ist Ljowotschka aus irgendeinem Grund wieder ins Stocken geraten und sagt ›Zanke mich nicht aus, da ich nicht schreibe, mir ist der Kopf schwer‹, und ging Hasen schießen ... Was werde ich ihn auszanken! Mit welchem Recht! Ich führe ja selbst ein untätiges Leben, arbeite fast gar nicht und beginne, mich daran zu gewöhnen. Dafür erhole ich mich, denn meine Gesundheit war in letzter Zeit nicht gerade gut.«[137]

Auf Wunsch ihres Mannes begibt sich Tolstaja zur Konsultation beim Hofarzt Professor Sergej Petrowitsch Botkin nach Sankt Petersburg. In der Hauptstadt lernt Sofja Andrejewna endlich auch Alexandrine Tolstaja kennen. »Ich war sehr durcheinander«, erzählt sie über das erste Treffen, »und spürte, daß diese liebe Verwandte Lew Nikolajewitschs mich aufmerksam beobachtet und mit ihren Blicken taxiert ... Ich habe danach die wunderbare, geistig und menschlich hoch stehende Gräfin Alexandra Andrejewna sehr geliebt und geschätzt.«[138] Die Sympathie beruht auf Gegenseitigkeit. Alexandrine ist entzückt von der Gattin ihres »cher Léon«. »Sie wollen wissen, wie sie mir gefallen hat? Nun also: Erstens erschien sie mir als längst bekannt und auch im Äußeren genau so, wie ich sie mir aus der Ferne vorgestellt hatte. Ferner ist sie sympathisch von Kopf zu Füßen, einfach, klug, innig, herzlich ... Sie hat einen unaussprechlich guten Eindruck auf mich gemacht.«[139]

Tolstaja weiß allerdings nicht, daß ihr Mann Alexandrine in einer überaus delikaten Angelegenheit um Hilfe gebeten hat. Er hat ihr geschrieben, die schlechte Gesundheit seiner Frau beunruhige ihn außergewöhnlich, und bat sie, ihm die ärztliche Einschätzung des Gesundheitszustands umfassend mitzuteilen. Alexandrine kann Tolstoj Beruhigendes berichten. »Heute früh war nun endlich Botkin bei mir und bekräftigte alles schon Gesagte nochmals, und zwar aufs allertröstlichste. ›Ich habe bei wenigen Leuten so zuverlässige und kräftige Lungen gefunden, und sagen Sie ihnen, sie sollen fortfahren, auf normal philosophische Art zu leben. Sie werden schon wissen, was das bedeutet. Und hauptsächlich nicht listig philosophieren.‹«[140]

Aus dieser etwas verschlüsselt klingenden Nachricht an die Ehegatten wird deutlich, daß Tolstoj seine Frau nicht allein deshalb zur ärztlichen Untersuchung beim berühmten Professor gedrängt hatte, weil er um ihre Gesundheit besorgt war. Tolstaja selbst berichtet darüber in ihren Erinnerungen. »Botkin befand meine Lungen für gesund, meinte aber, meine Nerven seien in schlechter Verfassung ... Er fragte mich, wann ich zuletzt entbunden habe. Ich antwortete, daß ich 1875 eine Frühgeburt erlitten habe und mir daraufhin mein Arzt verboten habe, weitere Kinder zu bekommen, da ich bei der Geburt sterben könne. Botkin erwiderte darauf, dies entbehre jeglicher Grundlage, und die Gewalt über den weiblichen Körper sei überaus schädlich. ›Ich rate Ihnen, wieder Kinder zu bekommen‹, sagte Botkin mir, und von diesem ärztlichen Rat war Lew Nikolajewitsch begeistert.«[141] Sofja Andrejewna ist gezwungen, sich dem Willen ihres Mannes ein weiteres Mal unterzuordnen. Kurze Zeit nach der Konsultation bei Professor Botkin ist sie wieder schwanger.

»Ich habe mich immer noch nicht an Gedanken gewöhnt, daß ich wieder ein Kind bekomme ..., habe große Angst vor der Geburt«, bekennt sie der Schwester.[142] Am 6. Dezember 1877 wird Tolstaja von einem Sohn entbunden. »Nachdem ich zuvor drei Kinder verloren hatte, war mein Gefühl für diesen Knaben ein besonderes, seltsam-zärtlich. Dies vermittelte sich auch den Kindern, und alle begannen sofort, den kleinen Andrjuscha zu vergöttern.«[143]

Als die letzten Kapitel von *Anna Karenina* veröffentlicht werden, stehen Rußland und Europa unter dem Eindruck einer sich immer stärker ausweitenden Balkankrise. Aufstände gegen die Türken in Bosnien und Herzegowina im Jahr 1875 haben zum Serbisch-Türkischen Krieg geführt. Es formiert sich eine Bewegung, die Rußlands Eintritt in den Krieg befürwortet. Zur Unterstützung der »slawischen Brudervölker« werden Wohltätigkeitsveranstaltungen organisiert, vor den Kirchen werden Spenden gesammelt, Tausende ziehen freiwillig in den Krieg. Am 12. April 1877 erklärt Rußland dem Osmanischen Reich den Krieg.

In seinem Epilog zu *Anna Karenina* bezieht Tolstoj Stellung gegen die russische Kriegsbegeisterung und kritisiert durch seinen Protagonisten Lewin die Freiwilligen offen als Abenteurer, die unter jeglichem Vorwand bereit seien, zu kämpfen und zu morden. Tolstojs Stellungnahme gegen die Freiwilligenbewegung führt zum Konflikt mit dem Herausgeber des *Russki westnik*. Michail Katkow weigert sich, den Epilog zu veröffentlichen, und fordert, alle kritischen Aussagen zu streichen. Erbost zieht Tolstoj das Manuskript zurück und publiziert den Epilog als gesondertes Heft. In der Mai-Nummer des *Russki westnik* erscheint folgende Mitteilung Katkows: »Mit dem Tod der Heldin ist der Roman im Grunde beendet. Dem Plan des Autors entsprechend sollte noch ein kurzer Epilog vom Umfang zweier Druckbögen folgen, aus dem der Leser erfahren sollte, daß Wronski, durch den Tod Annas verstört und untröstlich, sich als Freiwilliger nach Serbien gemeldet hat, daß alle anderen Personen bei bester Gesundheit sind, und daß Lewin sich voller Ärger auf die slawischen Komitees und die Freiwilligen auf sein Gut zurückzieht. Der Autor gibt diese Kapitel möglicherweise in einem Sonderheft zu seinem Roman zur Kenntnis.«[144] Tolstoj ist von dieser Darstellung Katkows empört. Kurze Zeit später erscheint in der Zeitung *Nowoje vremja* [*Neue Zeit*] ein Leserbrief mit der Unterschrift »Eine Leserin«, in dem erläutert wird, der Epilog habe nicht im *Russki westnik* erscheinen können, da der Autor der *Anna Karenina* nicht einverstanden gewesen sei, »einige Textstellen zu streichen«. Es ist nicht schwer, zu erraten, daß sich hinter der Unterschrift die Gattin des Schriftstellers verbirgt.

Im Januar 1878 erscheint *Anna Karenina* als Einzelband. Auf die Anerkennung von allen Seiten reagiert Tolstoj mit Unverständnis. »Was ist denn schwierig daran, zu beschreiben, daß ein Offizier sich in eine Dame verliebt«, hält er dem allseitigen Lob entgegen. »Daran ist absolut nichts Schwieriges, und, mehr noch, nichts Gutes. Es ist scheußlich und überflüssig!«[145]

Tolstaja empfindet *Anna* als ihr gemeinsames Werk. So viele

Nächte hat sie mit der Abschrift verbracht. Nach der Veröffentlichung »erbettelt« sie von ihrem Mann dafür, daß »sie so geflissentlich für ihn ins reine geschrieben habe, ein kleines Geschenk«. Tolstoj beschenkt sie mit einem »sehr schönen Ring, in der Mitte ein Rubin, eingerahmt von zwei Brillanten«, den Tolstaja von nun an nicht mehr ablegen wird. »Auch heute trage ich diesen Ring«, schreibt sie noch Jahrzehnte später stolz in ihren Erinnerungen.[146]

»Alle glücklichen Familien sind auf dieselbe Weise glücklich, jede unglückliche Familie aber ist auf ganz eigene Art unglücklich«, beginnt Tolstojs Roman *Anna Karenina.* Der Schriftsteller stellt darin zwei Familien einander gegenüber: Die unglückliche Ehe Annas mit dem hochrangigen Beamten Alexej Alexandrowitsch Karenin endet nach dem Ehebruch Annas mit dem Freitod der Protagonistin, während die wahrhaftige und lautere Liebe Kittys und Lewins das »Familienglück« nach Tolstoj verkörpert.

Im Familienleben der Karenins schwingt »etwas Unaufrichtiges« mit.[147] Die Unaufrichtigkeit ihrer Ehe wird Anna erst bewußt, als sie sich in den jungen, gutaussehenden Offizier Alexej Wronski verliebt. Das Unausweichliche geschieht. Anna verläßt ihren Mann und den Sohn, um mit dem Geliebten zusammenzuleben. Doch es gibt kein Glück. Von der Gesellschaft geächtet, leben Anna und Wronski zurückgezogen. Anna, die sich nicht von ihren Schuldgefühlen ihrem Sohn gegenüber frei machen kann, gelingt es nicht, im Zusammenleben mit Wronski ihre »weibliche Welt« zu erschaffen. Tolstoj stellt seine Protagonistin vor die Wahl zwischen Mutterliebe und Pflicht vor dem Sohn und ihren Gefühlen für Wronski. Ohne nachzudenken gibt sie sich der leidenschaftlichen Liebe, dem unheilbringenden Eros hin, verläßt den Sohn, ihr Heim. Dies führt sie, nach dem Willen des Autors, in Seelennot, Isolation und letztendlich in den Untergang. Anna muß sterben, nicht, weil sie gegen das höchste moralische Gesetz verstoßen hat, sondern weil sie Opfer bigotter gesellschaftlicher Konventionen ist, von denen sie selbst sich nicht frei machen kann. Sie selbst urteilt nach deren Grundsätzen und betrachtet sich als schuldig. In diesem Gefühl der Schuld liegt ihr Selbstmord begründet.

Der ungesetzlichen, egoistischen und zerstörerischen Liebe Annas und Wronskis stellt Tolstoj die harmonische Ehe von Konstantin Lewin und Kitty gegenüber. Die Liebe Lewins und Kittys – ihre Aussprache vor der Ehe, die Unsicherheit des Bräutigams noch Minuten vor der Hochzeit, das Leben des jungen Paares auf dem Lande, die Geburt des ersten Kindes –, alles trägt die Züge der Verbindung Tolstojs und Sofja Andrejewnas. Die Parallelen zwischen Tolstoj und seinem Protagonisten sind augenfällig. Konstantin Lewin entstammt einer Familie von altem Adel und ist ein wohlhabender Gutsherr. Sein Glück ist ein gut geführter Hof, die Nähe zum Volk, ein ehrliches Leben in Arbeit auf dem Lande.

Ebenso wie Natascha Rostowa muß Kitty Schtscherbazkaja zunächst der Verführung des äußerlichen Glanzes erliegen, um ihre wahre Bestimmung zu finden. Als Lewin ihr bei einer Soiree im Hause der Schtscherbatzkis stockend seinen Heiratsantrag vorträgt, lehnt Kitty ab. Doch ihr Verehrer Alexej Wronski enttäuscht die Hoffnungen, die die junge Frau sich macht.

Erschüttert zieht Lewin sich wieder in seine ländliche Abgeschiedenheit zurück. Wie Tolstoj selbst sucht sein Alter ego Lewin, der sich – wie auch der Schriftsteller – kaum an seine Mutter erinnern kann, in seiner künftigen Frau die »Verkörperung dieses heiligen und erhabenen Frauenideals, das seine Mutter gewesen war«.[148]

Als Lewin und Kitty sich wiedersehen, kommt es zur Liebeserklärung, die ganz auf intuitiver Übereinstimmung beruht. Bevor es jedoch zur Aussprache zwischen ihnen kommt, hält der Autor es für notwendig, seine Ansicht über die wahrhaft weibliche Bestimmung zu verlautbaren. Im Hause der Oblonskis diskutiert man über Bildung, und rasch kommt die Rede auf die Frauenbildung. Durch Industrialisierung, Urbanisierung und Verarmung der Gutsbesitzer und des Landadels nach Abschaffung der Leibeigenschaft wird es für Frauen zunehmend zur Notwendigkeit, ihren Lebensunterhalt durch Arbeit selbst zu verdienen. In diesem Zusammenhang wird der Anspruch auf Bildung für Frauen, auf das Recht des Zugangs zu den höheren Bildungsstätten immer lauter artikuliert. Die russische Regierung sieht sich gezwungen, nachzugeben, und in den 1870er Jahren werden in einigen Städten höhere Kurse für junge Frauen eröffnet. Die bekanntesten sind die Bestushewski-Kurse in Sankt Petersburg, die 1878 den Frauen die Möglichkeit zur höheren Bildung eröffnen.

Seit Tolstoj in liberalen Kreisen mit seinen abfälligen Äußerungen über George Sand schockiert hatte, hat sich an seinen Ansichten über die »Frauenfrage« nichts geändert. In der Diskussion, die sich bei den Oblonskis über die Frauenrechte entspinnt, vertritt Kittys Schwester Dolly die Ansicht Tolstojs, als sie abschließend bemerkt, eine junge unverheiratete Frau könne genug »weibliche Arbeit« in der eigenen Familie oder der ihrer Schwester finden.

Nach dem Essen kommt es zu jener Liebeserklärung Lewins an Kitty, die, wie auch zahlreiche folgende Episoden, aus Tolstojs Leben gegriffen ist. Wie einst der Schriftsteller schreibt Lewin seiner zukünftigen Braut mit Kreide Anfangsbuchstaben von Worten auf den Kartentisch, deren Sinn Kitty intuitiv entschlüsselt. Nachdem Kitty den erneuten Antrag annimmt, gibt Lewin ihr seine Tagebücher zu lesen, die die junge Braut erschüttern. Sie verzeiht ihm jedoch. Nach der Hochzeit brechen die Jungvermählten zum Landsitz Lewins auf. Der erste Monat der Ehe verläuft mit den für beide schmerzlichen Erfahrungen der Sexualität keineswegs »honigsüß«, sondern wird beiden als »schwerste und niederdrükkendste Zeit ihres Lebens in Erinnerung bleiben«.[149] Ihre intimen Beziehungen sind allein auf Familiengründung gerichtet.

Die Geburt des Kindes ist eine der zentralen Stellen des Romans – eine Hymne auf die Mutterschaft. Das Kinderzimmer wird Mittelpunkt des Familienlebens. Kitty geht ganz in der Fürsorge für den Säugling auf. Von jenen Schwierigkeiten beim Stillen des ersten Kindes, die seine eigene Frau durchmachen mußte, für die Tolstoj sie »am liebsten von der Erde getilgt« hätte,[150] befreit der Schriftsteller seine die ideale Mutter verkörpernde Protagonistin. Kitty ist nicht nur fähig, sich der Geburtswehen zu erfreuen, sondern auch, selbstvergessen-beglückt, den Säugling zu stillen.

»Tolstoj, bewiesen hast Du mit Geduld und Talent,
daß eine Frau sich nicht gehen lassen soll
mit Kammerjunkern und Flügeladjutanten,
wo sie doch Gattin und Mutter ist.«

In diesem polemischen Vierzeiler faßt Nikolaj Nekrassow die Meinung der progressiven Kritik zusammen. Die Konservativen indes spenden Tolstoj Beifall, da er höchste moralische Gesetze verteidige. »Die grundlegende Maxime seines Romans ist die Familie und noch einmal die Familie«, beschreibt Tolstaja den Grundgedanken des Werks. »Nichts läßt ihn von diesem Prinzip abfallen. Wenn es für den Familienfrieden notwendig ist, jemanden aus dem Hause zu weisen oder gar, jemanden zu ermorden, schreckt er vor nichts zurück.«[151]

Im Epilog zu *Anna Karenina* heißt es über Lewin: »So lebte er, ohne zu wissen und ohne eine Möglichkeit zu erkennen, warum er auf der Welt ist, und quälte sich aufgrund dessen so sehr, daß er den Selbstmord fürchtete, zugleich aber ging er weiter auf seinem besonderen, bestimmten Lebensweg.«[152] Indem Tolstoj Lewins Nöte bei der Suche nach dem Sinn des Lebens beschreibt, formuliert er seine eigenen Zweifel jener Zeit.

Während er an den letzten Kapiteln der *Anna Karenina* arbeitet, durchlebt Tolstoj eine schwere Krise, sucht seinen Weg zum Glauben. Später wird er 1877, also sein neunundvierzigstes Lebensjahr, als ein kritisches Jahr seines Lebens bezeichnen. Als das Jahr des Umbruchs. »Ich habe gehört und auch selbst bemerkt, daß eine Periode von sieben Jahren im Menschen eine Veränderung mit sich bringt. Der wichtigste Wandel in mir war: $7 \times 7 = 49$.«[153]

Am 3. März 1877 eröffnet er seiner Frau, er könne nicht »lange in diesem schrecklichen religiösen Kampf leben, in dem er sich während der letzten zwei Jahre befinde, und hoffe, die Zeit, in der er zum uneingeschränkt religiösen Menschen werde, sei nah«.[154]

Tolstoj befindet sich auf dem Höhepunkt seines Lebens. Alles, was er sich in jungen Jahren erträumt hatte, scheint erreicht. Er hat eine »gute, liebende und geliebte Ehefrau, gute Kinder und großen Besitz«.[155] Die Urheberrechte an den Romanen *Krieg und*

Frieden und *Anna Karenina* sowie die Einkünfte aus dem Landgut sichern der vielköpfigen Familie einen recht hohen Lebensstandard. Tolstoj ist als Mensch und Schriftsteller geachtet. Mit Fjodor Dostojewski gilt er inzwischen als der größte lebende Schriftsteller Rußlands. Ungeachtet dessen entfernt der berühmte Schriftsteller, wie sein Konstantin Lewin, »alle Schnüre aus seinem Zimmer ..., um sich nicht am Querbalken zwischen den Schränken aufzuhängen, und hörte auf, mit dem Gewehr auf Jagd zu gehen, um nicht vom allzu leichten Weg, sich des Lebens zu entledigen, verführt zu werden«.[156]

Die Schicksalsschläge der letzten drei Jahre, in denen in Jasnaja Poljana drei Kinder und zwei Tanten Tolstojs zu Grabe getragen werden mußten, haben in Tolstoj wieder seine Angst vor dem Tod wachgerufen. Bezeichnend dafür ist, daß nur eines der 239 Kapitel des Romans *Anna Karenina* eine Überschrift trägt – *Der Tod.* Alles unterzieht Tolstoj der quälenden Frage nach dem *Wozu?* »Solange ich nicht weiß, wozu, kann ich nichts tun«, schreibt er in seiner *Beichte.*[157] Tolstoj sucht die Antwort in der Philosophie, bei Platon, Kant, Schopenhauer, in der Wissenschaft, in der Religion, er beschäftigt sich mit dem Talmud, dem Koran, dem Buddhismus. Er betrachtet das Leben seiner Zeitgenossen. Doch nirgends wird er fündig.

Tolstaja läßt die Verzweiflung ihres Mannes nicht ungerührt. Doch sie geht davon aus, daß diese depressive Verstimmung wie immer vorübergeht. Sie hat andere Sorgen. Sie hat alles, was den Alltag der Familie betrifft, übernommen, damit ihr Mann sich ganz dem Schreiben widmen kann, und sie hat weder die Muße noch verspürt sie das Bedürfnis, sich ausgedehnten Überlegungen über den Sinn des Lebens hinzugeben. »Ich war einsam, mit kaum zu tragenden Bürden beschwert, die ich in allen Bereichen des Zusammenlebens der Familie zu bewältigen hatte«, erinnert sie sich, »und Lew Nikolajewitsch sagte mir oft, für ihn sei alles zu Ende, er müsse bald sterben, nichts könne ihn erfreuen, er habe nichts mehr vom Leben zu erwarten. ... Mein eigenes Leben, alles welkte dahin, und es wurde mir schwer.«[158]

Tolstoj teilt seine Betrachtungen über das Leben nicht mit seiner Frau. Ihm scheint, sie habe kein Verständnis dafür. Wie sein Protagonist Lewin findet Tolstoj die Antwort auf die Frage »Was ist das Ziel meiner und jeglicher Existenz?« beim »wirklich arbeitenden Volk«. Er idealisiert das Leben der einfachen, armen, ungebildeten Bevölkerung, die ihm trotz aller Entbehrungen zufrieden mit dem Leben scheint. »Sie leben, leiden, gehen dem Tod entgegen mit Ruhe, zumeist gar mit Freude.«[159]

Unweit des Guts der Tolstojs verläuft die Landstraße nach Kiew. Das ganze Jahr über wandern Pilger auf ihrem Weg zu den heiligen Stätten Rußlands diese Straße entlang. Immer öfter geht Tolstoj nun nicht mehr einfach nur spazieren oder reitet aus, sondern begibt sich zur Chaussee, wo er die Wallfahrer ein Stück begleitet und sich mit ihnen unterhält. »Ich gehe auf den Newski Prospekt«, pflegt er zu sagen. Sein »Newski Prospekt«, der Prachtboulevard der Hauptstadt Sankt Petersburg, ist die Landstraße nach Kiew, wo er oft bis spät am Abend umherwandert. Die Gespräche dort sind für ihn auch Inspiration. Seine Tagebücher aus jener Zeit sind übervoll mit Sprichwörtern und Redensarten, zahlreiche seiner späteren Volkserzählungen wurden von den Gesprächen auf »dem Newski« angeregt.

Tolstoj begreift, daß der schlichte, naive Glaube, den der Pope in der Dorfkirche lehrt, den einfachen Leuten ihren Lebenssinn gibt. »Die Aufgabe des Menschen ist es, seine Seele zu retten; um seine Seele zu retten, muß man gottgefällig leben, um aber gottgefällig zu leben, muß man allen Freuden des Lebens entsagen, sich mühen, sich abfinden, aushalten und barmherzig sein.«[160] »Lew Nikolajewitsch sagte sich«, heißt es in Tolstajas Erinnerungen, »›Wenn auch du Teil dieser einigen Gemeinschaft sein willst, dann bekenne dich zum Glauben des Volkes.‹ Er begann, die Wahrheit in der Religion, in der Vollziehung aller Riten der orthodoxen Kirche zu suchen.«[161] Wenngleich manch religiöser Ritus ihm seltsam scheint und ihn das Gebaren der Gläubigen bisweilen an Aberglauben gemahnt, glaubt Tolstoj, den einfachen Menschen und der Welt seiner Kindheit nahe zu sein. »Immer stärker wird in ihm die religiöse Überzeugung«, hält Tolstaja in ihren *Notizen* fest. »Wie in seiner Kindheit kniet er nieder zum Gebet, geht an den

Sonn- und Feiertagen zum Abendmahl in die Kirche, befolgt an Mittwoch und Freitag die Fastenregeln und spricht ständig über den Geist der Demut, erlaubt es nicht, über andere zu urteilen, weist jene, die dies tun, scherzend in die Schranken.«[162]

Sofja Andrejewna ist nicht übermäßig religiös. Sie hält sich an die Gebote der Kirche und erzieht die Kinder im Geiste des orthodoxen Glaubens. »Des Abends mußten wir beten«, berichtet Ilja Tolstoj, »aller uns Nahestehender gedenken: ›Für Papá, Mamá, die Brüder, die Schwestern und alle rechtgläubigen Christen‹, und vor den Feiertagen kamen Geistliche und lasen die Abendmesse. In der Butterwoche aßen wir Pfannkuchen, in der Zeit danach gab es Kohl, in stark riechendem Sonnenblumenöl gebratene Kartoffeln, Tee und Kaffee wurden mit Mandelmilch getrunken. In der Karwoche färbten wir Eier, und in der Osternacht fuhren wir in die Kirche.«[163]

Der religiöse Eifer ihres Mannes beunruhigt Tolstaja nicht sonderlich. Sie ist bereits an die Entschiedenheit gewöhnt, mit der er alles bis zum Äußersten betreibt. Anfangs befremdet es sie, daß er nun allem, was er sagt ein »Herr, unser Gott« anfügt und seine Briefe an sie mit den Worten »Herr, erbarme dich unser!« oder »Alles ist Gottes Wille!« schließt. Doch Tolstaja ist erfreut über seine gehobene Stimmung. Sie kommt Tolstoj entgegen und führt im Hause ein Leben nach den Regeln der Orthodoxie ein. Die Fastenzeiten werden streng befolgt. Die ganze Familie fastet nun nicht mehr nur während der Karwoche, sondern die gesamte vierzigtägige Bußzeit vor Ostern.

Im Juli 1877 pilgert Tolstoj mit Nikolaj Strachow ins Kloster Optina Pustyn. Dieser berühmte orthodoxe Wallfahrtsort zieht unzählige Pilger an, unter ihnen Nikolaj Gogol und Fjodor Dostojewski. Obwohl der Besuch im Kloster und die Gespräche mit den Mönchen, unter anderem mit dem gerühmten Vater Ambrosius, Tolstoj zufriedenstellen, bleiben seine Zweifel. Nach seiner Rückkehr überfällt ihn wieder die Depression. Seine Gesundheit ist schlecht. Die literarische Arbeit geht nicht voran. Der Müßiggang bedrückt ihn. »Ljowotschka ... ist gegen alles erkaltet«, klagt Tolstaja der Schwester.[164]

Nach der Geburt des Sohnes Andrej im Dezember 1877 beginnt Tolstoj, an einer Schrift »über den Sinn des Christentums« zu arbeiten. »Es ist, als ob die Geburt des Sohnes die geistige Knebelung Lew Nikolajewitsch aufgehoben hat, und vor einer Woche begann er in einem großen, gebundenen Buch ein religiös-philosophisches Werk zu schreiben«, heißt es in Tolstajas *Notizen.*[165] Sofja Andrejewna hofft, daß Tolstoj nach der Arbeit an dieser Abhandlung zu seiner »glänzenden Arbeit«, seiner Schriftstellerei zurückkehrt. Ihre Hoffnungen scheinen sich zu erfüllen, denn kurz darauf teilt Tolstoj ihr mit, er wolle seinen alten Plan zu einem Roman über die Dekabristen wieder aufnehmen. Seine neuen religiösen Gefühle seien für ihn dabei der Hintergrund »wie der notwendige Hintergrund eines Musters«, denn bei seiner Betrachtung der Ereignisse im Dezember 1825, als junge Verschwörer eine militärische Erhebung gegen das autokratische Regime wagten, die von der Staatsgewalt grausam unterdrückt worden war, sei es wichtig, »weder den Zar Nikolaj noch die Verschwörer zu verurteilen, sondern allen mit Verständnis zu begegnen und nur zu beschreiben«.[166] Erneut vertieft sich Tolstoj in das Studium jener Epoche, sammelt historisches Material, trifft sich mit den noch lebenden, aus der sibirischen Verbannung zurückgekehrten Dekabristen.

Tolstojs Streben nach Verständnis für beide Seiten wird jedoch auf eine Probe gestellt. Anfang 1878 erschüttern der Anschlag Vera Sassulitschs auf Fjodor Trepow, den Stadtkommandanten Sankt Petersburgs, und der darauf folgende Prozeß gegen die Terroristin die russische Öffentlichkeit. Es kommt zu einem sensationellen Freispruch Sassulitschs durch das Geschworenengericht, der vom Publikum im Gerichtssaal mit Applaus aufgenommen wird. Tolstoj lehnt Attentate gegen Menschen als »revolutionäre Akte« kategorisch ab. »Mir als jemandem, der dies von weitem und außerhalb dieses Kampfes stehend betrachtet, ist klar, daß die Wut dieser beiden entgegengesetzten Parteien auf den anderen geradezu bestialisch ist«, schreibt er an Alexandrine.[167] Vierzig Jahre vor der Revolution von 1917 warnt Tolstoj in einem Brief an Nikolaj Strachow: »Die Sassulitsch-Sache ist nicht lustig. Diese Sinnlosigkeit und Verrücktheit hat die Menschen nicht umsonst erfaßt. Sie sind die ersten Glieder einer Reihe, die uns noch unverständlich ist … Es gemahnt an ein Vorzeichen der Revolution.«[168]

Tolstaja überzeugt sich selbst davon, daß »der ewige Kampf Lew Nikolajewitschs um sittliche Vervollkommnung, der bereits in der Jugend begann, von vollem Erfolg gekrönt ist«.[169] Sie ist geneigt, seine depressiven Verstimmungen damit zu erklären, daß das Leben auf dem Land »allzu monoton« sei, die Arbeit an dem Dekabristenroman ihn überanstrenge. »Ich gehe jagen, lese, antworte auf Fragen, die man mir stellt, esse, schlafe, aber kann nichts tun, nicht einmal einen Brief schreiben …«, berichtet Tolstoj Afanassi Fet nach der Rückkehr aus Samara, wo die Familie wieder den Sommer verbracht hat, im Herbst 1878. »Das übliche irdische Leben, mit Erziehung und Unterricht der Kinder, die immer schwieriger werden, alles läuft wie früher. Wir sind sehr beschäftigt – meine Frau mit den klarsten und konkretesten Dingen und ich mit den unklarsten … Dingen; und ich habe deshalb das Gefühl des schlechten Gewissen und des Müßiggangs mitten im arbeitsamen Leben.«[170] Die »unklaren Dinge« Tolstojs sind die Zweifel, die sich wieder in seine Seele gegraben haben.

»Seinen Glauben wird er wieder zerstören, selbst zerstören, lange wird er nicht an ihm festhalten«, schreibt Dostojewski in seinem *Tagebuch eines Schriftstellers* über Tolstojs Alter ego Lewin aus *Anna Karenina*. Und es ist offensichtlich, daß dies nicht nur für Lewin, sondern auch für Tolstoj gilt. Die Vorhersage Dostojewskis sollte sich erfüllen. Tolstoj versucht, im blinden, naiven Glauben des russischen Bauern Rettung zu finden, obwohl sein kritischer Geist, der alles dem Zweifel unterzieht, dagegen protestiert. Er befolgt alle religiösen Riten, trinkt den Wein als »Blut Gottes«, ißt an Fastentagen Kohl und versagt sich Fleisch. Doch wenn es in der Predigt heißt »Lasset uns beten, damit so viele Türken wie möglich erschlagen werden«, ist ihm dies Lästerung.[171] Denn die »Christen sollen für ihre Feinde beten und nicht gegen sie«.[172]

Sofja Andrejewna ahnt nichts von der wachsenden Skepsis ihres Mannes der kirchlichen Lehre gegenüber. Weiterhin besucht Tolstoj die Kirche. Gelegentlich schreibt er an seinem Dekabristenroman. Er kommt zwar nicht über den Anfang hinaus, den er zehnmal umschreibt. Doch alle anderen Werke wurden ebenso schwer begonnen. Tolstaja ist deshalb nicht allzu besorgt. Wenn er ihr vorliest, was er geschrieben hat, ist sie begeistert.

»Ljowotschka ... schreibt sehr wenig, doch sagt manchmal, ›Jetzt wird es klarer!‹ oder ›Ach, so Gott will, wird das, was ich schreibe, sehr wichtig!‹.« Tolstaja ist überzeugt, daß ihr Mann weiter an seinem Dekabristenroman arbeitet. »Doch die Epoche, die er sich für sein Werk vorgenommen hat, umfaßt hundert Jahre«, erklärt sie der Schwester. »Dies wird wohl nie ein Ende haben.«[173] Tatsächlich jedoch haben die Dekabristen aufgehört, Tolstoj zu interessieren. Die Arbeit an dem Roman hat er längst zur Seite gelegt.

Wenn er auch nicht in der Lage ist, über Alltägliches nachzudenken, nimmt Tolstoj doch an allem, was die Familie und Kinder betrifft, immer noch regen Anteil. Er beaufsichtigt die Vorbereitungen der Ältesten auf ihren Schulabschluß, ist unzufrieden, wenn Serjosha in den schriftlichen Arbeiten »aus Zerstreutheit und Unvermögen« Fehler macht.[174] Seine Gedanken allerdings kreisen um anderes. »Ich bin erregt, zweifle, kämpfe geistig und leide; doch ich danke Gott für diesen Zustand«, schreibt er an Nikolaj Strachow.[175] Wieder begibt sich Tolstoj auf eine Pilgerreise. Im Juni 1879 besucht er in Kiew, der Wiege des heiligen Rußland, das berühmte Höhlenkloster. Er ist enttäuscht. »Ich ging in die Kirchen, die Höhlen, suchte die Mönche auf und bin sehr unzufrieden mit dieser Reise.«[176] Alles, was er in Kiew sieht, scheint ihm Betrug, Ranghörigkeit, Entstellung des Glaubens durch Aberglaube. »Der Metropolit von Kiew stopft mit seinen Mönchen Stroh in Säcke und nennt sie Reliquien der Knechte Gottes«, heißt es in Tolstojs Artikel *Kirche und Staat*.

»Er schreibt über Religion, an einer Erklärung des Evangeliums und über die Entfremdung der *Kirche vom Christentum*«, notiert Tolstaja im Dezember 1879. »Alle Gespräche drehen sich um die Lehre Christi. Seine geistige Stimmung ist ruhig und schweigsam-konzentriert. Die Dekabristen und alle anderen Tätigkeiten im Geiste von einst sind völlig in den Hintergrund getreten.«[177] Was sie in den Schriften für die Nachwelt vorsichtig formuliert, wird in Tolstajas Briefen an die Schwester deutlicher ausgesprochen. Voller Bitterkeit klagt sie hier: »Ljowotschka steckt tief in Arbeit, wie er sagt; doch – o weh! – er verfaßt irgendwelche religiösen Betrachtungen, liest und denkt nach, bis ihm der Kopf schmerzt, und all dies, um zu zeigen, wie unvereinbar die Kirche mit der Lehre des Evangeliums ist. Es werden sich in Rußland wohl kaum zehn Menschen finden, die daran Interesse haben.«[178]

Während Tolstoj in seinem Arbeitszimmer mit der Orthodoxie kämpft, steht seiner Frau erneut eine Niederkunft bevor. »Ich sitze hier und warte jede Minute auf die Geburt, die überfällig ist«, notiert sie am 18. Dezember 1879 im Tagebuch. »Ein weiteres Kind ruft in mir Wehmut hervor, der Horizont hat sich verengt, es wurde dunkel und eng auf der Welt.« Zwei Tage später wird der Sohn Michail geboren. Besondere Ergriffenheit ruft die Geburt des Kindes auch beim Vater nicht hervor. »Wenngleich auch jenes Erstaunen, das man bei den ersten Kindern empfindet, fehlt, so schätzt man nun eher die Tatsache, daß sich kein Unglück ereignete«, schreibt er seinem Bruder.[179]

Ungeachtet des wachsenden Unbehagens Tolstojs an der orthodoxen Kirche ist das Leben der Familie immer noch an deren Riten orientiert. Die Fastenzeiten werden eingehalten, sonntags besucht man die Kirche. Für alle unerwartet endet Tolstojs Hinwendung zur Orthodoxie: »Es war Fastenzeit«, erinnert sich Ilja Tolstoj. »Damals wurde für Vater und alle anderen, die zu fasten wünschten, jeweils ein Fastenessen zubereitet, für die kleinen Kinder, die Gouvernanten und Hauslehrer jedoch gab es auch Fleisch.

Der Hausdiener hatte gerade die Teller abgetragen, die Platte mit den Fleischkuchen, die noch übrig waren, auf dem kleinen Tisch abgestellt und war nach unten gegangen. Plötzlich wandte sich mein Vater an mich (ich saß immer neben ihm) und sagte, auf die Platte zeigend:

›Iljuscha, reich mir doch bitte die Fleischplatte.‹ ›Ljowotschka, hast du denn vergessen, daß gefastet wird?‹ mischte sich meine Mutter ein. ›Nein, das habe ich nicht vergessen, ich werde nicht mehr fasten, für mich also bitte kein Fastenessen mehr.‹«[180]

Sofja Andrejewna nickt schweigend, und ihr Mann verzehrt unter allgemeinem Schweigen mit großem Appetit den während der Fastenzeit verbotenen Fleischklops. Weder Tolstaja noch Tolstoj selbst vermuten zu diesem Zeitpunkt, daß dieser symbolische Akt des Abfalls von der Kirche zugleich einen Schlußstrich unter die vormalige Beziehung der Ehepartner und das Familienleben setzen wird. Die erste Phase des Zusammenlebens ist beendet. »Die 18jährige Periode von meiner Heirat bis zur geistigen Geburt kann vom weltlichen Standpunkt aus als moralisch anständig bezeichnet werden«, heißt es in Tolstojs *Beichte*, »da ich in diesen achtzehn Jahren ein rechtes, wohlanständiges Familienleben führte, mich nicht dem hingab, was in der gesellschaftlichen Meinung als Untugend gilt, sondern alle meine Interessen auf die egoistische Sorge um die Familie beschränkte, auf die Vergrößerung des Besitzes, die Erringung literarischen Ruhms und Vergnügungen jedweder Art.«[181]

Das Familienglück der Tolstojs neigt sich seinem Ende zu. Die Zeit unüberwindbarer Konflikte beginnt.

4 *Mit meinem Mann als Künstler war ich glücklich, mit meinem Mann als religiösem Denker erlosch mein Leben und mein Glück*

Im Herbst 1879 beginnt Tolstoj, seine *Beichte* zu schreiben. Einem reuigen Sünder gleich, geißelt er sich darin vor aller Augen: »Ich habe im Krieg Menschen umgebracht, zum Duell gefordert, um zu töten, im Kartenspiel verloren, habe die Arbeit der Bauern ausgenutzt, sie bestraft, habe gefehlt, betrogen, Lüge, Raub, Wollust, Trunksucht, Gewalt, Mord – es gibt kein Verbrechen, das ich nicht begangen hätte.«[1] Zahlreiche Zeitgenossen sind entsetzt, als Abschriften von Tolstojs *Beichte*, die von der Zensur umgehend verboten wird, in Umlauf geraten. »Ich habe Tolstojs *Beichte* mit großem Interesse gelesen«, schreibt Iwan Turgenjew. »Ein in seiner Aufrichtigkeit, Wahrhaftigkeit und Überzeugungskraft bemerkenswertes Werk. Doch basiert es ganz auf falschen Prämissen – und führt letztendlich zu düsterster Negierung jeglichen greifbaren, menschlichen Lebens ... Dies ist auf seine Art auch eine Art des Nihilismus.«[2]

Tolstoj fängt an, seine Ideale zu vernichten. »Er, der das Familienleben verklärt hatte, der liebevoll das herrschaftliche Leben in drei Romanen beschrieben hatte und seine eigenen, diesem ganz ähnlichen Lebensumstände geschaffen hatte, begann dieses Leben plötzlich abzulehnen und prangerte es an; er, der seine Söhne auf das Gymnasium und die Universität vorbereitet hatte, nach dem in jenen Zeiten üblichen Programm, begann, die moderne Wissenschaft zu brandmarken; er, der regelmäßig zu Konsultationen bei Dr. Sacharin fuhr und für seine Frau und Kinder Ärzte aus Moskau kommen ließ, begann, die Medizin zu negieren; er, ein leidenschaftlicher Jäger, begann, die Jagd ›Hundehatz‹ zu nennen; er, der fünfzehn Jahre lang sein Einkommen gemehrt hatte und in Samara günstig Ländereien erworben hatte, begann, das Eigentum als Verbrechen und Geld als Übel zu bezeichnen; und, nicht zuletzt, er, der sein gesamtes Leben der schönen Literatur gewidmet hatte, begann, diese seine Tätigkeit zu bereuen und sich fast auf immer von ihr loszusagen.«[3]

Bereits als junger Mann hatte Tolstoj im Höhenflug der Gedanken im Tagebuch notiert, ein »Gespräch über Gott und die Religion« habe ihn zu der »erhabenen Idee« gebracht, deren Umsetzung er sein »Leben zu widmen sich imstande« sehe: »Diese Idee ist die Gründung einer neuen Religion, die der Entwicklung der Menschheit zum Segen gereicht, eine Religion Christi, die jedoch gereinigt ist von Aberglaube und Geheimnis, eine praktische Religion, die nicht künftiges Heil verspricht, sondern Heil auf der Erde zu geben vermag.«[4] Nun, als reifer Mann, beschließt Tolstoj, daß er für seine Berufung bereit ist. Die Kirche ist für ihn nur mehr eine demütige Dienerin des Staates, mit ihrem »undurchdringlichen Wald der Dummheit« eine antichristliche Institution, die absolut überflüssig sei, wie er in seiner *Kritik der dogmatischen Religion* schreibt. »In Armut leben, als Vagabund leben, das ist es, was Christus lehrt; ohne dies kann man das Reich Gottes nicht erlangen, ohne dies kann man das Glück auf Erden nicht erlangen.«[5]

Überzeugt von der Richtigkeit seiner neuen Wahrheit, beginnt Tolstoj seine Mission. Allen versucht er seinen neuen Glauben nahezubringen. Viele seiner alten Freunde und Vertrauten stehen seinen neuen Ideen jedoch ablehnend gegenüber. Bei einem Besuch in Petersburg kommt es zu einem ernsthaften Konflikt mit Alexandrine, die ihren Glauben gegen die Angriffe Tolstojs mit Entschlossenheit verteidigt. Ebenso unglücklich verlaufen Tolstojs Versuche, Frau und Kindern seine neuen Überzeugungen nahezubringen. Tolstoj wird in den Augen seiner Familie »ungesellig, finster, reizbar, stritt sich oft aus nichtigem Anlaß mit Mamá«, erinnert sich Ilja Tolstoj, »und der einst heitere und lebensfrohe Lehrer und Gefährte wurde in unseren Augen zu einem strengen Prediger und Ankläger. Immer häufiger hörten wir aus seinem Munde bitter ablehnende Worte gegen das leere herrschaftliche Leben, die Sattheit, die Ausbeutung des arbeitenden Volkes und den Müßiggang.«[6]

»Seine Stimmung, fast immer schwermütig, wirkte sich furchtbar auf mich aus«, erinnert sich Tolstaja. »Ich war wie ein Hamster im Rad: Immer schien es, ich könnte mich aus dem Käfig befreien, doch das Rad des Lebens drehte sich ohne Unterlaß, und es gab keinen Ausweg.«[7] Obwohl es ihr »schwer und langweilig« ist, kopiert sie in ihren freien Minuten die religiös-philosophischen Aufsätze ihres Mannes. Seine *Beichte* allerdings, mit ihren »bösartigen Angriffen auf Orthodoxie und Kirche und den Beschimpfungen ihrer Diener«, mit ihrer Ablehnung des eigenen Familienlebens, wird ihr unerträglich. Der vermeintlich zufriedene Familienvater beklagt öffentlich sein Unglück, das ihn an den Rand des Selbstmords getrieben habe. »Ich entsinne mich«, heißt es in Tolstajas Erinnerungen, »wie mir, als ich im Jahr 1880 über der Abschrift saß und schrieb und schrieb, plötzlich das Blut in den Kopf stieg … und mich eine solche Entrüstung packte, daß ich alle Papiere zusammenraffte, sie zu Lew Nikolajewitsch trug und ihm erklärte, daß ich zukünftig nicht mehr für ihn ins reine schreiben werde, nicht könne, da mich dies zu sehr aufrege und wütend mache. Seit dieser Zeit mußte also ein Schreiber angestellt werden … Welch Vergnügen hat mir dagegen einst die Reinschrift seiner literarischen Werke bereitet, die ich unzählige Male abgeschrieben habe.«[8]

Nicht nur Tolstoj hat sich verändert. Auch Sofja Andrejewna ist eine andere geworden. Sie ist eine Frau Mitte Dreißig, und immer häufiger kommen ihr Zweifel an der Richtigkeit ihres Lebens. »Wie ich all dies hasse«, notiert sie: »mich selbst und mein Leben und mein sogenanntes *Glück*. Alles ödet mich an, alles ist mir zuwider.«[9] Im Tagebuch gibt sie sich ihren Träumen hin: »Ich bin in seltsamer Stimmung. Beschäftige mich viel mit meinem Äußeren, beginne, von einem anderen Leben zu träumen. Ich möchte wieder lesen, mich bilden, klug sein, will schön sein, denke an Kleider und Dummheiten.«[10]

Ein wenig Zerstreuung in die Monotonie ihres Lebens bringen die Besuche des Fürsten Leonid Dmitrijewitsch Urussow. Seit 1878 ist der Vizegouverneur von Tula und »leidenschaftliche Verehrer der christlichen Lehre Lew Nikolajewitschs« häufiger Gast. Vorzüglich philosophisch gebildet, ist Urussow bei Tolstoj als Gesprächspartner geschätzt, und die gesamte Familie bringt ihm Sympathie entgegen. Zunächst durchaus nicht von ihm angetan, läßt auch Tolstaja sich schließlich von der »tendresse«, mit der er den Kindern begegnet, gewinnen, und es entwickelt sich eine tiefe platonische Freundschaft.

Unter Urussows Anleitung beginnt Tolstaja, sich mit Philosophie zu beschäftigen. »Auch mir, die ich älter wurde, gebot die äußere und innere Beschwerlichkeit meines Lebens, seine Belange ernster zu betrachten, und wie in meiner frühen Jugend wandte ich mich der Philosophie, den Weisheiten der alten Denker zu ... Ich kann sagen, daß die weisen Denker mir im Leben und Denken in vielerlei Hinsicht geholfen haben.«[11]

Im Herbst 1880 wird die Entzweiung der Ehegatten offensichtlich. Nicht allein das »herrschaftliche« Leben der Familie ruft Tolstojs Unzufriedenheit hervor. Auch die Tatsache, daß seine Frau ein weiteres Mal versucht, sich gegen eine Schwangerschaft aufzulehnen, macht ihn ungehalten. Nach nunmehr insgesamt dreizehn Schwangerschaften ist Sofja Andrejewna müde und ausgelaugt. Doch Tolstoj ist auch dieses Mal unerbittlich. Er, der Nächstenliebe predigt, der mit jedem Bettler und Vagabunden Mitleid empfindet, ist erbarmungslos dem ihm am nächsten stehenden Menschen gegenüber – seiner Frau.

Tolstoj will nicht unbeteiligt an Armut und Not vorübergehen. In seinem Tagebuch, das er nach fast fünfzehnjähriger Unterbrechung 1880 wieder regelmäßig zu führen beginnt, protokolliert er seine Eindrücke. Er besucht Gefängnisse und Arrestzellen, spricht mit den Gefangenen und begleitet sie zu ihren Verhandlungen bei Gericht. Er gibt Geld in großen Mengen an die Armen, um wenigstens ein wenig ihre Not zu lindern. Zur selben Zeit beunruhigt ihn das Schicksal der ihm Nahestehenden immer weniger. »Es war, als ob er überall das Leiden der Menschheit suche, die Gewalt über den einzelnen ...«, erzählt Tolstaja. »Mit allen litt auch er und brachte Zuneigung allein für das Volk auf, empfand Mitleid mit den Unterdrückten. Seine Verurteilung und Ablehnung erstreckte sich auch auf mich, auf seine Familie, auf alle, denen es wohl erging und die nicht unglücklich waren. Es war traurig, mit anzusehen, wie Lew Nikolajewitsch unversehens der Menschheit wegen zu leiden begann. Es war, als ob er seinen Blick von allem, was heiter und glücklich machte, abgewandt und in die entgegengesetzte Richtung gelenkt hätte.«[12]

Tolstoj schont seine Familie nicht, sucht die Diskussion und ist enttäuscht, wenn seine Frau und die fast erwachsenen Kinder Sergej und Tanja seinen Ansichten einen eigenen Standpunkt entgegensetzen. »Ständig gibt es nunmehr bei uns kleinere Streitigkeiten ...«, schreibt Tolstaja 1881. »Vermutlich ist das so, weil wir begonnen haben, christlich zu leben. Doch ich bin der Meinung, daß es früher, ohne dieses Christentum, um vieles besser war.«[13]

Die fast fanatische Beharrlichkeit, mit der Tolstoj seine Überzeugungen verteidigt, beginnt auch die literarische Welt zu beunruhigen. Gerüchte von religiösem Wahn Tolstojs machen die Runde. »Tolstoj ist fast verrückt oder vielleicht sogar schon völlig verrückt«, berichtet Dostojewski seiner Frau. Dies habe auch der Herausgeber des *Russki westnik*, Michail Katkow, mit dem sich Tolstoj endgültig überworfen hatte, bestätigt: »Man hört, er ist zum Eiferer geworden.«[14]

Bei seinem täglichen Spaziergang auf der Landstraße erfährt Tolstoj am 2. März 1881 von einem radebrechenden italienischen Leierkastenmann, der mit seinem Vogel durch die russischen Lande zieht, vom Attentat auf den Zaren. »Alles schlecht, ich und der Vogel nicht gegessen, der Zar tot.« Die Zeitungen am nächsten Tag bestätigen die Nachricht. Der siebte Versuch der Terroristen, Alexander II. zu töten, ist geglückt. Rußland verliert einen seiner wenigen liberalen Regenten. Unter seiner Herrschaft ist die Leibeigenschaft aufgehoben worden, er begnadigte die in sibirischer Verbannung lebenden Dekabristen und wollte dem Land eine Verfassung geben, die ein erster Schritt sein sollte auf dem Weg der Umwandlung der absoluten in eine konstitutionelle Monarchie. Der Thronfolger Alexander III. wird das Rad der Geschichte wieder zurückdrehen. In seinem Manifest vom 29. April 1881 macht er deutlich, daß er keinerlei Abweichung vom Prinzip der Autokratie zulassen werde. Sein Manifest ist eine Kriegserklärung an alle revolutionären Verschwörer und eine Absage an liberale Reformen. Der Beginn der Herrschaft Alexanders III. ist überschattet von einer Woge antisemitischer Pogrome von nie gekannter Grausamkeit im Süden des Russischen Reiches.

Als Warnung für alle, die sich mit Gedanken an einen Umsturz tragen, sollen die Zarenmörder öffentlich hingerichtet werden. Tolstoj beschließt, an des Zaren Menschlichkeit zu appellieren. »Ihren Vater, den russischen Zaren, welcher viel Gutes tat und den Menschen stets Gutes zu tun wünschte ..., haben nicht seine persönlichen Feinde verstümmelt und ermordet, sondern Feinde der bestehenden Ordnung ... Wer sind denn die Revolutionäre? Menschen, die die bestehende Ordnung hassen ... und mit allen gottlosen und unmenschlichen Mitteln, durch Brandstiftung, Raub, Mord zu zerstören suchen ... Indem man sie umbringt, kann man sie nicht vernichten ... Vergeben Sie Ihnen, zahlen Sie für das Böse mit dem Guten, und von hundert Gesetzesbrechern werden Dutzende auf Ihre Seite treten ... vom Teufel hin zu Gott.«[15] Der Zar läßt sich nicht erweichen. »Wenn das Attentat mir selbst gegolten hätte, so hätte ich sie begnadigen können, doch den Mördern meines Vaters kann ich nicht vergeben«, läßt er Tolstoj übermitteln.[16] Am 3. April werden die fünf Attentäter, unter ihnen eine Frau, Sofja Perowskaja, gehängt.

Im Juni 1881 feiert Sergej, der älteste Sohn der Tolstojs, seinen achtzehnten Geburtstag. Tolstaja macht sich Gedanken über seine Zukunft. Seine Schulbildung ist abgeschlossen, er hat die Hochschulreife erlangt und will ein Studium aufnehmen. Ilja und Lew, fünfzehn und zwölf Jahre alt, sollen aufs Gymnasium gehen, die siebzehnjährige Tanja zeigt Begabung zum Malen und soll mit Unterricht gefördert werden. Außerdem ist sie nun im heiratsfähigen Alter und muß in die Gesellschaft eingeführt werden. In der Provinz, in Jasnaja Poljana, ja auch in Tula, kann das Schicksal ihr wohl kaum den rechten Mann zuführen. »Ich für meinen Fall habe entschieden, daß ich nach Moskau fahre, ganz gleich, daß ich im Oktober niederkomme«, schreibt Tolstaja entschieden ihrer Schwester. Sie hat sich ihrem Mann gegenüber nicht durchsetzen können und ist wieder schwanger. »Ich fahre im Sommer hin, richte alles ein, kaufe, was nötig ist, fahre im September und damit hat es sich. Serjosha lasse ich nicht allein dorthin, und weiterhin auf dem Lande zu leben halte ich für niemanden für zuträglich, außer natürlich für die vier Kleinen.«[17]

Tolstaja gelingt es, ihren Mann von der Notwendigkeit eines Winterquartiers in Moskau zu überzeugen. Im Juli reist Tolstoj mit dem ältesten Sohn auf das Gut in Samara, um sich wieder einmal einer Kumys-Kur zu unterziehen. Seine Frau ist mit den Vorbereitungen für den Umzug nach Moskau beschäftigt. Ausführlich berichtet Tolstaja ihm vom Fortgang der Dinge. »Heute habe ich ein schönes Haus im Pretschistenka-Bezirk in der Deneshny Gasse ... gesehen, meiner Meinung nach bestens geeignet und schön, sowohl von der Lage als auch vom Grundriß ... Ich denke die ganze Zeit daran, wie ich euch alle dort unterbringe ..., doch ein größeres Haus oder eine größere Wohnung übersteigt unseren Geldbeutel.«[18]

Fern von den alltäglichen Streitigkeiten, erwacht in Tolstoj das einstige zärtliche Gefühl für seine Frau, und ihn plagt das Gewissen, daß er sie mit ihren Sorgen um Kinder und Haus allein gelassen hat. Er verspricht ihr, als »Musterknabe« zurückzukehren: »Ich habe Dich zu sehr vergessen und bereue es. Schone Dich um Gottes und unserer Liebe willen. – Schiebe die Arbeit bis zu meiner Ankunft auf; ich werde alles mit Freuden zu Ende führen und es sicher nicht schlecht machen, weil ich mir Mühe geben werde.«[19]

Als Tolstoj wieder nach Hause zurückgekehrt ist, sind die guten Vorsätze allerdings bald vergessen. Die Familie probiert mit den zahlreichen Sommergästen eine Theateraufführung. »Theater. Nichtiges Volk. Aus dem Leben werden die Tage 19, 20, 21 gestrichen«, trägt er in sein Tagebuch ein.[20] Auch der 28. August wird für Tolstoj kein Freudentag. Alle sind vollauf mit den Vorbereitungen für den Umzug nach Moskau beschäftigt und vergessen, ihm zum Geburtstag zu gratulieren. »Ich konnte meine Traurigkeit darüber, daß niemand daran dachte, nicht zurückhalten.«[21]

Der Umzug findet am 15. September statt. Das Haus, das Tolstaja angemietet hat, erweist sich, obzwar ruhig in herrschaftlicher

Umgebung gelegen, als ungeeignet: »Es ist so hellhörig, daß man weder im Schlafzimmer noch in Ljowotschkas Arbeitszimmer Ruhe hat.«[22] Das beste Zimmer des Hauses mit Blick in den Garten hat Sofja Andrejewna als Arbeitszimmer für ihren Mann vorgesehen. Sie hofft, daß er dort zu seiner literarischen Arbeit zurückfindet. Doch kaum einen Monat nach der Ankunft im neuen Heim macht Tolstoj ihr eine schreckliche Szene. Das von seiner Frau liebevoll eingerichtete Zimmer empfindet er als zu groß und zu vornehm. »Jeder Sessel dort wäre das Glück eines Bauern«, schließlich könne der von dem Geld, den ein solcher Sessel koste, ein Pferd oder eine Kuh kaufen. Er selbst aber könne in diesem ihm zugedachten Zimmer nichts anderes als weinen.[23]

Die Kinder nehmen ihre Ausbildung auf. Serjosha beginnt sein Studium der Naturwissenschaften an der Universität, Tanja wird an der *Lehranstalt für Malerei, Bildhauerei und Architektur* angemeldet, Ilja und Lew werden in das Private Gymnasium Poliwanows aufgenommen.

Für alle beginnt das neue Leben in Moskau recht unbeschwert. Allein für Tolstoj ist das Leben im »verruchten Babylon« von den ersten Tagen an eine Qual. »Die ersten zwei Wochen habe ich ununterbrochen und täglich geweint«, schreibt Tolstaja der Schwester, »denn Ljowotschka ist nicht nur in Schwermut verfallen, sondern in eine verzweifelte Apathie.«[24] »Ein Monat ist vergangen«, notiert Tolstoj am 5. Oktober 1881, »es war der schlimmste Monat meines Lebens. Umzug nach Moskau. Alle richten sich ein. Wann aber beginnen sie zu leben? ... Unglückliche! Und es gibt kein Leben. Gestank, Luxus, Armut, Laster. Es versammelten sich Missetäter, die das Volk beraubten und ihr Gelage und ihr Versteck mit Soldaten und Richtern verteidigen.«

Tolstaja hat einen Traum, den sie später oft erzählt. Sie steht vor einer großen, noch im Bau befindlichen Kirche. Vor der Tür der Kirche erhebt sich ein großes Kreuz mit dem gekreuzigten Heiland. Unversehens bewegt sich das Kreuz von seinem Platz, umrundet dreimal die Kirche und bleibt schließlich vor ihr stehen. Christus blickt sie an und deutet dann mit seinen Händen auf das auf der Kuppel glitzernde goldene Kreuz. Die glückliche Zeit ist Vergangenheit. Von nun an wird Tolstaja ein schweres Kreuz zu tragen haben.

Am 31. Oktober wird das elfte Kind geboren, Alexej. Die Geburt des Sohnes läßt Tolstoj ungerührt. Die Last des Alltags ruht ganz auf den Schultern Sofja Andrejewnas. An den Donnerstagabenden empfängt sie Gäste. Ihr Mann zieht sich meist in den Seitenflügel zurück, wo er zwei kleine Kammern angemietet hat, um ungestört arbeiten zu können. Tagsüber verläßt er das Haus in einfacher Bauernkleidung, wandert auf die andere Seite der Moskwa, um mit den Tagelöhnern Holz zu schlagen. Von Zeit zu Zeit besucht er die Armenviertel und kehrt danach erschüttert zu seiner Familie zurück. Zum ersten Mal sieht er das Elend der Nachtasyle und ihrer Bewohner. »Mit dem Gefühl, ein Verbrechen begangen zu haben, verließ ich ein solches Nachtasyl und ging nach Hause«, schreibt Tolstoj. »Zu Hause trat ich über die mit einem Läufer belegte Treppe in den Vorraum ..., und nachdem ich den Pelz abgelegt hatte, setzte ich mich an den Tisch und aß ein Essen, das aus fünf Gängen bestand, das zwei Diener im Frack, mit weißen Krawatten und Handschuhen auftrugen.«[25]

Ende Januar 1882 soll in Moskau eine Volkszählung durchgeführt werden. Tolstoj beschließt, daran teilzunehmen. Er wählt die Viertel der Ärmsten der Armen um den Smolenski Markt. Sein Sohn Ilja begleitet ihn bei einem der Gänge durch die Nachtasyle. »Wir gingen am Abend in schrecklichem Gestank und Dreck durch die kleinen Zimmer«, erinnert er sich, »und Vater fragte jeden der dort Übernachtenden, wovon er seinen Lebensunterhalt bestreite, warum er dorthin gekommen sei, wieviel er bezahle und wovon er sich ernähre. Im Schlafsaal, wo umsonst übernachtet werden konnte, war es noch schlimmer. Dort brauchte man nicht zu fragen, denn es war klar, daß dies absolut heruntergekommene Menschen waren, und diese Ansammlung von Armut und Schmutz war einfach nur widerwärtig und furchterregend.«[26]

Ende Januar 1882 erhält Tolstoj Besuch von Wassili Sjutajew, einem Philosophen aus dem Volk, den er im Herbst 1881 kennengelernt hat. Sjutajew lehnt die kirchlichen Riten ebenso ab wie Tolstoj, predigt die Gemeinschaft aller Menschen in Brüderlichkeit und Nächstenliebe, lebt in einer Art Kommune ohne Eigentum und steht im Ruf, ein Prophet zu sein. Tolstajas Gäste sind entzückt, als Sjutajew an einem der Donnerstagabende im Salon erscheint. »Gestern hatten wir einen allzu steifen Abend«, berichtet Tolstaja der Schwester, »doch als der Raskolnik Sjutajew kam, wurde es interessant. Über ihn spricht momentan ganz Moskau, man führt ihn in die Salons, und er hält überall seine Reden ... Tatsächlich ist er ein ganz bemerkenswerter Alter. Als er im Arbeitszimmer seine Reden begann, gingen alle aus dem Salon dorthin, und der Abend klang dort auch aus.«[27]

In Sjutajew sieht Tolstoj eine verwandte Seele. »Die Volkszählung und Sjutajew haben mir vieles klargemacht«, schreibt er seiner Frau Anfang Februar aus Jasnaja Poljana.[28] In der ländlichen Ruhe, fernab vom sündigen Babylon, von der Familie und den Gesellschaften an den Donnerstagabenden will er seine Antwort auf die Fragen der Armut und sozialen Ungleichheit finden und beginnt die Arbeit an *Was sollen wir denn tun?*

Tolstoj wird sich von nun an immer nur gelegentlich in Moskau aufhalten und stete Erholung in Jasnaja Poljana suchen. »Jedenfalls ist es für mich sehr gesund, mich von diesem geschäftigen Leben der Stadt in mich selbst zurückzuziehen, die Überlegungen anderer über Religion zu lesen, dem Geschwätz von Agafja Michailowna [eine der Bediensteten in Jasnaja Poljana] zu lauschen und nicht über die Menschen, sondern über Gott nachzudenken. Gerade hat mich Agafja Michailowna mit ihren Erzählungen über Dich amüsiert und darüber, wie es mir ergangen wäre, wenn ich die Arsenjewa geheiratet hätte. ›Jetzt aber sind Sie fortgefahren und haben Ihre Frau dort mit acht Kindern zurückgelassen – soll sie mit all dem alleine fertig werden! – und Sie sitzen hier und lassen Ihren Bart gedeihen.‹«[29]

Wenn Tolstoj auf dem Lande ist, fliegen die Briefe zwischen Moskau und Jasnaja Poljana hin und her. Dies zeigt die Verbundenheit der Ehegatten nach fast zwanzigjähriger Ehe. Zugleich jedoch wird in den Briefen das Unverständnis deutlich, mit dem sie nun einander gegenüberstehen. Beide verteidigen ihre eigene Wahrheit, und beide sind auf ihre Art im Recht. »Ich bin zunehmend der Überzeugung«, schreibt Tolstaja aus Moskau, »daß, wenn ein glücklicher Mensch unversehens im Leben nur das Schlechte sieht und vor allem Schönen die Augen verschließt, dies aufgrund von Krankheit so ist. Du müßtest Dich in Behandlung begeben ... Dieser schwermütige Zustand hat Dich ja auch früher schon erfaßt, vor langer Zeit. Damals sagtest Du ›wegen Ungläubigkeit‹, wolltest Dir das Leben nehmen. Und nun? Du lebst doch nun nicht ohne Glauben, weshalb bist Du denn dann so unglücklich? Wußtest Du denn früher nicht, daß es Hunger gibt, Krankheit, Unglück und schlechte Menschen? Blicke doch besser so auf die Dinge: Es gibt ja auch Freude, Gesundheit, Glück und gute Menschen. Gott muß Dir helfen, was kann ich denn tun? ... Ich kann nur eines – Dich lieben und mit Dir mitleiden, doch dies brauchst Du jetzt nicht mehr. Was brauchst Du denn dann? Wenn ich es nur wüßte!«[30]

»Sorge Dich nicht um mich und, wichtiger noch, mach Dir keine Vorwürfe«, antwortet Tolstoj. »Wie ich so heruntergekommen bin, weiß ich selbst nicht. Vielleicht die Jahre, vielleicht die Unpäßlichkeit, doch ich habe ja keinen Grund, mich zu beschweren. Das Leben in Moskau hat mir sehr viel gegeben, hat mir meine Aufgabe klargemacht, wenn sie mir noch bevorsteht. Und es hat uns einander näher gebracht als je zuvor ... Du schreibst: ›Ich liebe Dich, doch dies brauchst Du nun nicht mehr.‹ Nur dies ist es doch, was ich brauche. Meine Einsamkeit war mir so notwendig und hat mich erfrischt, und Deine Liebe freut mich mehr als alles im Leben ... Leb wohl, meine Liebe, wir werden leben und uns bald sehen, wir werden uns wie früher – lieben.«[31]

Zu Beginn des Sommers siedelt die Familie wieder nach Jasnaja Poljana über. Wie jedes Jahr richten sich die Kusminskis im einstigen Seitenflügel ein, und die unbeschwerte Ferienzeit soll beginnen. Die Söhne Sergej und Ilja haben nun eigene Pferde und Gewehre. Als Kinder sind sie mit dem Vater auf die Jagd gegangen. Nun gehen sie ohne ihn, der seine einstige Leidenschaft mittlerweile aufs schärfste verurteilt und nur noch die »vegetarische Jagd«

betreibt. Die Tochter Tanja überredet die Tante, ihr Modell zu sitzen. Die siebzehnjährige Studentin der Malerei, die unsicher ihre ersten Schritte als Künstlerin geht, erfährt vom Vater keinerlei Unterstützung. Er sieht in der Malerei seiner Tochter einen albernen Zeitvertreib, der nicht dem Wohle der Menschheit dient. »Papá hat mein Porträt von Tante Tanja derart zunichte gemacht, daß ich die Hände sinken lasse.«[32] Tolstoj rät seiner Tochter, statt des Malens auf dem Feld Korn zu schneiden, »um ein wenig Fett zu verlieren«.[33] Trotzdem setzt Tanja ihre Bemühungen fort und beginnt ein neues Porträt, und der Vater läßt sich in einem Anflug guter Laune gar herab, es zu loben.

Im August erkrankt Ilja an Typhus. Da er ständige Pflege braucht, wird er in das Zimmer neben das elterliche Schlafzimmer umquartiert. Bald ist Tolstaja am Ende ihrer Kräfte. In ihrer Misere wirft sie ihrem Mann vor, daß er sich in keiner Weise um den kranken Ilja und die Kinder im Allgemeinen kümmere. Es kommt zu einem heftigen Streit. »Vor zwanzig Jahren habe ich, glücklich und jung, dieses Heft als Geschichte meiner Liebe zu Ljowotschka zu führen begonnen«, macht sie ihrem Herzen im Tagebuch Luft. »Und außer Liebe ist fast nichts darin. Und nun sitze ich hier die ganze Nacht alleine und beweine meine Liebe. Zum ersten Mal in meinem Leben ist Ljowotschka vor mir geflohen und schläft nun im Arbeitszimmer.«[34]

Auf dem Höhepunkt des Streits schreit Tolstoj voller Wut, sein größter Wunsch sei es, die Familie zu verlassen. »Bis ich sterbe, werde ich diesen seinen aufrichtigen Aufschrei nicht vergessen, es ist, als ob er mein Herz herausgeschnitten hätte.«[35]

Sofja Andrejewna findet nach dem Streit keine Ruhe. Jedesmal, wenn sie am Zimmer ihres Mannes vorbeikommt, hofft sie, er werde sie rufen. Doch erst am Morgen kommt er, und sie versöhnen sich nicht sogleich. »Wir beide weinten, und ich sah voller Glück, daß die Liebe, die ich in jener schrecklichen Nacht beweinte, noch nicht gestorben war. Niemals werde ich den lieblichen Morgen vergessen, klar, kühl, mit silber-glänzenden Tautropfen, als ich nach dieser schlaflosen Nacht den Waldweg zum Badehaus ging. Lange hatte ich eine solch feierliche Schönheit der Natur nicht erblickt. Ich saß lange im eiskalten Wasser und hoffte, ich werde mich erkälten und sterben. Doch ich erkältete mich nicht, kehrte nach Hause zurück, nahm den kleinen Aljoscha, der sich freute und lächelte, auf den Arm und begann, ihn zu stillen.«[36]

»Bei uns ist alles soweit recht gut«, berichtet Tolstaja wenig später der Schwester. »Nachdem er vor einigen Tagen verkündet hatte, Moskau sei eine große Bedürfnisanstalt und eine ansteckende Kloake ..., begann Ljowotschka plötzlich, durch alle Straßen und Gassen zu gehen und zielbewußt ein Haus oder eine Wohnung für uns zu suchen. Verstehe einer diesen weisen Philosophen!«[37] Tolstojs Wahl fällt auf ein Haus in einer Arbeitervorstadt in der Dolgo-Chamownitscheski-Gasse. Die größte Begeisterung ruft bei der Familie der zum Haus gehörige große, verwilderte Garten hervor, mit Birken, Linden, Ahornbäumen und blühendem Flieder. »Ich erinnere mich, wie entzückt wir waren, als wir von der staubigen Straße in diesen Garten traten. Alles war grün und stand in voller Blüte; die Blätter und das Gras glänzten in der Sonne ..., und die Vögel sangen wie auf dem Lande.«[38] Der Garten und das zweistöckige Holzhaus erinnern ein wenig an Jasnaja Poljana, doch zugleich gemahnen die Werkssirenen der nahe gelegenen Webe- und Schuhmanufakturen und der Brauerei die Bewohner stets an das schwere Arbeitsleben in der Stadt. Tolstoj entscheidet sich zum Kauf.

Tolstaja gefällt das Haus nicht. Es scheint ihr zu klein für die gesamte Familie, darüber hinaus ist es in kläglichem Zustand. Die Organisation der Umbauarbeiten übernimmt Tolstoj höchstpersönlich. Vielleicht will er damit den Vorwürfen seiner Frau, er kümmere sich nicht ausreichend um die Belange der Familie, entgegentreten. In seinen Briefen legt er genauestens Bericht ab, wie die Arbeit vorangeht. Tolstaja wiederum gibt Ratschläge, wie die Renovierung am besten durchzuführen sei. Die Streben am Treppengeländer dürfen in nicht allzu großem Abstand gesetzt werden, sonst könnte eines der Kinder hindurchfallen. Öfen, Fenster, Tapeten – alles will bedacht sein.

Am 8. Oktober 1882 wird das neue Haus bezogen. Tolstoj bereitet seiner Familie einen festlichen Empfang. »Wir kamen am Abend an. Der Eingang war erleuchtet, die Halle auch«, schreibt Tatjana Tolstaja. »Die Tafel zum Essen gedeckt, auf dem Tisch stand eine Schale mit Früchten. Der erste Eindruck war großartig: Überall Licht, großzügige Räume, und man sah, daß Papá alles durchdacht und versucht hatte, alles bestmöglich herzurichten ... Ich war von seiner Fürsorge für uns alle sehr gerührt; und dies war um so liebevoller, als es überhaupt nicht seine Art war. Unser Haus ist wunderbar ... Mein Zimmer, und der Garten erst: welches Glück!«[39]

Der Alltag beginnt: Mittagessen um eins, Abendessen um sechs und Tee um neun. Wenn Besuch kommt, wird im Saal gedeckt. Tolstoj läßt seine Frau auch hier oft mit den Gästen allein und zieht sich in sein Arbeitszimmer zurück. Doch auch im neuen Haus findet er keine Ruhe. Die Lebensweise der Familie steht seiner Überzeugung, man solle in Armut leben, entgegen. Einem ihm unbekannten Journalisten, in dessen Briefen er eine verwandte Seele zu entdecken glaubt, vertraut er an: »Sie werden sich nicht vorstellen können ..., in welchem Maße ich einsam bin, in welchem Maße das, was mein eigentliches ›Ich‹ ausmacht, von allen, die mich umgeben, verachtet wird ... Wenn ich betrunken den Weg nach Hause gehe, den ich kenne, von einer Seite zur anderen schwankend, ist denn dann der Weg, den ich gehe, falsch? Ist er falsch, so zeigt mir einen anderen; wenn ich vom Weg abkomme und stolpere, so helft mir ..., wie auch ich bereit bin, euch zu unterstützen, und bringt mich nicht von ihm ab, freut euch nicht daran, daß ich abgekommen bin, schreit nicht voller Vergnügen: Da sagt er also, er ginge nach Hause, tatsächlich aber kriecht er dem Sumpf entgegen!«[40] Fast drei Jahrzehnte später noch wird Tolstaja sich, als sie Dokumente und Manuskripte ihres Mannes ordnet, voller Bitterkeit an diesen Brief erinnern: »Ich steckte ihn in einen Umschlag und schrieb darauf: ›Brief an Engelgardt, den Lew Nikolajewitsch nicht nur nicht kannte, sondern auch niemals gesehen hatte‹, soll die Nachwelt darüber urteilen, wie sie will. *Ich jedenfalls war aufgrund dieses Briefes furchtbar verletzt.*«[41]

Die Isolation in der Familie bestärkt Tolstoj geradezu in seiner Gewißheit, auf dem richtigen Weg zu sein. »Säe, säe, und wisse, daß nicht Du, oh Mensch, ernten wirst. Einer sät, ein anderer wird ernten. Du, oh Mensch, Lew Nikolajewitsch, wirst nicht ernten ... Was mir früher als grausam erschien, daß ich die Frucht der Saat nicht aufgehen sehen werde, ist, wie ich nunmehr begreife, nicht nur nicht grausam, sondern gut und vernünftig ... Säe, säe, Gott wird die Saat aufgehen lassen, doch nicht Du, oh Mensch, wirst ernten, sondern jener, der durch Dich sät.«[42]

In *Worin besteht mein Glaube?* zieht Tolstoj Bilanz seiner bisherigen religiösen Suche. Aus der Bergpredigt leitet er fünf Gebote ab: Du sollst nicht zürnen, Du sollst nicht ehebrechen, Du sollst nicht schwören, Du sollst Dich dem Bösen nicht mit Gewalt widersetzen, Du sollst keinen Krieg führen. »Wenn man diese Gebote beachtet, werden alle zu Brüdern, und ein jeder wird mit dem anderen in Frieden leben ... Das Reich Gottes, das Reich des ewigen Friedens, welches die Propheten versprochen haben und Christus verkündete, wird anbrechen.«[43]

Tolstoj sät. Seine Frau trägt die Last des Alltags. »Ljowotschka ist sehr ruhig, er arbeitet, schreibt seine Aufsätze ... und hält Reden gegen das Leben in der Stadt und das herrschaftliche Dasein im Allgemeinen«, berichtet Sofja Andrejewna der Schwester. »Mich verletzt das, doch ich weiß, daß er nicht anders kann. Er ist ein Mensch der Avantgarde, der vor der Masse herschreitet und ihr den Weg zeigt, den sie beschreiten muß. Und ich bin ein Teil der Masse, lebe im Strom der Masse und sehe mit der Masse das Licht der Laterne, die ein jeder Mensch der Avantgarde trägt, so auch Ljowotschka, und natürlich erkenne ich dieses Licht, doch ich kann nicht schneller gehen, da mich die Masse erdrückt, und das Milieu und die Gewohnheit.«[44]

»Es war ein wunderbarer Ball ..., Diner, Gäste, einen schöneren Abend als diesen hat es noch nicht gegeben«, berichtet Tolstaja ihrer Schwester im Januar 1884. »Tanja trug ein zartrosa Gazekleid mit Plüschrosen, ich eines aus Samt, lilafarben, mit Stiefmütterchen in verschiedenen Gelbschattierungen. Darauf folgte ein Ball beim Generalgouverneur, eine Abendgesellschaft mit Theateraufführung bei den Teplows ..., und heute abend wieder ein Ball bei der Gräfin Orlowa Dawydowa, Tanja und ich gehen hin. Sie wird ein wunderbares Kleid tragen, tulle illusions, blaßgrün-blau, mit zartroten Maiglöckchen. Morgen eine große Abendgesellschaft bei den Obolenskis, wieder wird getanzt ... Vorgestern gaben wir eine Abendgesellschaft mit Tanz ... Ein sehr gelungener Abend, alle waren begeistert.«[45] Während Tolstaja mit der ältesten Tochter die Bälle und Abendgesellschaften in Moskau genießt, hat sich Tolstoj wieder nach Jasnaja Poljana zurückgezogen. Er tadelt das Verhalten seiner Frau und bemitleidet sie ob ihrer nichtigen Vergnügungen. »Ich halte Bälle für schlechter als die Vergnügungen in Freudenhäusern, auch deshalb, da ich nicht in der Lage bin, meine eigene Familie von meinen Ansichten bezüglich Bällen zu überzeugen, ich verlasse das Haus, um sie nicht in ihren unsittlichen Kleidern zu sehen.«[46]

»Ich liebte immer festliche Kleider ... Doch nur wenig habe ich in meinem Leben getanzt und mich vergnügt«, erzählt Tolstaja bitter.[47] Es scheint, als wolle sie, mittlerweile fast vierzigjährig, als die Tochter in die Gesellschaft eingeführt wird, die ihr in der Jugend entgangenen Freuden nachholen. Sie kennt die Ansichten ihres Mannes, doch setzt sie sich nun selbstbewußt darüber hinweg. Als junge Ehefrau hatte sie sich noch seiner Autorität gebeugt. Als gut ein Jahr nach ihrer Eheschließung im Oktober 1863 ein Ball in Tula stattfand, zu dem der Thronfolger erwartet wurde, wurde auch Graf Tolstoj mit seiner Gattin eingeladen, doch die Gräfin konnte nicht teilnehmen. Tolstoj besuchte den Ball in Begleitung seiner charmanten Schwägerin Tanja. »Als Lew Nikolajewitsch den Frack anzog und mit meiner Schwester Tanja auf den Ball fuhr, brach ich in Tränen aus und weinte den ganzen Abend bitterlich«, erinnert sich Tolstaja. »Ich war ja kaum neunzehn, und wir lebten so zurückgezogen, so eintönig und langweilig; da bot sich endlich einmal eine Gelegenheit, sich zu amüsieren, und ich konnte sie nicht wahrnehmen!«[48] »Du kennst doch Ljowotschkas Ansichten«, sagte sie zu ihrer Schwester »Hätte ich denn ein Ballkleid mit Dekolleté anziehen können? Nicht auszudenken! Du weißt doch, wie er über verheiratete Frauen herzieht, die sich, wie er es nennt, ›entblößen‹.«[49]

Nun ist Tolstaja glücklich. Und ihr Glück ist nicht mehr untrennbar mit ihrem Mann verbunden. Während die Familie in Moskau ein Leben führt, wie es in ihren Kreisen üblich ist, arbeitet Tolstoj an der Vereinfachung des Lebens und will allem vermeintlichen Luxus entsagen. Er trägt auch in Moskau jetzt nur noch seinen Bauernkittel, verzichtet auf die Dienste des Hauspersonals und bringt am Morgen selbst das Nachtgeschirr hinaus, fegt sein Zimmer aus und räumt auf, hackt Holz, heizt den Ofen, kümmert sich selbst um Kleidung und Schuhe. Da er zur Überzeugung gelangt ist, daß der Mensch alle zum Leben notwendigen Dinge selbst erarbeiten und herstellen müsse, beginnt Tolstoj in Jasnaja Poljana das Schuhmacherhandwerk zu erlernen. Er macht einen Meister ausfindig, kauft Handwerkszeug und läßt sich im Stiefelnähen unterweisen. Tolstaja ist entsetzt von dem Bericht ihres Schwagers aus Jasnaja Poljana: »Ljowotschka sitzt dort in seinem Kittel, schmutzigen Strümpfen, zerlumpt und unglücklich und näht mit Mitrofan Schuhe. Ein Lehrer aus der Schule liest ihnen Heiligenlegenden vor.«[50]

Wieder in Moskau, richtet Tolstoj sich in seinen kleinen Kammern eine Werkstatt ein, zu bestimmter Stunde kommt der Meister, der Lehrer und sein Schüler setzen sich auf die niedrigen Arbeitshocker und beginnen mit der Arbeit. Zahlreiche Verwandte und Freunde erhalten von Tolstoj gefertigte Schuhe. Die meisten betrachten diese freundschaftlichen Gaben mit milder Ironie. So sendet sein Freund Afanassi Fet statt eines Dankschreibens eine Bescheinigung darüber, daß diese Schuhe kunstvoll vom Grafen Tolstoj, dem Autor von *Krieg und Frieden*, gefertigt seien, und Michail Suchotin, der spätere Ehemann seiner Tochter Tanja, stellt die ihm geschenkten Schuhe neben die zwölfbändige Gesamtausgabe der Werke Tolstojs ins Regal und versieht sie mit der Aufschrift: »Band XIII«.

Tolstoj wird durch seine Gedanken zur sozialen Frage und durch seine religiösen Schriften, die zwar von der Zensur nicht zur Veröffentlichung freigegeben werden, jedoch in handschriftlichen und lithographierten Exemplaren in hohen Auflagen kursieren, zur moralischen Autorität in Rußland. Viele, die sich nicht mit den radikalen Ideen der Sozialrevolutionäre identifizieren können, werden Anhänger der Lehre Tolstojs. Seit Anfang der 1880er Jahre wird er in Moskau ebenso wie in Jasnaja Poljana von zahlreichen Anhängern aufgesucht, die er in seinem Arbeitszimmer empfängt, wo heftig über die Themen der Zeit gestritten wird. Manche der Besucher, wie der Maler Nikolaj Nikolajewitsch Ge, finden durchaus die Sympathien der Hausherrin. »1882 fiel mir zufällig die Schrift des großen Schriftstellers Lew Nikolajewitsch Tolstoj *Über die Volkszählung in Moskau* in die Hände ...«, erinnert sich Ge. »Und ich reiste nach Moskau, um diesen großen Menschen zu umarmen und ihm meine Unterstützung in allem anzubieten.«[51] Als er zu Tolstoj kommt, schlägt er vor, ein Porträt der Tochter Tanja zu malen, der Schriftsteller aber bittet ihn, seine Frau zu porträtieren. »Gerade malt der bekannte Maler Ge ... mein Porträt in Öl«, berichtet Tolstaja der Schwester. »Was ist er doch für ein lieber, naiver Mensch, bezaubernd ... Ich sitze ihm bereits seit einer Woche Modell, er malt mich ... im schwarzen Samtkleid mit Alençon-Spitze ..., in streng-schönem Stil.«[52] Dem Künstler selbst indes mißfällt das Porträt, und er vernichtet es. »›Das ist unmöglich‹, sagte er«, berichtet Tatjana Tolstaja. »›Da sitzt eine Dame im Samtkleid, und das einzige, was man sieht, ist, daß sie vierzigtausend in der Tasche hat. Es sollte aber doch das Bild einer Frau, einer Mutter sein.‹«[53] Einige Jahre später porträtiert Ge Tolstaja ein weiteres Mal: »Dieses Bild zeigt meine Mutter stehend, in schwarzer Überjacke, mit meiner jüngeren Schwester Sascha, damals drei Jahre alt, auf dem Arm.«[54]

Die meisten Besucher aber werden von Tolstaja und der Familie – sicher nicht immer zu Unrecht – mit einer gewissen Voreingenommenheit betrachtet. Man nennt Tolstojs Verehrer, oftmals »zerlumpte, ungewaschene« Gestalten, die »Dunklen«, ein Begriff, den einer der Bediensteten geprägt hat. »Ich erinnere mich«, erzählt der Sohn Lew, »daß in seinen winzigen Zimmern mit den niedrigen Decken, die man mit den Händen erreichen konnte, manchmal ein solch undurchdringlicher Tabakqualm stand, daß man beim Eintreten die Gesichter der Anwesenden kaum erkennen konnte. Dort drängten sich manchmal zehn, fünfzehn Menschen, und alle sprachen, stritten, führten Nachweise und warteten auf das letzte Wort Lew Nikolajewitschs.«[55] Wenn genug diskutiert ist, führt Tolstoj seine Gäste in den Salon, wo sie sich, von der Hausherrin bewirtet, bei Tee und einem Imbiß stärken.

Zwar belasten die Meinungsverschiedenheiten zwischen Tolstoj und seiner Frau über die Richtigkeit ihrer unterschiedlichen Lebensentwürfe das Zusammenleben, doch geht das Leben weiter seinen gewohnten Gang. »Der Koch Nikolaj, der Anke-Kuchen ..., die Gouvernanten und Hauslehrer, der Unterricht, die Säuglinge, die Mamá stillt – all diese unerschütterlichen Fundamente, auf denen das Leben unseres Ameisenhaufens erbaut war, waren noch nicht ins Schwanken geraten und waren uns allen wie früher ganz egoistisch unentbehrlich.«[56] Doch der Kampf zwischen den neuen Ideen und der Tradition hat begonnen.

Der »Anke-Kuchen« ist ein Festtagskuchen mit Zitronencremefüllung, der zu den zahlreichen Geburtstagen in der Familie zubereitet wird (benannt ist er nach Professor Anke, einem Bekannten des alten Doktor Behrs, von dem das Rezept stammt). »Im Kampf der Ideen mit der Tradition, im Kampf des ›gottgefälligen Lebens‹ mit dem ›Anke-Kuchen‹ geschah das, was in ähnlichen Fällen im Leben immer zu geschehen pflegt: Es triumphierten die Traditionen, und die Ideen mit ihrer Bitterkeit verdarben lediglich ein wenig die Süße unseres Kuchens.«[57]

Sofja Andrejewna beginnt, sich immer stärker vom Einfluß ihres Mannes zu emanzipieren. »Jung und von starkem Charakter belastete mich bisweilen meine geistige Abhängigkeit von meinem Mann, und ich versuchte, mich von diesem erdrückenden Einfluß zu befreien und geistig unabhängig zu werden.

Die physische Kraft und Erfahrung meines Mannes in Liebesdingen – seine übergroße Leidenschaft und Manneskraft – erdrückten mich physisch.

Genial begabt, klug sowie älter und erfahrener in geistigen Dingen erdrückte er mich mit seinen Ansichten über Moral.

Und wie groß die Energie meiner Natur auch gewesen sein mag, lebte ich lange, lange nicht mein eigenes Leben, meinen eigenen Willen, sondern als die Gattin Tolstojs, ohne eigene Initiative, ohne meiner eigenen Persönlichkeit Ausdruck zu verleihen.«[58]

Als Tolstaja Ende 1883 bemerkt, daß sie wieder schwanger ist, ist sie verzweifelt. So sehr hat sie gehofft, daß Aljoscha, den sie im März erst abgestillt hat, ihr letztes Kind sein möge. Sofja Andrejewna sucht eine Hebamme auf, um einen Schwangerschaftsabbruch vornehmen zu lassen, doch als diese erfährt, um wen es sich bei der Besucherin handelt, weigert sie sich. Tolstaja versucht mit allen Mitteln, sich von dieser ungewollten Schwangerschaft zu befreien. »›Die Gräfin stellte die Füße in kochendes Wasser und nahm so heiße Bäder, daß sie es kaum aushalten konnte. Oder sie stieg auf die Kommode und sprang von dort herab, es wurde einem angst und bange‹«, berichtet die Kinderfrau.[59]

Die Atmosphäre in der Familie während der Monate vor der Geburt ist aufs höchste gespannt. »Sehr schwer in der Familie. Schwer, da ich nicht mit ihnen fühlen kann«, notiert Tolstoj im April 1884. »All ihre Freuden, das Examen, die Erfolge in der Gesellschaft, die Musik, die Einrichtung, die Einkäufe – all dies halte ich für Unglück und schlecht für sie ... Mir hat man die Rolle des griesgrämigen Alten zugewiesen, und ich kann sie ihrer Meinung nach nicht ablegen.«[60] Das Leben der Familie scheint Tolstoj unerträglich. »Als ob ich als einziger, der nicht verrückt ist, im Irrenhaus lebte, das von Verrückten geleitet wird«, bemitleidet er sich.[61] »Zu Hause traf ich Serjosha an – er war ärgerlich. Er und Sonja sagten, ich sei verrückt ...«[62]

Für die physischen und psychischen Belastungen seiner Frau aufgrund der mittlerweile vierzehnten Schwangerschaft hat Tolstoj kein Verständnis und bedauert sie allein deshalb, weil sie seine Ansichten nicht zu teilen vermag. »Sie ist sehr schwer geistig krank«, konstatiert er im Tagebuch. »Und der Punkt ist die Schwangerschaft. Große Sünde und Schande.«[63]

Die Situation eskaliert. »Ich erinnere mich, wie wir des Abends beim Tee saßen ... und über Pferde zu sprechen begannen. Ich sagte Lew Nikolajewitsch, was er auch immer mache, bringe nur

Verlust: In Samara hatte er wunderbare Zuchtpferde angeschafft und alle verrecken lassen, weder die Rasse noch Geld sei geblieben, und gekostet hatte es Tausende ... Ein Wort ergab das andere, er wurde schrecklich wütend, warf einige Dinge in ein Leinenbündel, sagte, daß er die Familie verläßt, vielleicht nach Amerika fahre, und ging, trotz aller meiner Bitten, fort.«[64]

»Ich sehe noch, wie er durch die Birkenallee davonging«, erinnert sich die Tochter Tanja. »Und meine Mutter sehe ich unter den Bäumen vor dem Haus sitzen. Ihr Gesicht war schmerzverzerrt. Ihre dunklen, weit aufgerissenen und leblosen Augen starrten ins Leere. Sie stand kurz vor der Niederkunft und spürte bereits die ersten Wehen.«[65]

»War baden«, liest man in Tolstojs Tagebuch über jenen Abend. »Kam frisch, fröhlich zurück, und plötzlich begannen sinnlose Vorwürfe wegen der Pferde, die ich nicht brauche und die ich nur noch loswerden will. Ich sagte nichts, doch alles wurde mir schrecklich schwer. Ich ging fort und wollte für immer fortgehen, doch ihre Schwangerschaft ließ mich auf halbem Wege nach Tula umkehren ... Ging in mein Zimmer, um auf dem Diwan zu schlafen; konnte es nicht vor lauter Verzweiflung. Ach, wie schwer! Trotz allem tut sie mir leid ... Ich war gerade gegen 3 Uhr eingeschlafen, als sie kam, mich weckte. ›Verzeih mir, die Geburt beginnt, vielleicht werde ich sterben.‹ Wir gingen nach oben. Die Geburt setzte ein. Das, was das freudigste und glücklichste Ereignis in der Familie ist, vollzog sich wie etwas Unnötiges und Schweres.«[66]

»Bei mir begannen die Wehen. Ich quäle mich – er ist fort. Sitze allein im Garten auf der Bank, die Wehen werden immer schlimmer – er ist immer noch fort ... Endlich, um fünf Uhr, kommt er zurück.

Ich gehe zu ihm nach unten, er ist böse, finster. Ich sage zu ihm: ›Ljowotschka, ich habe Wehen, ich werde gleich niederkommen. Warum bist du so zornig? Wenn ich schuldig bin, verzeihe mir, vielleicht werde ich diese Geburt nicht überleben.‹ Er schweigt ... Ich ging hinaus, und eine Stunde später wurde Sascha geboren ... Und das war die Wende zum *Christentum*!« zürnt Tolstaja. »Für dieses Christentum habe ich das *Martyrium* auf mich genommen und nicht er.«[67]

Tolstajas »Martyrium« ist nach der Geburt der Tochter noch nicht zu Ende. Noch während der Schwangerschaft hat sie, sicher auch aus Protest gegen ihren Mann, entschieden, eine Amme für das Kind zu nehmen. »Die Situation war ausweglos: Entweder ich würde stillen und alle Geschäfte dem Schicksal oder dem Ruin überlassen, oder ich würde nicht stillen und mich um die Geschäfte kümmern. Zur selben Zeit Frau und Mann zu sein, war unmöglich ... Wenn Lew Nikolajewitsch mir zärtlich entgegengekommen wäre, mich in den Geschäften unterstützt hätte, mich gebeten hätte, selbst zu stillen, hätte ich mich selbstverständlich gefügt. Doch er war unverändert streng, unwirsch, schwierig und so fremd wie nie.«[68] Tolstoj ist ungehalten über die Entscheidung seiner Frau. »Der Bruch mit meiner Frau ist nicht nur größer geworden, sondern vollständig«, stellt er fest.[69]

Gleichwohl kann Tolstoj nicht ganz auf seine Frau verzichten. »Sie beginnt, mich sinnlich zu reizen ...«, notiert er knapp drei Wochen nach der Geburt. »Aber der Geschlechtsverkehr mit einer Frau, die einem geistig fremd ist, das heißt mit ihr, ist schrecklich widerwärtig ... Bis zu meinem Tod bleibt sie ein Mühlstein an meinem Hals und dem der Kinder.«[70]

Kaum eine Woche später kommt es wieder zu einem heftigen Disput. Tolstoj besteht auf seinem ehelichen Recht. »Es war wohl in dieser Nacht, als ich meine Frau rief und sie mich, mit kalter Bosheit und dem Wunsch, mich zu verletzen, abwies. Ich schlief die ganze Nacht nicht. Und wollte in dieser Nacht fortgehen, packte und ging, um sie zu wecken ... Sie stand auf, und ich sagte ihr alles, sagte, sie habe aufgehört, mir Ehefrau zu sein. Helferin ihres Mannes? Sie hilft mir schon lange nicht mehr, sondern stört. Mutter meiner Kinder? Sie will sie nicht sein. Stillende? Will sie nicht sein. Freundin der Nächte. Und daraus macht sie Verlockung und Spiel ... Ich hätte fortgehen sollen. Scheint unvermeidlich.«[71]

Der ungewollte Geschlechtsverkehr drei Wochen nach der Geburt führt zu Komplikationen. Der Arzt verordnet seiner Patientin absolute Ruhe und – Enthaltsamkeit. Tolstoj gibt sich schuldbewußt: »An allem trage ich die Schuld – ich, das grobe, egoistische Tier! Und bin hochmütig und verurteile andere und schneide die Grimasse des Wohltäters!«[72] Tolstaja beeilt sich, ihren Mann zu beruhigen und ihm sein Schuldbewußtsein zu nehmen, und umgehend folgt Tolstojs Bitte: »Schreib doch etwas ausführlicher von Dir, was der Doktor sagte – im Hinblick auf eine Schwangerschaft und darauf, was sie hervorruft.«[73] »Ljowotschka, ich hatte nicht den Mut, dem Doktor jene Fragen zu stellen, die Du andeutest«, antwortet sie ihm. »Ich war ja so blaß, wie er sagte, und zitterte ganz vor Scham und Schmerz. Er selbst hat auch nicht davon gesprochen.«[74]

Bereits 1881 hat Tolstoj im Tagebuch einen Plan zur Neuordnung des Familienlebens entworfen. »Auf Jasnaja leben. Die Einkünfte aus Samara an die Armen und für Schulen geben ... Die Einkünfte aus Nikolskoje ebenso (nachdem das Land den Bauern gegeben wurde). Uns selbst, das heißt, meiner Frau und mir sowie den kleinen Kindern, zunächst die Einkünfte aus Jasnaja Poljana in Höhe zwischen 2000 und 3000 belassen. (Nur für eine gewisse Zeit, jedoch mit dem einzigen Wunsch, auch diese gänzlich anderen zu übergeben und sich selbst zu begnügen, das heißt seine Ansprüche weitestmöglich zu beschränken ...). Den drei Großen die Entscheidung überlassen: von den Armen einen bestimmten Teil der Einkünfte aus Samara oder Nikolskoje zu nehmen oder dort leben und zu helfen, daß das Geld für Gutes aufgewendet wird, oder hier leben und uns zu helfen. Die Kleinen so erziehen, daß sie sich daran gewöhnen, vom Leben weniger zu fordern. Sie in dem unterrichten, was ihnen Freude bereitet, nicht jedoch nur in den Wissenschaften, sondern in Wissenschaften und Arbeit ... Nur so viele Bedienstete, wie notwendig sind, um uns dabei zu helfen, unser Leben zu verändern und uns ihre Arbeit zu lehren ... Leben, Ernährung, Kleidung – alles äußerst einfach. Alles Überflüssige: das Fortepiano, Möbel, Kutschen – verkaufen, verschenken ... Einziges Ziel – Glück, das eigene und der Familie – im Wissen, daß das Glück darin liegt, sich mit wenigem zu begnügen und anderen Gutes zu tun.«[75]

Tolstaja sieht keinen Sinn darin, das Leben der Familie jenem der einfachen Bauern anzupassen. Sie wird von Geldsorgen geplagt. Der bescheidene Wohlstand der Tolstojs steht auf nicht eben solider Basis, da seit der Veröffentlichung von *Anna Karenina* keine nennenswerten Honorare mehr eingenommen wurden. Tolstaja erstellt eine Liste fixer Ausgaben. Die Kosten für Erziehung und Ausbildung der Kinder, der Lohn für die Bediensteten, Lebensunterhalt und Betriebskosten des Hauses betragen knapp 1000 Rubel im Monat. Eine stattliche Summe, die erst einmal erwirtschaftet werden will. »Ich kann – sei nicht böse, meine Seele – diesen Golddingen absolut keine Wichtigkeit beimessen«, schreibt Tolstoj seiner Frau. »Dies alles sind keine Ereignisse wie etwa Krankheit, Heirat, Geburt, Tod, erworbenes Wissen, eine gute oder schlechte Tat ..., sondern dies ist etwas, das wir eingerichtet haben und auf 100 verschiedene Arten neu einrichten können. – Ich weiß, daß dies Dich und die Kinder unerträglich langweilt (dies alles ist altbekannt), doch ich kann nicht zu wiederholen aufhören, daß unser Glück und Unglück nicht davon abhängen kann, ob wir alles Geld ausgeben, viel erwirtschaften, sondern allein davon, was wir sind.«[76]

Man findet einen Kompromiß. Tolstoj bevollmächtigt seine Frau, alle Vermögensangelegenheiten und die Drucklegung seiner Werke eigenverantwortlich zu führen. Ursprünglich wollte Tolstoj ihr das gesamte Vermögen einschließlich der Autorenrechte übertragen, doch damit erklärt sich Tolstaja nicht einverstanden. »Ich fragte ihn, weshalb das nötig sei, da wir doch einander so nahestünden und Kinder hätten. Er antwortete, er halte Eigentum für Übel und wolle keines besitzen. ›So willst Du dieses Übel mir, dem Dir am nächsten stehenden Menschen, übergeben‹, antwortete ich und brach in Tränen aus. ›Ich möchte dies nicht und werde nichts übernehmen.‹ Aus diesem Grund übernahm ich das Eigentum meines Mannes nicht, führte die Geschäfte laut seiner Vollmacht, und erst einige Jahre später erklärte ich mich mit der Aufteilung des Besitzes einverstanden.«[77] Tolstoj ist durch diese Vereinbarung von der ihn bedrückenden Last des Besitzes befreit, und seine Frau kann nach ihrem Gutdünken den Lebensunterhalt der Familie sichern. Dennoch wird diese Frage ein ewiger Streitpunkt zwischen den Eheleuten bleiben.

Zielbewußt macht Tolstaja sich nun daran, nach neuen Einnahmequellen zu suchen. Im Februar 1885 reist sie nach Sankt Petersburg, um sich mit Anna Grigorjewna Dostojewskaja, der Witwe des 1881 verstorbenen Fjodor Dostojewski, zu besprechen, die als Verlegerin von dessen Werken überaus erfolgreich ist. »Dostojewskaja freute sich sehr, mich zu sehen. Ich begab mich zu ihr, da sie selbst die Bücher ihres Mannes verlegt, in zwei Jahren hat sie 67-tausend Gewinn erzielt. Sie hat mir sehr viele gute Ratschläge gegeben und mich sehr erstaunt mit der Tatsache, daß sie an die Buchhändler nur 5 % abführt«, berichtet Tolstaja.[78]

Tolstaja tut es Dostojewskaja nach. »Unerfahren, ohne eine Kopeke Kapital begann ich von Grund auf das Verlagsgeschäft, den Verkauf und die Subskriptionen der Werke L. N. Tolstojs zu erlernen. Ich hatte die Verwaltung unserer Güter und alle anderen Geschäfte zu führen. Wie schwierig war all dies neben der großen Familie und ohne jegliche Erfahrung! Wiederholt hatte ich auch mit den Zensurbehörden zu tun und mußte deshalb nach Petersburg reisen.«[79] Da es ihr an Barmitteln fehlt, leiht Tolstaja sich Geld von der Mutter und einem Freund der Familie und beginnt sogleich die Herausgabe der Werkausgabe ihres Mannes.

Alles, was Tolstoj vor 1881, dem Jahr seiner »geistigen Geburt«, wie er es nennt, geschrieben hat, begeistert seine Frau nach wie vor. Dazu gehören *Krieg und Frieden* und *Anna Karenina*, bei deren Entstehung sie ihrem Mann assistiert hat. »Erhielt die Korrekturbögen von *Kindheit*«, schreibt sie ihrem Mann. »Die Korrektur der Gesammelten Werke wird, das spüre ich, meine Seele vollständig aufwühlen. Deine alten Schriften wirken auf mich ganz ungeheuer.«[80] Sie beschwört ihren Mann, zur Literatur zurückzukehren. »Als ich zu *Kindheit* kam, lebte in mir jenes frühere Gefühl wieder auf, welches ich einst empfand ... und alles verschwamm vor meinen Augen, und statt ruhig die Druckfehler zu verbessern, fing ich an zu weinen. – Ob meine Nerven so schwach sind, oder ob es tatsächlich so gut ist – ich weiß es nicht. Doch ich weiß, daß ich all jenes, was ich in Dir liebte, als ich 13, 14 Jahre alt war, immer noch liebe; und alles, was hinzukam, das liebe ich nicht – es ist fremd. Kratzt man es ab, wird wieder pures Gold sein.«[81]

»Ja, wir sind seit unserer Kindheit verschiedene Wege gegangen«, schreibt sie Tolstoj. »Du liebst das Dorf, das einfache Volk, die Bauernkinder, liebst das einfache Leben, das Du, als Du mich heiratetest, aufgabst. Ich bin ein Stadtkind ..., und wie ich auch immer danach streben mag, das Dorf und das einfache Volk zu lieben – ich werde es niemals von ganzem Herzen lieben können; ich verstehe das einfache Volk nicht und werde es nie verstehen.«[82]

Es wird immer offensichtlicher, daß die Ehepartner in verschiedenen Welten leben. Beide fühlen sich im Recht, beide fühlen sich vom anderen verlassen und suchen und finden Zustimmung und Verständnis für ihre Position bei Dritten. Bereits im Dezember 1883 ist mit Wladimir Grigorjewitsch Tschertkow ein leidenschaftlicher Verehrer in Tolstojs Leben getreten, bei dem dieser jenes Verständnis zu finden glaubt, das er in der Familie vermißt. Als Sohn einer sehr vermögenden Familie der besten Petersburger Hocharistokratie mit Verbindungen zum Zarenhof hat Tschertkow zunächst eine militärische Karriere eingeschlagen, die er im Alter von fünfundzwanzig Jahren aufgab, um sein Leben der Wohltätigkeit für die Landbevölkerung zu widmen. Zunächst ist auch Sofja Andrejewna von der neuen Bekanntschaft ihres Mannes angetan. Zwar ist Tschertkow ein »Gesinnungsgenosse« und teilt die Überzeugungen ihres Mannes, doch ist er, ganz anders als jene »Dunklen«, die man im Haus mit Skepsis betrachtet, ein »hochgewachsener, gutaussehender und rechtschaffener Mensch, auf den ersten Blick als echter Aristokrat erkennbar«.[83]

Tschertkow wird rasch zum führenden »Tolstojaner«, der sich seinem Meister unentbehrlich macht. Er gewinnt dessen Vertrauen und vertritt seine Lehre mit kompromißloser, fast fanatischer Leidenschaft. Gemeinsam mit Pawel Iwanowitsch Birjukow, dem späteren Biographen Tolstojs, gründet Tschertkow auf Anregung Tolstojs den Verlag *Posrednik* [*Der Vermittler*], der mit dem Ziel der

Volksaufklärung Literatur und populärwissenschaftliche Texte in Massenauflagen zu erschwinglichen Preisen herausgibt. Während Tolstoj die, wie er meint, ausschließlich an Gewinnstreben orientierte verlegerische Tätigkeit seiner Frau mit Argwohn betrachtet – wobei er freilich vergißt, daß auch sein eigener Lebensunterhalt aus dieser Tätigkeit finanziert wird –, beteiligt er sich voller Enthusiasmus an der Arbeit des *Posrednik*. Er gewinnt Schriftsteller und Künstler von Rang für die Mitarbeit und verfaßt etliche Werke eigens für den Verlag.

Tolstaja sieht die eigene Verlagstätigkeit durch den *Posrednik* nicht beeinträchtigt. »Die Arbeit Tschertkows im Bereich der Volksbildung, die er auf Anregung L. N.s begonnen hat, schätze ich sehr und muß ihm in diesem Punkte Gerechtigkeit widerfahren lassen«, notiert sie.[84] Dennoch kühlt ihre anfängliche Zuneigung für den neuen Vertrauten ihres Mannes schon bald ab. »Ich mag ihn nicht«, heißt es in ihrem Tagebuch. »Er ist nicht klug, sondern verschlagen, einseitig, schlecht. L. N. fühlt sich nur deshalb zu ihm hingezogen, weil er von ihm umschmeichelt wird.«[85]

»Um Beantwortung folgender Frage wird gebeten: Warum sollen Ustjuscha, Mascha, Aljona, Pjotr u. a. backen, kochen, fegen, den Unrat hinaustragen, das Essen auftragen …, die Herrschaften hingegen essen, fressen, streiten, alles in Unordnung bringen und wieder essen?«[86] Fragen dieser Art sind es, die Tolstoj den ihm Nahestehenden entgegenwirft. Um Diskussionen und Nachdenken anzuregen, nutzt er auch die Institution des »Postkastens«, der während der Sommer der ersten Hälfte der 1880er Jahre in Jasnaja Poljana eingerichtet ist. Der Postkasten hängt auf dem Vorplatz des Hauses bei der Treppe, neben der großen Uhr, und jeder wirft dort, ohne sie zu unterzeichnen, seine Werke ein: »Gedichte, Aufsätze und Erzählungen, die im Laufe der Woche über die wichtigsten Ereignisse der vergangenen Tage verfaßt worden waren«, erzählt Ilja Tolstoj. »An den Sonntagen versammelten sich alle im großen Saal, der Postkasten wurde feierlich geöffnet, und jemand der Großen, oft sogar Papá selbst, las vor …

Alle ›Ereignisse‹ unseres Lebens in Jasnaja Poljana jener Zeit fanden ihren Niederschlag im Postkasten, und niemand wurde geschont, auch die Großen nicht.«[87]

Die Schwierigkeiten in der Familie werden auch von Tolstoj durchaus mit Ironie und Distanz seiner eigenen Person gegenüber betrachtet. So beschreibt er sich selbst in der »gramvollen Krankenakte der Wahnsinnigen des Jasnaja-Poljana-Hospitals«:

»Sanguinische Eigenschaften. Gehört zur Abteilung der Friedfertigen. Der Kranke ist von einer Manie befallen, die von deutschen Psychiatern ›Weltverbesserungswahn‹ [im Original deutsch] genannt wird. Das Wesen der Geisteskrankheit besteht darin, daß der Kranke es für möglich hält, das Leben anderer durch das Wort zu verändern.

Allgemeine Symptome: Unzufriedenheit mit allen existierenden Ordnungen, Verurteilung aller außer sich selbst und gereizte Vielrednerei, ohne auf die Zuhörer zu achten, häufige Übergänge von Ärger und Gereiztheit zu unnatürlich tränenreicher Empfindlichkeit. Besondere Kennzeichen: Beschäftigung mit ihm nicht zustehenden und unnötigen Arbeiten wie Putzen und Stiefelnähen, Mähen u. ä.

Therapie: absolute Gleichgültigkeit aller gegen seine Reden, Beschäftigungen jener Art, die die Kräfte des Kranken aufbrauchen.«[88]

Die humorvolle Gelassenheit dieses Selbstporträts vermag nicht darüber hinwegzutäuschen, daß die Familie weit von Tolstojs Ideal des richtigen Lebens entfernt ist und die Entfremdung voneinander zunimmt. »Mein einziger Wunsch und mögliches Glück, auf das ich zu hoffen wage«, heißt es in einem Brief Tolstojs an seine Tochter Tanja, »ist es, in meiner Familie Brüder und Schwestern zu finden und nicht das, was ich bisher wahrnehmen mußte – Entfremdung und zielgerichteten Widerstand, in denen ich sowohl Geringschätzigkeit – nicht gegen mich, sondern gegen die Wahrheit – als auch Angst, wovor auch immer, sehe.«[89]

Tolstaja arbeitet derweil voller Arbeitseifer an der Gesamtausgabe. Ihr Mann betrachtet ihre neue Unabhängigkeit und ihre Tätigkeit als Verlegerin mit immer stärkerem Groll. »Er sprach von der Sündhaftigkeit des Reichtums und dem Übel des Geldes und besaß selbst ein Vermögen von anderthalb Millionen Rubel, er sprach vom einfachen, arbeitsamen Leben und lebte selbst in einem schönen Herrenhaus, schlief auf einer teuren Matratze und aß ausreichend und gut; er verurteilte den Landbesitz, sprach von drei Arschin Land und besaß doch selbst achttausend Hektar; seine Familie gab in einer Woche mehr aus, als jede Bauernfamilie im Jahr ausgeben konnte, im Hause gab es Lakaien, Zimmermädchen, einen Koch, Gärtner, Kutscher und Wäscherinnen ...

Hatte er das Recht, seine Ideen zu predigen, wenn er selbst nicht nach ihnen lebte?«[90]

Ein neuer Konflikt bahnt sich an. Als Tolstaja im Herbst mit den Kindern wieder das Winterquartier in Moskau bezieht, ist die unermüdliche Arbeit der letzten Monate an der Gesamtausgabe der Werke Tolstojs abgeschlossen. Sie inseriert in Zeitungen die Subskription der Bücher. »Vor einigen Tagen begann die Subskription und der Verkauf der Bücher, und zwar zu äußerst ungnädigen Bedingungen für die Buchhändler und gewinnbringenden für uns«, empört sich Tolstoj in einem Brief an Tschertkow. »Geht man hinunter, trifft man auf einen Käufer, der mich ansieht wie einen Betrüger, der gegen das Eigentum schreibt und durch die Firma seiner Frau den größtmöglichen Gewinn von den Menschen für seine Werke abpreßt. Ach, wenn doch nur jemand in den Zeitungen klar und deutlich und wütend ... auf die Unlauterkeit all dessen hinwiese!«[91] Den Brief sendet Tolstoj allerdings nicht ab. Er vertraut Tschertkow zwar, aber auf diese wütende Weise möchte er seine Frau und seine Ehe wohl doch nicht bloßstellen.

Tolstaja ahnt nichts von seiner Empörung über die vermeintliche Geldgier. Wenige Tage nachdem Tolstoj seinen Zorn zu Papier gebracht hat, kommt es zu einer von ihr völlig unerwarteten Szene. »Ljowotschka kam in äußerst nervöser und düsterer Stimmung zu mir«, berichtet sie ihrer Schwester Tanja unter dem Vermerk »Allein zu lesen«. »Ich sitze am Schreibtisch, schreibe, er tritt ein, ich schaue auf – ein furchtbarer Gesichtsausdruck. Bis zu dieser Minute hatten wir bestens zusammengelebt, *kein einziges* scheußliches Wort war gesagt worden, nun, so gut wie keines. ›Ich bin gekommen, um Dir zu sagen, daß ich mich scheiden lassen will, ich kann so nicht leben, gehe nach Paris oder Amerika.‹ ...

Ich frage erstaunt: ›Was ist geschehen?‹ ›Nichts, aber wenn man den Wagen mehr und mehr volllädt, bleibt das Pferd stehen ...‹ Womit der Wagen überladen wurde – ich weiß es nicht. Es kam zu Schreien, Vorwürfen, groben Worte, immer schlimmer und schlimmer, und ich hielt aus und schwieg, antwortete fast nicht, begriff, daß er außer sich ist, doch als er sagte: ›Wo du bist, ist die Luft vergiftet‹, ließ ich mir die Reisetruhe bringen und begann zu packen. Ich wollte zu Euch fahren, wenigstens für ein paar Tage.

Die Kinder kamen herbeigelaufen, heulten. Tanja sagte: ›Ich fahre mit Ihnen, wozu das alles?‹ Er begann zu bitten: ›Bleib!‹ Ich blieb, und plötzlich begann ein hysterisches Weinen, ein Graus; stell Dir vor: Ljowotschka – er wird ganz und gar geschüttelt und zittert unter Weinkrämpfen ... Ich war wie erstarrt, sprach nicht, weinte nicht, ich wollte etwas entgegnen, doch ich fürchtete mich davor und schwieg, schwieg drei Stunden, und wenn es mich umbringt – ich konnte nicht sprechen. So war es denn zu Ende. Doch das Grauen, die Trauer, der Bruch, der krankhafte Zustand, die Entfremdung – all dies ist in mir geblieben.«[92]

Wenige Tage nach dieser Szene reist Tolstoj mit der Tochter Tanja zu Bekannten. Auf seinem Schreibtisch hinterläßt er seiner Frau einen aufgewühlten Brief, der einer Anklageschrift gleichkommt: »In den letzten sieben Jahren endeten all unsere Gespräche nach vielen quälenden Zwistigkeiten damit, daß ich sagte: Eine Verständigung und ein Leben in Liebe kann es zwischen uns so lange nicht geben ..., bis Du nicht dahin gekommen bist, wohin ich gelangt bin, ob aus Liebe zu mir ... oder aus Überzeugung ..., und mit mir weitergehst ... Du hast nicht begriffen, was für mich die größte Wende war und (unumkehrbar) mein Leben verändert hat ... Der Umzug nach Moskau, das Leben dort, die Erziehung der Kinder – all dies wurde mir in solchem Maße fremd, daß ich nicht mehr daran teilzunehmen vermag, denn all dies ist meinem Glauben entgegengesetzt und verläuft so, wie ich es als Übel ansehe ... So vergingen ein, zwei, fünf Jahre ..., und wir entfernten uns immer weiter voneinander, und meine Lage wurde immer verlogener und schwerer ... Zwischen uns findet ein Kampf auf Leben und Tod statt.«[93]

Tolstaja ist erschüttert. »Ja, *ich* wollte wegfahren und *Du* bist weggefahren«, schreibt sie ihrem Mann. »Und immer bleibe ich zurück mit meinen Sorgen und nun auch noch mit meiner von Dir zerschmetterten Seele.«[94]

»Ich will, daß er zu mir zurückkommt, ebenso wie er will, daß ich ihm nachfolge«, erläutert sie der Tochter Tanja. »Meines ist das Alte, Glückliche, gut, hell und heiter, liebevoll und in Freundschaft Gelebte. Seines ist das Neue, das ewig Quälende, das allen die Seele zerreißt, das alle erstaunt und ... in Verzweiflung stürzt, nicht nur seine Familie, sondern alle ihm Anverwandten, Nahestehenden, Freunde.

Dies ist die *Dunkelheit*, in die ich nicht gehen werde, es ist das Gramvolle, welches mich tötet. Nein, in dieses Furchtbare kann man mich nicht locken ... Ja, ich rufe nach meinem *Alten*, denn es ist *das Richtige*, und nur dann wird das Glück wiedererstehen, wenn wir unser altes Leben wieder zu leben beginnen.«[95] Tolstoj begreift, daß er zu weit gegangen ist. »Ich sage es nicht, um Dich zu beruhigen«, schreibt er, »sondern ich habe aufrichtig erkannt, daß ich schuldig bin, und als ich dies begriffen und aus meiner Seele all die fälschlichen Vorwürfe verbannt hatte und die Liebe für Dich ... wieder neu erstand, ging es mir gut und es wird mir gut gehen, allen äußeren Umständen zum Trotz, in denen ich lebe.«[96]

»Die Entzweiung zwischen meinem Mann und mir vollzog sich nicht, da *ich* mich seelisch von ihm entfernte«, schreibt Sofja Andrejewna in der Rückschau. »Mein Leben und ich blieben unverändert. *Er* entfernte sich, aber nicht im alltäglichen Leben, sondern in seinen Schriften, seinen Predigten an die Menschen, wie man leben solle. Seiner Lehre zu folgen sah ich mich außerstande.«[97] »Die Familie lebte ihr gewohntes, wohlanständiges Leben, doch dies stellte ihn nicht mehr zufrieden; er suchte den Sinn des Lebens in anderem, suchte den Glauben an Gott, erschauerte beim Gedanken an den Tod und fand nichts, das ihn hätte beruhigen und mit dem Tode versöhnen können.«[98]

Als Tolstoj im Januar 1886 nach Moskau zurückkehrt, einigt man sich, das Geschehene zu vergessen. Der Frieden, den man geschlossen hat, bleibt indes zerbrechlich. »Beide verteidigten etwas, das ihnen wichtiger war als ihr Leben«, heißt es bei Tatjana Tolstaja: »*sie*, das Wohl ihrer Kinder und – von ihrem Gesichtspunkt aus – ihr Glück; *er* verteidigte seine Seele.«[99]

Kaum ist nach dieser furchtbaren Auseinandersetzung wieder Ruhe eingekehrt, steht erneut Leid ins Haus. An einem kalten Januartag waren die drei Kleinen, Andrjuscha, Mischa und der vierjährige Aljoscha, spazierengegangen. Am nächsten Tag wurde Aljoscha von Fieber geschüttelt und hustete. »Kaum war der Arzt gegangen, nahm die Heiserkeit zu und das Fieber stieg ... Bei ihm saßen die Kinderfrau, Tanja, Mascha und ich. Plötzlich drehte sich Aljoscha um und sagte: ›Papá soll kommen.‹ Wir riefen ihn ... Ljowotschka setzte sich zu ihm und blieb. Da richtete sich Aljoscha langsam auf, drückte sich mit dem Rücken an mich, starrte vor sich hin, und es war, als ob etwas sich in ihm ergoß ... Ich lief aus dem Zimmer, um für eine Minute zu mir zu kommen ... Tanja kam mit mir hinaus. Kurz darauf traten Ljowotschka und Mascha aus dem Zimmer und sagten: ›Es ist zu Ende.‹ ... Er starb um vier Uhr in der Nacht vom 17. auf den 18. Januar.«[100] Der Tod des Kindes läßt die Eheleute für einige Zeit nachsichtig zueinander werden.

Anfang April macht sich Tolstoj mit zwei Gefährten von Moskau nach Jasnaja Poljana auf. »Dieser große Schriftsteller Lew Nikolajewitsch Tolstoj«, schreibt seine Gattin nicht ohne Ironie, »von dem die ganze Welt sprach, wanderte in Bastschuhen auf der Landstraße von Moskau nach Jasnaja Poljana.«[101] Zum ersten Mal legt Tolstoj den Weg zu seinem »Bad im Landleben« zu Fuß zurück. »Diese Tage ließen in mir eine der besten Erinnerungen meines Lebens zurück ... Es war wundervoll!« begeistert er sich, als er nach einer Woche in Jasnaja Poljana angekommen ist.[102]

Einen Monat später siedelt der Rest der Familie nach Jasnaja Poljana über. Der Sommer verläuft in harmonischer Einmütigkeit. Die Tolstojs und ihre Gäste werden von der Leidenschaft des Schriftstellers für die Feldarbeit erfaßt und helfen den Bauern bei der Heuernte. Die Helfer werden unterschiedlichen Gruppen zugeteilt, und es entstehen regelrechte Wettkämpfe untereinander. Nicht alle allerdings packen so begeistert zu. Tolstojs Freund und Verehrer Tschertkow beteiligt sich, wie Ilja Tolstoj recht spöttisch berichtet, ausschließlich »beratend« an der Arbeit. »Er verstand absolut nicht, wie lächerlich und nutzlos er mit seinen ›Ratschlägen‹ ›auf dem Dorf‹ war, wo in weitgeschnittene, englische Anzüge Gekleidete nur stören und die Arbeit beeinträchtigen.«[103] Auch Tolstaja arbeitet, in den Sarafan der russischen Bäuerinnen gekleidet, einige Zeit auf dem Feld mit und macht sich voller Elan an die Arbeit. Nach einigen Tagen jedoch wird sie krank und kann nicht weiterarbeiten. »Ich war danach ziemlich lange krank und verstand damals die Sinnlosigkeit unserer blaublütigen Einmengung in das ungewohnte Leben und die ungewohnte Arbeit der Bauern.«[104]

Die Entfremdung der Eltern geht auch an den Nachkommen nicht spurlos vorüber. Die Älteren sind mittlerweile erwachsen. Serjosha ist dreiundzwanzig und hat sein Studium an der Fakultät für Physik und Mathematik der Moskauer Universität abgeschlossen. Da er musikalisch begabt ist, hat er neben seinem Studium als Gasthörer Kurse für Musiktheorie und Komposition am Moskauer Konservatorium belegt und auch seinen Abschluß gemacht. Die um ein Jahr jüngere Tanja besucht weiterhin die *Lehranstalt für Malerei, Bildhauerei und Architektur*, später wird der berühmte Ilja Repin zu ihrem Lehrer und Förderer. Ilja, der Drittgeborene, ist gerade beim Abschlußexamen des Gymnasiums durchgefallen und bis über beide Ohren verliebt. Ljolja und Mascha sind siebzehn und fünfzehn Jahre alt, der Sohn besucht das Gymnasium, die Tochter wird zu Hause unterrichtet. Die Kleinen – Andrjuscha, Mischa und Sascha, acht, sieben und zwei Jahre alt – sind noch ganz in der Obhut der Mutter. Die Großen gehen ihrer Wege – nicht immer mit Billigung der Mutter. Ihre Berichte über die Söhne lassen vermuten, daß sie ein Leben führen, das dem ihres Vaters in dessen Jugend nicht unähnlich ist. Sie bleiben nicht selten dem Schulunterricht fern oder erscheinen verspätet und verschlafen zum Unterricht, da sie bis tief in die Nacht beim Kartenspiel sitzen, sie machen Schulden und vergnügen sich mit Zigeunerinnen und geben sich dem Alkohol hin. Auf die beunruhigenden Berichte über die Entwicklung seiner Söhne antwortet Tolstoj, wenn überhaupt, beschwichtigend. Im großen und ganzen aber zeigt er sich desinteressiert und ablehnend. »Es ist schade, daß Du Deine eigenen Kinder so wenig liebgewonnen hast«, hält Tolstaja ihm vor; »wenn sie Bauernkinder wären, dann wäre das anders.«[105]

»Die ganze Welt teilte sich für mich in jener Zeit in zwei Lager«, erinnert sich Ilja Tolstoj: »Papá auf der einen Seite und Mamá und alle anderen auf der anderen ... Und so geschah, was ... geschehen mußte: Ich nahm vom Vater und von der Mutter jeweils nur das, was mir von Vorteil war und gefiel, und lehnte das, was mir schwierig erschien, ab.«[106]

Erzogen in dem Bewußtsein, etwas Besonderes, Besseres zu sein, sehen sich die Tolstoj-Kinder nun der ständigen Kritik des Vaters an ihrer Lebensweise ausgesetzt. Statt Anerkennung für ihre Erfolge in Studium und Schule ernten sie nur Verachtung. Auf die Frage seines ältesten Sohnes, welche Arbeit der Vater ihm aufzunehmen rate, antwortet Tolstoj »mit gereizter und ungehaltener Stimme: ›Nimm einfach die erste beste Arbeit, die dir unter die Hände kommt, und arbeite.‹ ›Ja, aber welche denn zum Beispiel?‹ fragte Serjosha, ein Magister der Naturwissenschaften mit Kenntnissen in verschiedenen Fremdsprachen, der wunderbar Klavier spielte, kurzsichtig, klug und bescheiden war. ›Nimm einen Besen und fege die Straßen‹, antwortete sein Vater ihm.«[107]

»Du vergißt oft, daß Du Serjosha im Leben voraus bist, um 35 Jahre«, tadelt Tolstaja ihren Mann; »und Tanja und Ljolja bist Du um 40 Jahre voraus, und Du willst, daß alle sich beeilen und Dich einholen. Das ist borniert. Ich hingegen sehe, wie sie laufen, schwanken, hinfallen, sich stoßen und wieder von neuem heiter ihren Lebensweg fortsetzen, und einmal versuche ich zu helfen, dann wieder sie festzuhalten und genau hinzusehen, daß sie sich nicht irgendwohin verirren, wo man unumkehrbar abstürzen kann.«[108]

Jede Annäherung der Familie an seine Ideale sieht Tolstoj mit

Genugtuung. Seine Tochter Tanja versucht er zu ermutigen: »Es ist wichtiger für Dich, daß Du Dein Zimmer selbst in Ordnung bringst und Dir selbst Deine Suppe kochst ..., als eine gute oder schlechte Partie zu machen.«[109] Die beiden ältesten Töchter nähern sich dem Beispiel des Vaters an. Sie beginnen ebenso wie er, vegetarisch zu leben, und übernehmen zunehmend jene Arbeit, die einst die Hauptaufgabe der Mutter war – die Abschrift der Manuskripte Tolstojs. Vor allem die fünfzehnjährige Mascha, deren Verhältnis zur Mutter ohnehin nie besonders gut war, »fühlte in ihrem Herzen die Einsamkeit des Vaters und war die erste von uns«, so erinnert sich Ilja Tolstoj, »die sich von der Gesellschaft ihrer Altersgenossen lossagte und unmerklich, aber bestimmt auf seine Seite bewegte«.[110]

Tolstaja steht dieser Entwicklung skeptisch gegenüber. Im Oktober 1886 klagt sie bitter: »Alle im Hause – besonders Lew Nikolajewitsch und ihm, wie eine Herde Schafe folgend, alle Kinder – haben mir die Rolle einer *Geißel Gottes* zugewiesen. Nachdem er mir alle Mühen und Verantwortung für die Kinder, die Wirtschaftsführung, alle finanziellen Angelegenheiten ... aufgebürdet hat, dessen er sich mehr bedient als ich selbst, kommen sie nun alle im Gewand der Wohltäter, mit schon zuvor aufgesetzter offizieller, kalter Miene, um ein Pferd für einen Bauern, Geld, Mehl oder ähnliches von mir zu erbitten.«[111]

Im August verletzt Tolstoj sich bei der Feldarbeit am Bein und ist nach einer Wundinfektion, die in eine Knochenhautentzündung übergeht, einige Wochen bei hohem Fieber und starken Schmerzen bettlägerig. Seine Frau pflegt ihn aufopferungsvoll. Für sie ist die Krankheit ihres Mannes, trotz der Sorge um ihn, eine beglückende Zeit. Er braucht sie. Ein Gefühl, das sie lange vermißt hat. Auf dem Krankenlager beginnt Tolstoj, ein Drama zu schreiben. Voller Eifer wirft er sich in die Arbeit, die in geradezu atemberaubendem Tempo voranschreitet. Innerhalb von zwei Wochen ist das Drama mit dem Titel *Die Macht der Finsternis* beendet. Das Stück ist bei den Lesungen in den Salons in Moskau und Petersburg ein voller Erfolg und soll auf Initiative der berühmten

Schauspielerin Maria Sawina noch vor der Veröffentlichung in Sankt Petersburg uraufgeführt werden. Tolstaja sonnt sich im Erfolg ihres Mannes. »Eine Masse von Leuten hat sich bei mir angemeldet, um bei der Lesung Deines Dramas, lieber Ljowotschka, dabeizusein«, berichtet sie aus Moskau.[112] Selbst Zar Alexander III. ist von dem Werk angetan. Trotzdem wird das Stück auf Betreiben des Oberprokurors des Heiligen Synods, Konstantin Pobedonoszew, am Tag vor der Uraufführung verboten. Gerade war in Rußland das fünfundzwanzigjährige Jubiläum der Aufhebung der Leibeigenschaft feierlich begangen worden, und Tolstojs Tragödie mit ihrer schonungslos naturalistischen Darstellung des Lebens der Bauern mit Inzest und Kindesmord stimmt mit dem Bild der offiziellen Politik absolut nicht überein. Trotz des Verbots ist Tolstaja zufrieden, denn ihr Mann hat aufgehört, nur noch zu philosophieren, und ist zur Literatur zurückgekehrt.

Im November 1886 stirbt Ljubow Alexandrowna Behrs in Jalta. Tolstajas Trauer nach dem Tod der Mutter wird gelindert, da die Familie nach all den schmerzhaften Konflikten der vergangenen Jahre einen recht harmonischen Winter verlebt. Sie ist, wenngleich ohne große Begeisterung, mit der Abschrift des neuen Aufsatzes *Über das Leben* beschäftigt und glücklich über die erneute Annäherung an ihren Mann. »Er hat sich sehr verändert; ruhig und nachgiebig blickt er auf alles, beteiligt sich am Kartenspiel, setzt sich auch wieder ans Klavier, verzweifelt nicht am Leben hier in der Stadt.«[113]

In Rußland gärt es. Die sozialen und volkswirtschaftlichen Auswirkungen der Bauernbefreiung sind verheerend. Die Bauern sehen ihre Hoffnungen betrogen und sind neuen Formen der Ausbeutung ausgesetzt, die rasche Industrialisierung des Landes führt zur Landflucht, und der Adel verarmt. Die Bevölkerung ist unzufrieden, es kommt zu Bauernaufständen, Studentendemonstrationen und der Gründung zahlreicher illegaler politischer Gruppierungen, die den Sturz des überkommenen Systems wollen.

Viele sehen in Tolstoj ihren Messias. Während der Schriftsteller mit seinen Gästen über Religion und Revolution diskutiert, hat Tolstaja neben all ihren sonstigen Verpflichtungen für das leibliche Wohl der ihr oft unsympathischen Verehrer ihres Mannes zu sorgen. »Kein einziger normaler Mensch ist unter ihnen. Die Frauen sind geradezu hysterisch. Eben ist Maria Alexandrowna Schmidt weggefahren. In alten Zeiten wäre jemand wie sie Nonne geworden, heutzutage wird man begeisterte Anhängerin der Ideen Lew Nikolajewitschs ... Es ist eine schwere Last, daß man sich seine Gäste und Freunde nicht selbst *aussuchen* kann und jeden Beliebigen empfangen muß.«[114]

Außer Maria Alexandrowna Schmidt, die ihren bürgerlichen Beruf als Lehrerin an einem angesehenen Mädchenpensionat aufgegeben hat, um ein Leben nach den Idealen Tolstojs zu führen, sind noch etliche andere Personen Stammgäste in Jasnaja, die nicht eben Tolstajas Wohlgefallen finden. Ein gewisser Feinermann lebt unter ärmlichsten Umständen im Dorf Jasnaja Poljana und arbeitet ohne Bezahlung für die Bauern. »Feinerman ... hat irgendwo seine schwangere Frau mit dem kleinen Kind ohne finanzielle Mittel zurückgelassen und gedenkt nun, bei uns zu wohnen«, empört sich Tolstaja. »Ich trete für das Ideal der Familie ein, und deshalb ist er für mich kein Mensch, sondern niedriger als ein Tier.«[115] Solcher »Originale« gibt es viele. Zum Beispiel der Morphinist Osmidow, der die christliche Lehre aufgrund mathematischer Formeln zu beweisen sucht, ein betagter Schwede, der im Sommer wie im Winter barfuß läuft und der in seiner Vereinfachung des Lebens so weit geht, daß man sich gezwungen sieht, ihn hinauszuwerfen.

»Es war sonderbar, Lew Nikolajewitsch unter den ›Tolstojanern‹ zu sehen«, konstatiert Maxim Gorki. »Da steht ein majestätischer Glockenturm, dessen Geläut unaufhörlich über die ganze Welt tönt, und um ihn herum trippeln vorsichtig kleine Köter, die zur Melodie der Glocke heulen und einander mißtrauisch schief ansehen – wer von ihnen heult am schönsten?«[116] Auch Tolstoj ist von seinen Anhängern nicht immer angetan und von den Gesprächen mit ihnen häufig gelangweilt. Die Gemeinschaft der »Tolstojaner«, pflegt er über sie zu sagen, sei ihm eine »fremde und unverständliche Sekte«.[117]

Gleichwohl zieht Jasnaja Poljana nicht nur wunderliche »dunkle«

Gestalten an. Zu den Besuchern aus der Kategorie der »Hellen« zählen im Sommer 1887 der Schriftsteller Nikolaj Leskow, Tomáš Garrigue Masaryk, ein junger Professor der Philosophie, der später der erste Präsident der Tschechoslowakei werden sollte, und der Maler Ilja Repin. Manche aus der Kategorie der »Hellen«, wie der Maler Nikolaj Ge, der von den Kindern »Großvater« genannt wird, und Pawel Birjukow, der für den Verlag *Posrednik* arbeitet, werden zu guten Freunden der Familie. In Wladimir Tschertkow und seiner fanatischen Liebe für Tolstoj allerdings beginnt Tolstaja eine immer stärkere Bedrohung zu sehen. »Seine so genannten *Freunde*, diese Neuchristen, bemühen sich, und dies nicht immer erfolglos, L. N. gegen mich aufzuhetzen. Ich habe einen Brief von Tschertkow gelesen, in dem er über sein Glück in der geistigen Gemeinschaft zu seiner Frau schreibt, und wie leid es ihm täte, daß L. N. eine solche versagt bliebe, obwohl er sie doch so sehr verdiene – dabei spielte er auf mich an ... Dieser tumbe, listige und unaufrichtige Mensch, der durch seine Schmeichelei L. N. eingewickelt hat, will (das ist wohl *christlich*!) jenes Band zerstören, das uns nun schon fast 25 Jahre so eng miteinander verbindet ... Die Beziehungen zu Tschertkow müssen abgebrochen werden.«[118] Der Kampf zwischen Tolstaja und Tschertkow ist eröffnet.

Wenn Tschertkow Jasnaja Poljana verläßt, atmet Tolstaja auf. »Ljowotschka ist ohne die ihn umgebenden Apostel Tschertkow, Feinerman u. a. wieder der liebende und fröhliche Familienmensch, der er früher war«, heißt es in ihrem Tagebuch.[119] »Vor einigen Tagen spielte Serjosha Walzer, und als Ljowotschka abends kam, sagte er: ›Komm, laß uns Walzer tanzen‹«, notiert sie. »Und wir tanzten zum allgemeinen Vergnügen der Jugend. Er ist sehr heiter und gelöst.«[120]

In dieser unbeschwerten Sommerstimmung wird die Arbeit jedoch nicht vernachlässigt. Täglich wird die Gutsherrin von kranken Bauern aufgesucht, die von ihr medizinischen Rat und Behandlung erbitten. Tolstaja versucht, das ihr entgegengebrachte »anrührende Vertrauen« nicht zu enttäuschen, blättert in ihrem medizinischen Hausbuch, verteilt Medizin und schreibt Verordnungen. Voller Tatendrang widmet sie sich auch ihrer Lebensaufgabe als Schriftstellergattin. Sie schreibt die Endfassung des Aufsatzes *Über das Leben* ab, den sie später auch ins Französische übersetzt, und beginnt, die Manuskripte Tolstojs für die Übergabe ins Handschriftenarchiv des Rumjanzew-Museums in Moskau vorzubereiten. In den ersten Jahren der Ehe hat Sofja Andrejewna die Bedeutung der Handschriften und Entwürfe der Werke ihres Mannes noch nicht erkannt: Einige Blätter der unterschiedlichen Fassungen von *Krieg und Frieden* und *Anna Karenina* waren dazu verwendet worden, die Fenster des Hauses in Jasnaja Poljana für den Winter abzudichten. Nun aber will sie die Aufzeichnungen Tolstojs für die Nachwelt erhalten. »Heute habe ich den ganzen Tag Ljowotschkas Manuskripte durchgesehen und ausgewählt, welche ich ins Rumjanzew-Museum zur Aufbewahrung geben möchte. Es ist mühsam, sich in dieser Unordnung zurechtzufinden, die man vermutlich weder ordnen noch vervollständigen können wird. Ich möchte auch Briefe, Tagebücher, Porträts und alles sonst, was mit Lew Nikolajewitsch zusammenhängt, dorthin geben. Ich handele *vernünftig*, doch es macht mich auch traurig.«[121]

Ihre Rolle als Chronistin des Lebens Tolstojs will sie nun gewissenhaft wahrnehmen. Sofja Andrejewna erwirbt eine Photokamera und beginnt, den Alltag der Familie im Bild festzuhalten. Bereits als junge Frau hat sie sich mit der Photographie beschäftigt. Ein Bekannter des Vaters hat sie damals in der Technik des Photographierens unterwiesen und ihr seinen Apparat überlassen. »Damals war die Photographie recht kompliziert«, erinnert sich Tolstaja. »Man mußte eine Glasplatte mit Kollodium benetzen, dann in ein Silberbad geben, mit Silbernitrat fixieren, trocknen. Ebenso mußte man mit dem Albuminpapier verfahren.«[122] Das komplizierte Verfahren der Kollodium-Naßplatte ist mittlerweile vom einfacher zu handhabenden trockenen Gelantineverfahren abgelöst worden, und die Amateurphotographie findet auch in Rußland zahlreiche Anhänger. Der älteste Sohn Serjosha geht der Mutter bei ihren ersten Versuchen mit dem neuen Apparat und dem Entwickeln zur Hand. Ihre Aufnahmen zeigen Familienporträts, Sujets aus dem Alltag, wie Marmeladeeinkochen vor dem Haus, Apfelernte im Herbst, und die Umgebung von Jasnaja Poljana. In ihrem Bestreben, »der Nachwelt nützlich zu sein«, sieht Tolstaja in ihrer Beschäftigung mit der Photographie lediglich die dokumentarische Bedeutung und nimmt sich selbst und ihre künstlerische Begabung dabei nicht allzu wichtig. So hat sie, auch in späteren Jahren, als sie die Photographie ausgiebig betreibt und die Kamera ihre ständige Begleiterin ist, nicht einmal einen eigenen Raum zum Entwickeln der Bilder. »Sie entwickelte ihre Photos in einer kleinen Abstellkammer neben dem Zugang zum Dachboden«, berichtet ihre Enkelin. »Dann lief sie immer mit einer vor die Brust gebundenen Schürze umher und hatte stets schwarze Fingernägel von der Fixierflüssigkeit.«[123]

Am 23. September 1887 kommen in Jasnaja Poljana Familie und Freunde zusammen: Feierlich wird die Silberhochzeit der Tolstojs begangen. Vermutlich wird, wie die Familientradition es will, auch der Anke-Kuchen gereicht. Als Dmitri Alexejewitsch Djakow, einer der ältesten Freunde Tolstojs, seinen Toast ausbringt und den Jubilaren zu ihrem glücklichen Eheleben gratuliert, wehrt Tolstoj ab: »Es hätte besser sein können.«

Ein halbes Jahr später heiratet der Sohn Ilja in Moskau Sofja Nikolajewna Filosofowa. Die Eltern des Bräutigams nehmen an der Hochzeitszeremonie nicht teil. »Lew Nikolajewitsch lehnte damals schon lange alle kirchlichen Riten ab«, erzählt Tolstaja. »Ich selbst fuhr auch nicht in die Kirche: Es war mir unangenehm, in meinem Alter, kurz vor der Entbindung stehend, den Sohn zu verheiraten.«[124]

Am 31. März, drei Tage nach der Hochzeit ihres Sohnes, kommt die dreiundvierzigjährige Tolstaja mit dem Sohn Iwan, Wanetschka, nieder. »Um viertel vor neun wurde der Knabe geboren ... Wem er ähnlich sieht – ich weiß es nicht. Groß, graue Augen, dunkles Haar; mir scheint, daß es immer ein und dasselbe Baby ist, die Fortsetzung der früheren und kein neues Gesicht.«[125]

Kaum drei Wochen nach der Geburt ist Tolstaja mit den Kindern wieder in Moskau allein. Tolstoj hat sich sein Bündel über die Schulter geworfen und ist mit dem Sohn des Freundes Nikolaj

Ge nach Jasnaja Poljana gewandert. Sofja Andrejewna sorgt sich um das Neugeborene. »Das Kind des sechzigjährigen Vaters und der, wenngleich gesunden, kraftvollen und jung scheinenden, doch vom Leben erschöpften Mutter war schwach, mager und derart zart, daß es Mitleid erregte.«[126] Nachdem sie das letzte Kind, die im Juni 1884 geborene Tochter Sascha, voller Groll über die ungewollte Schwangerschaft sofort nach der Geburt in die Arme einer Amme gegeben hatte, besteht Tolstoj nun darauf, daß der Sohn von der Mutter gestillt wird. »Mache Dir keine Sorgen um Iwan, mein Täubchen, und mache Dir nicht zu viele Gedanken«, schreibt Tolstoj der von schrecklichen Schmerzen beim Stillen geplagten Mutter. »Gott hat ein Kind geschenkt, Gott wird ihm Nahrung schenken.«[127]

Im Sommer und Herbst des Jahres 1887 ist das Haus der Tolstojs häufig von den Klängen der dem seinerzeit berühmten Geiger Rodolphe Kreutzer gewidmeten Sonate Beethovens erfüllt. Serjosha und Julij Ljassota, ein junger Student des Moskauer Konservatoriums, der als Geigenlehrer für den Sohn Ljowa eingestellt wurde, probieren das Musikstück für ein Hauskonzert. »Serjosha spielt, von Ljassota auf der Geige begleitet, die *Kreutzersonate* von Beethoven – welche Kraft und welcher Ausdruck *aller* Gefühle auf der Welt!« trägt Tolstaja in ihr Tagebuch ein.[128]

Kurze Zeit nach der Silberhochzeit schreibt Tolstoj die erste Fassung seiner *Kreutzersonate.* Ein Traktat über die Unmöglichkeit der Liebe. Sein letztes Wort über die zerstörerische Macht des Fleisches. Zwei Jahre später ist die Erzählung beendet. »Heute abend habe ich die *Kreutzersonate* vorgelesen«, notiert Tolstoj am 31. August 1889. »Es brachte alle auf. Das soll auch so sein.« In seinen früheren Werken hat er die Sexualität insofern als sinnvoll anzusehen vermocht, als sie der Fortpflanzung und der Familiengründung dient. Er entwarf ein Ideal einer selbstlosen Liebe, in der die Frau ihre Erfüllung in der Fürsorge für Ehemann und Kinder findet. In Tolstojs Spätwerk ist von der positiven Auffassung der Ehe nichts mehr geblieben. Er weist der Frau die Rolle der Verführerin zu, deren einziges Ziel darin bestehe, den Mann durch ihre Sinnlichkeit an sich zu binden, und die so seinen Untergang herbeiführe. Selbst Ehe und Familiengründung hält der Schriftsteller nun für egoistisch und unchristlich.

Während einer Zugfahrt beginnen Reisende ein Gespräch über Liebe und Ehe. Man diskutiert Fragen der Ehescheidung und Frauenrechte und gerät sogleich in eine hitzige Diskussion. Eine Dame, »weder hübsch noch jung, die Zigarette im Mund«, in »halb nach Herrenart geschnittenem Paletot«,[129] und ihr Begleiter, ein Advokat, verfechten die liberale Position, die von einem alten Kaufmann entschieden attackiert wird. »Gar zu gebildet« seien die Frauen heutzutage, führt der Kaufmann aus, dies sei der Grund für die zunehmende Zahl der Ehescheidungen, denn aufgrund der Bildung könne die Frau nicht mehr durch die »Furcht, die die Frau vor ihrem Mann haben soll«, in Zucht gehalten werden.[130] »Das Wichtigste, das solche Leute eben nicht begreifen«, sagt die Dame, als der Kaufmann ausgestiegen ist, »liegt darin, daß eine Ehe ohne Liebe keine Ehe ist, daß nur die Liebe die Ehe heiligt.«[131]

Nun beginnt Posdnyschews Monolog über die Geschichte seiner Ehe, der den Hauptteil der Erzählung Tolstojs ausmacht. Nach einem ausschweifenden Junggesellenleben heiratete er im Alter von dreißig Jahren, um ein »höchst ideales und reines Familienleben zu begründen«.[132] Seine auf flüchtige Verliebtheit gegründete Ehe ist allerdings von Beginn an von Mißverständnissen, Zwistigkeiten und Eifersucht geprägt. Als seine Ehefrau nach einigen Jahren der Ehe und der Geburt von fünf Kindern begann, sich wieder ihren eigenen Interessen zu widmen, war dies für Posdnyschew »der Anfang der Katastrophe«.

Seine Frau nahm das Klavierspiel wieder auf und begann mit dem Geiger Truchatschewski Duette zu spielen. Das Musizieren der *Kreutzersonate* empfand Posdnyschew als geradezu intim, als »Liebesrausch«. In Posdnyschew erwachte das »Tier der Eifersucht«, er wurde zum Mörder und erstach seine Frau mit einem Dolch. Erst nachdem er seine Frau ermordet hatte, erkannte Posdnyschew ihre Existenz als menschliches Wesen. Die Schlußfolgerung, die Tolstoj seinen Protagonisten ziehen läßt, ist allerdings nicht, daß er seine Frau nicht hätte ermorden, sondern daß er sie nie hätte heiraten dürfen.

Tolstoj läßt die Frage der Schuld der Frau offen. Der Ehebruch hat sich womöglich nur in der überreizten Phantasie des Protagonisten abgespielt. Die wahre Ursache für den Mord liegt in der Unerträglichkeit seines Ehelebens, das auf falschen Vorstellungen über das Wesen der Liebe gegründet war. Das Thema der Erzählung ist also nicht in erster Linie die Eifersucht, sondern eine grundsätzliche Kritik an der Institution der Ehe.

»Frauen und Mütter, in euren Händen liegt, mehr denn in denen anderer, die Errettung der Welt!«[133] hat Tolstoj in seiner Schrift *Was sollen wir denn tun?* die Rolle der Frau und Mutter verherrlicht. Nun wird die einst idealisierte Weiblichkeit zur dämonischen Kraft, die es zu bezwingen gilt. In seinem didaktischen Nachwort zur *Kreutzersonate* spitzt Tolstoj seine Thesen nochmals zu: »Eine christliche Ehe gibt es nicht und hat es nie gegeben.«[134] »Die sinnliche Liebe aber, die Ehe, ist Dienst am eigenen Ich, sie ist also auf jeden Fall ein Hindernis für den Gottes- und Nächstendienst und mithin vom christlichen Standpunkte gleichbedeutend mit Schuld und Sündenfall.«[135]

Ende 1889 kommen, noch vor Begutachtung durch die Zensurbehörenden, erste Abschriften der *Kreutzersonate* in Umlauf. Die literarische Welt ist erschüttert. Wie Nikolaj Strachow berichtet, fragt man in jenen Tagen bei der Begrüßung einander nicht nach dem Befinden, sondern: »Haben Sie die *Kreutzersonate* gelesen?« Die Erzählung wird als moralisch-sozialkritisches Pamphlet über das Zusammenleben der Geschlechter aufgefaßt, das die in der Gesellschaft verbreitete Auffassung von Liebe, Ehe und Moral radikal in Frage stellt. Für Tolstojs Zeitgenossen sind die in der *Kreutzersonate* formulierten Ansichten eine Provokation. Vor allem die »Feministen« der 1860er Generation sind entrüstet. »Die beiden Ehegatten haben nichts gemein, keine Ideale, Ideen, ja nicht einmal Gedanken, die sie miteinander austauschen«, so der Kritiker Leonid Obolenski. »Die Frau sieht in ihrem Manne kein menschliches Wesen, sondern allein die Quelle ihres Auskommens; und ebenso sieht er in ihr kein menschliches Wesen, sondern allein ein Objekt seiner rohen, tierischen Lust.«[136]

Tolstaja ist entsetzt über die Erzählung mit ihren Angriffen auf die Ehe und der unverhohlen negativen Sicht auf die Frau. Noch dazu sind zahlreiche Episoden autobiographischer Natur, so daß viele das Werk als Bericht Tolstojs über seine eigene Ehe lesen. Tolstoj habe mit der *Kreutzersonate* »die Tür zu seinem Schlafzimmer« geöffnet, heißt es bis heute in den Biographien.[137]

Zur selben Zeit, in der *Die Kreutzersonate* im In- und Ausland die literarische Öffentlichkeit in helle Aufregung versetzt, kopiert Tolstaja die Jugendtagebücher ihres Mannes. »Ich habe Ljowas Tagebücher abgeschrieben bis zu der Stelle, wo er sagt: ›Es gibt keine Liebe, es gibt nur das körperliche Verlangen und das vernünftige Bedürfnis nach einem Lebenspartner‹«, notiert sie. »Wenn ich diese seine Überzeugung nur neunundzwanzig Jahre früher erfahren hätte, dann hätte ich ihn niemals geheiratet.«[138] *Die Kreutzersonate* reißt bei Tolstaja alte Wunden auf. »Welch offensichtliche Verbindung besteht zwischen den Jugendtagebüchern Ljowotschkas und seiner *Kreutzersonate*! Und ich bin in diesem Spinnennetz die brummende Fliege, die zufällig dort hineingeraten ist, und aus der die Spinne alles Blut saugt.«[139] Am stärksten verletzt es sie, »daß die Erzählung gegen mich gerichtet ist ...«, wie sie im Tagebuch schreibt. »Sie hat mich vor den Augen der ganzen Welt gedemütigt und den letzten Rest von Liebe zwischen uns zunichte gemacht.«[140]

Gleichwohl setzt Sofja Andrejewna alles daran, die Veröffentlichung der Erzählung zu ermöglichen. Sie arbeitet an der Neuauflage der Gesamtausgabe der Werke ihres Mannes, in die im dreizehnten Band auch *Die Kreutzersonate* aufgenommen werden soll. Allerdings mißfällt den Behörden und der Kirche die Erzählung. Der bereits zur Drucklegung vorbereitete dreizehnte Band der Werkausgabe wird beschlagnahmt.

Ende März 1890 reist Tolstaja nach Petersburg, um an höchster Stelle die Freigabe der *Kreutzersonate* zu erbitten. Am 31. März sendet sie einen Brief an den Zaren mit der Bitte, sie zu empfangen. Da aufgrund eines Todesfalls in der Zarenfamilie dem orthodoxen Ritus gemäß neuntägige Trauerzeit herrscht, in der Alexander III. keine Audienzen abhält, wird Tolstaja erst am 13. April vorgelassen. Doch die Zeit bis dahin läßt sie nicht ungenutzt verstreichen. Um die genauen Gründe für das Veröffentlichungsverbot des dreizehnten Bandes der Gesamtausgabe zu erfahren, sucht sie das Zensurkomitee auf. Aus dem Kampf mit dem zuständigen Beamten Jewgeni Michailowitsch Feoktistow geht Tolstaja als Siegerin hervor. Feoktistow bestätigt ihr nach ihrer Unterredung schriftlich, es lägen keine Bedenken gegen die Veröffentlichung des Bandes vor. Nun fehlt nur noch die Genehmigung für den Druck der *Kreutzersonate*.

Im schwarzen Trauerkleid, mit Schleier und schwarzem Spitzenhut begibt sich Tolstaja am Morgen des 13. April zum Anitschkow-Palast. Die Schriftstellergattin legt dem Regenten dar, ihr Mann zeige nach zahlreichen sozialkritischen Veröffentlichungen die Neigung, wieder »in seiner früheren, schöngeistigen Art zu schreiben«. »›Wie wäre ich froh, wenn es möglich wäre, die *Kreutzersonate* für die Gesamtausgabe freizugeben. Dies wäre eine klare Geste der Gnade gegenüber Lew Nikolajewitsch und könnte ihn zu weiteren Arbeiten anspornen.‹ Darauf erwiderte der Zar: ›Ja, in der Gesamtausgabe kann man sie veröffentlichen, nicht jeder ist in der Lage, diese zu erwerben, und deshalb wird sie nicht allzu weite Verbreitung finden.‹«[141]

Tolstaja hat ihr Ziel erreicht – und sie hat bei Alexander III. den besten Eindruck hinterlassen, wie ihr von verschiedenen Seiten hinterbracht wird. »All dies ist meiner weiblichen Eitelkeit Nahrung und zugleich Vergeltung dafür, daß mein eigener Mann niemals meine Stellung in der Gesellschaft zu heben suchte, sondern vielmehr bemüht war, sie herabzusetzen.«[142] Am meisten Befriedigung verschafft ihr indes, daß der Schatten, den die *Kreutzersonate* auf sie geworfen hatte, nun getilgt ist. »Die einen vermuten, die Erzählung sei aus unserem Leben gegriffen, andere wiederum bedauern mich. Auch der Zar soll gesagt haben: ›Seine arme Frau tut mir leid.‹ ... Darum eben wollte ich beweisen, daß ich mit einem Opfer nichts gemein habe, damit die Leute anders über mich reden, das geschah ganz instinktiv ... Alle wissen, daß ich beim Zaren *die Genehmigung erwirkt habe.* Handelte diese Erzählung von mir und unseren Beziehungen, hätte ich mich wohl kaum für ihre Verbreitung eingesetzt. Jedermann wird das so auffassen.«[143]

Wie niemandem sonst ist Tolstaja als Ehefrau offenbar, wie weit das reale Leben des mittlerweile zum Gewissen seiner Zeit avancierten Schriftstellers Lew Tolstoj von den von ihm postulierten Idealen der Enthaltsamkeit und Askese entfernt ist. »Ich kann vor allem dieses Problem nicht so rasch überwinden, denn ich bin ein widerlicher, geiler alter Mann!« bekennt Tolstoj seinem Freund Tschertkow.[144] Mit narzißtischer Besessenheit beobachtet er während der Niederschrift der *Kreutzersonate* sein körperliches Befinden und protokolliert dieses bis hin zu Verdauungsstörungen akribisch im Tagebuch. Jeden Abfall vom sich selbst gesetzten Ideal der Enthaltsamkeit geißelt er mit bitteren Selbstvorwürfen. »Lüstling ist kein Schimpfwort, sondern ein Zustand ... Wie ein Trinker. Er kann sich enthalten, doch sobald er nachlässig wird, wird der Trinker – wie auch der Lüstling – fallen. Ich bin ein Lüstling.«[145] »Vorgestern fiel der Teufel über mich her ... Schlief *unkeusch*. Fühlte mich widerwärtig wie nach einem Verbrechen.«[146]

Tolstaja fühlt sich sexuell ausgebeutet und zu Unrecht verurteilt. »Ja, die Last meines Lebens war zweifellos spürbar«, erinnert sie sich. »Wie hätte ich denn glücklich sein können unter der Belastung ständiger Verurteilung und Ablehnung? Selbst für die ehelichen Beziehungen, denen sich mein Mann mit außergewöhnlicher Leidenschaft hingab, verurteilte er sich umgehend selbst und schrieb im Tagebuch ›Schlief lästerlich‹. Mich sah er als Mitschuldige für sein lästerliches Verhalten und wurde noch kälter gegen mich.«[147]

Die Angst vor einer Schwangerschaft, die Tolstaja jahrzehntelang immer wieder bedrückt hat, ergreift nun auch ihren Mann. »Was, wenn noch ein Kind geboren wird? Wie wird mich dies beschämen, vor allem vor den Kindern. Sie werden ausrechnen, wann es war, und lesen, was ich schreibe. Empfinde Scham und Trauer.«[148] Obwohl Sofja Andrejewna Ende 1890 tatsächlich zum sechzehnten Mal schwanger ist – sie ist mittlerweile sechsundvierzig, ihr Mann zweiundsechzig Jahre alt –, erfährt niemand von Tolstojs Schande. Die Schwangerschaft endet mit einer Fehlgeburt.

Tolstaja sehnt sich nach zärtlicher Liebe, die sich nicht auf die

Sexualität beschränkt, doch ihr Mann ist unfähig, ihr diese zu geben. »Ljowotschka … bringt mich systematisch um und drängt mich aus seinem Seelenleben, und dies ist so unerträglich verletzend … Er vermag nicht zu lieben, hat es von Jugend auf nicht gelernt.«[149]

Verzweifelt versucht Tolstaja, die Beziehung zu ihrem Mann auf ein anderes Fundament zu stellen. »Heute habe ich ihm noch einmal erklärt, daß ich nicht mehr als Frau mit ihm zusammensein werde. Er beteuerte, dies und nichts anderes sei sein Wunsch, doch ich glaube ihm nicht.«[150] Und tatsächlich wird Tolstoj nur wenige Tage später wieder Opfer seiner Leidenschaft. »Morgens weckte mich Ljowotschka mit leidenschaftlichen Küssen …«, notiert Tolstaja. »Er machte mir eine leidenschaftliche Liebeserklärung und sagte, ich hätte derart von ihm Besitz ergriffen, nie hätte er gedacht, daß eine solche Zuneigung möglich sei. Dabei ist das alles rein *körperlich*, und darin liegt das Geheimnis unserer Entzweiung … Mein Leben lang habe ich sentimental von idealen Beziehungen, von umfassender Gemeinschaft geträumt und danach gestrebt, doch nicht von *dieser*. Nun ist das Leben gelebt, fast alles Gute vernichtet – zumindest das Ideal ist vernichtet.«[151]

Im Rückblick empfindet Tolstaja vor allem auch, wie sehr sie in ihrer Ehe ihre eigenen Talente und ihre Energie in sich abgetötet hat. Sie hört nun auf, das geistige und literarische Leben ihres Mannes als ihr eigenes zu begreifen. An die fünfzig Jahre alt, beginnt sie, wieder zu schreiben. »Als ich bei den Korrekturen … mit der *Kreutzersonate* beschäftigt war, die mir aufgrund der erbarmungslosen Haltung Lew Nikolajewitschs der Frau gegenüber nie gefallen hat, inspirierte mich dies dazu, selbst einen Roman zu schreiben.«[152]

Das Sujet ihrer literarischen Replik, deren vollständiger und wörtlich übersetzter Titel *Wessen Fehl? Die Erzählung einer Frau. (Anläßlich der* Kreutzersonate *Lew Tolstojs). Niedergeschrieben von der Gattin Lew Tolstojs in den Jahren 1892/1893* lautet, entspricht jenem der *Kreutzersonate*: ein verhängnisvolles Ehedrama, das mit dem Mord des eifersüchtigen Ehemannes an seiner von ihm der Untreue verdächtigten Frau endet. Während in Tolstojs Erzählung die Geschehnisse jedoch aus der Perspektive des männlichen Protagonisten dargestellt werden, erzählt Sofja Tolstaja die Geschichte vom Standpunkt der Frau.

An einem herrlichen Sommermorgen kehren die beiden Mädchen Anna und Natascha vom Schwimmen ins Haus zurück, wo sie überrascht auf den Fürsten Prosorski treffen, der als alter Bekannter der Mutter die Familie Ilmenew hin und wieder besucht. Der Fürst hat einige Zeit im Ausland verbracht und sieht sich nun unerwartet zwei zauberhaften jungen Damen gegenüber. Anna, die jüngere der beiden, fast achtzehnjährig, liest Werke von Büchner und Feuerbach, beschäftigt sich mit der Malerei und der Musik und schreibt eine Erzählung, die »von einer Liebe, die rein und ideal sein muß, fast so wie ein Gebet« handelt.

Prosorski verliebt sich in Anna, die seinen Heiratsantrag beglückt annimmt. Gleich nach der Hochzeit bricht das neu vermählte Paar zum Landgut des Fürsten auf. Annas »Mädchenleben voll Poesie« ist zu Ende, und die »Prosa des Lebens« beginnt. Der Ehemann hat kein Verständnis für das Seelenleben seiner durch den Schmerz nach dem Abschied der Familie erschütterten jungen Frau und fordert schon in der Kutsche sein eheliches Recht. »Dem Kind wurde Gewalt angetan; dieses Mädchen war nicht auf die Ehe eingestellt, wurde niedergedrückt von Scham und Protest gegen die fleischliche Liebe des Fürsten.«[153]

Schon in der ersten Zeit der Ehe folgt die Ernüchterung. Nach der Begegnung mit der einstigen Geliebten ihres Mannes, der Leibeigenen Arina, wird Anna von Eifersucht gequält und »beweint ihre Ideale« von der »reinen Liebe«. Immer mehr leidet sie unter dem Gefühl, lediglich als Objekt der körperlichen Befriedigung ihres Ehemannes wahrgenommen zu werden.

Nach zehn Jahren Ehe ist Anna eine »stattliche, energische Frau von berückender Schönheit geworden«.[154] Der Fürst bringt der Familie nur wenig Interesse entgegen. Der Rückblick auf ihre Ehe läßt Anna verzweifeln. »Sollte denn nur darin unsere weibliche Berufung bestehen, vom körperlichen Dienst für den Säugling zum körperlichen Dienst für den Mann überzugehen? Und das abwechselnd – immerfort! Wo ist denn *mein* Leben? Wo bin ich?

Ich, die einmal nach Höherem gestrebt hat, dem Dienst an Gott und den Idealen?«[155]

Als Prosorski für einige Tage auf der Jagd ist, tritt mit Dmitri Bechmetew, einem alten Freund des Fürsten, der lange im Ausland gelebt hat, unerwartet ein anderer Mann in Annas Leben. Bechmetew nimmt Anna als Persönlichkeit wahr, interessiert sich für ihre Malerei und die Kinder, und es entsteht eine herzliche Freundschaft zwischen den beiden. Bei Bechmetew findet Anna jene Herzenswärme, nach der sie sich immer gesehnt hatte. Prosorski wird immer stärker von Eifersucht gepeinigt. Die Reinheit der Verbindung zwischen Anna und Bechmetew ist ihm fremd, für ihn gibt es nur Sinnlichkeit und vulgären Ehebruch.

Nach einem letzten Treffen Annas mit Bechmetew kommt es zum Eifersuchtsdrama. Prosorski erschlägt seine Frau mit einem Briefbeschwerer. Der Tod seiner Frau bringt Prosorski zu Einsicht und Läuterung. »Der Fürst begriff ..., daß er sie nicht erst mit diesem weißen Stück Marmor umgebracht hatte, sondern schon lange vorher, weil er sie nicht gekannt und nicht zu schätzen gewußt hatte ... Er begriff, daß die Liebe, die er ihr gegeben hatte, sie umgebracht hatte, daß er sie nicht so hätte lieben dürfen.«[156]

»Jenes Unverständnis für die weibliche Reinheit, jene Nichtachtung und jener ewige Verdacht des moralischen Falls, des Betrugs – all dies habe ich selbst durchlebt und wollte es in meinem Roman zum Ausdruck bringen«, heißt es in Tolstajas Erinnerungen. »Ich habe versucht, jenen Unterschied zu zeigen, welcher der Liebe von Mann und Frau innewohnt. Dem Manne ist in erster Linie die körperliche Liebe wichtig, der Frau hingegen das Ideal, die Poesie der Liebe, die Zärtlichkeit und erst zuletzt die geschlechtliche Leidenschaft.«[157]

Die autobiographischen Elemente in Tolstajas Erzählung sind offensichtlich. Die Sehnsucht ihrer Protagonistin nach Verständnis, das ihr Mann ihr nicht gibt, empfindet auch Tolstaja. Ihre Erzählung ist auch eine Erinnerung an ihre Freundschaft zu Leonid Dmitrijewitsch Urussow. »Mußte plötzlich an den verstorbenen U. denken«, notiert Tolstaja im Dezember 1890. »Es machte mich traurig, so unerträglich traurig, daß er nicht mehr ist, daß ich wohl für immer jene feinsinnigen, reinen, und, wenn auch unausgesprochen, so doch zweifellos mehr als freundschaftlichen Beziehungen verloren habe, die nie auch nur den leisesten Schatten auf unser Gewissen werfen konnten und dennoch mein Leben so viele Jahre lang mit Glück erfüllt hat.«[158] Im Rückblick erscheint Tolstaja diese Beziehung als platonisches Ideal. »Wie freundschaftlich, vertrauensvoll und seelisch erhebend war unsere Beziehung«, erinnert sie sich. »Wir hatten keine Angst, gegeneinander absolut aufrichtig zu sein, und konnten einander alles erzählen ... Feinsinnig und zartfühlend, von makellosem Äußeren und tadellosen Manieren war er ganz das Gegenteil von dem, wie sich Lew Nikolajewitsch in jener Zeit gab.«[159]

Von seiner Frau getrennt lebend, war Urussow von Sofja Andrejewna ganz offensichtlich angetan, er beschenkte sie mit riesigen Blumenbouquets, Konfekt und Büchern. Seine regelmäßigen Besuche waren eine willkommene Abwechslung im Leben Tolstajas, und auch von ihrer Seite war die Freundschaft wohl nicht ganz frei von einer romantischen Note. »Wenn der Fürst erwartet wurde«, bekennt sie, »gab ich stets ein gutes Essen beim Koch in Auftrag, legte ein schönes Kleid an, las alles, worüber wir uns zu unterhalten gedachten, und gab mich bisweilen kokett ..., versuchte ihm zu gefallen. Doch dabei blieb es.«[160]

Alle in der Familie mochten Urussow. Allein die älteste Tochter Tanja mit ihren damals vierzehn Jahren betrachtete diese Freundschaft der Mutter mit Argwohn und beobachtete eifersüchtig deren Verhalten, die sich in Gegenwart dieses Mannes ganz anders gab als sonst.

Tolstaja selbst macht aus den autobiographischen Bezügen ihrer Erzählung kein Hehl. Sie liest sie zahlreichen Freunden und Bekannten vor und schiebt dabei Erläuterungen ein. »Hier zum Beispiel, erkennen Sie Lew Nikolajewitsch? Zwischen uns war ja ein sehr großer Altersunterschied, als wir heirateten. Ich war jung und unschuldig. Ja, kann denn ein erfahrener Mann die Seele einer reinen, unberührten Frau begreifen! ... Natürlich rücke ich von der Realität ab, wie auch *Die Kreutzersonate* es tut, doch ich verfälsche die Wahrheit nicht.‹«[161] Ihre Freundschaft zu Urussow indes verschweigt Tolstaja und gibt als Prototyp für Bechmetew den 1892 verstorbenen Dichter Afanassi Fet an. Fet war von Beginn seiner Bekanntschaft mit Sofja Andrejewna an von ihr bezaubert. Er widmete ihr Gedichte. Tolstaja schmeichelte dies. »Nach fast jedem Besuch sandte mir Afanassi Fet ein neues Gedicht, von denen er mir viele widmete«, erinnert sie sich.[162] Diese Gefühle beruhten allerdings nicht auf Gegenseitigkeit. »Ich selbst war nie in ihn verliebt, sondern empfand eher eine gewisse Abneigung ihm gegenüber«, hält sie im Tagebuch fest.[163]

Sofja Tolstajas Erzählung ist nur eine von zahlreichen literarischen Antworten auf Tolstojs *Kreutzersonate*. Im vielstimmigen Chor der Zeitgenossen nimmt die Entgegnung Tolstajas indes einen besonderen Platz ein: Sie ist die einzige Frau, die sich zu Wort meldet und in der damaligen Diskussion um die Geschlechterrollen ihren Standpunkt auf diese Weise verteidigt.

Für ihre Erzählung erhält sie viel Bestätigung. »Tatsächlich, das Werk zeugte eindeutig von literarischer Begabung«, schreibt die Herausgeberin des *Sewerny westnik* [*Nordischer Bote*], Ljubow Gurewitsch, »voll großer Darstellungskraft und leicht geschrieben, war es keineswegs von jenem Gefühl der Vergeltung beeinträchtigt, das ihr die Feder führte.«[164]

»Sie würden es sicher nicht wagen, meine Erzählung in Ihrer Zeitschrift zu veröffentlichen?‹« fragt Tolstaja halb im Scherz die gut zwanzig Jahre jüngere Gurewitsch. »Nein, wie könnte man dies! Neben den Aufsätzen des großen Tolstoj, plötzlich eine Erzählung eines unbekannten Autors – ich würde sie natürlich unter Pseudonym veröffentlichen –, und noch dazu als Antwort auf *Die Kreutzersonate*! Nein, nein, ich scherze. Die Zeit für diese Erzählung wird kommen: nach meinem Tode. Bis dahin soll sie im Archiv liegen.«[165]

Aus Tolstajas Worten spricht Selbstbewußtsein. Sie ist sich durchaus bewußt, daß ihr literarische Begabung eigen ist. »Auch Sonja wird einmal eine Schriftstellerin werden«, hatte ihr Vater einst prophezeit.[166] Auch Freunden und Bekannten entgeht Tolstajas literarisches Talent nicht, das ja schon von Professor Tichonrawow, der einst das sechzehnjährige Fräulein Behrs in russischer Literatur examiniert hatte, erkannt worden war. Der Literaturwissenschaftler Nikolaj Storoshenko lobt Tolstajas Beschreibung ihres Aufenthaltes in einem Frauenkloster in einem Brief und stellt fest, sie habe »große Befähigung zur Schriftstellerei«. Er bat Tolstoj, seiner Frau zu übermitteln, er rate ihr »sehr, sich literarisch zu betätigen«.[167]

Den letzten Schritt auf dem Weg zur Emanzipation von ihrem Ehemann geht Sofja Andrejewna indes nicht. Dazu mag beigetragen haben, daß man auch in der Familie der schriftstellerischen Betätigung Tolstajas nicht eben gewogen gegenüberstand. Von Tolstoj selbst sind keine Äußerungen über die schriftstellerische Betätigung seiner Frau überliefert. Man kann davon ausgehen, daß er diese bestenfalls als Allüre betrachtete. Sein Sprachrohr wird der Sohn Lew, der seiner Mutter scharfe Vorwürfe macht, die im Tonfall an die kategorische Art des Vaters gemahnen: »Sie haben als Gattin Papás wie auch als Mutter von uns allen Ihre Bestimmung zum Besten erfüllt und können das Recht beanspruchen, dafür aufs höchste gelobt zu werden. Doch wenn Sie nun beginnen, diese Ihre Stellung mit Geständnissen Ihrer unbegründeten und ungerechtfertigten Verbitterung in einer schlechten Erzählung kundzutun, dann sagen Sie sich los von Ihrer wichtigsten und erhabenen Bestimmung der Ehefrau und Mutter, denn dies ist Ausdruck dessen, daß keine Liebe mehr ist, und Sie werden sich so selbst von Ihrem Weg abbringen.«[168]

Nachdem sie sich mutig als eine der ersten Frauen in Rußland literarisch mit dem Tabuthema der Sexualität befaßt hat, schreckt Tolstaja vor der Veröffentlichung zurück. »Meine Werke betrachtete ich stets mit einer gewissen herablassenden Ironie und sah in dieser meiner Beschäftigung Fürwitz«, heißt es in ihrer Autobiographie.[169] Ein weiteres Mal stellt Tolstaja sich selbst und ihr Werk hinter das ihres Mannes zurück.

Im Frühjahr 1891 sitzt Tolstoj im Saal beim Frühstück mit Schokoladenpudding und denkt sich Kalauer aus. Der Schokoladenpudding sei seiner santé zuträglich, hat ihm die Gattin bedeutet. »Hör mal, wie dumm ich bin, was ich mir ausgedacht habe«, ruft er seiner Frau zu, die bereits über ihrer Arbeit sitzt: »Quand est-ce qu'on se porte bien? Quand on a une bonne et qu'on ne lui donne pas du thé, c'est ›a dire qu'on a une bonne sans thé.«[170]

Doch die Idylle trügt. Graf Tolstoj wird, in Bauernkittel und selbstgefertigten Stiefeln im Salon seines Hauses bei Schokoladenpudding sitzend, von der Widersprüchlichkeit seines Lebens gemartert. Es ist ja nicht nur die Macht des Fleisches, die ihn quält. Auch die Macht des Geldes sucht er zu bekämpfen. Die Unvereinbarkeit seines Lebens mit seinen Mahnreden fällt allmählich auch anderen auf. »Er zeigte mir heute einen Artikel in der Zeitschrift *Open court*, wo er erwähnt wird«, notiert Tolstaja im Februar 1891, »in dem es heißt, er sage das eine, lebe aber ganz anders und berufe sich darauf, daß seine Frau den Besitz verwalte ... Ljowotschka war dies überaus unangenehm.«[171]

Sofja Andrejewna plagen indessen die immer wiederkehrenden Sorgen des Alltags. Seit Tolstoj seiner Frau 1883 die Vollmacht für alle Vermögensangelegenheiten übertragen hat, werden diese von Tolstaja geführt. Sie legt ihm Rechenschaft ab über ihre Tätigkeit als Verlegerin und die aus den Buchverkäufen erwirtschafteten Gewinne, über die Geldgeschäfte, die sie tätigt, über Ausgaben und Einnahmen der Güter, die nicht allzu große Erträge abwerfen. Tolstoj schweigt dazu. Tolstaja kann also annehmen, daß sie die Geschäfte ganz in seinem Sinne führt. Zwar wird der Schriftsteller bisweilen von Gewissensbissen ob seiner anscheinend luxuriösen Lebensweise heimgesucht, doch ißt er eben auch gern Schokoladenpudding. Wer wüßte dies besser als seine Frau.

Im Dezember 1890 überschattet ein Ereignis den Familienalltag, aufgrund dessen Tolstoj beschließt, sich endgültig von seinem Besitz zu befreien. Seit langem schon kommt es immer wieder vor, daß die Bauern in den Wäldern von Jasnaja Poljana ohne Genehmigung Holz schlagen. Im Dezember nun werden einige dabei ertappt. Die Bauern bitten bei Tolstaja um Gnade. »Während des Essens sagte mir Ljowotschka, die Bauern, die auf der Schonung 30 Birken geschlagen hatten und dafür vor Gericht gestellt werden, warteten auf mich. Immer, wenn es heißt, daß man auf *mich* wartet, daß *ich* etwas entscheiden soll, erfaßt mich Grauen, könnte ich in Tränen ausbrechen, fühle ich mich wie in einen Schraubstock gespannt, aus dem ich mich nicht befreien kann. Diese auf *christliche Art* mir aufgedrängte Wirtschaft, all diese Angelegenheiten sind das größte von Gott mir gesandte Kreuz. Wenn die Rettung eines Menschen, seines geistigen *Lebens* darin besteht, daß er einen anderen *ums Leben bringt*, so hat sich Ljowotschka gerettet. Aber ist dies denn nicht der Untergang für uns beide?«[172]

Als sich der Vorfall ereignete, wurde die Polizei gerufen und ein Protokoll geschrieben. Die Angelegenheit also ist aktenkundig, und es liegt gar nicht mehr in der Gewalt des Klägers, Gnade zu erweisen. Die Bauern werden zu sechs Wochen Arrest verurteilt. Tolstoj ist aufgebracht. Er gibt seiner Frau die Schuld für die Verurteilung der Bauern. Sie rechtfertigt sich: »Als sich die Sache ereignete und der Landpolizist kam, fragte ich Ljowotschka, was ich tun solle, ob ich Anzeige erstatten solle. Er dachte nach und sagte: ›Man muß sie abschrecken und ihnen dann vergeben.‹ Nun aber erweist sich, daß es ein Kriminaldelikt ist, und natürlich bin *ich* an allem schuld. Er ist erbost und schweigsam, ich weiß nicht, was er unternehmen wird. Doch ich bin verzweifelt, gekränkt und ... dachte heute ..., mich von allen zu verabschieden und mich ganz ruhig irgendwo auf die Gleise zu legen.«[173]

Tolstaja begreift, daß sie ihrem Mann entgegenkommen muß. Doch wie im Jahr 1884 lehnt sie es weiterhin ab, den Besitz als ihr Eigentum zu übernehmen. Man findet noch einmal einen Kompromiß: Tolstojs Grundbesitz soll zu gleichen Teilen unter den Nachkommen und der Ehefrau aufgeteilt werden. Die Ausführung dieses Vorhabens obliegt, natürlich, Tolstaja. Der Wert des gesamten Grund und Bodens muß geschätzt, mit dem Notar muß verhandelt werden. Die Interessen aller Beteiligten müssen gewahrt bleiben. Dies alles bereitet Tolstaja ziemliches Kopfzerbrechen, denn vor allem die fünf Ältesten machen ihr einige Sorgen.

Am wenigsten Verdruß bereitet ihr der Erstgeborene, Serjosha, der seit September auf dem Gut der Tolstojs in Nikolskoje lebt und die Stellung des Landeshauptmanns innehat. »Er ist sehr angenehm und gutmütig, wie ein Mensch, der seine *dienliche* Aufgabe gefunden hat«, urteilt Tolstaja zufrieden.[174] Auch die Entwicklung des einundzwanzigjährigen Ljowa betrachtet die Mutter mit Wohlwollen. Er teilt den Eltern im Frühjahr 1891 zwar mit, daß er sein Studium abbrechen werde, doch hat er bereits erste kleine literarische Erfolge vorzuweisen. »Er ist begeistert, daß seine Erzählung *Montechristo* in der April-Nummer des *Rodnik* [*Quelle*] veröffentlicht wird«, notiert Tolstaja. »Auch ich bin begeistert. Mich freuen seine schriftstellerischen Versuche und sein Erfolg bei den Verlagen.«[175] Gleichwohl bereitet er ihr so manchen Kummer, denn seine Gesundheit ist schwach und seine Psyche labil. »Er ist überhaupt nicht fröhlich, sondern dreht sich in seinen Gedanken, egoistisch wie sein Vater, eigentlich nur um sich selbst«, ärgert sich Tolstaja bisweilen über ihn.[176] Die meisten Unannehmlichkeiten hat Tolstaja mit Ilja. Immer wieder gerät sie mit dem Vierundzwanzigjährigen über finanzielle Angelegenheiten in Streit. Er lebt mit seiner Frau und dem kleinen Sohn, den Tolstaja am 1. Januar 1891 als Patin über das Taufbecken hielt, auf dem Gut Grinjowka, das Tolstaja auf seinen Wunsch hin erworben hat. »Jedesmal bittet er um Geld für irgend etwas, und dies ist überaus unangenehm. Er hat ein sehr leichtfertiges Verhältnis zum Geld und hat sein Leben auf allzu unsolide Weise eingerichtet.«[177] Wegen der Aufteilung des Besitzes kommt es allein mit Ilja zu einer heftigen Auseinandersetzung, da dieser das Gut Grinjowka für sich beansprucht, Tolstaja aber das Los entscheiden lassen möchte. »Ich lasse es nicht zu, daß die Kleinen benachteiligt werden«, erbost sich Tolstaja, »um gar keinen Preis. Ljowotschka belasten all diese Gespräche sehr und mich noch zehnmal mehr, da ich die Jüngeren gegen die Älteren verteidigen muß.«[178]

Die beiden Töchter Tanja und Mascha, fünfundzwanzig und zwanzig Jahre alt, stehen dem Vater sehr nahe. Sie haben die Arbeit der Reinschrift seiner Manuskripte übernommen und führen Tolstojs Korrespondenz. Dies entlastet Tolstaja zwar von einer zusätzlichen Aufgabe, macht ihr jedoch auch zu schaffen, da sie sich ausgeschlossen fühlt.

Ebenso wie der Vater gegen jegliche Art der Gewalt und des Tötens eingestellt, ernähren Tanja und Mascha sich ausschließlich vegetarisch. »Der Vegetarismus spielt im Hause Tolstoj eine wichtige Rolle und kompliziert die Sorge der Hausherrin außerordentlich. Außerdem teilt er die Familie in zwei Lager.«[179] Tolstoj und die Töchter auf der einen, Tolstaja, die Söhne und die jüngeren Kinder auf der anderen Seite.

Seine Ansichten über die fleischlose Ernährung vertritt Tolstoj ebenso kategorisch wie alle seine Überzeugungen. Auch Tolstajas Schwester Tatjana Kusminskaja wird einmal Opfer von Tolstojs vegetarischem Rigorismus. Tolstaja ist mit den schulpflichtigen Kindern bereits nach Moskau abgereist, Tolstoj mit den Töchtern Tanja und Mascha in Jasnaja Poljana geblieben. »Dem Beispiel unseres Vaters gemäß lebten wir dann ein Robinson-Leben, verzichteten auf die Hilfe der Dienerschaft und bereiteten uns unsere Mahlzeiten wie echte, prinzipientreue Vegetarier«, berichtet die Tochter. Tolstoj verspricht seiner Schwägerin, als »gierige Fleischesserin« bekannt, sich um ihr Menü zu kümmern. Überrascht findet diese, als sie zum Essen erscheint, ein an ihren Stuhl gebundenes Huhn vor. »›Da wir wissen, daß Du gerne lebende Wesen verspeist‹«, verkündet Tolstoj, »›haben wir Dir dieses Hähnchen zugedacht. Aber da keiner von uns einen Mord begehen will, haben wir Dir dieses Schlächtermesser bereitgelegt, damit Du es selber tust.‹«[180] Kusminskaja nimmt es mit Humor und bescheidet sich mit dem allgemeinen fleischlosen Abendessen.

Obwohl es auch mit der Tochter Tanja zu Zusammenstößen kommt, wenn diese vehement die Ansichten Tolstojs vertritt und der Mutter beispielsweise vorhält, sie erziehe die jüngeren Kinder nicht den Ansichten des Vaters entsprechend, gibt sie Tolstaja als »Liebling der ganzen Familie«[181] doch wenig Anlaß zu Kummer. Bei aller Verehrung für den Vater versucht Tanja stets, auch den Standpunkt der Mutter zu verstehen, und ist bisweilen regelrecht zwischen ihrer Liebe zu beiden hin- und hergerissen. »Ich muß sagen, daß die Mutter mir fast immer mehr leid tut als Papá, obwohl es mich für beide schrecklich schmerzt und ich für sie beide Mitleid empfinde, wenn sie sich streiten ... Mamá tut mir mehr leid, da sie ... einsamer ist als er ... und diese Einsamkeit auch schmerzlich empfindet. Schließlich liebt sie ihn mehr als er sie und ist glücklich, wie ein junges Mädchen, über jedes zärtliche Wort von ihm.«[182]

Ganz anders als Tanja ist die »bäuerlich-derbe« Mascha, zu der die Mutter »nie eine wirklich gute Beziehung« hatte.[183] Im Winter 1890/1891 ist Mascha in Tolstojs Mitarbeiter Pawel Birjukow verliebt, und es kommt zwischen Mutter und Tochter immerfort zu Kontroversen, da Mascha darauf besteht, ihn zu heiraten. Tolstaja unterbindet dies resolut, indem sie Birjukow die Korrespondenz mit Mascha untersagt. »Heiratet sie ihn – dann ist dies ihr Untergang«, ist Tolstaja überzeugt. »Ich war schroff und ungerecht, doch ich kann einfach nicht ruhig darüber sprechen, und überhaupt ist Mascha für mich ein Kreuz, das Gott mir aufgebürdet hat. Nichts als Qualen hat sie mir vom Tag ihrer Geburt an bereitet.«[184] Die Zuneigung und Anerkennung, die die Tochter seit ihrer Kindheit bei der Mutter vermißt, findet sie beim Vater. Von allen aus der Familie steht Mascha Tolstoj am nächsten. Sie lebt Tolstojs Weltanschauung und wird dafür mit seiner Liebe belohnt. Sie unterrichtet Bauernkinder, wie Tolstoj es einst in seinen jungen Jahren tat, und geht in der Krankenpflege auf, wie er es sich von seiner zukünftigen Gattin erträumt hatte.

Als wahre Tolstojanerin will Mascha auf ihren Anteil bei der Aufteilung des Besitzes verzichten. Der Vater bestärkt sie. Tolstaja allerdings schätzt das Verhalten ihrer Tochter nüchtern ein: »Ich sehe sehr deutlich, daß die Arme sich der Konsequenzen ihres Handelns keineswegs bewußt ist und daß sie sich gar nicht vorstellen kann, was es bedeutet, wenn sie, so wie sie aufgewachsen ist, ohne einen Groschen dasteht. Sie handelt wie unter Hypnose, nicht aus Überzeugung.«[185] Trotz ihres Verzichts wird auch Mascha ein Anteil zugesprochen, den bis auf weiteres Tolstaja verwalten wird. Die Zukunft wird zeigen, daß die Mutter recht behält: Als Mascha 1897 heiratet, fordert sie ihren Anteil ohne weitere Gewissensnöte ein.

Im April 1891 versammelt sich die Familie in Jasnaja Poljana, um die Überschreibung des Besitzes zu vollziehen. Der Vorschlag Tolstajas, das Los über die Anteile entscheiden zu lassen, wird von Tolstoj abgelehnt. Der Patriarch bestimmt, welchen Teil jedes der Kinder und Tolstaja erhalten sollen. »Nachdem wir alle Fragen erörtert hatten«, berichtet Sergej Tolstoj, »kamen wir auf Grundlage von Vaters Vorschlag überein, folgende Aufteilung vorzunehmen:

Jasnaja Poljana wurde zur Hälfte der Mutter und dem jüngsten Sohn Iwan, der unter ihrer Vormundschaft stand, zugesprochen. Nikolskoje-Wjasemskoje und Grinjowka wurden durch drei geteilt: Ich erhielt den Teil mit dem Gutshaus unter der Bedingung, Tatjana 28 000 Rubel auszuzahlen, Mascha erhielt den mittleren Teil von Nikolskoje, Ilja das Dorf Protasow und das von Mutter erworbene Gut Grinjowka, wo er lebte. Tatjana erhielt 28 000 Rubel in bar und das von Mutter erworbene Gut Owsjannikowo. Lew erhielt das Moskauer Haus und einen Teil des Guts in Samara; die drei jüngsten erhielten die übrigen Teile des Gutes in Samara. Maschas Anteil, die aufgrund ihrer Überzeugungen darauf verzichtete, wurde von Mutter übernommen.«[186]

Die praktische Umsetzung des Beschlusses ist erst im Herbst 1892 abgeschlossen. Als schließlich alle Vereinbarungen rechtskräftig sind, lebt Tolstoj gewissermaßen als Gast im eigenen Hause. Doch stellt ihn dies noch immer nicht zufrieden. Schließlich verfügt er, auch wenn er die Führung der Finanzen per Vollmacht formal seiner Frau übergeben hat, immer noch über ein recht stattliches Einkommen aus dem Verkauf seiner Werke. Auch dieser Sünde des Geldes will er nun entsagen. Im Juli verkündet er seiner Frau, er beabsichtige, in einem offenen Brief auf die Rechte an seinen letzten Werken zu verzichten. Damit bringt er Tolstaja zur Verzweiflung. Schließlich ist sie gerade mit den Arbeiten an der neuen Auflage der Gesamtausgabe beschäftigt. Und nicht zuletzt bilden diese Einnahmen die Lebensgrundlage der Familie. »Gespräch mit meiner Frau«, notiert Tolstoj, »über den Verzicht auf die Autorenrechte; wieder Unverständnis für mich: ›Ich bin doch den Kindern verpflichtet ...‹ Sie versteht nicht, und auch die Kinder verstehen nicht, daß jeder Rubel, den sie ausgeben und der aus den Einnahmen der Bücher kommt, für mich Leiden und Schande bedeutet.«[187]

Wieder ist ein Streit unvermeidbar. »Wir sagten einander sehr viel Unschönes. Ich warf ihm Ruhmsucht und Gier nach Öffentlichkeit vor, er schrie, ich hänge am Rubel, und daß er eine dümmere und habgierigere Frau als mich in seinem Leben niemals gesehen habe. Ich sagte ihm, wie er mich das ganze Leben lang erniedrigt habe, da er den Umgang mit anständigen Frauen nicht gewohnt sei; er warf mir vor, mit dem Geld, das ich verdiene, verderbe ich nur die Kinder ... Schließlich schrie er: ›Geh fort, geh fort!‹ Und ich ging fort.«[188]

Es ist ein Streit um die richtige Lebensweise. Es ist aber auch ein Streit um gegenseitige Anerkennung. Um Liebe. Die jeder der beiden auf seine Weise versteht. Tolstoj hält es für Liebe, wenn man seinen Standpunkt nicht anzweifelt. Er meint, er sei im Besitz der Wahrheit, die andere nur zu erkennen brauchen. Seine Frau aber hat ihre eigene Wahrheit. Sie ist nicht mehr bereit, sich seiner Wahrheit unterzuordnen. Deshalb entzieht er ihr seine Liebe. Sie ist ohne Hoffnung. »Ich ging in den Garten, ohne zu wissen, was ich tun werde. Der Wächter sah, daß ich weinte, und ich schämte mich. So ging ich in den Apfelhain. Dort setzte ich mich in eine Kuhle und unterschrieb mit Bleistift alle amtlichen Papiere, die ich in der Tasche hatte. Dann schrieb ich in mein Notizheft, daß ich mir an der Bahnstation von Koslowka das Leben nehmen werde ... – doch mich rettete ein Zufall. Ich lief völlig aufgelöst nach Koslowka ... Als ich fast bei der Brücke an der großen Schlucht angekommen war, legte ich mich hin, um auszuruhen. Es dämmerte schon, aber mir war nicht ängstlich zumute ... Als ich weitergehen wollte, sah ich plötzlich aus der entgegengesetzten Richtung jemanden mir entgegenkommen, sah einen Bauernkittel. Ich freute mich, dachte, es sei Ljowotschka, und wir würden uns versöhnen. Es erwies sich, daß es Alexander Michailowitsch Kusminski war ... Er war sehr erstaunt, mich alleine anzutreffen, und las in meinem Gesicht, daß ich verzweifelt war.«

Tolstajas Schwager ist nur durch einen Zufall dieses Weges gekommen, da ein Schwarm Flugameisen ihn von seinem ursprünglich geplanten Spaziergang abgebracht hat. »Ich begriff, daß Gott meine Sünden nicht wollte, gab unwillentlich nach und ging mit Kusminski ... Zu Hause ging ich zu Wanetschka. Er war bereits im Bett, streichelte mich und sagte immerfort: ›Meine Mama, meine Mama!‹ Ich entsinne mich, daß, wenn ich früher nach einer solchen Gefühlsaufwallung zu den Kindern kam, mir die Kinder immer wieder neuen Lebensmut gaben, aber dieses Mal bemerkte ich zu meinem Entsetzen, daß meine Verzweiflung noch größer wurde und die Kinder mich noch trauriger und hoffnungsloser machten.«

Tolstoj ist von der Auseinandersetzung unberührt. Auf der Terrasse haben sich alle versammelt und »plaudern, kreischen und lachen«. »Ljowotschka war lebhaft, als sei nichts gewesen; was sein Verstand, um der Idee willen, fordert, berührt sein Herz nicht, nicht im mindesten. Den Schmerz, den er mir zufügte, hat er mir schon *so oft* zugefügt. Davon, daß ich dem Selbstmord so nahe war, wird er nie erfahren – und wenn er es erfährt, wird er es nicht glauben.«[189]

Und doch sucht er die Versöhnung: »Ljowotschka trat zu mir heran, küßte mich und sagte etwas Versöhnliches. Ich bat ihn, seine Erklärung zu veröffentlichen und nicht mehr davon zu sprechen. Er sagte, er veröffentliche sie nicht, bevor ich nicht *verstünde*, daß es so sein müsse. Ich sagte, lügen könne und wolle ich nicht, und *verstehen* erst recht nicht.«[190]

Schließlich bringt Tolstaja das von ihr verlangte Opfer im Namen ihrer Liebe zu ihrem Mann dar. Am 16. September 1891 übersendet Tolstoj seinen Brief an die Zeitungen:

»Sehr geehrter Herr,

auf Grund der häufig bei mir eingehenden Anfragen bezüglich Genehmigung zur Herausgabe, Übersetzung und Inszenierung meiner Werke bitte ich Sie, meine nachstehende Erklärung in Ihrer Zeitung zu veröffentlichen.

Hiermit erteile ich jedem, der es wünscht, das Recht, alle meine nach 1881 geschriebenen und im Band 12 der Ausgabe von 1886 und die vom laufenden Jahr, 1891, im Band 13 abgedruckten Werke in Rußland sowie im Ausland, in russisch sowie in Übersetzungen unentgeltlich herauszugeben beziehungsweise zu inszenieren, desgleichen die in Rußland nicht gedruckten Werke, die in Zukunft, d. h. nach dem heutigen Tage, erscheinen könnten.«

Für Sofja Andrejewna hat dieser Schritt ein unerfreuliches Nachspiel: Nach der Erklärung Tolstojs, die sich ausdrücklich auch auf den dreizehnten Band der von seiner Frau herausgegebenen Werkausgabe bezieht, unterliegt auch *Die Kreutzersonate*, für die Alexander III. persönlich wenige Monate zuvor ihr die Genehmigung zur Veröffentlichung erteilt hatte, nicht mehr dem Urheberrecht. Die Erzählung wird daraufhin von zahlreichen Verlegern nachgedruckt. »Seine Majestät waren verständlicherweise sehr ungehalten«, erinnert sich Tolstaja, »und sagten, wie mir die Gräfin Alexandra Andrejewna Tolstaja übermittelte: ›Wenn ich mich in dieser Frau getäuscht habe, dann gibt es keinen ehrlichen Menschen auf der Welt.‹ Von all dem erfuhr ich zu spät, um darlegen zu können, wie es sich tatsächlich verhalten hatte, und dies betrübte mich sehr.«[191] Auf diese Unannehmlichkeiten seiner Frau kann Tolstoj in seinen Gewissenskonflikten natürlich keine Rücksicht nehmen, zumal er ihre Audienz beim Zaren und ihr »schmeichlerisches Getue« dort von Anfang an mißbilligt hat.

Sofja Andrejewna hat ihren Mann aus seinem schweren Zwiespalt erlöst. Er ist nun von allem als sündhaft empfundenen Eigentum befreit. Der Zwiespalt zwischen den Eheleuten allerdings bleibt bestehen: »Unser Leben ist entzweit«, trägt Tolstaja in ihr Tagebuch ein. »Ich mit den Kindern, er mit seinen Ideen und seinem Egoismus.«[192]

5 *Ist ein in seelischer Gemeinschaft verbundenes Leben denn noch möglich zwischen uns?*

»Man berichtete von den Hungernden«, schreibt Tolstaja ihrem Mann nach Jasnaja Poljana, »und wieder ergriff es mich bis ins Herz, man möchte das alles vergessen und die Augen davor verschließen, doch das ist unmöglich. Zu helfen ist unmöglich, so vieles wird gebraucht. Und doch merkt man hier in Moskau nichts davon! ... Wenn die Kinder nicht wären, würde ich mich sofort aufmachen, um zu helfen ..., alles ist doch besser als nur zuzusehen, bedrückt zu sein und nicht die Kraft zu haben zu helfen.«[1]

Als im Sommer 1891 etwa zwanzig Gouvernements in Süd- und Zentralrußland von einer Hungersnot heimgesucht werden, wendet man sich sofort an Tolstoj. »Eine gute Tat ist es nicht, den Hungernden Brot zu geben«, schreibt er dem Schriftsteller Nikolaj Leskow, »sondern die Hungernden wie auch die Satten zu lieben ... Und deshalb antworte ich Ihnen, wenn Sie mich fragen: ›Was genau denn soll man tun?‹: Man muß in den Menschen die Nächstenliebe wecken, und zwar nicht Nächstenliebe aufgrund des Hungers, sondern Nächstenliebe immer und überall.«[2] Schon bald jedoch kann Tolstoj seine Position, die Ursachen des Hungers und nicht die Symptome zu bekämpfen, nicht mehr halten. Im September bereist er einige der von der Hungersnot betroffenen Gebiete. Erschüttert vom Ausmaß des Elends bricht er einen Monat später mit den beiden Töchtern Tanja und Mascha nach Begitschewka auf, um seinem alten Freund aus Jugendtagen, Iwan Iwanowitsch Rajewski, bei der Organisation der Garküchen zu unterstützen. Mehr als zwei Jahre werden Tolstoj und seine Ältesten sich dieser Aufgabe widmen.

»Lange wollte ich sie nicht gehen lassen, lange hatte ich Angst davor, und es war mir schwer, mich von ihnen zu trennen ...«, notiert Tolstaja. »Doch in meinem Herzen spürte ich, daß es notwendig ist, und gab mein Einverständnis. Dann schickte ich ihnen sogar 500 Rubel, davor hatte ich schon 250 gegeben ... All dies ist so wenig im Vergleich dazu, wie viel gebraucht wird.«[3]

Die Not ist unermeßlich. Brennholz haben nur die, die ein wenig Geld besitzen. Die meisten heizen die Öfen mit schlecht brennendem Torf, Kartoffelgrün oder Mist. Wenn es gar nichts mehr gibt, verfeuert man die Hausdächer. Man ißt »kohlschwarzes Brot aus Melde«[4], welches zu verzehren einem unfaßbar vorkommt. Die Kinder glauben, es sei Erde, und werfen es weg. Und selbst dies geht zur Neige. In den Garküchen sitzen zahllose in Lumpen gekleidete Kinder, »halten wohlgesittet ihr Stückchen Brot unter den Löffel und essen so ihre Rote-Beete-Suppe. Viele haben einen ernst-erwachsenen Ausdruck im Gesicht, den Kinder haben, die viel Not erlebt haben.«[5]

»So viel gibt es hier zu tun, daß ich zu verzweifeln beginne«, notiert Tanja im Tagebuch, »alle sind in Not, alle sind im Unglück und ihnen allen zu helfen ist unmöglich ... Es vergeht kaum ein Tag, an dem Mascha und Vera [Kusminskaja] nicht weinen, und auch ich, die ich stärker bin, kann die Tränen manchmal nicht zurückhalten.«[6] Freilich bleibt keine Zeit zu verzweifeln. Vom Geld, daß Tolstaja ihnen gab, wird Brennholz gekauft, man beginnt, Kartoffelbrot und Leinbrot zu backen. Die Zahl der Garküchen wächst. Tolstoj reitet jeden Tag die Dörfer im Umkreis ab. Es werden Listen der Bedürftigen erstellt, damit die Hilfsgüter gerecht verteilt werden. Tanja, Mascha und ihre Cousine Vera Kusminskaja arbeiten mit den anderen freiwilligen Helfern bis zum Umfallen.

Die dramatischen Briefe, die sie aus dem von der Hungersnot betroffenen Gebiet erreichen, lassen Tolstaja keine Ruhe. »Heute habe ich mich mit den Kindern zum Essen gesetzt«, notiert sie, »– wie egoistisch, satt und achtlos ist unser herrschaftliches städtisches Leben ... Ich konnte gar nichts herunterbringen, so verzweifelt war ich plötzlich all jener wegen, die an Hunger sterben, meiner selbst und der Kinder wegen, die hier zum moralischen Tode verurteilt sind, ohne jegliche Tätigkeit.«[7] »Plötzlich kam mir die Idee, einen Aufruf an die allgemeine Wohltätigkeit zu verfassen. Am Morgen sprang ich aus dem Bett, schrieb einen Brief an die Redaktion der *Russkije wedomosti* [*Russische Nachrichten*] und habe ihn sofort überbracht.«[8] Am 3. November wird Tolstajas Brief veröffentlicht.

»Meine ganze Familie hat sich getrennt und der Hilfe am notleidenden Volk angeschlossen. Mein Ehemann, Graf Lew Nikolajewitsch Tolstoj, hält sich mit den zwei älteren Töchtern im Gebiet Dankow auf, um dort möglichst viele Garküchen zur kostenlosen Verpflegung der Bevölkerung einzurichten ... Meine beiden ältesten Söhne unterstützen das Rote Kreuz im Gebiet Tschern, der dritte Sohn hat sich ins Gouvernement Samara begeben, um dort ebenfalls Garküchen einzurichten.

Gezwungen, mit den vier jüngeren Kindern in Moskau zu bleiben, ist alles, was ich tun kann, Geld und Vorräte zu senden. Doch es wird so viel benötigt! Der einzelne ist ob solch großer Not machtlos. Jeder Tag, den wir in einem gutgeheizten Haus verbringen, jedes Stück Brot, das wir essen, wird zum Vorwurf, denn in jeder Minute sterben die Menschen an Hunger. Könnten wir alle, die wir hier in Luxus leben und das geringste Leid unserer eigenen Kinder kaum ertragen können, denn den Anblick erschöpfter und gebrochener Mütter aushalten, die zusehen müssen, wie ihre Kinder verhungern oder erfrieren, und wie die Alten ohne jegliche Nahrung sind? ...

Mit dreizehn Rubeln könnte man einen Menschen bis zur nächsten Ernte retten. Doch es sind so viele Menschen, und es werden beträchtliche Mittel zu ihrer Rettung benötigt. Wir geben nicht auf. Wenn jeder von uns einen, zwei, zehn oder hundert Menschen auf diese Art retten würde – jeder nach seinen Möglichkeiten –, dann könnte unser Gewissen ruhiger sein. Und deshalb wende ich mich an all jene, welche helfen können und wollen, mit der Bitte, die Hilfe, die meine Familie begonnen hat, mit einem Beitrag zu unterstützen. Jeder gespendete Rubel wird direkt den hungernden Kindern und Alten zugute kommen und in die Garküchen, die mein Mann und meine Kinder eingerichtet haben, fließen.«[9]

Tolstajas Spendenaufruf erscheint in Rußland, Frankreich, England und Amerika. Kurz nach der Veröffentlichung gehen 13 000

Rubel ein. Nicht ohne Stolz schreibt Tolstaja ihrem Mann: »Es ist anrührend, wie die Leute mir das Geld übergeben. Der eine bekreuzigte sich beim Betreten des Hauses und überreichte mir einen Silberrubel, ein anderer küßte meine Hand und sagte weinend: ›Seien Sie, barmherzige Gräfin, bedankt und nehmen Sie meine bescheidene Spende.‹ Er gab vierzig Rubel. Es kamen Lehrerinnen, und eine sagte: ›Ich konnte die Tränen nicht zurückhalten bei Ihrem Brief.‹ ... Kinder kamen und brachten drei, fünf, fünfzehn Rubel ... Eine elegante junge Dame sagte: ›Ach, welch herzbewegenden Brief haben Sie geschrieben! Nehmen Sie, dies ist mein eigenes Geld, meine Eltern wissen nicht, daß ich es fortgebe. Doch dies macht mich glücklich!‹ Im Umschlag waren 101 Rubel und 30 Kopeken ... Ich weiß nicht, wie Ihr meinen Schritt beurteilt. Doch es ward mir so schwer, hier ohne Anteilnahme an Eurer Arbeit zu sein, und seitdem fühle ich mich auch körperlich besser; ich führe eine Liste in einem Buch, gebe Belege aus, spreche mit den Menschen und bin froh, daß ich Euch unterstützen kann.«[10] Das Moskauer Haus der Tolstojs wird zum Zentrum der Spendenbewegung. Tolstaja führt Buch über die Einnahmen und Ausgaben, sie kauft »Waggonladungen von Brot, Erbsen, Zwiebeln und Sauerkohl, alles, was für die Garküchen benötigt wird«.[11] Ihre Abrechnungen werden in der Presse veröffentlicht.

Ende November 1891 stirbt Iwan Rajewski. Die Organisation der Hungerhilfe liegt nun ganz bei Tolstoj. Die Unterstützung durch die Spendenaktion, die seine Frau ins Leben gerufen hat, verbindet die Ehepartner. »Glück in der Beziehung mit Sonja«, schreibt Tolstoj im Tagebuch, nachdem er einige Zeit in Moskau verbracht hatte. »Niemals waren wir so herzlich zueinander. Gott, ich danke Dir. Ich habe darum gebetet.«[12] Als Tolstoj im Januar 1892 wieder nach Begitschewka aufbricht, begleitet ihn seine Frau. »Ich beschloß, mir mit eigenen Augen anzusehen, wie die Hilfe vonstatten geht und wie die Meinen dort leben. Mascha reiste mit uns, und Tanja übernahm die Aufgabe, sich um die vier Kleinen zu kümmern und die Spenden entgegenzunehmen.«[13]

»Bei Anbruch der Nacht kamen wir an«, hält Tolstaja nach ihrer Rückkehr im Tagebuch fest. »... Am nächsten Morgen ... nahm ich mir die Korrespondenz vor und suchte mir so weit wie möglich Klarheit über das Ganze zu verschaffen. Dann ging ich die Garküchen inspizieren. Als ich zur ersten kam, waren dort etwa zehn Leute, schließlich kamen achtundvierzig Leute zusammen ... Wer eintrat, bekreuzigte sich und setzte sich gesittet an einen der beiden zusammengeschobenen Tische mit den langen Bänken. Die Frau, die die Garküche führte, reichte ein Sieb mit aufgeschnittenem Roggenbrot herum, jeder nahm sich ein Stück. Dann stellte sie einen großen Topf Kohlsuppe auf den Tisch ... Nach dem Kohl gibt es gewöhnlich Kartoffelgemüse oder Erbsen, Hirsebrei, Hafergrütze oder Runkelrüben – meist zwei Gänge zu Mittag und zwei abends ... So besichtigten wir mehrere Garküchen ... Als ich noch die Listen schrieb, waren es 86 Garküchen, inzwischen sind es schon *hundert.*«[14] Zehn Tage bleibt Tolstaja vor Ort.

»Das Volk hungert, da wir allzu satt sind ...«, heißt es in Tolstojs Artikel *Über den Hunger,* den er Ende des Jahres 1891 schreibt. »Dies ist von jeher seine Realität. Dieses Jahr hat in der Folge einer Mißernte lediglich gezeigt, daß der Bogen überspannt ist.« Alles Reden über das Mitleid mit der Bevölkerung sei nichts als Heuchelei, schreibt er weiter. Wenn die privilegierte Klasse an der Situation der notleidenden Bevölkerung tatsächlich etwas zu ändern wünschte, so müsse man ihr »im Bewußtsein der eigenen Schuld« entgegenkommen. Zunächst indes sei es notwendig, die praktische Hilfe in den von der Hungersnot betroffenen Gebieten zu intensivieren. Konservative Kreise sehen in Tolstojs leidenschaftlichem Aufsatz geradezu einen Aufruf zur Revolution. Der Artikel, der in der Zeitschrift *Woprosy filosofii i psichologii* [*Fragen der Philosophie und Psychologie*] veröffentlicht werden soll, wird von der Zensur verboten. Mit Billigung Tolstojs erscheint der Aufsatz im Januar 1892 im englischen *Daily Telegraph.* Umgehend veröffentlichen die ultrakonservativen *Moskowskije wedomosti* [*Moskauer Nachrichten*] Ausschnitte daraus und kommentieren Tolstojs dort geäußerten, durch eine unzureichende Rückübersetzung aus dem Englischen ins Russische verfälschten Ansichten bissig. Tolstojs Artikel sei ein »offener Aufruf zur Ablehnung der in aller Welt herrschenden sozialen Ordnung«, heißt es. »Die Propaganda des Grafen ist die Propaganda von extremstem und absolut zügellosem Sozialismus, vor der selbst die russische illegale Propaganda erbleicht.«[15]

In Moskau und Petersburg kommen Gerüchte auf, Tolstoj solle für seine Äußerungen zur Rechenschaft gezogen werden. Hausarrest in Jasnaja Poljana, Vormundschaft in einer psychiatrischen Anstalt, Ausweisung aus Rußland, Sibirien – die Bandbreite der Strafmaßnahmen des zaristischen Rußland ist groß. Sofja Andrejewna ist aufgebracht. »Du vernichtest uns noch alle mit Deinen händelsüchtigen Aufsätzen«, wirft sie ihm vor, »wo ist denn da *Liebe und Gewaltlosigkeit*? Und Du hast als Vater von neun Kindern kein Recht, mich und die Kinder zu vernichten.«[16] Tolstaja macht sich entschieden daran, das Schicksal ihrer Familie zu retten. Sie erreicht, daß der Generalgouverneur von Moskau sie empfängt. »Er sagte, wenn der Graf ein Dementi im *Prawitelstwenny westnik* [*Regierungsbote*] veröffentliche, werde dies die aufgeregten Gemüter und Seine Majestät beruhigen«, berichtet sie ihrer Schwester von der Unterredung. »Ich bat Ljowotschka, einen solchen Brief zu schreiben, und nur mit äußerster Kraft gelang es, ihn davon zu überzeugen, doch der *Prawitelstwenny westnik* lehnte die Veröffentlichung ab ... Soll einer sie verstehen.«[17]

Auch Tolstojs alte Vertraute Alexandrine bemüht sich bei Hofe um das Wohl ihres allzu laut »brüllenden Löwen«. »Ich bitte, Lew Tolstoj nicht anzurühren«, bescheidet Alexander III. »Es liegt nicht in meinem Sinne, aus ihm einen Märtyrer zu machen und den Unwillen von ganz Rußland auf mich zu lenken. Wenn er schuldig ist – um so schlimmer für ihn.«[18] Zur selben Zeit hektographiert Sofja Andrejewna 100 Exemplare des Widerrufs ihres Mannes und sendet ihn an Zeitungen im In- und Ausland. Am Ende ihrer Kräfte aufgrund der Aufregung um das Wohlergehen der Familie schreibt sie Tolstoj: »Tanja hat irgend jemandem hier in Moskau gesagt: ›Wie bin ich es müde, die Tochter eines berühmten Vaters zu sein.‹ Und auch ich bin es müde, die Gattin eines berühmten Mannes zu sein.«[19]

»Liebe Freundin«, antwortet Tolstoj, »ich bitte Dich, sei um Gottes willen all dessentwegen nicht beunruhigt. Aus dem Brief der lieben Alexandrine ersehe ich, daß dort ein Ton herrsche, als ob ich mir etwas hätte zuschulden kommen lassen ... Diesen Ton darf man nicht zulassen ... Was ich im Aufsatz über den Hunger schrieb, ist ein Teil dessen, was ich seit zwölf Jahren ganz unverhohlen schreibe und sage, was ich bis zum Tode sagen werde, und was mit mir alle Aufrichtigen und Wahrhaftigen auf der Welt sagen ... und was das Christentum sagt.«[20] »Wenn Du mir auch nicht gestattest, Dich als stolz zu empfinden«, hält Tolstaja dem entgegen, »so kann ich nicht finden, daß Du Dich den Dingen fügst. Indem Du Dich hinter den christlichen Prinzipien versteckst, bist Du trotz allem entrüstet, ich fühle dies und empfinde ebenso ohne den christlichen Schutzschild. Dies ist wahres Christentum: Wenn sie einen auch schlagen, beschimpfen, verfolgen, verleumden, soll der Christ aber nur sagen: ›Liebet einander‹, dies ist das Ideal, ich aber kann dies nicht, doch ich sage ja auch nicht, daß ich Christin bin.«[21]

Weder die zahlreichen Ausfälle gegen Tolstoj in den Zeitungen noch die Versuche einiger Kirchenleute, die Bauern gegen ihn aufzubringen, vermögen die Autorität des Schriftstellers in der Bevölkerung zu schmälern, im Gegenteil: Sie stärken sie sogar. Tolstojs Beispiel bewegt etwas in Rußland. Insgesamt gehen nach Tolstajas Spendenaufruf 150 000 Rubel ein, es werden Hilfsaktionen für die Dorfgemeinschaften organisiert, die Zahl der Garküchen wächst, in den Wintermonaten erhalten die Ärmsten der Armen Kleiderspenden und Brennholz, im Frühjahr werden Kartoffeln und Saatgut ausgegeben.

Am 28. August 1892, einem strahlenden Sommertag, wird Tolstojs vierundsechzigster Geburtstag begangen. Die Atmosphäre in Jasnaja Poljana ist heiter und vergnügt. Für einen Augenblick scheint die unumwölkte Vergangenheit zurückgekehrt. Ljubow Gurewitsch, zum ersten Mal zu Gast im Hause der Tolstojs, fühlt sich an die Familie Rostow aus *Krieg und Frieden* erinnert. Die Sechsundzwanzigjährige hat gerade die Petersburger Zeitschrift *Sewerny westnik* erworben und ist auch als deren Herausgeberin nach Jasnaja Poljana gekommen. Tolstoj, gut gelaunt und beschwingt, stimmt ihrer Bitte um Mitarbeit an ihrer Zeitschrift zu. Fortan werden zahlreiche seiner Aufsätze und Erzählungen im *Sewerny westnik* erscheinen.

Bereits bei ihrem ersten Aufenthalt bei den Tolstojs bemerkt Gurewitsch, daß die Atmosphäre im Hause keine Idylle ist. Am Abend ihrer Ankunft ist Tolstaja nicht zugegen. »Ich sah sie erst am nächsten Morgen«, erinnert sich Ljubow Gurewitsch, »als sie in den Saal des Hauses von Jasnaja Poljana trat – hochgewachsen, stattlich, schlank, obwohl sie damals ... schon fast fünfzig Jahre alt war –, und ihre dunklen Augen leuchteten geradezu herausfordernd. Abgesehen von dem ziemlich großen, sinnlichen Mund, kann man sie als schön bezeichnen. Sie trug ein gutgeschnittenes lilafarbenes Kleid, und, aufgrund des kühlen Morgens, eine etwas altmodisch wirkende Stola.«[22] Nach ersten höflichen Sentenzen bringt Tolstaja ihre Gesprächspartnerin fast aus der Fassung: »Sie sind natürlich der Bekanntschaft mit Lew Nikolajewitsch wegen, den Sie für einen bedeutenden Menschen halten, hierhergekommen. Allein – Lew Nikolajewitsch war ein bedeutender Mensch, nunmehr ist er es allerdings nicht mehr.«[23] Auf Gurewitschs Protest führt die Hausherrin aus, »daß Tolstoj niemals ein großer Denker war und sein wird, und interpretierte die ihn bewegende geistige Arbeit als eine seiner launenhaften Beschäftigungen, die er beharrlich und nach Belieben betreibt. Denn seine ›Prinzipien‹ ... zerstörten das Leben anderer, wobei er selbst letztendlich nicht in der Lage sei, sie im eigenen Leben umzusetzen.«[24] Gurewitsch empfindet Tolstajas Tirade einer ihr unbekannten Besucherin gegenüber, die ihre Tochter sein könnte, als Ausdruck von »Bitterkeit und verletztem Stolz«. Zugleich jedoch zeigt ihr Bericht, mit welchem Selbstbewußtsein die Gattin Tolstojs nunmehr ihre Ansichten auch gegenüber Dritten verteidigt.

Nachdem die gemeinsame Aufgabe im Kampf gegen die Hungersnot eine gewisse Harmonie zwischen den Ehepartner wiederhergestellt hat, zieht nun der Alltag wieder in Jasnaja Poljana ein und die alten Konflikte brechen erneut auf. Nach allem, was Tolstoj in den von Hungersnot betroffenen Gebieten gesehen hat, scheint ihm das Leben, das er und seine Familie führen, nur noch verdammenswerter.

Das ganze Jahr 1893 arbeitet Tolstaja an den Korrekturen für die neunte Auflage der Werkausgabe ihres Mannes. Sie plant eine Vorzugsausgabe, auf bestem Papier gedruckt und mit Porträts und Illustrationen versehen. Wenngleich die Arbeit sie bisweilen überanstrengt – die kurzsichtigen Augen und der Rücken schmerzen fast pausenlos –, will sie diese besondere Aufgabe niemand anderem übertragen und ist mit liebevollem Eifer bei der Sache. »Gegen drei Uhr lege ich mich schlafen; ich lese des Nachts und des Morgens die Korrektur, damit der Tag etwas freier ist.«[25] Frei für die Kinder und die zahllosen anderen Pflichten der Hausfrau. Ihre mühevolle Arbeit findet bei ihrem Mann keine Unterstützung. Er ist ungehalten, daß sie mit seinen Werken »Geschäfte macht«, während er sich von seinen Autorenrechten losgesagt hat. »Wir hatten neun Kinder«, hält Tolstaja den Vorwürfen ihres Mannes entgegen, »und obwohl die meisten von ihnen bereits erwachsen waren, fragten sie trotzdem immer wieder um Geld und wollten Komfort ... Das Geld aber verdiente ich, hielt es zusammen ... und strebte nur nach einem allein – nämlich daß es allen gut ginge, alle glücklich seien und froh und ohne Sorgen leben können. Wir lebten alle zusammen, mich allein aber trafen die Vorwürfe.«[26]

Bei aller Arbeitsbelastung sind die Korrekturen für Tolstaja doch auch Ablenkung. »Die Werke Lew Nikolajewitschs wieder und wieder zu lesen« bereitet ihr »großen Genuß«.[27] Die Arbeit versetzt sie in die Vergangenheit. »Mein Leben verläuft wieder in der Welt von damals – *Krieg und Frieden* –; was mich überaus entzückt«, schreibt sie Tolstoj. »Wie dumm war ich doch, als Du *Krieg und Frieden* schriebst, und wie klug Du! Wie gut, ja genial ist *Krieg und Frieden* geschrieben.«[28]

Tolstajas Mühe mit der Werkausgabe wird, wenn auch nicht von ihrem Mann, gelobt: »Ihre Idee, noch zu Lebzeiten eine solche Ausgabe mit Porträts und Photographien herauszugeben, ist zutiefst poetisch«, schreibt ihr Ljubow Gurewitsch. »In jedem dieser Bände ist Ihre liebende Hand zu spüren.«[29]

Als Tolstaja im Winter 1893 mit den Kindern wieder nach Moskau übergesiedelt ist, bleiben Tolstoj und Mascha noch für einige Zeit in Jasnaja Poljana. »Ich wurde dort mit einem furchtbaren Essen aus Haferflocken bewirtet«, hält ein Bekannter, der die beiden dort besucht, fest. »Gott sei Dank gab es auch Buchweizengrütze mit Butter, sonst hätte ich wie ein hungriger Wolf heulen müssen. Nein, wenn die Gräfin nicht dort ist, ist es gefährlich, dort einen Besuch abzustatten. Man stirbt noch vor Hunger!«[30]

Schon bald nach der Rückkehr klagt Tolstoj im Tagebuch, seine Frau habe ihn nach Moskau »gezerrt«, da sie so sehr unter der Trennung gelitten habe. »Mir ist alles schwer und widerwärtig«, notiert er. »Ich will eine große Tat. Ich will den Rest meines Lebens Gott widmen. Doch er will dies nicht ... Und ich murre. Dieser Luxus. Dieser Handel mit den Büchern. Dieser moralische Schmutz. Diese Geschäftigkeit ... Das wichtigste ist: Ich will leiden, will die Wahrheit, die mich verbrennt, herausschreien.«[31]

Die Tage, an denen Tolstaja sich nicht ständig den »schweigenden und ausgesprochenen Vorwürfen« ihres Mannes ausgesetzt fühlt, sind selten. Immer wieder hört sie seine Zurechtweisungen. »Ich muß wohl ein Dreck sein«, notiert Tolstoj. »Ich kann all diese mich anwidernden Spinnweben, die mich umgeben, nicht zerreißen.«[32]

In den 1890er Jahren wird Tolstoj klar, daß er seine Frau und die Familie nicht verlassen kann. Das Zusammenleben mit ihnen, das seinen eigenen Überzeugungen entgegengesetzt ist, sieht er nun als ihm von Gott auferlegte Prüfung. Ein »Kreuz«, das ihm zu seiner Selbstvervollkommnung unabdingbar ist, um demütiger zu werden, zu verzeihen und zu lieben. Dieser mit sich selbst geschlossene Kompromiß versetzt ihn in eine durchaus komfortable Lage. Er lebt als Logisgast behaglich in begütertem Umfeld, überläßt es seiner Frau, den von ihm verachteten Geschäften nachzugehen und hauszuhalten. Und doch leidet er. Ungeachtet all seiner Reden von Nächstenliebe und Vergebung kann er seiner Frau nicht verzeihen, daß sie sich nicht seinen Ansichten fügt. »Für ein Leben der Ehegatten in Einklang ist es unumgänglich, daß ... jener der beiden, welcher weniger denkt, sich dem, welcher mehr denkt, fügt. Wie wäre ich froh, wenn ich mich Sonja fügen könnte, doch dies ist ebenso unmöglich, wie es unmöglich ist, daß die Gans in ihr Ei zurückkriecht. Sie müßte es, doch sie will es nicht – sie hat keinen Verstand, keine Demut, keine Liebe.«[33]

Sofja Andrejewna ist ebenso von der Richtigkeit ihres Standpunkts überzeugt wie ihr Mann und will sich ihm nicht wie in früheren Jahren fügen. Die von ihr initiierte Spendensammlung während der Hungersnot hat ihr öffentliche Anerkennung verschafft, und ihre erfolgreiche Tätigkeit als Verlegerin hat ihr Selbstbewußtsein gestärkt. Je weiter sich Tolstoj von der Familie zurückzieht, desto mehr ist seine Frau gezwungen, die Rolle des Familienoberhaupts zu übernehmen. »Die mich niederdrückende Entfremdung von meinem Mann, der alle Last auf meine Schultern gelegt hat, ohne Ausnahme alles: die Fürsorge für die Kinder, die Wirtschaft, den Umgang mit den Bauern ..., das Haus, die Bücher, und doch verachtete er mich voll egoistischer und kritischer Gleichgültigkeit. Und *sein* Leben? Er geht spazieren, reitet aus, schreibt ein wenig, lebt wie und wo er möchte und tut rein gar nichts für die Familie, nutzt jedoch alle Vorteile: die Dienste der Töchter, den Komfort des Lebens, die Schmeicheleien der Menschen und meine Demut und Mühen. Und die Gier nach Ruhm, unstillbare Gier nach Ruhm, für den er alles tat und weiterhin tut, was er kann.«[34]

Einer der häufigsten Gründe für gegenseitige Unzufriedenheit und Vorwürfe ist das Schicksal der Kinder, die in der Atmosphäre des Zwistes zwischen den Eltern und ihren unterschiedlichen Vorstellungen davon, wie das Leben einzurichten sei, aufwachsen. »Die Lage unserer Kinder ist sehr übel: Es gibt keine moralische Autorität«, notiert Tolstoj. »Sonja zerstört meine Autorität gründlich und stellt an ihre Stelle ihre komischen Anforderungen von Anstand ... Obwohl sie sieht, daß alle ihre Bemühungen nicht zum Gewollten führen und kein gutes Ergebnis zeitigen.«[35] Tolstoj rügt seine Frau, daß sie die Kinder nicht richtig erziehe, nimmt selbst aber kaum Anteil an der Erziehung. Die meiste Zeit verbringt er in Jasnaja Poljana und überläßt ihr die Hauptsorge für den Unterricht der vier noch heranwachsenden Kinder Andrjuscha, Mischa, Sascha und Wanetschka.

Mitunter jedoch wird Tolstoj milder: »Mit Sonja geht es gut«, notiert er 1894 im Tagebuch. »Gestern dachte ich, als ich sie mit Andrjuscha und Mischa beobachtete, welch gute Mutter und Ehefrau im althergebrachten Sinne sie doch ist.«[36] In solchen Phasen erwacht in ihm der alte, fröhliche Familienvater. Wie einst trägt er die Kleinen im alten Wäschekorb durch das Haus, und wenn er ihn absetzt, muß das Kind erraten, wo im Hause es sich befindet. Die Kleinen lieben dieses Spiel. Den Jüngsten, Wanetschka, liebt Tolstoj besonders. Er schreibt Wanetschka aus Jasnaja Poljana: »Deinen Brief habe ich erhalten und mich sehr darüber gefreut. Ich werde ihn in den Korb legen und ihn herumtragen.«[37] Wanetschka ist unendlich stolz auf den Brief des Vaters, trägt ihn immer bei sich und bittet wieder und wieder, daß man ihn ihm vorliest.

Die beiden ältesten Töchter Tanja und Mascha blicken ehrfurchtsvoll zu Tolstoj auf und sind ihm in den letzten Jahren unentbehrlich geworden. »Es tut ist mir so weh, daß das Leben der beiden Töchter ganz in ihren Verpflichtungen aufgeht«, klagt Tolstaja. »Sollten sie denn tatsächlich niemals ihr *eigenes* Leben leben?«[38]

Der Patriarch wacht eifersüchtig über das Schicksal Tanjas und Maschas. Jede ihrer Verliebtheiten betrachtet er voller Mißtrauen und zerstört nicht nur einmal eine sich anbahnende Ehe. Nachdem Mascha zweimal dem Willen des Vaters (und wohl auch der Mutter) nachgegeben und ihre Heiratspläne aufgegeben hat, ist sie 1893 ernsthaft in den jungen Arzt und Musiker Nikolaj Sander verliebt, der den beiden jüngeren Brüdern Andrjuscha und Mischa Geigenunterricht erteilt. Im Juli hält Sander um Maschas Hand an. »Sie wissen um meine Ansichten über die Ehe im allgemeinen: Es ist besser, nicht zu heiraten, als zu heiraten«, schreibt Tolstoj dem Verehrer seiner Tochter. »Heiraten kann man nur dann, wenn es absolute Übereinstimmung der Ansichten oder unbezwingbare Leidenschaft gibt. Hier liegt weder das eine noch das andere vor: Auch wenn es Ihnen möglicherweise so scheint, daß Sie dieselben Ansichten haben, sind sie doch absolut verschieden ..., und was die Leidenschaft betrifft, so weiß ich zumindest von seiten Maschas, daß sie nicht vorhanden ist, sondern allein eine ... zufällige, durch nichts zu rechtfertigende Zuneigung.«[39] Auf Betreiben des Vaters lehnt Mascha den Heiratsantrag ab, schreibt Sander aber, dies sei nicht endgültig, und verspricht vor Ablauf des Jahres eine unwiderrufliche Antwort zu geben. Tolstoj findet in seiner Frau eine energische Verbündete. Auch Sofja Andrejewna ist gegen die Ehe ihrer Tochter. Allerdings aus einem anderen Grund als ihr Mann. Ganz offensichtlich ihre eigene deutsche Abstammung verdrängend, schreibt sie ihm: »Wir können doch nicht zulassen, daß Mascha sich in ihrem unnormalen Zustand diesem fetten Deutschen ... an den Hals wirft. Sich Mascha in dieser bürgerlichen deutschen Umgebung mit einem rotnasigen Mann vorzustellen, mit Marktgängen nach Bier und Würstchen, ist einfach unmöglich.«[40] Mascha gibt nach. Zwischen Vater und Tochter kehrt wieder Harmonie ein.

Auch die den weltlichen Freuden des Lebens durchaus nicht immer abholde Tanja widmet ihr Leben zunehmend dem Vater. Die Malerei, mit der sie sich seit der Kindheit beschäftigt, gerät mehr und mehr in den Hintergrund. Nachdem zu Beginn der 1890er Jahre an der Petersburger *Kaiserlichen Akademie der Künste* eine Studienreform stattgefunden hat, die es ermöglichte, daß nun auch Klassen von »echten lebenden Künstlern«, nämlich einer Gruppe von *Wanderern*, an ihrer Spitze der angesehene Ilja Repin, unterrichtet werden, hat die Akademie, früher als die westeuropäischen Akademien, ihre Tore für Kunststudentinnen geöffnet. In der Familie war die Frage erörtert worden, ob Tanja ein Kunststudium bei Repin aufnehmen solle. »Ich unterstütze dies nicht«, schrieb Repin Tolstoj, »obwohl sie gewiß eine gute Begabung hat, doch leider nicht genug Liebe für die Malerei. Ihrem Vater zu Diensten zu sein ist unermeßlich höhere Aufgabe ihres Lebens.«[41] Ohne zu zögern entschied sich Tanja gegen das Studium in Petersburg und reiste mit dem Vater nach Begitschewka, wo sie ihn zwei Jahre lang bei seiner Arbeit gegen die Hungersnot unterstützte.

Tolstojs Töchter sind nicht zu selbstbewußten Frauen erzogen worden. Zu oft haben sie das »Weiberisieren« des Vaters und seine geringschätzigen Ansichten über Frauen hören müssen. Entschieden lehnt er es ab, den Frauen die gleichen Fähigkeiten und Rechte zuzugestehen wie den Männern. Dies geht auch an seinen Töchtern nicht spurlos vorüber. Sie glauben nicht an ihre Begabungen. Die erste Hälfte ihres Textes über die Theorien des amerikanischen Ökonomen Henry George, dessen Lösungsvorschläge des Agrarproblems Tolstoj begeistern, sendet Tanja dem Vater unter dem männlichen Pseudonym P. Polilow zu. »Ihr Artikel und Ihr Brief, den Sie mir zukommen ließen, haben mir lebhaftes Vergnügen bereitet«, antwortet Tolstoj dem unbekannten Autor. Als Tanja, glücklich über das positive Urteil über ihre Arbeit, dem Vater gesteht, daß sie die Autorin des von ihm gelobten Artikels ist, ist er konsterniert und enttäuscht: »Er strich mir über das Haar und sagte: ›Naja, wenn Du Dein Buch nicht vollendest, wird man sagen können, daß Du eine echte Frau bist!‹ ... Als echte Frau ließ ich dieses Buch bis heute unvollendet liegen.«[42]

Als junges Mädchen war die charmante, heitere und kluge Tanja auf Bällen und Abendgesellschaften in Moskau von vielen Verehrern umgeben. Häufig war sie verliebt, träumte von einem Ehemann und Kindern und hätte die eine oder andere gute Partie machen können. Doch immer überwog die Zuneigung zum Vater: »Wozu heiraten, wenn er doch da ist«, sagte sie sich.[43] Nachdem sie *Die Kreutzersonate* gelesen hat, steht ihr Entschluß fest: Sie wird niemals heiraten. Doch ihr Wunsch, zu lieben und geliebt zu werden, wird nicht verschwinden. 1892 nähert sich Tanja dem Tolstojaner Jewgeni Popow an. Die beiden fühlen sich zueinander hingezogen, sind aber überzeugt, ihre Gefühle füreinander seien allein freundschaftlicher Natur. Als sie spüren, daß ihre Beziehung immer mehr zu etwas wird, »das Liebe sein könnte«,[44] versucht Tanja, die Verbindung zu beenden. Doch sie schreiben sich weiterhin, treffen sich, tauschen Tagebücher aus. »Du bist eine ausschließliche, enge Beziehung eingegangen ..., die man nur eingeht mit Menschen, für die man Liebe empfindet«, wirft Tolstoj seiner Tochter vor, »eine Beziehung, die ... zu einer ehelichen Verbindung, ob vor dem Gesetz oder nicht, führen wird, mit einem Menschen, der von den Dir am nächsten Stehenden nicht geachtet wird.«[45] Hier versteckt sich Tolstoj hinter seiner Frau, die von der Vorstellung, einen »Dunklen« zum Schwiegersohn zu bekommen, nicht eben angetan ist und Popow für einen dümmlichen und faulen »Schwätzer ohne Beschäftigung« hält.[46] Doch auch Tolstoj sieht in seinem Bewunderer einen »Menschen mit nicht gerade anständiger Vergangenheit, der bar ist jener wichtigsten Eigenschaften eines Mannes, die die Liebe einer Frau erwecken könnten«.[47] Tolstoj bittet Popow, seine Tochter nicht mehr zu treffen und ihr auch nicht mehr zu schreiben. Und er bittet seine Tochter, Popow nicht mehr zu schreiben. Tanja kapituliert.

»Unsere Kinder sind ganz und gar nicht so, wie wir sie uns gewünscht hätten«, bemerkt Tolstaja. »Ich erwartete von ihnen Bildung, Pflichtgefühl und ästhetischen Feinsinn. Lew Nikolajewitsch erwartete von ihnen einfache, harte Arbeit und ein schlichtes Leben. Beide wollten wir ihnen hohe sittliche Regeln vermitteln. Und nichts ist gelungen.«[48] Die Mutter ist allzu streng. Gleichwohl gelingt es den in vielerlei Bereichen künstlerisch begabten Nachkommen Tolstojs im Leben nicht, sich in musikalischer, literarischer oder künstlerischer Hinsicht ganz zu verwirklichen. Zu übermächtig ist das gewaltige Genie des Vaters.

Die Zerrissenheit der Nachkommen Tolstojs wird am deutlichsten bei Ljowa. In Jugendjahren überzeugter Anhänger seines Vaters, nahm er nach Abschluß der Schule ein Studium der Medizin auf, um als Landarzt dem Wohle des Volkes zu dienen. Später wechselte er an die Fakultät für Geschichte und Philosophie und begann zu schreiben. Der Vater war von seinen ersten literarischen Versuchen – im Gegensatz zur Mutter – nicht begeistert. Nach der Arbeit gegen die Hungersnot im Gouvernement Samara kehrt Ljowa nach überstandenem Typhus physisch und psychisch zerrüttet nach Jasnaja Poljana zurück. Sein Studium gibt er auf und versucht verzweifelt, seinen Lebenssinn zu finden. Er leidet unter heftigen Migräneattacken, Magenschmerzen und Angstzuständen. »Mein Vater beruhigte mich mit dem Gedanken, wenn es dem Schicksal gefalle, werde ich gesunden, wenn nicht, müsse ich sterben ... Natürlich beruhigte dieser Gedanke mich nur wenig, und ich war verzweifelt, denn ich wußte nicht, was mich retten könnte.«[49] Tolstoj, der selbst seine Befindlichkeit stets peinlich genau beobachtet und um dessen gesundheitliches Wohlergehen sich alles im Hause dreht, kann »die Atmosphäre des Leidens anderer, besonders ihm Nahestehender, nicht ertragen, negiert sie und flieht vor ihnen«.[50]

Sorgen bereiten Tolstaja auch die beiden heranwachsenden Söhne Andrej und Michail. Der siebzehnjährige Andrjuscha hat sich ernsthaft in ein Bauernmädchen verliebt und will seine Akulina heiraten. Schließlich hatte er oft genug aus dem Munde des Vaters vernommen, es sei ganz gleich, wen man eheliche – eine Prinzessin oder eine Bäuerin. Doch Tolstoj hält den Sohn von diesem »Schritt in den Untergang« ab: »Deine Heirat würde dazu führen, daß Du innerhalb einer Woche, möglicherweise sogar früher, an der Seite einer ungeliebten, Dir verhaßten und Dich anwidernden Frau (so geschieht dies immer bei alleiniger sinnlicher Anziehung) und in den Händen gieriger und grobschlächtiger Verwandter Deiner Frau aufwachen würdest.«[51] Andrjuscha befolgt den Rat des Vaters, sein ausschweifendes Leben allerdings setzt er fort.

»Meine armen Söhne«, notiert Tolstaja im Tagebuch. »Sie haben keinen Vater, an den sie sich wenden können, und was kann ich ihnen denn in solchen Fragen raten? Ich weiß doch über diesen Bereich des männlichen Lebens gar nichts.«[52] Als auch beim sechzehnjährigen Mischa sich erste körperliche Bedürfnisse bemerkbar machen, schreibt ihm sein Vater einen sittlich unterweisenden Brief. Er befinde sich, wie andere junge Männer, in einer »gefährlichen Lage«: »Ihr lebt ohne jegliches ... moralisches und religiöses Zaumzeug und seht nichts als die Unannehmlichkeiten des Unterrichts, den man Euch vorschreibt, und ... die mannigfaltigen Befriedigungen Eurer Lasterhaftigkeit.«[53] Tolstoj rät seinem Sohn, keusch zu bleiben, nicht in jungen Jahren zu heiraten und sich der Selbstvervollkommnung zu widmen.

Die Veröffentlichung des von der Zensur verbotenen Traktats *Das Reich Gottes ist in euch* 1893 im Ausland ruft eine neue Woge der Feindschaft auf seiten der Machthaber gegen den Schriftsteller hervor. In dieser Schrift entwickelt Tolstoj seine Theorie der Gewaltlosigkeit und verurteilt jegliche Anwendung von Gewalt, auch von seiten des Staates. Das eigentliche Übel gehe nicht von einzelnen aus, sondern sei jenes, welches »im Namen des Gesetzes« geschehe. »Die gesamte Ordnung unseres Lebens«, schlußfolgert er, »gründet nicht in ... rechtmäßigen Prinzipien, sondern allein auf einfachster, massivster Gewalt, auf Mord und Mißhandlungen der Menschen.«[54] Auch dieses Mal lassen die Machthaber Tolstoj gewähren, verstärken jedoch die Maßnahmen gegen seine Anhänger, nehmen Hausdurchsuchungen vor, verhängen Arrest und Verbannung. Tolstoj setzt sich für seine Anhänger ein und verurteilt die Verfolgungen öffentlich. Er selbst sollte für seine Schriften zur Rechenschaft gezogen werden, nicht jene, die seiner Lehre folgen und seine Schriften lesen. Doch bisweilen fühlt er sich »sehr wohl ... mit Sonja zu Hause« und hält im Tagebuch fest: »Eigentlich will ich jetzt keine Verfolgung. Und ich schäme mich dafür.«[55]

Das Haus der Tolstojs wird zunehmend zum Wallfahrtsort. Die meiste Arbeit mit den zahlreichen Gästen hat natürlich die Hausherrin. Darüber hinaus halten sie ihren Mann von der Arbeit ab, und so ist sie nach Kräften bemüht, den »menschlichen Staub« weitestmöglich von ihm fernzuhalten. Vor allem aber beunruhigt sie der zunehmende Einfluß Tschertkows auf ihren Mann. Im August 1893 entdeckt sie zufällig, daß er einen Großteil der Manuskripte, die sie dem Rumjanzew-Museum zur Aufbewahrung überlassen hat, an sich genommen hat.

Tschertkow hält sich für einen wahren Vertreter der Lehre Tolstojs und maßt sich an, die Tolstoj-Kinder im Sinne des Vaters zu belehren. »Habe einen langen Brief von Tschertkow erhalten«, notiert Tanja im Tagebuch, »in dem er mir schreibt, ich müsse mich von zwei Dinge befreien – zum einen vom Eigentum, das mir ungerechterweise von Vater zugefallen sei, und von meiner Liebe zu schönen Kleidern.«[56] Tschertkow selbst allerdings, aus einer der wohlhabendsten Familien Petersburg stammend, sollte sich nie von seinem Eigentum »befreien«. Auch auf die Ehefrau seines verehrten Lehrers versucht er einzuwirken, indem er Tanja ans Herz legt, sich Tolstaja anzunähern und ihr dann »in einer Minute großer Nähe« »bescheiden und vorsichtig, aber zugleich bestimmt und ohne Ausflüchte alles zu sagen, was Sie vor Gott über ihren beharrlichen Widerstand gegen Gotte im Angesicht Ihres Vaters denken«.[57]

Als Tschertkow und seine Familie im Sommer 1894 ein Sommerhaus in der Nähe von Jasnaja Poljana anmieten wollen, ist Tolstaja nicht gerade erfreut. Ihr Mann indes macht sich sogleich auf die Suche nach einer geeigneten Bleibe für den Freund, woraufhin Sofja Andrejewna Tschertkow in einem Brief bittet, Tolstoj in dieser Frage nicht unnötig zu behelligen. »Wenn Sie mich fragen«, schreibt Tolstoj daraufhin seinem Freund, »ob sie mit Ihrem Aufenthalt hier einverstanden ist, so muß ich sagen: Nein. Doch wenn Sie fragen, ob ich meine, daß Sie kommen sollten, dann sage ich: Ja. Was ich ihr sage, sage ich auch Ihnen: Wenn es zwischen Ihnen beiden etwas Garstiges gibt, so muß man alle Kräfte anstrengen, um dies zu überwinden, damit Liebe entsteht.«[58]

Im Mai beziehen die Tschertkows ein Haus nur fünf Kilometer von Jasnaja Poljana entfernt. Tschertkow besucht Tolstoj regelmäßig und beginnt, dessen Tagebücher »für die Nachwelt« zu kopieren. Er nimmt Tagebücher und Manuskripte mit, ohne daß der Schriftsteller diesem Tun Einhalt gebietet. Tolstajas Befürchtungen, daß Tschertkow ihr die Rolle als alleinige Hüterin des Werkes ihres Mannes streitig machen wird, haben sich bestätigt.

Es beginnt ein Kampf um die Vorrangstellung beim geliebten Tolstoj, dem Ehemann und Lehrer. Tolstaja weicht Konfrontationen nicht aus. Als sie erfährt, daß ihr Mann sich im Atelier mit Tschertkow, Birjukow und einigen anderen Verlagsleuten des *Posrednik* photographieren ließ, ist sie empört und entsetzt. »Unter Umgehung der Familie überredete man Lew Nikolajewitsch heimlich, sich mit einer Gruppe von *Dunklen* photographieren zu lassen. Die Töchter waren entrüstet, alle Bekannten entsetzt, Ljowa verärgert, und mich packte wütende Verzweiflung. Man macht Gruppenaufnahmen im Gymnasium, bei Picknicks, in Institutionen u. ä. Dies bedeutet also, daß die Tolstojaner eine *Institution* sind. Das Publikum hätte sich darauf gestürzt, alle hätten *Tolstoj und seine Schüler* kaufen wollen. Viele hätten darüber gelacht. Doch ich lasse nicht zu, daß Lew Nikolajewitsch von seinem Sokkel in den Dreck gezogen wird.«[59] Tolstaja fordert im Photoatelier die Herausgabe des Negativs. »Heute nacht habe ich das Negativ mit der Gruppe der Dunklen zerschlagen«, hält sie im Tagebuch fest, »nachdem ich zuvor versucht hatte, mit meinem Brillantohrring das Gesicht Lew Nikolajewitschs herauszukratzen, was aber nicht gelungen war.«[60] Tschertkow rast.

Am 20. Oktober 1894 erliegt Zar Alexander III. im Alter von neunundvierzig Jahren einem Nierenleiden. Sein sechsundzwanzigjähriger Sohn Nikolaj folgt ihm auf den Thron. Die Liberalen setzen ihre Hoffnungen darauf, daß er nach dem strengen Regiment seines Vaters das Land mit Reformen wieder auf den Weg zu einem modernen Staat führen werde. Schon bald indes wird klar, daß der auf die Aufgaben des Thronfolgers nur unzureichend vorbereitete Nikolaj II. den Kurs seines Vaters beibehalten und an der absolutistischen Staatsform unerschütterlich festhalten wird. Die Intelligenzija ist entsetzt, als der junge Regent im Januar 1895 erklärt, die Wünsche mancher Adelsvertreter nach einer Änderung des Regierungssystems seien »sinnlose Träume«, und er werde »die Grundfesten des Absolutismus ebenso fest und unerschütterlich« vertreten wie sein verstorbener Vater.

Seit einigen Monaten arbeitet Tolstoj an der Erzählung *Herr und Knecht*. Im Freundes- und Bekanntenkreis ruft das neue Werk allgemeine Begeisterung hervor. Auch Sofja Andrejewna findet es »wundervoll«. Tolstaja ist überzeugt, daß die Publikation wie in der Vergangenheit gehandhabt werde: Das Recht der Erstveröffentlichung erhält der *Posrednik*, und sie wird die Erzählung in ihre Werkausgabe aufnehmen können. Allein, Tolstoj entscheidet anders. »Bin verärgert, daß er *Herr und Knecht* dem *Sewerny westnik* versprochen hat ...«, hält Tolstaja fest. »Er hätte die Erzählung *ohne Entgelt* im *Posrednik* veröffentlichen, jeder hätte sie für 20 Kopeken erwerben und dieses Werk Tolstojs lesen können – dies kann ich ja verstehen. Doch so zwingt man das Publikum, 13 Rubel zu bezahlen, um die Erzählung lesen zu können. Dies ist der Grund, warum ich die *Ideen* meines Mannes nicht teile: Er ist nicht aufrichtig noch wahrhaftig ... Ach, wie wenig Güte bringt er uns, der Familie, entgegen ... In den Biographien aber wird es heißen, daß er für den Hofknecht das Wasser geschleppt hat, und niemand wird je erfahren, daß er, um seiner Frau ein wenig Erholung zu verschaffen, nicht ein einziges Mal seinem Kind zu trinken gab und in 32 Jahren nicht fünf Minuten bei einem seiner Kinder saß, wenn es krank war, damit ich ein wenig zu Atem käme ...«[61]

»Meine Erzählung hat mir viel Verdruß bereitet«, berichtet Tolstoj Nikolaj Strachow. »Für Sofja Andrejewna war es überaus unerquicklich, daß ich sie dem *Sewerny westnik* übergab, und zu all dem kam noch ein wahnsinniger (absolut jeder Grundlage entbehrender) Anfall von Eifersucht auf Gurewitsch. All dies fiel zusammen mit ihren Frauengeschichten, und wir verlebten furchtbare Tage. Sie war kurz vor dem Selbstmord, und erst heute, nach zwei Tagen, hat sie sich wieder in der Beherrschung und kam zur Vernunft.«[62]

Im Streit erklärt Tolstoj, er werde die Familie verlassen und nie wieder zurückkehren. »Daraufhin verlor ich alle Beherrschung über mich selbst, und damit er mich nicht zuerst verlassen könne, lief ich selbst aus dem Haus und die Gasse hinunter. Er mir nach. Ich im Morgenrock, er in Hosen und Weste, ohne den Kittel ... Ich heulte und schrie, soweit ich mich erinnere: ›Sollen sie mich doch auf die Wache oder ins Irrenhaus mitnehmen!‹ Ljowotschka zog mich zurück.« An den nächsten Tagen setzt sich der Streit fort. Tolstoj geht zu seiner in Tränen aufgelösten Frau, verneigt sich auf Knien vor ihr und bittet, ihm zu vergeben. »Wenn doch nur ein Funke jener Liebe, die in diesem Augenblick in ihm war, für eine lange Frist erhalten bliebe, dann könnte ich noch glücklich werden.«[63]

Tolstoj bittet seinen Freund Strachow, bei Gurewitsch ein Wörtchen der Erklärung einzulegen, da er sich entschieden habe, daß *Herr und Knecht* sowohl im *Sewerny westnik* als auch im *Posrednik* und in der Werkausgabe erscheinen solle. »Sowohl ich als auch der *Posrednik* haben die Erzählung erhalten«, triumphiert Tolstaja, »doch um welchen Preis!«[64]

In ihren Erinnerungen schreibt Tolstaja über diese leidvollen Tage zu Beginn des Jahres 1895: »Mit der Zeit habe ich ganz klar begriffen, daß meine grenzenlose Verzweiflung nichts anderes war als eine Vorahnung von Wanetschkas Tod, der sich kurz danach ereignete.«[65] Der jüngste Sohn der Tolstojs stirbt kurz vor seinem siebten Geburtstag. »Kurz vor seinem Tod sah Wanetschka einmal gedankenverloren aus dem Fenster und fragte mich dann«, erinnert sich Tolstaja, »›Mama, ist Aljoscha (mein frühverstorbener Sohn) jetzt ein Engel?‹ ›Ja, es heißt, daß Kinder, die sterben, bevor sie sieben Jahre alt sind, Engel werden.‹ Darauf sagte er zu mir: ›Es wäre besser, wenn ich auch sterbe, bevor ich sieben bin ... dann wäre ich auch ein Engel.‹«[66] Einige Tage, bevor er stirbt, versetzt Wanetschka alle in Erstaunen, da er plötzlich beginnt, alle seine Sachen zu verschenken, und ihnen Zettel beilegt, auf denen geschrieben steht »Für Mascha zum Andenken« oder »Für den Koch Semjon Nikolajewitsch von Wanja«. »Dann nahm er von der Wand seines Kinderzimmers verschiedene Bildchen ab und brachte sie ins Zimmer seines Bruders Mischa, den er sehr liebte«, berichtet Tolstaja. »Er ließ sich von mir Nägel und einen Hammer geben und hängte alle seine Bilder in Mischas Zimmer auf.«[67]

»Mama, es ist *wieder* da, das Fieber«, klagt Wanetschka, bekümmert und mit Tränen in den Augen, am Abend des 20. Februar. »Ich weiß, daß ich jetzt sterben muß«, sagt er zu seinem Bruder Mischa.[68] Am nächsten Morgen zeigt das Fieberthermometer bereits 40°. »Um drei Uhr des Nachts kam er zu sich, blickte mich an und sagte: ›Verzeih, liebe Mamá, daß man dich geweckt hat.‹ Ich erwiderte: ›Ich habe ausgeschlafen, mein Lieber, wir wachen abwechselnd bei dir.‹ ›Und wer ist nun an der Reihe, Tanja?‹ ›Nein, Mascha.‹ ›Hol Mascha und leg dich schlafen.‹ Und dann begann er, mich zu küssen, so fest, fest und zart: spitzte seine trockenen Lippen und drückte sich fest an mich. Ich fragte ihn: ›Wo tut es dir weh?‹ ›Nichts tut mir weh.‹ ›Aber bist du bedrückt?‹ ›Ja.‹ Danach kam er kaum mehr zu Bewußtsein.«[69] »Mein lieber Wanetschka ist gestern um 11 Uhr des Abends gestorben, mein Gott, und ich lebe«, notiert Tolstaja am 23. Februar verzweifelt im Tagebuch. Für fast zweieinhalb Jahre wird dies ihr letzter Eintrag sein. »Der Kummer, der uns getroffen hat, ist viel größer, als man sich vorstellen kann.«[70]

»Wanetschka war der allgemeine Liebling der Familie«, erzählt Ilja Tolstoj.[71] »Ein zerbrechlicher Knabe, mit länglich-blassem Gesicht und langem, bis zur Schulter reichendem, hellem Haar, der Lew Nikolajewitsch sehr ähnlich sah. An diesem Kindergesicht fielen besonders die tiefen, ernsten, grauen Augen auf, deren Blick, besonders wenn das Kind über etwas nachsann, tiefsinnig und durchdringend war, was die Ähnlichkeit zu Lew Nikolajewitsch noch verstärkte.«[72] »Meine Eltern, vor allem meine Mutter«, schreibt Tanja, »hatten all ihre Liebe, zu der sie im Alter noch fähig waren, auf dieses Kind gerichtet. Außergewöhnlich talentiert und übermäßig liebevoll, war Wanetschka dieser Liebe würdig und zeigte sehr früh eine große geistige Reife.«[73] »Ein besonders vergeistigter, zur Liebe befähigter Knabe«, charakterisiert ihn Tolstoj.[74]

Am 25. Februar wird Wanetschka zu Grabe getragen. Was auf dem Friedhof geschieht, vollzieht sich außerhalb des Bewußtseins der vor Trauer verzweifelten Mutter. »Plötzlich bin ich irgendwohin entschwunden«, schreibt sie ihrer Schwester.[75] »Alles, alles ist von mir gegangen, und das furchtbarste ist, daß mir acht Kinder geblieben sind und ich mich doch ganz allein fühle in meiner Verzweiflung und mich nicht an ihre Existenz hängen kann, obwohl sie gut und liebevoll zu mir sind ... Plötzlich ist das Leben zu Ende.«[76]

»Sie irrte durch das Haus, ohne Ruhe zu finden«, erinnert sich Sascha.[77] »Warum, warum ist Gott so ungerecht zu mir? Wofür? Wofür hat er mir Wanetschka genommen?« schreit Tolstaja. Und einmal bricht es aus ihr heraus: »Warum, warum gerade Wanetschka? Warum nicht Sascha?«[78] Die elfjährige Sascha fühlt sich unglücklich und traurig, daß sie, »die Starke und Gesunde, um die sich niemand kümmerte, am Leben blieb, während er, der von allen Geliebte, zugrunde gegangen ist. Ich weinte und dachte: ›O Gott, o Gott, warum ist Wanetschka, warum bin nicht ich gestorben?‹«[79] Sascha leidet unter dem Verlust des Bruders und unter der Nichtbeachtung der Mutter. »Mamá war nicht imstande, mir eine Liebkosung oder jene Zärtlichkeit zu spenden, nach der ich mich so sehnte ... Wenn ich mich ihr zu nähern versuchte, verstand sie mich nicht. ›Was hast du, Sascha?‹ fragte sie so erstaunt, daß ich augenblicklich zurückwich.«[80] Das verletzte Kind wird der Mutter dies nicht verzeihen.

Tolstoj trauert um seinen jüngsten Sohn, wie er um keines seiner zuvor verstorbenen Kinder getrauert hat. Er versucht, in der religiösen Deutung des Todes Linderung zu finden. »Wozu lebte und starb dieser Knabe?« fragt er sich wieder und wieder. »Er lebte, um in sich die Liebe zu vermehren, in der Liebe zu wachsen, da dies dem, der ihn ins Leben gesandt hat, wohlgefällig war; er lebte, um uns alle mit dieser Liebe zu durchdringen und um die in ihm aufgesproßte Liebe nach seinem Heimgang zu dem, der die Liebe ist, uns zu hinterlassen, auf daß wir uns alle in Liebe zusammenfinden mögen.«[81] In der Verzweiflung seiner Frau sieht Tolstoj die Möglichkeit zu seelischer und geistiger Entwicklung, die sie ihm näherbringen könne. Doch Tolstaja vermag in dem Tod des geliebten Sohnes kein »bedeutendes seelisches Ereignis« zu sehen.[82] »Sonja leidet ebenso wie zu Beginn und kann sich nicht zur religiösen Betrachtungsweise aufschwingen«, notiert Tolstoj.[83] Gleichwohl ist er »rührend« besorgt um seine Frau. Die gemeinsame Trauer um den Sohn läßt die Konflikte in den Hintergrund treten. »Niemals waren wir alle einander so nahe wie jetzt«, schreibt Tolstoj, »und niemals habe ich weder in Sonja noch in mir ein solches Bedürfnis nach Liebe und eine so entschiedene Abneigung gegen jegliche Absonderung und alles Böse empfunden wie jetzt. Nie habe ich Sonja so geliebt wie jetzt.«[84]

Tolstaja sucht Halt in der Religion. Sie verbringt ganze Tage im Gebet in Kirchen, hofft, hier Linderung ihrer Trauer zu finden. Täglich besucht sie den Friedhof, wo Wanetschka neben Aljoscha begraben liegt. Erst im Juni siedelt die Familie wieder nach Jasnaja Poljana über. Tolstoj schreibt an seinem Roman *Auferstehung*, arbeitet auf dem Feld, spielt Tennis und erlernt voller Begeisterung das Fahrradfahren. Bald schon fliegt er wie schwerelos dahin und schockiert Tschertkow mit diesem allzu leichtsinnigen Zeitvertreib. Sofja Andrejewna blickt fast ein wenig neidisch auf die Daseinsfreude ihres Mannes. Für sie ist Jasnaja Poljana, das bei der Aufteilung des Besitzes dem jüngsten Sohn zugefallen war, allein Erinnerung an Wanetschka. »Für mich gibt es nichts: keine Natur, keine Sonne, keine Blumen, kein Baden, kein Wirtschaften, keine Kinder«, schreibt sie der Schwester. »Alles ist tot, über allem liegt Todessehnsucht.«[85]

»Nach Wanetschkas Tod ist Sonja noch *oberflächlicher* geworden«, liest Tolstaja im Oktober im Tagebuch ihres Mannes.[86] »Warum bist Du in Deinen Tagebüchern ... so ausfallend gegen mich?« schreibt sie ihm daraufhin. »Warum möchtest Du, daß alle kommenden Generationen und unsere Enkel auf meinen Namen verächtlich schauen, als oberflächliche, bösartige und Dich unglücklich machende Ehefrau? Wenn es Deinen Ruhm auch mehren mag, daß Du als Opfer dastehst, so sehr zerstört es doch mich! Wenn Du mich einfach ausschimpfen oder sogar schlagen würdest, dafür, daß ich etwas Deiner Meinung nach Schlechtes tue, so wäre mir dies unvergleichlich leichter – denn dies vergeht, doch Deine Worte bleiben ... Wenn wir beide nicht mehr sein werden, wird jeder dieses Wort *oberflächlich* deuten, wie es ihm gefällt, und jeder wird dank Deiner Worte Deine Ehefrau mit Schmutz bewerfen ... Ich weiß, daß *oberflächlich* sich auf die Religion bezieht, doch wer wird dies schon verstehen? ... Wenn es Dir nicht schwerfällt, so streiche doch alle diese gegen mich gerichteten Stellen aus Deinen Tagebüchern. Dies wäre schließlich nur *christlich*. Mich zu lieben, kann ich Dich nicht bitten, doch bitte ich Dich, meinen Namen zu schonen ... Ich schreibe dies voller Schmerz und unter Tränen. Es auszusprechen, werde ich niemals imstande sein ... Verzeih mir, wenn Du kannst. S. Tolstaja.«[87]

»Die ganzen letzten Tage sah ich«, notiert Tolstoj, »daß Sonja etwas quält. Ich kam zu ihr, als sie einen Brief schrieb. Sie bedeutete mir, sie sage es mir später. Heute morgen nun wurde es mir klar. Sie hatte meine schlechten Worte über sie gelesen, die ich in einem Augenblick der Verärgerung geschrieben hatte ... Und nun also hat sie es gelesen. Hat, sie Ärmste, furchtbar gelitten, und mir, die Liebe, statt Vorwürfe zu erheben, diesen Brief geschrieben ...

Bei der Durchsicht der Tagebücher fand ich eine Stelle – es gab mehrere dieser Art –, *wo ich die bösen Worte, die ich über sie schrieb, widerrufe. Diese Worte wurden in Minuten von Verärgerung geschrieben. Hier wiederhole ich es nochmals für alle, welchen diese Tagebücher in die Hände fallen werden.* Ich war häufig verärgert über sie wegen ihrer raschen, unbedachten Art, aber, wie Fet zu sagen pflegte: Jeder hat die Frau, die er braucht. Sie war, und ich sehe bereits wie, jene Frau, die ich brauchte. Sie war die ideale Ehefrau im heidnischen Sinne – von Treue, Familiensinn, Selbstlosigkeit ..., und in ihr ist die Möglichkeit angelegt, christlicher Freund zu sein. Ich habe dies nach Wanetschkas Tod erkannt.«[88]

Tolstoj hält sein Versprechen und tilgt alle entsprechenden Stellen aus den Tagebüchern, die er von Tschertkow zurückfordert, der diese seit Beginn der 1890er Jahre in Verwahrung hat.

Die Briefe dieses Winters sind voller Zärtlichkeit und Liebe, erfüllt von der Hoffnung, es könne gelingen, einen Weg zu Herz und Seele des anderen zu finden. »Das Gefühl, welches ich am Tag Deiner Abreise empfand«, schreibt Tolstoj, »war eine solche Ergriffenheit, ein solches Bedauern und eine ganz neue Liebe zu Dir, eine solche Liebe, die mich ganz in Dich hineinversetzt hat, und durch die ich alles empfand, was auch Du empfandest ... Dieses unser Gefühl ist so eigentümlich wie die Abenddämmerung. Bisweilen nur trüben es Wolken Deines Nichteinverständnisses mit mir und meines mit Dir und dämpfen ihr Licht. Ich hoffe, daß sie, noch bevor es Nacht wird, sich verziehen werden, und der Sonnenuntergang hell und klar sein wird.«[89] »Jene Wolken, die, wie es Dir scheint, bisweilen unsere guten Beziehungen trüben«, antwortet Tolstaja, »– sie sind ganz und gar nicht bedrohlich. Sie sind rein äußerlich – Auswirkungen des Lebens, der Gewohnheiten, der Bequemlichkeit, diese zu verändern, und Schwäche ... Das Innere, die Grundlage unseres Zusammenlebens selbst bleibt unverrückbar und einmütig. Wir beide wissen, was gut und was schlecht ist, und wir beide lieben einander. Dank sei Gott dafür! Und wir beide blicken in eine Richtung, auf den Endpunkt dieses Lebens, haben keine Angst vor ihm, gehen zusammen und streben nach dem einen Ziel – dem Göttlichen. Auf welchen Wegen wir dorthin gelangen, ist letztendlich gleich.«[90]

Tolstajas Trauer um den verstorbenen Sohn ist Ausdruck all ihres Kummers über die ungelösten Widersprüche ihres Lebens der letzten Jahre. »Ich war in einer solch furchtbaren Verzweiflung«, erinnert sie sich, »wie man sie nur einmal im Leben durchlebt.«[91] »Doch unerwartet und zufällig befreite mich aus diesem Zustand die Musik.«[92] Die »Tür zum Verständnis der Musik« öffnet Tolstaja Sergej Iwanowitsch Tanejew.[93] Der Komponist und Pianist, der mit der Familie Tolstoj seit 1889 bekannt ist, ist eine der wichtigsten Persönlichkeiten des Moskauer Musiklebens. Von Nikolaj Rubinstein im Alter von zehn Jahren als Wunderkind entdeckt, studierte er am Moskauer Konservatorium bei Rubinstein und Pjotr Tschaikowsky, dessen Lieblingsschüler er wurde. Bei der Erstaufführung des Ersten Klavierkonzerts Tschaikowskys in Moskau übernahm Tanejew den Solopart. Nach Tschaikowskys Rückzug von der Lehrtätigkeit wurde er 1878 im Alter von zweiundzwanzig Jahren sein Nachfolger als Professor für Harmonielehre und Instrumentation, später übernahm er auch die Professuren in den Fächern Klavier und Komposition und stand dem Konservatorium in den Jahren 1885 bis 1889 als Direktor vor. Seine Schüler waren spätere Berühmtheiten wie Sergej Rachmaninow und Alexander Skrjabin.

In den Wochen nach Wanetschkas Tod ist Tanejew Gast im Moskauer Haus der Tolstojs und spielt für Sofja Andrejewna. Für den Sommer lädt sie ihn nach Jasnaja Poljana ein. Im Juni trifft Tanejew mit seiner alten Kinderfrau Pelageja Wassiljewna auf dem Landgut ein. Seine Mußestunden verbringt er im Kreis der Familie, spielt mit den Kindern Croquet und Tennis, ergeht sich in der Natur bei Ausflügen in die Umgebung und lernt mit Tanja und Mascha Italienisch. Nach dem Essen spielt er mit dem Hausherrn Schach, wobei verabredet ist, daß Tanejew, wenn er verliert, ein Werk nach den Wünschen Tolstojs zum besten gibt, während wiederum Tolstoj, wenn er verliert, aus seinen Werken liest.

Tanejew ist kein gutaussehender Mann. »Ich sehe noch deutlich die kleinen Augen in seinem gutmütigen, roten, von einem kleinen Bärtchen eingerahmten Gesicht, das stets glänzte, als wäre es mit etwas eingefettet«, beschreibt Sascha den Musiker, »sowie seinen fetten Körper, der in den Kleidern keinen Platz zu haben schien, und höre das dünne, glucksende Lachen, das an eine gakkernde Henne erinnerte.«[94] Doch sein Spiel verzaubert Jasnaja Poljana. »Ich entsinne mich«, heißt es in Tolstajas Erinnerungen, »wie ich fieberhaft auf die Abende und das wunderbare Klavierspiel Tanejews wartete, bei dem meine bitteren seelischen Qualen entschwanden. Zuweilen ging ich tagsüber zum Nebengebäude, in dem er wohnte, und ließ mich, von ihm unbemerkt, dort in der Nähe nieder, um seinem Spiel zu lauschen, das aus den geöffneten Fenstern drang ... In diesen Minuten dachte ich nicht mehr an mein Leid, sondern wurde in eine andere Welt getragen, meine Seele beruhigte sich, und fast krankhaft wartete ich darauf, diesen beglückenden Zustand wieder zu erlangen. Tatsächlich habe ich erst damals erkannt, was Musik bedeutet.«[95]

Als Tanejew abreist, überreicht Tolstaja ihm als Erinnerung einige ihrer Photographien, die sie in diesem Sommer aufgenommen hat. Zurück in Moskau, beginnt Sofja Andrejewna, Klavierunterricht zu nehmen und mit ihren »zweiundfünfzig Jahren wieder zu repetieren und ihr Spiel zu vervollkommnen«.[96] Sie besucht Konzerte und reist mit Tanja und Mischa nach Petersburg, um dort der Uraufführung von Tanejews Oper *Orestie* beizuwohnen. Tolstaja verändert sich. »Mein Leben«, bekennt sie der Schwester, »hat sich ganz auf die Musik gerichtet: Nur durch sie lebe ich, übe, besuche Konzerte, ergründe Stücke, kaufe Noten, doch ich sehe ein, daß ich in allem viel zu spät bin und kaum Erfolg habe, und werde traurig. Es hat etwas von Besessenheit, doch was kann man denn von meiner zerschmetterten Seele erwarten?«[97]

Tolstoj lebt sein Leben. Nach wie vor hält er sich vorwiegend in Jasnaja Poljana auf und läßt seine Frau mit den Kindern und ihren Verpflichtungen in Moskau allein. Bei Tanejew findet Tolstaja jenen Trost und jene Ruhe, die ihr Mann ihr nicht zu geben vermag. Sie bewundert seine Musik und liebt die Gespräche mit ihm. Mit ihm fühlt sie sich jung an Körper und Geist. An den

Donnerstagen besucht Tolstaja in eleganter Garderobe in Begleitung der zwölfjährigen Tochter Sascha Konzertabende, wo sie Plätze neben dem Komponisten abonniert hat. Nach den Konzerten bringt sie ihn in ihrem Wagen nach Hause und tauscht sich mit ihm über die Eindrücke des Abends aus. Im Frühling unternehmen sie zu dritt lange Spaziergänge in der Umgebung Moskaus. Wenn sie mit Sascha zum Einkaufen ausfährt, ruft Tolstaja manchmal unvermittelt dem Kutscher zu, bei Tanejew vorbeizufahren, der sie stets freudig empfängt.

Fast jeden Abend sucht Tanejew das Haus der Tolstojs auf. Nachdem die Kinder zu Abend gegessen haben, wird ein weißes Tischtuch aufgelegt, feine Speisen auf dem Tisch drapiert und der Samowar auf dem Silbertablett entzündet. Gegen neun Uhr erscheint der Komponist. Sascha wird zu Bett geschickt. »Heute schmeckten die Waffeln mit Pistazienfüllung so gut. Warum gibt sie mir keine mehr, sondern nur Tanejew, er hat heute alle aufgegessen!« ärgert sich Sascha eifersüchtig. »Und dieses *Lied ohne Worte* von Mendelssohn ist ekelhaft – ich mag es nicht.« »Warum zieht sie ihr schönstes Kleid an, wenn er kommt?«[98] Tolstaja bemerkt die Nöte ihrer Tochter nicht. Wenn Tanejews Musik im Hause erklingt, vergißt sie alles.

Tolstaja sieht in ihren Gefühlen für den Komponisten nichts Unrechtes und versteckt sie nicht. »War irgend etwas falsch daran, daß Mutter sich von der Musik forttragen ließ, oder daran, daß sie ihre Zeit am liebsten mit S. I. Tanejew verbrachte, dem netten, begabten Komponisten und Pianisten?« fragt Sascha später.[99] Auch im folgenden Sommer ist Tanejew Gast in Jasnaja Poljana. Doch dieses Mal wird er vom Hausherrn nicht mehr so freundlich empfangen wie im vergangenen Jahr. »Tanejew ist mir mit seiner selbstzufriedenen, sittlichen und, eigenartig, dies zu sagen, ästhetischen ... Tumbheit und seiner Stellung als coq du village in unserem Hause zuwider. Dies ist mir eine Prüfung. Bemühe mich, nicht durchzufallen.«[100] Zunächst verhielt Tolstoj sich der Beschäftigung seiner Frau mit der Musik gegenüber nachsichtig, hoffte, daß diese ihr in der Trauer um den Sohn Halt zu geben vermöge. Als er jedoch sieht, daß ihre Begeisterung für die Musik zunehmend zur Begeisterung für Tanejew wird, beginnt er Eifersucht zu empfinden. Tanejew wird ihm unerträglich. Tolstoj bemüht sich, den Schein zu wahren. Spielt mit ihm Schach. Lauscht seinem Spiel. Doch er verhält sich ihm gegenüber offiziell und kühl. Eines Abends jedoch hält er sich nicht vornehm zurück. »So können nur Bauern oder Dummköpfe urteilen«, stößt er Tanejew vor den Kopf. Der Musiker verläßt schweigend den Raum.[101] Obwohl Tolstoj ihn um Verzeihung bittet, reist Tanejew einige Tage später ab.

»Tante Sonjas seltsame Beziehung zu Tanejew (ich sage seltsam, weil ich nicht weiß, wie man ein solches Gefühl einer zweiundfünfzigjährigen Frau nennen soll) ging so weit, daß Lew Nikolajewitsch es schließlich nicht mehr aushielt und ihr eine Szene machte«, berichtet Tolstojs Nichte Lisa. »Sie sagt aus Eifersucht, tatsächlich aber aufgrund verletzter Ehre und Empörung. Und dann lief sie nach Koslowka, angeblich, um sich dort auf die Gleise zu legen, blieb dann die ganze Nacht über im Garten verschwunden und hat alle ganz furchtbar gequält. Tanja ist zu den Olsufjews gefahren, und Mascha ist ganz krank geworden von der ständigen nervlichen Anspannung. Ich kann verstehen, daß man eine solche Mutter nicht respektieren kann. Das alles spielte sich im August hier ab, nach der Abreise des ›Mehlsacks mit Musik‹, wie ich ihn nenne. Und an ihr perlt alles ab, wie das Wasser an der Gans: Wie immer ist sie gut gelaunt und munter, hat sich Abonnements für alle Konzerte besorgt und will von nichts etwas hören.«[102]

»Ich würde Ihnen, wie immer, gern ganz offen erzählen, was in mir vorgeht, wenn ich es denn selbst verstünde ...«, schreibt Tolstaja einer Freundin. »Über meine Beziehung zu jener Angelegenheit und jenem Menschen, der, ohne es selbst zu wissen, meinen Familienfrieden gestört hat, kann ich nur sagen, daß ich in diesen Bereich meines Herzens seit seiner Abreise nicht mehr geblickt und mich bemüht habe, nicht daran zu denken. Mir fiel es sehr schwer und dauerte mich, eine solch freundschaftliche Beziehung zu beenden und einen wundervollen, gutherzigen und gütigen Menschen zu beleidigen, doch ebendies wird von mir beharrlich gefordert ...; wenn ich mich an das Leid meines Mannes erinnere, an seine blinde Eifersucht, wird mir angst, ich empfinde Bitterkeit und Scham ... Es ist doch geradezu fürchterlich, an irgendwelche Anschuldigungen zu denken – schließlich bin ich zweiundfünfzig Jahre alt! Es gibt ja auch keine *Anschuldigungen*, und es kann sie nicht geben, es gibt nur die despotische Forderung der unteilbaren Liebe ausschließlich für ihn und die Familie. Und dies also muß ich zu erfüllen suchen.«[103]

Trotz eines Versprechens, daß sie ihrem Mann gegeben hat, teilt Tolstaja ihm mit, daß sie nach Petersburg zu fahren gedenkt, um dort Tanejews Konzert zu besuchen. »Es ist furchtbar, erniedrigend und beschämend, daß ein Fremder, ein überflüssiger und in jeglicher Hinsicht uninteressanter Mensch unser Leben bestimmt«, schreibt Tolstoj ihr daraufhin empört, »die letzten Jahre oder das letzte Jahr unserer Ehe vergiftet, es ist erniedrigend und quälend, daß man sich danach richten muß, wann er wohin fährt, welche Proben er wann abhält ... Und dies ... gerade jetzt, da wir uns immer mehr einander angenähert haben, ungeachtet all dessen, was uns hätte trennen können.«[104] Tolstaja sieht in der Eifersucht ihres Mannes einen Ausdruck seiner gekränkten Eigenliebe. Sie will wegen der Launen ihres Mannes nicht auf »die Freude der Musik« verzichten.

Als sich die Auseinandersetzungen wegen Tanejew auf dem Höhepunkt befinden, erhält Tolstoj die Nachricht, daß seine Freunde Wladimir Tschertkow und Pawel Birjukow aufgrund des Vorwurfs der »Propaganda und rechtswidriger Einmischung in die Obliegenheit bezüglich von Sekten« des Landes verwiesen beziehungsweise verbannt werden sollen. 1896 ist, mit einem Nachwort Tolstojs, ein von Tschertkow und Birjukow verfaßter Aufruf unter dem Titel *Helft!* erschienen, der zur Unterstützung der aufgrund ihres Glaubens verfolgten Duchoborzen aufrief. Die Duchoborzen, eine christliche Sekte, die kirchliche Riten ablehnen und Gewaltlosigkeit leben, waren bereits unter Zar Alexander I. in die Randgebiete Rußlands verbannt worden und sind dort immerwährenden Verfolgungen von seiten des Staates ausgesetzt. Tolstoj bricht umgehend nach Petersburg auf, um sich von seinen Gefolgsmännern zu verabschieden. Seine Frau begleitet ihn. Tolstajas Verhalten gegenüber den Freunden ihres Mannes versöhnt diesen wieder mit ihr. »Deine veränderte Beziehung zu Tschertkow und Birjukow macht mich glücklich.«[105]

Die wiedergefundene Ruhe ist allerdings bald dahin. Als Sofja Andrejewna ihrem Mann mitteilt, daß sie den Musiker erneut nach Jasnaja Poljana eingeladen hat, gerät Tolstoj außer sich. Nach zwei Tagen reist Tanejew jedoch bereits wieder ab. Tolstoj ist zufrieden und zieht sich in seine Arbeit zurück.

Sofja Andrejewna beginnt wieder, leidenschaftlich Klavier zu spielen. Das *Lied ohne Worte* Mendelssohns ist ihr »Gebet«. Ihre Beschäftigung mit der Musik verdrießt ihren Mann. Er fühlt sich durch das ständige Geklimper gestört. »Je mehr ich die Musik liebte, desto mehr lehnte Lew Nikolajewitsch sie ab«, erinnert sich Tolstaja.[106] »Die Musik ist leiblicher Genuß für das Ohr«, sagt Tolstoj. »Zwar ist der Genuß weniger sinnlich als die Geschmacksempfindung des Essens, doch ist sie absolut kein Gefühl der Sittlichkeit.«[107] Tolstaja kann diese Ansicht ihres Mannes nicht teilen. »Weint man denn bei der Befriedigung eines leiblichen Genusses?« fragt sie ihn, der selbst oft von der Musik so sehr bewegt ist, daß ihm die Tränen kommen.[108] »Niemandem, weder dem Dichter noch dem Maler, laufen die Frauen so hinterher wie dem Schauspieler und vor allem dem Musiker«, verurteilt Tolstoj. »Die Musik wirkt geradezu körperlich, bisweilen akut, bisweilen chronisch.«[109]

Tolstoj verachtet den Musiker, der seine Frau »hypnotisiert« hat. Seine Eifersucht ist so groß, daß er ihr am 8. Juli 1897 einen Brief schreibt und sie verlassen will.

»Liebe Sonja!

Seit langem schon quält mich der Widerspruch zwischen meinem Leben und meinem Glauben. Ich habe Euch nicht zwingen können, Euer Leben und Eure Gewohnheiten, die ich selbst Euch lehrte, zu ändern, zugleich habe ich Euch bisher auch nicht verlassen können, da ich dachte, ich würde den Kindern, solange sie noch klein sind, meinen wenn auch geringen Einfluß entziehen und Euch verletzen. So weiterzuleben, wie ich es die letzten sechzehn Jahre tat, bald kämpfend und Euch reizend, bald selbst den Versuchungen erliegend, an die ich mich gewöhnt habe und inmitten derer ich lebe, vermag ich indes auch nicht mehr und habe deshalb beschlossen, das zu tun, was ich schon lange tun wollte – fortzugehen ... Wie die Hindus, wenn sie das sechzigste Jahr erreicht haben, sich in den Wald zurückziehen, wie jeder alte und religiöse Mann die letzten Jahre seines Lebens Gott weihen möchte und nicht Späßen, Wortspielen, Klatsch und Tratsch, Tennis, so sehne auch ich, der ich bald das siebzigste Lebensjahr erreiche, mich von ganzem Herzen nach Ruhe und Zurückgezogenheit ...

Daß ich Dich verlassen habe, heißt nicht, daß ich unzufrieden mit Dir gewesen wäre. Ich weiß, daß Du nicht wie ich sehen und fühlen kannst, buchstäblich *nicht konntest* und deshalb weder Dein Leben ändern noch mir Opfer zu bringen vermagst, für etwas, was Du nicht anerkennst. Deshalb verurteile ich Dich nicht, sondern denke im Gegenteil mit Liebe und Dankbarkeit an die langen fünfunddreißig Jahre unseres Zusammenlebens zurück, besonders an die erste Hälfte dieser Zeit ... In den letzten fünfzehn Jahren aber haben wir uns voneinander entfernt. Ich kann mich nicht für schuldig halten, da ich weiß, daß ich mich weder für mich noch für die Menschen veränderte, sondern weil ich nicht anders konnte. Auch Dich kann ich nicht verurteilen, daß Du mir nicht folgtest, sondern ich danke Dir und werde Deiner stets für alles, was Du mir gabst, in Liebe gedenken. Lebe wohl, liebe Sonja. Dein Dich liebender

Lew Tolstoj.«[110]

Den Brief versteckt er im Polster seines Schreibtischsessels. Erst nach seinem Tod wird Tolstaja ihn gewahr. Zu sehr ist Tolstoj seiner »heidnischen Ehefrau« verbunden. Er bleibt und gibt sich seiner Liebe zu ihr nun rückhaltlos hin. »Papá ist heute so guter Laune«, bemerkt Sascha eines Morgens. »Ja, wenn sie wüßte, daß *Papá* immer aufgrund ebenjener Liebe, die er ablehnt, guter Laune ist«, bemerkt Tolstaja ironisch.[111] »Ich bin ihm nun wieder voll und ganz zu Diensten, er hat sich beruhigt und ist glücklich. Wieder verfügt er über mein ganzes Leben. Bin ich denn glücklich? O nein!

Ich tue, was ich muß, und darin liegt ein wenig Glück, doch oft und zutiefst wünsche ich mir anderes und leide deswegen.«[112]

An ihrem Namenstag spielt Tanejew seine Symphonie für sie. »Mit der Musik Sergej Iwanowitschs ist es wie mit manchen Menschen«, begeistert Tolstaja sich: »je besser man sie kennenlernt, desto mehr liebt man sie. Ich habe beim dritten Hören seiner Symphonie so viele neue Schönheiten in ihr entdeckt.«[113] Einst hatte sie immer »neue Schönheiten« im Werk ihres Mannes entdeckt, das ihr nun fremd ist. »Wir Frauen können nicht ohne Abgott leben ... Lew Nikolajewitsch ist für mich längst kein *Abgott* mehr. Es blieb eine große Verbundenheit zu ihm ... *Doch Glück*, echtes Glück, kann er mir jetzt nicht mehr geben.«[114] Tolstajas neuer Abgott ist Tanejew. »Für Sergej Iwanowitsch empfinde ich Zuneigung, nicht aufgrund seiner äußerlichen Erscheinung, sondern aufgrund seines außerordentlichen musikalischen Talents. Jenes Edle, Ernsthafte und Reine, das in seiner Musik liegt, entspringt ganz offensichtlich seiner Seele.«[115] Zwar begreift Tolstaja in der Tiefe ihres Inneren, daß sie Tanejew idealisiert, und daß er ihre Gefühle wohl kaum beantwortet. Sie fühlt, daß er dem weiblichen Geschlecht mit Desinteresse gegenübersteht und daß seine Verbindung zu seinem Schüler Juscha Pomeranzew möglicherweise mehr ist als ein Lehrer-Schüler-Verhältnis. Die Abhängigkeit von Tanejew wird ihr zur Last, doch sie hat nicht die Kraft, von der Musik zu lassen.

Tolstoj ist weiterhin von der Eifersucht geplagt. Er bleibt lange in Jasnaja Poljana und denkt nicht daran, nach Moskau zu kommen. Als er seiner Frau dies bekennt, notiert sie verständnislos: »Welche *Eifersucht* kann es denn geben – in unserem Alter, es ist eher *Neid*, daß ich noch eine andere Kunst als die seine durch einen anderen Menschen und nicht durch ihn zu lieben begann.«[116] Doch auch sie wird nun eifersüchtig, da er sich ihr wieder einmal entzieht. Als Dušan Makovický, ein Anhänger Tolstojs, nach Moskau kommt und nichtsahnend berichtet, daß Tolstoj einen langen Aufsatz im *Sewerny westnik* zu veröffentlichen gedenke, traut Tolstaja ihren Ohren kaum. Sofort fühlt sie sich an jenen »abscheulichen, furchtbaren Streit« im Februar 1895 erinnert. Damals hatte Tolstoj ihr versprochen, »nichts im *Sewerny westnik* zu veröffentlichen«, um ihr »niemals durch die Erinnerung an diese Geschichte Schmerz zuzufügen«.[117] Tolstaja packt und beschließt, irgendwohin zu fahren. Sie reist in das Dreifaltigkeitskloster von Sergijew Possad, nimmt sich ein Zimmer im Gasthof, wo ihre Tochter Tanja sie findet. Doch Tanja reist allein wieder ab. Sofja Andrejewna besucht den Gottesdienst, fleht um Heilung für ihre kranke Seele. Sie fastet und betet, sie beichtet und nimmt die »geheimnisvolle und poetische Atmosphäre« des Klosters in sich auf. Nach einem Gottesdienst trifft sie auf dem Platz eine Zigeunerin. »Dich liebt ein blonder Mann, traut sich aber nicht; du bist eine Dame von Ansehen und Stand, bist kultiviert, gebildet, er aber liegt nicht auf deiner Linie.«[118] Für einen Rubel und sechzig Kopeken will sie den Liebeszauber sprechen. »Mir wurde unheimlich zumute, und ich wollte den Liebeszauber von ihr sprechen zu lassen. Doch als ich in den Gasthof zurückkehrte und mich bekreuzigte, verstand ich, wie dumm und sündig dies ist.«[119]

Am selben Tag erhält sie ein Telegramm von ihrem Mann, der sie nach Hause zurückruft. »Zu Hause nahm mich Lew Nikolajewitsch mit Tränen in den Augen in Empfang. Wir stürzten einander in die Arme. Er willigte ein ... keine Aufsätze im *Sewerny westnik* zu veröffentlichen, und ich versprach ihm ebenso aufrichtig, mich nicht mehr absichtlich mit Sergej Iwanowitsch zu treffen, L. N. zu Diensten zu sein, ihn zu schonen und alles für sein Glück und für seine Ruhe zu tun.«[120] Der Frieden ist nur von kurzer Dauer. »Ich sagte unvorsichtigerweise, seine Beziehungen zu Gurewitsch seien mir genauso zuwider wie ihm meine zu Tanejew. Ich blickte ihn an und mir wurde angst und bange. Unter seinen in letzter Zeit sehr buschig gewordenen dichten Augenbrauen blitzten böse Augen, ein wilder Gesichtsausdruck, zugleich leidend und häßlich ... Ich frage mich bisweilen, was er mit mir oder mit sich selbst getan hätte, wenn ich tatsächlich in irgendeiner Hinsicht vor ihm schuldig geworden wäre.«[121]

Trotz ihres Versprechens kann Tolstaja von Tanejew nicht lassen. Im Juli reist sie zu ihrer Schwester nach Kiew. Auf dem Weg dorthin besucht sie die Familie Maslow, bei denen der Komponist zu Gast ist. Tanejew spielt Chopin, das *Morgenständchen* von Schubert und Händel. Am nächsten Tag unternimmt man einen Ausflug in den Wald und photographiert. Als Tolstaja nach einigen Tagen mit ihrer Schwester nach Jasnaja Poljana kommt, ist ihr Mann außer sich vor Zorn. Tolstoj protokolliert ihren Streit. Die Überschrift lautet: *Ein Dialog*.

»Sie: ›Ich hege keine Gefühle für ihn als Mann, sondern für den Menschen ...‹

Ich: ›Das ist nicht wahr. Und es ist schlecht für dich, daß du dieses Gefühl verheimlichst ...‹

Sie: ›Ich befrage mich selbst absolut offen: welches Gefühl ich für ihn hege und was ich erwarte. Ich wünsche nichts anderes, als daß er mich einmal im Monat besuchen kommt, mit mir zusammenkommt und ein wenig für mich spielt.‹

Ich: ›Mit diesen Worten gestehst du doch ein, daß du ein besonderes Gefühl für diesen Menschen hegst. Es gibt doch keinen anderen Menschen, dessen Besuch einmal im Monat dir so viel Freude bereitete.‹ ...

Sie: ›Es ist immer ein und dasselbe. Eine Qual. Andere betrügen ihre Ehemänner und man quält sie nicht so wie mich. Warum? Weil ich die Musik zu lieben begann. Man kann einem schlechte Handlungen vorwerfen, aber doch nicht Gefühle. Wir haben doch keine Macht über sie. Niemand hat aber schlecht gehandelt.‹

Ich: ›Ach nein? Und die Reise nach Petersburg, hierhin und dorthin, alles wegen der Musik?‹

Sie: ›Was ist denn daran Besonderes?‹

Ich: ›Was daran Besonderes ist? Du lebst dein Leben ausschließlich dafür. Du bist eine Konservatoriumsdame geworden.‹

Diese Worte regen sie schrecklich auf ... Sie wird geradezu hysterisch ...

Sie: ›Das alles ist Lüge, Pharisäertum, Betrug. Betrüge die anderen, ich durchschaue dich!‹

Ich: ›Was ist dir? Ich wollte nur das Beste.‹

Sie: ›In dir ist nichts Gutes. Du bist bösartig, ein Tier. *Ich werde gute und liebe Männer lieben, aber nicht dich. Du bist ein Tier* ...‹«[122]

»Des Nachts kam es wieder zu einem Streit über die Eifersucht«, notiert Tolstaja, »wieder Geschrei, Beschimpfungen, Vorwürfe. Meine Nerven hielten das nicht mehr aus, irgendein Ventil, das im Gehirn für Gleichgewicht sorgt, sprang heraus, und ich verlor die Selbstbeherrschung. Ich hatte einen schrecklichen Nervenzusammenbruch, ich zitterte am ganzen Körper, ich heulte, sagte schreckliche Dinge, erschrak. Ich erinnere mich nicht mehr genau, was mit mir vorging, doch es endete damit, daß ich regelrecht erstarrte.«[123] Fast zwei Tage bleibt Tolstaja im ihrem abgedunkelten Zimmer, ißt nicht. »Ich empfand nur Grabesstille, Leblosigkeit und Finsternis. Alle schauten zu mir herein, doch ich liebte niemanden, bereute nichts und wollte und wünschte einzig den Tod. Gerade bin ich an den Tisch gestoßen, und Lew Nikolajewitschs Porträt fiel auf den Boden. So stoße ich ihn auch mit diesem Tagebuch von jenem Sockel, den er sich sein Leben lang so sorgsam errichtete.«[124]

»Am Abend habe ich das erste Kapitel einer neuen Erzählung begonnen«, notiert Tolstaja im Oktober 1897. »Ich spüre, daß sie gut wird. Doch wem soll ich sie zur Begutachtung geben? Ich möchte sie am liebsten heimlich schreiben und veröffentlichen.«[125] *Lied ohne Worte* wird sie ihre Erzählung nennen, in Erinnerung an jenes Musikstück Mendelssohns. Wie einst in jungen Jahren als Ehefrau, als sie voller Enthusiasmus die Romane ihres Mannes abschrieb, sitzt sie nun wieder oft bis tief in die Nacht an ihrem kleinen Sekretär. »Die Liebe zur Musik«, erläutert sie später die Hauptidee ihrer Erzählung, »soll nicht mit anderen Gefühlen erdrückt werden, sie soll rein und unschuldig sein wie die Natur ... Wenn man sich in einen Maler oder Musiker verliebt, so schließt dies an sich schon die Liebe zur Kunst aus.«[126]

Tolstaja verarbeitet in der Erzählung ihre Hinneigung zur Musik und ihre Freundschaft zu Tanejew. Die Protagonistin, Alexandra Alexejewna, Sascha, ist nach dem Tod ihrer Mutter von der Trauer überwältigt. Nach Monaten bitterer Niedergeschlagenheit begreift sie, daß ihre Seelennot nicht nur im Verlust der Mutter liegt, sondern in ihrer unglücklichen Ehe. Ihr Mann, Pjotr Afanassjewitsch, ein guter Ehemann, doch ohne künstlerische Interessen, ist ein ausdrucksloser Beamter einer Versicherungsgesellschaft. Seine größte Leidenschaft ist sein Garten. Für die Bedürfnisse seiner jungen, musikalisch begabten Frau ist er blind.

Für die Sommermonate mietet die Familie ein abgelegenes Haus auf dem Lande. Nur ein kleines, gelbes Sommerhaus befindet sich in der Nähe, in das ein Musiker einzieht. »In der weichen Stille der Mainacht ertönte plötzlich klar vernehmbar die klangvolle Melodie des *Lied ohne Worte* von Mendelssohn.« Zum ersten Mal nach dem Tod ihrer Mutter »fühlt Sascha sich mit dem Leben versöhnt«.[127] Jeden Tag begibt sie sich nun dorthin und wartet darauf, erneut das Spiel des unbekannten Musikers zu hören. Als dieser einmal unerwartet auf die Terrasse tritt, läuft Sascha peinlich berührt davon. Bei einem Spaziergang begegnen sie sich wieder, und der Nachbar, Iwan Iljitsch, wie er sich vorstellt, begleitet sie nach Hause. Nach dem Tee spielt er dem Ehepaar eine Beethoven-Sonate vor. »›Das also ist Musik‹, dachte Sascha erstaunt. ›Warum habe ich dies bis jetzt nicht gewußt?‹«[128]

Als er beim nächsten Mal bei Sascha und ihrem Mann zu Gast ist, spielt Iwan Iljitsch wieder für sie. »In diesem Augenblick ergriff der Musiker ganz von ihr Besitz; dieses Ergreifen ihrer Seele war stärker und bedeutender, als es das des Körpers jemals sein konnte ... Sascha blickte Iwan Iljitsch ergeben und voller Leidenschaft an, und er ... begriff plötzlich seinen Triumph und seine Macht über die junge Frau, die er durch die Musik unterworfen hatte.«[129]

Gegen Ende des Sommers fährt Sascha für einige Tage ins Dreifaltigkeitskloster. Als sie zurückkehrt, ist Iwan Iljitsch bereits abgereist. In ihrem Zimmer findet sie einige Notenblätter und eine Notiz von ihm. »Er verabschiedete sich von ihr in kühl-ungelenken Wendungen und bat sie, ihr die Romanze widmen zu dürfen, die er in ihrer Abwesenheit schrieb.«[130] Sascha wagt es lange nicht, in die Noten zu blicken. Doch dann singt sie die Romanze wieder und wieder, ist erschüttert über die Macht der Musik, die so viel Leidenschaft in ihr hervorruft.

Zurück in Moskau besucht Sascha Konzerte, legt mehr Wert

auf ihr Aussehen als früher, geht oft aus. Sie sehnt sich nach Iwan Iljitsch. Als er eines Abends unerwartet bei ihr erscheint, fällt sie vor Aufregung fast in Ohnmacht. Er spielt Klavier, und Sascha fühlt, »daß sie verloren ist«.[131] Mendelssohns *Lied ohne Worte*, das sie »seit jenem Abend im Mai« nicht mehr gehört hat, erklingt unter Iwan Iljitschs Händen so ausdrucksvoll wie nie zuvor: »Sie begriff, daß diese Melodie, die ihr einst Ruhe und Glück geschenkt hat, nun Furcht und eine krankhafte, quälende Erregung in ihr hervorrief. Sie zog sie zu jenem hin, der durch sie Besitz von ihr ergriffen hatte – das Künstlerische hatte den Bereich des Entzückens verloren und war zu einem irdischen Gefühl geworden. Es hatte seine Reinheit verloren.«[132]

Sascha will ihre Zuneigung zu Iwan Iljitsch bezwingen und meidet ihn. Auf einem Spaziergang findet Sascha sich plötzlich auf einer Brücke wieder. Den Gedanken, sich ins Wasser zu stürzen, wischt sie beiseite und eilt zu ihrer Freundin. Sascha verfällt dem Wahnsinn. »Das *Lied* ihrer Liebe zu Iwan Iljitsch war *ohne Worte* zu Ende gesungen, und dies vernichtete ihr Leben.«[133]

Wie ihre Erzählung *Eine Frage der Schuld* ist auch Tolstajas *Lied ohne Worte* voller Analogien zu ihrem eigenen Leben. Doch die Erzählung ist nicht nur autobiographisches Dokument, sondern zeigt vor allem in den höchst poetischen Beschreibungen von »Seele« und »Sprache« der Natur deutlich die literarische Begabung Tolstajas. Gleichwohl sieht sie auch diesmal von einer Veröffentlichung ab. Möglicherweise fürchtete sie den Skandal.

Im Gegensatz zu ihrer Protagonistin Sascha gelingt es Tolstaja, ihr seelisches Gleichgewicht wiederzuerlangen. Dabei hilft ihr auch die Arbeit an der Erzählung. Und die Musik. Von ihrem Traum der romantischen Liebe indes muß sie endgültig Abschied nehmen. Tanejew ist lange Zeit ahnungslos, daß er der Grund zahlreicher Eifersuchtsszenen im Hause Tolstoj ist. Doch dann kommen auch ihm die Gerüchte zu Ohren. Er zieht sich zurück, weicht seiner einstigen Musikfreundin aus. Tolstaja kann sich mit dem Bruch der Freundschaft lange Zeit nicht abfinden. Im April 1904 schreibt sie Tanejew einen »peinlichen« Brief, wie es in Tanejews Tagebuch heißt. Aus seinem Antwortschreiben wird deutlich, daß Tolstaja ihn um eine Erklärung gebeten haben muß, warum er in einer Konzertpause seinen Platz neben ihr verlassen habe. Es sei nicht schwer, dies zu erklären, antwortet er ihr, denn schließlich habe »jedermann, der ein Konzert besucht, das uneingeschränkte Recht, in der Pause seinen Platz zu wechseln. Allein, die in Ihrem Brief angesprochenen Fragen betreffen eine ganze Reihe von Fakten, Beziehungen und Mißverständnissen, so daß es nicht leicht sein wird, sich darüber zu verständigen, um so mehr fühle ich mich nicht in der Lage, dies mündlich zu tun, wie Sie dies wünschen.«[134] Erst ein Jahr später kommt es zur Aussprache. »Um fünf Uhr kam Sergej Iwanowitsch ...«, notiert Tolstaja am 30. September 1905. »Aussprache über die Vergangenheit ... Gut und freundschaftlich.«

Auch die Tolstoj-Kinder streben nach einem irdischen Glück, das der Vater mit Skepsis betrachtet. Nur Ilja ist seit 1887 verheiratet und hat mittlerweile vier Kinder. Im Juli 1895 heiratet der älteste Sohn Sergej zweiunddreißigjährig Maria Ratschinskaja, eine Freundin seiner Schwester. Schon nach einem Jahr gehen die Ehegatten auseinander. Als das Paar sich bereits getrennt hat, wird der gemeinsame Sohn geboren, der Sergejs einziges Kind bleiben wird.

Anfang des Jahres 1896 erhalten die Tolstojs vom siebenundzwanzigjährigen Ljowa die Mitteilung über seine Verlobung. Er hält sich, nach vielen erfolglosen Behandlungen seiner langen Krankheit, zur Kur in Schweden auf und hat sich dort in die siebzehnjährige Tochter seines Arztes Doktor Westerlund verliebt. Der Vater nimmt die Verlobung des Sohnes wohlwollend auf. »Deine Heirat gefällt mir sehr ... Alles, was ich bisher über Dora weiß, ist mir angenehm –, daß sie Schwedin ist, daß sie sehr jung ist und daß ihr beide einander liebt. Wie ich Dir ja schon schrieb, kann ich nicht nicht der Überzeugung sein ..., daß es besser sei, nicht zu heiraten, wenn jemand dies tut, um Gott mit allen Kräften zu dienen. Doch wenn man dies nicht kann, dann muß man heiraten und alles, was man selbst nicht erreicht, seinen Kindern übergeben.«[135] Die Hochzeit findet am 15. Mai in Schweden statt. Nach der Hochzeitsreise lebt das junge Paar erst einige Zeit im Haus der Westerlunds in der Nähe von Uppsala, dann kehrt Ljowa nach Rußland zurück und läßt sich mit seiner Frau zunächst auf Jasnaja Poljana nieder. Ein Jahr später wird am 8. Juni 1898 das erste Kind geboren, ein Sohn, der auf den Namen des Großvaters und des Vaters getauft wird: Lew der Dritte.

Kurze Zeit später trägt sich auch der einundzwanzigjährige Andrej mit Heiratsplänen. Er ist verliebt in Olga Dieterichs, die Schwägerin Tschertkows. Tolstaja ist von der Wahl ihres Sohnes nicht angetan. »Wenn diese Ehe zustande kommen sollte, so wird sie wohl nicht lange halten«, schreibt sie ihrem Mann. »Überhaupt ist nur wenig Erfreuliches daran: Sie ist einige Jahre älter als er, hat ein kühles, unsympathisches Wesen, ist mittellos, und Andrjuscha wird nicht für sie sorgen können.«[136] Doch sie findet sich mit den Plänen des Sohnes ab. Vor der Hochzeit mit Olga muß allerdings ein anderes Eheversprechen gelöst werden. Die um ihre Hoffnung betrogene Verlobte Jelena Gurieli, die Tochter eines georgischen Fürsten, unternimmt daraufhin einen Selbstmordversuch, und der Schriftsteller bittet in langen Briefen für das Verhalten seines Sohnes um Verständnis. Nach der Hochzeit im Januar 1899 leben Andrej und Olga einige Zeit auf Jasnaja Poljana, und die Ehefrau gehört rasch ganz zur Familie. Sie wird eine der zahlreichen Helferinnen Tolstojs und hilft bei den Abschriften der Manuskripte des Schriftstellers. Tolstaja gewinnt ihre Schwiegertochter lieb, und es gefällt ihr gar nicht, daß ihr Sohn schon bald »grob, despotisch und nörglerisch« mit seiner Frau, die zudem noch schwanger ist, umspringt. Tolstaja wird mit ihrer Ahnung, daß die Ehe nicht lange halten werde, recht behalten. Nicht einmal fünf Jahre später wird Andrej seine Frau Olga und seine zwei Kinder verlassen. Sein ganzes Leben wird er ein Schwerenöter bleiben.

Auch Tanja und Mascha, die sich vor einigen Jahren den Wünschen des Vaters gebeugt und ihre Heiratspläne aufgegeben hatten, wollen ein eigenes Glück. Als erstes begehrt Mascha auf. Sie verliebt sich in Nikolaj Obolenski, den Sohn Lisa Obolenskajas, der Nichte Tolstojs. Koljascha, wie man ihn nennt, wohnt als Student während der Vorbereitungen auf sein Abschlußexamen bei den Tolstojs in Moskau, ist ein gutaussehender, verwöhnter junger Dandy, »nicht dumm, ehrlich ... und von ruhigem Charakter«, wie Tolstaja befindet.[137] Doch sie stört sich an seinem Lebensstil. Er steht spät auf, besucht nur selten seine Vorlesungen, zieht es vor, sich im Hause herumzudrücken und französische Romane zu lesen. Mascha ist entschlossen, dieses Mal ihrem Glück nicht zu entsagen. Tolstoj versucht, seine Enttäuschung über die Tochter zu verbergen. Da die finanzielle Lage der Familie Obolenski nicht gut ist, gibt er Mascha zu verstehen, er habe nichts dagegen einzuwenden, wenn sie ihren Teil des Vermögens, auf den sie bei der Aufteilung des Besitzes großmütig verzichtet hatte, nun doch annehme. »Das Leben, das Du zuletzt geführt hast, mehr der Zerstreuung und dem Luxus ergeben als früher, und der Lebensstil Koljaschas erfordert ein ordentliches Sümmchen, mit dem ihr auskömmlich leben könnt ... Hast Du vor, Dir Deinen Vermögensanteil auszahlen zu lassen? ... Bitte, vergiß den Gedanken, meine Einstellung ... zu Dir könnte sich ändern, wenn Du dies tätest.«[138] Am 2. Juni 1897 findet die Hochzeit statt. »Mascha hat geheiratet, sie tut mir so leid«, schreibt der Vater, »so leid wie ein vollblütiges Pferd, das man zum Wasserschleppen mißbraucht.«[139] Von Maschas Vermögensanteil erwirbt das Ehepaar ein Landgut. »Mascha hat sich ganz ihrem Mann hingegeben«, hält Tolstaja fest, »und wir existieren kaum noch für sie ... Ich bin froh, daß sie in Liebe lebt, dies ist ein großes Glück.«[140] Doch auch ihre Liebe zum Vater lebt Mascha weiterhin. Das junge Ehepaar verbringt viel Zeit bei den Tolstojs, und auch der Schwiegersohn wird ein tätiger Helfer Tolstojs. Gleichwohl ist das Eheleben nicht allzu glücklich. Mascha wünscht sich sehnlich Kinder, doch sie hat eine Fehlgeburt nach der anderen. Tolstoj beruhigt die Tochter damit, daß das Geistige höher stehe als das Körperliche.

Auch Tanja begreift, daß sie die »dummen Träume ihrer Jugend« von einer glücklichen Liebe nur schwer aufzugeben vermag. Immer mehr fühlt sie sich zu Michail Suchotin, einem alten Freund der Familie, hingezogen. Schon mit siebzehn Jahren hat sie von ihm geschwärmt. Nun ist sie zweiunddreißig und verliebt sich aufs neue in den verheirateten, fast fünfzigjährigen Familienvater. Mit seiner Frau verbinden Suchotin seit langem nur noch die sechs gemeinsamen Kinder, doch da sie an einer schweren Krankheit leidet, verläßt er sie nicht. Tanja plagt das schlechte Gewissen und zugleich schämt sie sich vor dem Vater, da sie erneut so tief gesunken ist, sich zu verlieben. »Er ist der größte Gegenspieler meiner Verliebtheiten«, erkennt sie, »den bis jetzt noch niemand besiegte.«[141] Tanja versucht, ihre Beziehung zu Suchotin zu beenden, doch dieser hofft, sie nach dem Tod seiner Frau, um deren Gesundheit es immer schlechter bestellt ist, zu heiraten.

Die Beziehung Tanjas zu Suchotin beunruhigt die Eltern. Die Mutter fürchtet, die Tochter könne sich kompromittieren, der Vater ist eifersüchtig und unzufrieden. Er will sich nicht von der Vorstellung trennen, die älteste Tochter, die nach Tatjana Jergolskaja, seinem geliebten Tantchen Toinette, benannt wurde, werde deren Beispiel der selbstaufopfernden Jungfer folgen. Zur selben Zeit macht ihm seine sinnlich entbrannte Frau mit ihrer Verehrung zu Tanejew zu schaffen. »Ich habe das Gefühl, daß in letzter Zeit alle Frauen liebestoll sind und sich herumtreiben wie die Katzen«, schreibt er an Mascha.[142]

Nach dem Tod von Suchotins Frau teilt Tanja ihrem Vater ihre Absicht, den Witwer zu heiraten, mit. »Ich habe Deinen Brief erhalten, liebe Tanja«, antwortet Tolstoj ihr, »doch ich kann Dir nicht so antworten, wie Du es erwartest. Ich verstehe, daß sich ein verdorbener Mann durch die Heirat erretten kann, doch warum ein unschuldiges Mädchen *aller dans cette galère* will, ist mir unbegreiflich. Wenn ich eine junge Frau wäre, würde ich um nichts auf der Welt heiraten ... Du hast ohne diese Sucht gelebt, nun aber scheint Dir, daß Du ohne sie nicht mehr leben kannst. Doch man kann es.«[143] Tanja sagt Suchotin ab. Erst zwei Jahre später entscheidet sie sich für ihre Liebe zu ihm. »Ein Brief von Tanja«, notiert Tolstaja im Oktober 1899, »sie schreibt, sie sei glücklich und ruhig, wissend, daß sie sich in gute Hände gibt. Das heißt also, daß sie Suchotin heiratet.«[144] Am 14. November 1899 ist die Hochzeit. »Alle äußerliche Gelassenheit fiel von Lew Nikolajewitsch ab«, hält Tolstaja im Tagebuch fest; »beim Abschied von Tanja, als sie, selbst schmerzbewegt und betrübt, im einfachen grauen Kleid und Hut zu ihm nach oben ging, bevor sie zur Kirche aufbrach, weinte Lew Nikolajewitsch so sehr, als ob er sich von allem, was ihm im Leben lieb und teuer gewesen war, verabschiedete.«[145] Die Eltern nehmen nicht an der Zeremonie teil. »Ich segnete sie und nahm mich vor ihr zusammen«, schreibt Tolstaja der Schwester. »Doch als ich in ihr verwaistes Zimmer trat, ergriff mich eine solch wilde Verzweiflung, ich weinte so, wie ich nach Wanetschkas Tod geweint hatte.«[146]

Nach dem Gottesdienst kommen die Gäste zusammen. »Es war eine solch düstere Stimmung, als ob es eine Beerdigung wäre und nicht eine Hochzeit.«[147] Am nächsten Tag reist das Paar nach Italien ab. »Tanja ist aus irgendeinem Grunde mit Suchotin weggefahren«, trägt Tolstoj in sein Tagebuch ein. »Bedauernswert und abstoßend. Seit siebzig Jahren verringere ich meine Meinung über Frauen, und doch muß ich sie weiter und weiter verringern. Frauenfrage! Wieso denn nicht Frauenfrage! Nur besteht sie nicht darin, daß die Frauen beginnen, über ihr Leben selbst zu bestimmen, sondern darin, daß sie aufhören, ihr Leben zu zerstören.«[148] Kurze Zeit später erleidet Tolstoj eine schwere Gallenkolik, die ihn für fast zwei Wochen ans Bett fesselt.

Nach der Rückkehr von der Hochzeitsreise lassen sich Tanja und ihr Mann auf dem Landgut Suchotins in Kotschety nieder. »Seit sieben Monaten bin ich nun verheiratet«, notiert sie. »Niemals hätte ich gedacht, daß die Ehe ein solches Glück bedingen kann, und als ich heiratete, habe ich damit nicht gerechnet und dies auch nicht erwartet. Seither gestaltete sich das Leben unerwartet und unverdient glücklich.«[149]

»Sprach lange mit Ljowotschka über Mischa, über mich selbst, über seine Arbeit«, notiert Tolstaja im November 1898. »Er sagt, seit den Zeiten von *Krieg und Frieden* sei er nicht mehr in solch einer künstlerischen Schaffenslaune gewesen, und mit seiner Arbeit an *Auferstehung* sei er sehr zufrieden.«[150] Seit Juli 1898 hat Tolstoj die Arbeit an seinem Roman *Auferstehung* wieder aufgenommen. Die ganze Familie übernimmt das Übertragen in die Reinschrift: die Ehefrau, die Töchter Tanja und Mascha, die Schwiegertochter Olga und der Schwiegersohn Koljascha. Tolstaja ist nicht besonders erbaut vom neuen Werk ihres Mannes. Sie stört sich am Inhalt – es geht um die Verführung einer jungen Frau, Katjuscha, deren Leben daraufhin zerbricht und die als Prostituierte endet –, vor allem aber daran, daß ihr Mann seinen Roman gegen eine beträchtliche Summe, die er den Duchoborzen zukommen lassen will, zu verkaufen gedenkt. Nachdem die Verfolgung der religiösen Gemeinschaft, deren Überzeugungen jenen Tolstojs nahestehen, immer größere Ausmaße angenommen hat, haben die Duchoborzen in einem Gesuch an die Regierung die Genehmigung zur Ausreise aus Rußland erbeten, das Ende 1897 von seiten der Behörden positiv beschieden wurde. Die Regierung Kanadas gewährt ihnen Zuflucht.

Tolstoj nimmt sich der Duchoborzen an. Es muß Geld für die Überfahrt von siebentausend Menschen gesammelt werden. Da durch Spenden nicht genügend Geld zusammenkommt, beschließt Tolstoj, den Duchoborzen ein Werk zu schenken, und entscheidet sich für *Auferstehung*. Froh, einen Vorwand für seine Rückkehr zur literarischen Arbeit gefunden zu haben, die ihm mittlerweile fast ebenso sündig scheint wie die sinnliche Liebe, beginnt Tolstoj mit leidenschaftlicher Energie an *Auferstehung* zu arbeiten. Bereits nach wenigen Monaten ist der Roman so weit fortgeschritten, daß Tolstoj ohne Wissen seiner Frau erste Verhandlungen mit Verlegern führt. Im Oktober 1898 schließt er eine »Vereinbarung« mit Adolf Fjodorowitsch Marks, dem Herausgeber der illustrierten Wochenzeitschrift *Niwa* [Feld], in der ein Honorar in Höhe von 1000 Rubel pro Druckbogen festgelegt und ein Vorschuß in Höhe von 12 000 Rubel vereinbart wird.

Die Pläne ihres Mannes, das Honorar zu spenden, bringen Tolstaja auf. »Ich kann in meinem Herzen kein Mitleid empfinden für Menschen, die den Kriegsdienst ablehnen, weshalb an ihrer Stelle verarmte Bauern zu den Soldaten müssen, und die außerdem noch eine Million fordern, um aus Rußland weggebracht zu werden ... Es geht mir einfach nicht in Kopf und Herz, daß dieser Roman, nachdem L. N. auf seine Autorenrechte verzichtet und dies in Zeitungen verkündet hat, für eine riesige Summe an den Verleger Marks verkauft wird und das Geld nicht den Enkeln zukommen soll, die kein Weißbrot haben, und auch nicht seinen Kindern, die in Armut leben, sondern den uns völlig fernstehenden Duchoborzen, die ich niemals lieber haben kann als meine eigenen Kinder. Doch dafür wird die ganze Welt um Tolstojs Anteil an der Hilfe für die Duchoborzen wissen, die Zeitungen und die Historiker werden darüber schreiben. Die Kinder und Enkel sollen ruhig Schwarzbrot essen.«[151]

Der älteste Sohn Sergej unterstützt das Engagement des Vaters für die verfolgte Religionsgemeinschaft. Er reist mit Leopold Sulershizki, einem Freund der Familie und Anhänger Tolstojs, in den Kaukasus, um dort die Ausreise der Duchoborzen zu organisieren, und begleitet eine der Gruppen bei ihrer Fahrt über den Ozean nach Kanada. »Ein Brief von Serjosha«, notiert Tolstaja Ende Dezember, »der wunderschön die Abreise der Duchoborzen ... aus Batumi beschreibt. Zweitausend Menschen brachen auf, und inzwischen ist auch Serjosha schon unterwegs (ein Telegramm kam), ebenfalls mit zweitausend Duchoborzen, und alle nach Kanada ... Ihre Abfahrt hatte etwas Erschütterndes und Feierliches, wie Serjosha schreibt. Sie stimmten Hymnen an, als der Dampfer ablegte – was mag diese siebentausend Menschen nach ihrer fünfundzwanzigtägigen Überfahrt erwarten, an unbekannten Orten, ohne Kenntnisse der Sprache und ohne allzu viel Geld?«[152]

Das ganze Jahr 1899 arbeitet Tolstoj an den Korrekturen seines Romans. Wie immer exzessiv. Streicht ganze Seiten, ergänzt, verändert. Die Familie und bisweilen auch Gäste unterstützen ihn. Auch die Zensur »arbeitet« mit. Alles, was den Unmut der Wächter über die Autorität des Staates und der Kirche erregt, muß gestrichen oder geändert werden. Die Veröffentlichung des ersten Teils des Romans wird enthusiastisch gefeiert. »Wie haben sich hier alle gefreut«, schreibt der Kritiker Wladimir Wassiljewitsch Stassow dem Schriftsteller aus der Hauptstadt, »als es sich herumsprach, daß *Auferstehung* nicht sechzig, nicht achtzig, sondern hundert und mehr Kapitel umfassen wird ... Nicht nur hier, wie ich glaube, sondern in ganz Rußland wartet man mittlerweile überall darauf, daß am Freitagmorgen der Austräger der *Niwa* läutet. Überall sind die Freitage zu Feiertagen geworden ... Welch wunderbares Wunder ist Ihre *Auferstehung*!«[153]

Im Zentrum des Romans steht zunächst das Schicksal des Protagonisten Nechljudow und seine Wandlung von einem ausschweifend lebenden jungen Mann, der Schuld auf sich lädt, zu einem die Wahrheit erkennenden, verantwortungsvoll handelnden Menschen. Im Laufe der Arbeit am Roman indes wird die Figur der Prostituierten Katjuscha Maslowa zum Mittelpunkt des Werks.

An einem heiteren Frühlingstag tritt eine junge Frau in Sträflingskleidung unter Bewachung aus dem schmutzigen, stinkenden Gefängnis. Am selben Tag erscheint Fürst Dmitri Iwanowitsch Nechljudow bei Gericht, um seine Pflicht als Geschworener wahrzunehmen. In der Prostituierten Maslowa, die wegen des Giftmords an einem Freier angeklagt ist, erkennt Nechljudow das einstige Mündel seiner Tanten, das er »im Rausch der Leidenschaft verführt und dann verlassen und an das er sich später niemals mehr erinnert hatte«.[154]

»L. N. las abends aus dem Werk vor, an dem er zur Zeit arbeitet – *Auferstehung* ...«, trägt Tolstaja im September 1898 in ihr Tagebuch ein. »Ich bin beeindruckt von der Schönheit der Nebenepisoden und Details ...«[155] Zugleich jedoch stört sie die »Falschheit« des Romans. »Es quält mich, daß L. N., ein siebzigjähriger Alter, mit besonderem Geschmack, wie ein Feinschmecker sich ein gutes Essen schmecken läßt, die fleischliche Liebe eines Stubenmädchens mit einem Offizier beschreibt. Ich weiß, denn L. N. hat mir dies selbst ausführlich erzählt, daß er in dieser Szene sein eigenes Verhältnis mit dem Stubenmädchen seiner Schwester in Pirogowo beschreibt. Ich habe diese Gascha, die jetzt auch eine fast siebzigjährige Frau ist, später selbst gesehen, er hat sie mir selbst gezeigt – was bei mir Verzweiflung und Abscheu auslöste.«[156]

Tolstajas Unmut über den Roman wird von zahlreichen Puritanern geteilt, die in *Auferstehung* ein unmoralisches Buch sehen. Ein Quäker in England soll das Buch nach der Lektüre der zentralen Verführungsszene gar verbrannt haben. Tolstajas Mißfallen liegt indes nicht in puritanischer Bigotterie begründet, sondern in den autobiographischen Bezügen des Romans. Die Figur des Nechljudow ruft in ihr die Erinnerung an die Vergangenheit ihres Mannes wach, die ihr zu Beginn ihrer Ehe so viel Leid bereitet hatte. Diese Erinnerung läßt sie deshalb voreingenommen auf die Prostituierte Katjuscha blicken, in der sie nicht das Opfer sozialer Umstände zu erblicken vermag, sondern allein eine »jener Kreaturen«, »die unsere Ehemänner, Söhne, Väter und alle Männer aufsuchten. Und wir, die reinen, unschuldigen jungen Frauen folgen diesen Kreaturen nach.«[157]

Doch *Auferstehung* ist ein Buch über die Liebe Katjuschas. Nicht der religiöse Nechljudow, sondern Katjuscha wird durch die Liebe emporgehoben. Nechljudow, der erwartet hatte, Katjuscha werde seine Reue und seinen Wunsch, ihr zu helfen, freudig annehmen und »wieder Katjuscha werden, sah zu seinem Entsetzen, daß Katjuscha nicht mehr existierte, sondern einzig Maslowa«.[158] Eine Maslowa, die ganz und gar nicht möchte, daß irgend jemand sie errette, die sich ihrer Lage als Prostituierte nicht nur nicht schämt, ja sie gar für »wichtig und gut« hält.[159] »Geh fort von hier. Ich bin eine Verurteilte und du ein Fürst«, schreit Katjuscha Nechljudow wütend an, als er ihr sagt, er fühle sich vor Gott verpflichtet, sie zu ehelichen. »Einst hast du dich in diesem Leben mit mir vergnügt, und nun willst du dich in jenem Leben durch mich erretten!«[160] Durch die Liebe jedoch wird aus der Prostituierten Maslowa wieder Katjuscha.

Zunächst will Tolstoj den Roman mit dem Familienglück Nechljudows und Katjuschas enden lassen. »Er heiratet sie doch nicht«, verkündet Tolstoj seiner Frau an seinem siebzigsten Geburtstag. »Heute habe ich alles zu Ende gebracht, d. h. entschieden, und so ist es gut!« »Natürlich heiratet er sie *nicht*«, erwidert Tolstaja. »Ich sage es dir schon seit langem: würde er sie heiraten, so wäre das *unglaubwürdig*.«[161]

Die Kompromißlosigkeit, mit der Tolstoj die zeitgenössische Gesellschaft in seinem Roman anklagt, läßt niemanden ungerührt. »Der Roman beschreibt vieles, was in seinem mutigen Realismus Zola übertrifft. Tolstoj ist in seinen Ansichten unversöhnlich und legt die schreckliche Wahrheit mit beherzter Offenheit und unerschütterlicher Furchtlosigkeit bloß«, heißt es zustimmend.[162] Die konservative Kritik hingegen sieht in Tolstojs neuem Werk eine »Karikatur der herrschenden Ordnung und der Gesellschaft«, welche die Grundfesten von Staat und Kirche untergrabe.[163] Die Machthaber bereiten ihren Gegenschlag vor.

Der Schriftsteller selbst ist – wie immer – unzufrieden mit sich und seinem neuen Werk. »Ich denke«, schreibt er, »daß die Natur, ebenso wie sie den Menschen den Geschlechtstrieb verliehen hat, damit das Menschengeschlecht nicht aussterbe, einigen Menschen einen gleichermaßen sinnlos und unbeherrschbar scheinenden Trieb zu künstlerischer Beschäftigung gibt ... Dies ist die einzige Erklärung dieser seltsamen Erscheinung, daß ein nicht eben dummer, siebzigjähriger Greis sich mit solchen Nichtigkeiten wie dem Schreiben eines Romans beschäftigt.«[164]

»In Rußland herrschen zwei Zaren: Nikolaj II. und Lew Tolstoj«, schreibt der Herausgeber der Zeitschrift *Nowoje wremja* [*Neue Zeit*]. »Wer von ihnen ist mächtiger? Nikolaj II. kann gegen Tolstoj nichts unternehmen, seinen Thron nicht ins Wanken bringen, während Tolstoj dagegen den Thron Nikolaj II. und seiner Dynastie zweifellos ins Wanken gebracht hat.«[165]

In seiner eigenen Familie indes fühlt sich der ungekrönte Zar Rußlands, auf dessen Wort die Welt hört, unverstanden. »Meine Situation in der Familie ist seltsam. Vielleicht lieben sie mich ja, doch sie brauchen mich nicht, eher bin ich ihnen *encombrant*; wenn sie mich brauchen, dann ebenso wie alle anderen. Ihnen in der Familie ist aber weniger als anderen begreiflich, warum mich alle anderen brauchen. Niemand hört auf den Propheten im eigenen Land.«[166]

»Lew Nikolajewitsch klagt über Einsamkeit, über *Verlassenheit* ... – wir alle sind es überdrüssig, nur für ihn dazusein«, schreibt Tolstaja im Tagebuch. »Er war glücklich, als ihm drei Frauenleben untertan waren: die der beiden Töchter und meines. Wir schrieben für ihn ab, umsorgten ihn, kümmerten uns emsig um seine ... vegetarische Ernährung und ließen ihn niemals und nirgends allein. Und nun hat auf einmal jede von uns ein Recht auf ihr eigenes Leben eingefordert.«[167]

Mit den Söhnen stehen die Dinge noch schlechter. »Welch seltsamen und schlimmen Eindruck machen auf mich meine Söhne, die Grundbesitzer sind und das Volk für sich arbeiten lassen. Wie sehr plagt das mein Gewissen ... Ob ich schuldig bin, da ich mein Land nicht den Bauern schenkte? Ich weiß es nicht.«[168] »Wir liebten ihn nicht nur«, schreibt der Älteste, Sergej Tolstoj, »sondern er nahm in unserem Leben einen sehr großen Platz ein. Doch wir fühlten, daß er unsere Persönlichkeit einengt, so daß wir uns zuweilen von seinem Einfluß frei machen wollten.«

Die beiden ältesten Söhne leben in bescheidenen Verhältnissen auf ihren Gütern. Sergej, der als einziger ein Studium abgeschlossen hat, ist nicht dem Rat des Vaters gefolgt, er solle »die Straßen kehren«, wenn er sich nützlich machen wolle. Seine Stellung als Landeshauptmann hat er aufgegeben und widmet sich dem Komponieren. Ilja, der eine vielköpfige Familie versorgen muß, ist von ständigen Geldsorgen geplagt. Besonders Lew leidet unter der erdrückenden Übermacht seines Vaters. Einst überzeugter Anhänger der Ideen Tolstojs, wird er zunehmend zu seinem erbitterten Gegner. Ständig sucht er die Auseinandersetzung mit ihm, wirft ihm Heuchelei und Inkonsequenz vor und macht sich über die Adepten Tolstojs lustig. »Ich glaube nur wenig an mich selbst«, bekennt er. »Wenn man in jenem Lichte steht, das den bedeutenden Vater erleuchtet, empfindet man sich selbst als unbedeutend ...«[169] Nach der Publikation erster literarischer Arbeiten veröffentlicht Lew Tolstoj II. 1898 seine Erzählung *Ein Prelude Chopins*, eine offene Polemik gegen die *Kreutzersonate*. Der frisch verheiratete Lew sucht das Familienglück, das er für recht und billig hält, literarisch zu verteidigen. Tolstoj ist ungehalten. »Ljowa sprach über seine Erzählung«, notiert er. »Ich sagte ihm verächtlich, daß es eben genau nicht von ›Kultur‹ zeugt (sein Lieblingswort), was er getan hat, ganz zu schweigen davon, daß seine Erzählung dumm und talentlos ist.«[170]

Die beiden jüngsten Söhne, Andrej und Michail, sind mittlerweile Anfang Zwanzig. An ihrer Erziehung und Ausbildung hat

Tolstoj keinerlei Anteil genommen. Für alle Unzulänglichkeiten, die er an ihnen sieht, gibt er seiner Frau die Schuld. »Sie haben keine Ideale«, hält er im Tagebuch fest. »Sie sehen, daß jenes, welches ihnen die Mutter beibringt, das Leben nach dem *Comme il faut*, keiner Kritik standhält, und meines wird ihnen verächtlich gemacht. Und sie sind glücklich darüber. So bleibt nur eines – das Vergnügen. Und so leben sie denn auch.«[171]

Die Hoffnungen Tolstajas, Andrej werde nach seiner Heirat Vernunft annehmen, haben sich nicht erfüllt. Er lebt weiterhin zügellos, gibt sich ganz den weltlichen Versuchungen hin. Auch der kluge und musikalisch begabte Mischa bereitet der Mutter Verdruß. 1898 tritt er, nachdem er das Lyzeum ohne Abschluß verlassen hat, in die Armee ein und führt das müßige und ziellose Leben seinesgleichen. Zweiundzwanzigjährig heiratet er im Januar 1901 seine Jugendliebe Lina Glebowa, die aus bester Familie stammt. Zur Hochzeit reist eigens der Großfürst Sergej Alexandrowitsch, ein Onkel des Zaren, nach Moskau an, wie Tolstaja stolz im Tagebuch verzeichnet.

Die jüngste Tochter Sascha bereitet Tolstaja auf das Examen der Hauslehrerin vor. Sie widmet ihr und dem Unterricht viel Zeit, ist aber oft allzu streng mit der ungeliebten Tochter. Sascha ist ein schwieriges Kind, das mit seinen Launen auf sich aufmerksam zu machen versucht. Sie genießt im Vermittlungsbüro für Gouvernanten einen zweifelhaften Ruf, und bald will keines der Fräulein eine Anstellung im Hause Tolstoj mehr annehmen: »*Ah! La petite Sacha Tolstoy! Non, merci!*«. Die fehlende Liebe der Mutter sucht Sascha beim Vater, den sie abgöttisch liebt und verehrt. Langsam kommen sich der Vater und seine jüngste Tochter näher. Der Protest gegen die Mutter findet seinen Ausdruck in der Weigerung der Fünfzehnjährigen, die Mutter am Karsamstag in die Kirche zu begleiten. Der Vater bittet sie, trotz allem mit der Mutter in die Kirche zu gehen. Für Sascha ist das lange Gespräch mit dem Vater der »Beginn der gegenseitigen Verbundenheit«, die mit den Jahren immer stärker werden und sich später gegen die Mutter richten wird.[172]

Trotz allem ist das Zusammenleben auf Jasnaja Poljana Ende

der 1890er Jahre recht ungetrübt, und die Ehegatten scheinen in stillem Einverständnis die Verschiedenheit ihrer Anschauungen zu respektieren. »Gerade bin ich aufgestanden, und das erste, was ich tun wollte, ist es, Dir, lieber Ljowotschka, zu schreiben«, beginnt Tolstaja den Brief an ihren Mann am achtunddreißigsten Hochzeitstag, »und jenes Tages zu gedenken, der uns für die vielen Jahre, die wir nun schon miteinander leben, vereinte. Zuerst war ich traurig, daß wir heute nicht beieinander sind, doch dann wandte sich mein Herz mit inniger Zärtlichkeit der Erinnerung an unser gemeinsames Leben und Dir zu, und da verspürte ich den Wunsch, Dir für das einstige Glück, das Du mir gabst, zu danken und zu bedauern, daß es nicht unser ganzes Leben lang so stark, still und vollkommen bleiben konnte. Ich küsse Dich, gib auf Dich acht, und laß uns noch lange und noch besser miteinander leben. Deine Sonja Tolstaja.«[173]

Mancherlei Familiennöte nähern die Ehepartner einander an. »Beendete das alte Jahr und begann das neue mit großem Kummer«, notiert Tolstaja im Januar 1901. »Am Weihnachtstag, dem 25. Dezember, erhielt ich die Nachricht vom Tod des Enkels Ljowuschka, der am Vorabend um neun Uhr verstorben war ... Ljowa ... gibt sich selbst, seiner Frau und allen anderen die Schuld am Tod seines Sohnes ... Ihr Leid ist fürchterlich! All meine Qualen nach Wanetschkas Tod erhoben sich vom Grund meiner Seele ... Wieder diese offene Grube, das wächserne Gesichtchen, umrahmt von Hyazinthen und Schneeglöckchen, diese Ruhe des Todes und der wahnsinnige Schmerz derer, die zurückblieben. Dann die Nachricht, daß Tanja ein totes Mädchen zur Welt gebracht hat.«[174] Ende Januar hat auch Mascha erneut eine Fehlgeburt.

»Wenn Sie in den Zeitungen die Nachricht von der Exkommunikation Tolstojs lesen (vermutlich haben Sie es schon gelesen), so denken Sie nicht, dies sei eine Zeitungsente. Es ist die reine Wahrheit«, schreibt der Schriftsteller Vladimir Korolenko einem Freund im Ausland. »Die Exkommunikation wurde gestern (den 25. Februar) den Nachrichtenagenturen mitgeteilt. Die russischen Agenturen müssen so etwas wohl ... zum ersten Mal vermelden. ›Exkommunikation‹, weitergeleitet durch die Telegraphenkabel. Ein Paradox der Geschichte zu Beginn des 20. Jahrhunderts!«[175]

Tolstoj selbst erfährt von seiner Exkommunikation aus der Zeitung. Der Heilige Synod der orthodoxen Kirche bezeichnet ihn als »neuen Verkünder einer Irrlehre«, der seine »ihm von Gott geschenkte literarische Begabung für die Verbreitung einer Lehre, die Christi und der Kirche widerspricht« nutze.[176] Als Vorwand für die Exkommunikation Tolstojs, dessen Standpunkte der Kirche schon lange ein Dorn im Auge sind, dient die Beschreibung eines Gottesdienstes in der Gefängniskapelle in *Auferstehung*. Die Szene war zwar von der Zensur aus dem Roman getilgt worden, erreichte die Leser aber durch eine Vielzahl von illegal kursierenden Abschriften. Auch der Ehefrau des Schriftstellers ist diese Szene wegen des »vorsätzlichen Zynismus bei der Beschreibung eines Gottesdienstes« zuwider. »Zum Beispiel: ›Der Priester hielt dem Volk eine vergoldete Darstellung des Kreuzes hin, an dem, *wie an einem Galgen*, Jesus Christus hingerichtet war.‹ Die Gaben des Abendmahls nennt er *Brotsuppe im Kelch*. Das ist eifernd und zynisch, eine schwere Verunglimpfung derer, die daran glauben.«[177] Trotzdem ist Sofja Andrejewna loyal ihrem Mann gegenüber und empört über die Selbstherrlichkeit der Kirchenfürsten. »Dümmer hätte man es wirklich nicht anstellen können«, schreibt sie ihrer Schwester. »Am Tag, als es bekannt wurde, und auch an den folgenden sind derart viele anteilnehmende Briefe, Telegramme und Adressen, körbeweise Blumen u. a. bei uns eingegangen. Alle ohne Ausnahme entrüsten sich und halten das Vorgehen des Synod für peinlich. Das Beste ist allerdings, daß Ljowotschka an ebendiesem Tag, dem 24. Februar, einen Spaziergang machte und auf dem Lubjanskaja-Platz jemand ironisch sagte: ›Da ist er, der Teufel in Menschengestalt!‹ Viele blickten sich um und erkannten ihn und begannen zu rufen: ›Hurra, Lew Nikolajewitsch! Wir grüßen Sie, Lew Nikolajewitsch! Hurra! Ein Hoch auf den großen Menschen!‹, und ähnliches in diesem Sinne.«[178]

Voller Zorn über die Exkommunikation ihres Mannes verfaßt Tolstaja einen offenen Brief an die Kirchenfürsten und an Pobedonoszew, in dem sie ihrem Protest flammend und selbstbewußt Ausdruck verleiht: »Mein Kummer und meine Entrüstung über den Ratschluß der Kirche kennen keine Grenzen, jener Kirche, der ich angehöre und von der ich mich niemals entfernen werde, jener Kirche, die, von Christus begründet, im Namen Gottes alle bedeutsamen Ereignisse eines Menschenlebens – die Geburt, die Eheschließung, den Tod, die menschlichen Freuden und den menschlichen Kummer – segnen soll, die laut und vernehmlich das Gesetz der Liebe, der allseitigen Vergebung, der Liebe zu den Feinden, zu all jenen, die uns hassen, verkündet und die für alle beten soll. Auf Grundlage dieser Überlegungen ist mir der Ratschluß des Synods unbegreiflich. Er wird bei den Menschen keine Zustimmung hervorrufen ..., sondern Empörung und große Verehrung und Mitgefühl für Lew Nikolajewitsch ... Ich kann mich nicht enthalten, auch meinen Kummer über jene geheime Verfügung des Synods zu erwähnen, Lew Nikolajewitsch im Falle seines Todes eine christliche Beisetzung zu verwehren. Wer soll denn damit bestraft werden? Der Verstorbene, der davon nichts mehr weiß, oder seine ihm Nahestehenden, seine Familie, die gläubig ist? Wenn dies eine Drohung sein soll, dann gegen wen oder was? Sollte ich wirklich für die Aussegnung meines Mannes und für die kirchliche Gebetsverrichtung für seine Seele keinen Priester mit Anstand ausfindig machen können, der angesichts des wahren Gottes der Liebe die Menschen nicht fürchtet, oder eben einen ohne Anstand, den ich zu diesem Zwecke mit einer bedeutenden Summe bestäche?

Doch all dies ist unbedeutend für mich. Für mich ist die Kirche ein Abstraktum und als ihre Diener erkenne ich nur jene an, welche die Bedeutung der Kirche wahrhaft erkennen ... Die Schuld für den sündigen Abfall von der Kirche tragen nicht jene Verirrten, welche die Wahrheit zu erkennen suchen, sondern jene, welche sich stolz als ihre Oberhäupter bezeichnen und, statt Liebe, Vergebung und Güte zu üben, zu geistigen Henkern all derer werden, die eher Vergebung von Gott erlangen werden, da sie in Frieden und fern aller irdischen Versuchungen ein Leben in Liebe und Hilfe für den Nächsten leben, wenngleich auch außerhalb der Kirche, als jene strafenden und den Kirchenbann aussprechenden Hirten, die mit Brillanten besetzte Mitren und Insignien tragen.«[179]

Die Veröffentlichung von Tolstajas Brief wird umgehend verboten. Gleichwohl wird er in Abschriften und Hektographien in Rußland verbreitet und im Ausland von den Zeitungen gedruckt. Der Metropolit Antoni sieht sich gezwungen, der empörten Gräfin Tolstaja zu antworten und sie in der wahrhaft christlichen Lehre zu unterweisen. »Nicht das ist grausam, was der Synod tat, indem er Ihren Mann als von der Kirche abgefallen bezeichnete, sondern grausam ist vielmehr, was er selbst sich antat, indem er sich vom Glauben an Jesu Christus, den Sohnes des lebendigen Gottes, unseren Heiland und Erlöser, lossagte. Dagegen hätten sich Ihr Kummer und Ihre Entrüstung schon seit langem wenden sollen ...

Sie erhalten aus aller Welt Bezeugungen des Mitgefühls. Ohne darob verwundert zu sein, meine ich doch, daß dies kein Anlaß der Genugtuung sein sollte. Denn es gibt die Ehre bei den Menschen, und es gibt die Ehre bei Gott.«[180]

Die Antwort des Kirchenoberen berührt Tolstaja nicht. »Alles richtig, doch gefühllos. Ich aber hatte meinen Brief in einer einzigen Herzensaufwallung geschrieben – und er ging um die ganze Welt und hat die Menschen durch seine Aufrichtigkeit *mitgerissen.*«[181]

Tolstoj selbst reagiert auf die Exkommunikation recht gelassen und erzählt voller Ironie von kuriosen Briefen im Zusammenhang mit dem Kirchenbann. Doch dann beschließt auch er, eine Antwort an den Heiligen Synod zu verfassen. Der Ratschluß sei »ungesetzlich oder bewußt zweideutig verfaßt«, legt er dar und unterstreicht noch einmal seine Ablehnung der »unerklärlichen Dreieinigkeit Gottes«, der »entstellenden Geschichte von der jungfräulichen Geburt des Gottessohnes« und nicht zuletzt des Geheimnisses der Eucharistie, womit er ja den Zorn der Kirchenführung auf sich gezogen hatte. Am Ende des Briefes legt er sein Verständnis von Religion dar: »Ich glaube an Gott, der für mich Geist, Liebe, das Prinzip aller Dinge ist. Ich glaube, daß Er in mir ist und ich in Ihm bin. Ich glaube, daß Gottes Wille ganz klar und verständlich ausgedrückt ist in den Lehren des Menschen Jesus, den als Gott zu betrachten und anzubeten ich für die größte Gotteslästerung halte.«[182] Selbstredend kann Tolstojs Antwort an den Synod nur in Abschriften und Hektographien die russischen Leser erreichen.

6 *Ich lebe, ohne zu leben*

Im Juni 1901 erkrankt Tolstoj schwer an Malaria. »Der Arzt ... sagt, der morgige Tag entscheide alles«, schreibt Tolstaja ihrer Schwester. »Nach und nach kommen die Kinder zusammen ... Ich bin wie erstarrt, gehe hoffnungsbar einher, alles ist dumpf in mir, alles ist stehengeblieben. Bisweilen sitze oder liege ich des Nachts neben ihm und verspüre einen solch großen Wunsch, ihm zu sagen, wie teuer er mir ist und wie sehr ich ihn allein geliebt habe.«[1]

Tolstoj gibt sich keinen Illusionen über seinen Zustand hin. »Ich stehe jetzt am Scheideweg: Geht es vorwärts (zum Tod), ist es gut, geht es rückwärts (zum Leben), dann auch. Wenn es diesmal vorüber geht, so ist es nur ein Aufschub.« Gerührt von der Fürsorge seiner Frau, wird Tolstoj mild und demütig. »Danke, Sonja«, sagt er ihr. »Glaube bloß nicht, daß ich dir nicht dankbar bin und dich nicht liebe ...« »Die Tränen erstickten ihm die Stimme, und ich küßte seine lieben, mir so vertrauten Hände und sagte, es mache mich glücklich, ihn zu pflegen, ich fühlte mich zutiefst vor ihm schuldig, und falls ich es nicht vermocht haben sollte, ihm genügend Glück zu geben, so möge er mir verzeihen, und wir umarmten einander unter Tränen – das war es, was mein Herz schon lange ersehnte: das ernste, tiefempfundene Bekenntnis unserer Nähe während des ganzen neununddreißigjährigen gemeinsamen Lebens ...«[2]

Nach seiner Genesung schreibt Tolstoj seinem Bruder: »Die ganze Zeit während meiner Krankheit fühlte ich mich sehr, sehr gut. Nur eines störte und stört mich: ob es denn auch so gewesen wäre, wenn nicht die Fürsorge mir die Krankheit und die Schmerzen erleichtert hätte. Wenn ich verlaust auf einem Ofen voller Kakerlaken gelegen hätte, im Geschrei der Kinder und Weiber, und niemand dagewesen wäre, der mir zu trinken gibt.«[3]

Die Gräfin Sofja Wladimirowna Panina, eine der reichsten Frauen Rußlands, stellt dem Schriftsteller ihre Sommerresidenz in Gaspra an der Südküste der Krim zur Erholung zur Verfügung. Am 5. September bricht Tolstoj, begleitet von seiner Frau und der Tochter Sascha, dem Ehepaar Obolenski, Pawel Boulanger, einem Freund und Mitarbeiter des Verlags *Posrednik*, dem Arzt Lew Bertenson, dem Freund und Pianisten Alexander Goldenweiser und einigen Bediensteten auf. Boulanger, der als Beamter in Diensten der Eisenbahn steht, hat dafür Sorge getragen, daß die Reise in einem komfortablen Reisewaggon mit mehreren Schlafabteilen, Küche, Eßraum und Salon mit einem Flügel zurückgelegt werden kann. Auf dem Bahnhof in Charkow hat sich eine Menschenmenge versammelt, die dem Schriftsteller das Geleit geben möchte. Trotz aller Bemühungen kann Tolstaja es nicht verhindern, daß ihr Mann Abordnungen von Verehrern empfangen muß, die Grüße und Genesungswünsche überbringen wollen. Dann ertönen Rufe, Tolstoj möge sich wenigstens für einen Augenblick am Fenster zeigen. »Schwach, erregt erhob er sich, hielt sich am Fenster fest und lehnte sich hinaus ... Der dritte Pfiff ertönte. Wie aus einem Munde erklang ein tausendstimmiges ›Hurra!‹ Die Menschen winkten mit Taschentüchern, Hüten und riefen: ›Werden Sie gesund! Kommen Sie heil wieder zurück! Beschütze Sie Gott!‹«[4]

Von Sewastopol, wo Tolstoj einst als junger Offizier im Krieg gekämpft hat, reist man mit zwei Equipagen weiter. Gegen Abend fahren die Gäste in den Park des Anwesens ein, wo sie am Portal von der Dienerschaft und dem deutschen Verwalter mit Brot und Salz empfangen werden. Der Prediger des schlichten, bescheidenen Lebens findet sich in einer Umgebung von unfaßbarem Luxus wieder: »Ich lebe hier in einem so wunderbaren Palazzo wie nie zuvor«, berichtet er seinem Bruder. »Ein Park mit Grünanlagen und Springbrunnen, eine Freitreppe aus Marmor usw. Und dazu noch die eindrucksvolle Schönheit des Meeres und der Berge. Zu allen Seiten Wohlhabende und allerlei Großfürsten, deren Reichtum noch zehnmal größer ist.«[5] Die »eindrucksvolle Schönheit des Meeres und der Berge«, deren prachtvolles Panorama von der oberen Terrasse der Villa jeden Betrachter in Entzücken versetzt, versöhnt den Schriftsteller mit all dem zur Schau gestellten Luxus.

Im warmen Klima bessert sich Tolstojs Zustand rasch. Schon

bald beginnt er zu arbeiten und empfängt Besucher. Mit Anton Tschechow führt er lange Gespräche auf der Terrasse. Tolstoj lobt seine Erzählungen, Tschechows Dramen indes hält er für »schwächer als jene Shakespeares«, wobei er schon von jenen Shakespeares nicht übermäßig viel hält. Tschechow quittiert diese Kritik mit einem Lachen. Auch Maxim Gorki ist häufiger Gast. »Graf Lew Tolstoj ist ein genialer Künstler ...«, schreibt er später. »Ich bewunderte ihn, aber ich gewann ihn nicht lieb. Er ist ein unaufrichtiger Mensch, maßlos in sich selbst verliebt ... Seine Demut ist Heuchelei, und geradezu abstoßend ist sein Wunsch, für seine Überzeugungen zu leiden. Überhaupt ist ein solcher Wunsch der Wunsch eines kranken, verstümmelten Geistes, in diesem Fall eines großen in sich selbst Verliebten, der im Gefängnis sitzen will, damit seine Autorität noch bedeutender werde. Er erniedrigt sich selbst mit seiner Angst vor dem Tode und seiner mitleiderregenden Koketterie damit.«[6]

Im Januar 1902 erkrankt Tolstoj an Lungenentzündung. Ärzte aus Moskau und Petersburg eilen den örtlichen Kollegen zu Hilfe. Wieder findet sich die Familie ein. »Mein Ljowotschka liegt im Sterben ...«, notiert Tolstaja verzweifelt.[7] Nach einem Monat geht es Tolstoj besser, und er ist wieder »fordernd und gar nicht zartfühlend«.[8] Je gesünder er wird, desto weniger nimmt er von seiner Frau Kenntnis. »Was ich in der Beziehung mit Ljowotschka voraussah, ist tatsächlich auch eingetroffen: Sobald aufgrund seiner Hinfälligkeit sein Verhältnis zu seiner Frau als seiner Geliebten zu Ende ging ..., da trat an diese Stelle nicht das, was ich mein Leben lang erträumt hatte – stille, zärtliche Freundschaft, sondern es trat vollkommenen Leere ein.«[9]

Tolstaja fühlt sich einsam. Die Alltagssorgen bedrücken sie, der Trubel in der Familie macht ihr zu schaffen. Sich an der Schönheit der Natur zu erfreuen, dazu fehlt ihr die Kraft. »Ein klarer Tag, Mondnächte, doch ich bin tot, so tot wie die hiesige Felsennatur und das langweilige Meer. Vor dem Fenster zwitschern unentwegt die Vögel, doch seltsamerweise gehören weder die Vögel noch die am Fenster summende Fliege noch der Mond zur Krim, vielmehr erinnern die Vögel an den Frühling in Jasnaja Poljana oder Moskau, die Fliege an die Sommerhitze während der Erntezeit und der Mond an unseren Garten in Chamowniki, an den Heimweg nach Konzertbesuchen ...«[10] Im April geht es Tolstoj bereits so gut, daß seine Frau für einige Tage fliehen kann. Sie reist nach Moskau und Jasnaja Poljana, um dort nach dem Rechten zu sehen und geschäftliche Angelegenheiten zu regeln. Als sie zurückkehrt, liegt Tolstoj mit Typhus darnieder. Doch auch dieses Mal gelingt es ihr, den geliebten Mann gesund zu pflegen. Unermüdlich. Tag und Nacht.

»Ich sah sehr wohl«, berichtet Maxim Gorki, »in welchem Sturm vergifteter ›Kleinigkeiten des Lebens‹ Tolstaja herumgewirbelt wurde, die bemüht war, den Frieden des Kranken zu wahren, seine Manuskripte zu schützen, es all den Kindern recht zu machen, die Zudringlichkeit all der ›aufrichtig Mitfühlenden‹ zu unterbinden ... und alle mit Essen und Trinken zu bewirten ... In diesem Wirbel von alltäglichem Staub wurde Sofja Andrejewna von morgens bis abends hin- und hergeschleudert, biß nervös die Zähne zusammen, kniff die klugen Augen zusammen und erstaunte durch ihre Unermüdlichkeit, ihre Fähigkeit, immer zur rechten Zeit dort zu sein, wo es nötig war, jeden zu beruhigen, und das Schnaken-Gesumm oberflächlicher Menschen, die alle miteinander unzufrieden waren, zum Verstummen zu bringen.«[11]

Nach zehnmonatigem Aufenthalt treten die Tolstojs und ihr Gefolge Ende Juni 1902 die Rückreise an. Die Ärzte raten Tolstoj, nur noch auf dem Lande zu leben, und die Familie kehrt zum ständigen Wohnsitz in Moskau nicht mehr zurück. »Für mich persönlich wäre es leichter, in Moskau zu leben«, trägt Tolstaja in ihr Tagebuch ein. »Dort sind viele Menschen, die ich liebe, es gibt viel Musik und ernste, unschuldige Zerstreuung – Ausstellungen, Konzerte, Vorträge, Umgang mit interessanten Menschen. Mit meinen verdorbenen Augen fällt es mir schwer, mich an den langen Abenden auf dem Lande zu beschäftigen, und so wird es mir dort nur langweilig sein. Doch ich bin mir bewußt, daß es in Moskau für Lew Nikolajewitsch des Lärms und der Besucher wegen *unerträglich* wäre, und darum werde ich zufrieden und glücklich in meinem geliebten Jasnaja Poljana leben und ab und zu nach Moskau fahren.«[12] Nach der Rückkehr siedelt Tolstoj mit seinem Arbeitszimmer aus dem Erdgeschoß in die beiden sonnendurchfluteten Zimmer mit dem Balkon im ersten Stock über. Von nun an haben die Ehegatten getrennte Schlafzimmer.

Im Hause Tolstoj kehrt Ruhe ein. Der Schriftsteller »verrichtet eifrig seine geistige Arbeit, als ob er sich beeile, im Leben noch vieles zu schaffen«.[13] Er nimmt die Arbeit an der Erzählung *Hadschi Murat* wieder auf, deren erste Entwürfe aus dem Jahr 1896 stammen. Tolstaja überträgt das neue Werk ihres Mannes »mit großem Vergnügen« ins reine. Schon zu Beginn der Arbeit prophezeite sie: »Ich glaube, daß dies sehr gut wird; ein episches Werk.«[14] Sie selbst macht sich voller Enthusiasmus an die mittlerweile elfte Auflage der Werkausgabe ihres Mannes.

Im März 1904 stirbt in Petersburg, sechsundachtzigjährig, Alexandrine Tolstaja. Und schon im August gilt es, wieder von einem vertrauten Menschen Abschied zu nehmen. Tolstoj fährt nach Pirogowo zu seinem Bruder Sergej, der qualvoll an Krebs dahinscheidet. »Serjosha ist tot«, notiert Tolstoj drei Tage nach dem Verlust des Bruders. »Still, ohne Bewußtsein, ohne jedes ausgesprochene Bewußtsein, daß er stirbt ... Ihm war bedeutendes religiöses Gefühl nicht zugänglich ... Doch es ist auch für ihn gut. Etwas Neues, Besseres hat sich ihm eröffnet. Wie auch mir.«[15]

»Wenn man etwas Schweres durchlebt hat, läuft das Leben nur noch aus Gewohnheit weiter«, notiert Tolstaja, »und für nichts kann man Energie aufbringen.«[16] Gleichwohl nimmt sie sich schon bald wieder energisch des Alltags an. »Mamá besaß einen ungeheuren Energievorrat, sie ertrug es nicht, untätig zu sein«, erzählt die Tochter Sascha. »Sie war immer beschäftigt. Wenn sich im Saal die dem Vater von den Autoren und den Verlegern gesandten Schriften anhäuften, brachte Mamá sie in den Schränken unter, trug sie in den von ihr angelegten Katalog ein und ordnete sie in den Regalen. Sie sammelte Zeitungsausschnitte und klebte sie in besondere Bücher ein. Manchmal photographierte sie eifrig, machte Aufnahmen, entwickelte und kopierte selbst ... In ihrem Zimmer befanden sich alle Gartengeräte: eine kleine englische Schaufel, eine Sense mit einem Wetzstein, ein Rechen, ein Hammer, Nägel und eine Säge. Im Sommer, wenn am Hause Brennesseln und Kletten wuchsen, mähte Mamá sie ab. Im Herbst und Winter schnitt sie beim Flieder und bei den Akazien die dürren Teile heraus ... Eine Zeitlang lernte sie von früh bis spät Maschineschreiben ... Zeitweise nahm sie sich auch mit der ihr eigenen Energie die Wirtschaft in Angriff.«[17]

Neben all ihren Pflichten findet Tolstaja jedoch auch Zeit zur Muße. Sie beginnt, sich der Malerei zu widmen, und kopiert die Familienporträts, die im Saal hängen und als Leihgabe in eine Ausstellung in Sankt Petersburg gegeben werden sollen. »Die Vorstellung der nackten Wände in unserem Saal schien mir entsetzlich, und so begann ich mit der mir eigenen Beherztheit, die Porträts vor der Übergabe zu kopieren. Ich hatte die Malerei nie erlernt ..., war deshalb furchtbar aufgeregt und arbeitete ganze Tage, mitunter auch Nächte hindurch ... Lew Nikolajewitsch sagte scherzhaft, ich sei an einer Krankheit namens ›Porträtitis‹ erkrankt, und er fürchte um mein geistiges Befinden.«[18]

Auch hat Tolstaja wieder literarisch zu arbeiten begonnen, und dieses Mal gar, wenngleich unter Pseudonym, die Veröffentlichung gewagt: Im März 1904 erscheinen einige Gedichte in Prosa, autobiographische Miniaturen mit dem Titel *Seufzer* in der illustrierten Zeitschrift *Shurnal dlja wsech* [*Zeitschrift für alle*]. Ihre literarischen Ambitionen indes stellt sie zurück, um ihre Erinnerungen mit dem Titel *Mein Leben* niederzuschreiben, die sie im Rückblick als »das einzig Nützliche«, das sie geschrieben habe, bezeichnet. In den nächsten zehn Jahren wird sie immer wieder zur Arbeit an ihren Erinnerungen zurückkehren: »Je länger ich lebe, desto mehr sehe ich, daß sich immer mehr Mißverständnisse und falsche Annahmen bezüglich meines Charakters und meines Lebens verfestigen. Da ich zwar als eigene Person möglicherweise bedeutungslos sein mag, mein über vierzigjähriges Zusammenleben mit Lew Nikolajewitsch jedoch von seiner Biographie nicht zu trennen ist, habe ich beschlossen, ... meine Lebenserinnerungen aufzuschreiben.«[19] Sofja Andrejewna macht sich keine Illusionen über die Rolle, die ihr im Leben des Schriftstellers zugewiesen werden wird. »In Biographien wird das persönliche Leben bekannter Persönlichkeiten stets entstellt. So wird man wohl auch aus mir einmal eine Xanthippe machen.«[20]

Tolstoj selbst schreibt zu jener Zeit an seinen *Erinnerungen*. Er hat sich dabei zum Ziel gesetzt, die »gesamte aufrichtige Wahrheit« zu berichten.[21] Dieser Wahrheit ihres Mannes will Tolstaja ihre Wahrheit entgegensetzen. Nicht rechtfertigen will sie sich, sondern ihre eigene Situation und ihr Verhalten erklären. »Vermutlich wird *Mein Leben* eines Tages veröffentlicht werden«, schreibt Sergej Tolstoj seiner Schwester Tanja fast ein Jahrzehnt nach dem Tod der Mutter, »doch im Moment scheint dies kaum wünschenswert und möglich.«[22] Bis heute jedoch scheint man der Nachwelt Tolstajas Wahrheit über ihr Leben mit dem Schriftsteller nicht zumuten zu wollen: Ihre Aufzeichnungen, die auf mehreren tausend Seiten ihr Leben bis 1904 umfassen, sind bis heute nur in Auszügen veröffentlicht.

In der Nacht vom 8. auf den 9. Februar 1904 greifen japanische Truppen den russischen Militärstützpunkt Port Arthur an. Seit einem Jahrzehnt schwelt die Auseinandersetzung um die Vorherrschaft im Fernen Osten, die mit der Kriegserklärung Japans an das Russische Reich einen Tag nach dem Angriff in eine militärische Auseinandersetzung mündet. Tolstojs Einstellung zum beginnenden Krieg ist eindeutig. »Wieder ein Krieg«, klagt er in seinem Aufsatz *Kommt zu Verstande!* an. »Wieder unnötiges und sinnloses Leid, wieder Lüge, allgemeine Verdummung und Entmenschlichung. Hunderttausende, auf der einen Seite Buddhisten, deren Gesetz jegliches Töten verbietet, auf der anderen Seite Christen, die sich zum Gesetz der Brüderlichkeit und Liebe bekennen, spüren sich auf, um einander auf grausamste Weise zu töten, zu quälen, zu verstümmeln.«[23]

Tolstojs Äußerungen über den Krieg werden von der patriotischen Presse scharf kritisiert. Auf die Seite der Patrioten stellen sich auch Tolstojs Söhne Lew und Andrej. Ljowa schreibt für die konservative *Nowoje Wremja* [*Neue Zeit*] und tritt in seinen Artikeln entschieden für die Fortsetzung des Krieges ein, obwohl die russische Niederlage nicht mehr abzuwenden ist. »Du kannst schreiben, was du willst«, erbost sich sein Vater, »doch den Krieg zu propagieren ist Wahnsinn und Verbrechen.«[24]

Andrjuscha hat sich als Freiwilliger gemeldet, und die Mutter sieht ihn schweren Herzens in den Krieg ziehen. Gemeinsam mit Ilja, Ljowa und Mischa begleitet sie ihn nach Tambow, von wo aus die Soldaten in den Fernen Osten aufbrechen. »Der letzte, dritte Pfiff, Musik erklang, alle begannen zu weinen, ich bekreuzigte und küßte Andrjuscha und nahm niemanden mehr wahr. Das rote, aufgeregte und völlig verweinte Gesicht Andrjuschas nickte uns aus dem Fenster zu. Was mag er nur in dieser Minute gefühlt und durchgemacht haben?«[25] Die Sorgen der Mutter sind allerdings übertrieben. Andrej steht unter dem besonderen Schutz des Divisionschefs. Daß der Sohn des berühmtesten Kritikers des Krieges mit ins Gefecht zieht, scheint den Kriegsbefürwortern wohl die beste Antwort auf dessen harsche Worte. Andrej reist im Waggon erster Klasse und wird schon bald, mit dem Georgskreuz dekoriert, nach Hause entlassen.

Patriotische Gefühle sind allerdings nicht die einzige Ursache für seine Meldung als Freiwilliger. Er flieht vor den ungeordneten Verhältnissen seines Lebens. Seit fünf Jahren verheiratet und Vater zweier Kinder, verliebte sich Andrej Ende 1903 in eine andere Frau und verließ seine Familie.

Im Dezember 1904 müssen die russischen Truppen in Port Arthur kapitulieren, und nach weiteren vernichtenden Niederlagen ist die Katastrophe nicht mehr zu leugnen. Zar Nikolaj II. ist gezwungen, Friedensverhandlungen zuzustimmen, die im Juli 1905 eröffnet werden. Die Hoffnung des Innenministers Plewe, ein »kleiner siegreicher Krieg« könne den revolutionären Strömungen im europäischen Teil des Zarenreichs Einhalt gebieten, hat sich nicht bewahrheitet.

Zu Beginn des 20. Jahrhunderts wird das Russische Reich von sozialen Unruhen erschüttert. Die Verarmung der Bevölkerung führt zu Revolten in den Dörfern, Bauern- und Arbeiterunruhen, Streiks und Studentenproteste machen dem Zarismus zu schaffen. Am Sonntag, den 9. Januar 1905, marschieren in Sankt Petersburg Tausende Arbeiter unter Führung des Popen Georgi Gapon zum Winterpalais. Zar Nikolaj II. soll eine Volkspetition übergeben werden, in der die Demonstranten eine Verbesserung ihrer sozialen Lage fordern. Als die Menge ihren Aufmarsch beendet hat, gibt das Militär den Befehl zu schießen. Mit mehr als tausend Toten geht dieses Massaker als Blutsonntag in die Geschichte ein. Die Empörung über das Blutbad ruft eine Woge von Proteststreiks und Aufständen hervor. Hunderttausende Arbeiter schließen sich einer fast ununterbrochenen Streikbewegung an, die Losungen der Demonstrationen werden zunehmend revolutionär, auf dem Lande beginnen die verarmten Bauern sich mit Gewalt der Ländereien zu bemächtigen, die Soldaten, vor allem in der Kriegsmarine, widersetzen sich den Befehlen ihrer Führung. Im Juni fährt der Panzerkreuzer *Potjomkin* mit gehißter roter Flagge im Hafen von Odessa ein, wo die Matrosen aufständische Arbeiter gegen die Armee unterstützen wollen. Die Antwort auf die revolutionären Ausschreitungen sind von der Obrigkeit geheim unterstützte Pogrome durch die berüchtigten Schwarzhundertschaften. Im Oktober bringt ein Generalstreik das Land zum Erliegen. Am 17. Oktober 1905 unterzeichnet Nikolaj II. »zur Befriedung des öffentlichen Lebens« ein Manifest, in dem er Gewissensfreiheit, Pressefreiheit und Versammlungsfreiheit garantiert und die Einführung der Reichsduma ankündigt. Kaum sechs Monate später wird die erste Duma aufgelöst.

Die Nachrichten des Jahres 1905 führen auch im Haus der Tolstojs zu hitzigen Debatten. »Man kann von der Regierung nicht verlangen, daß sie ihre Machtposition aufgibt: Sie wird es nicht tun«, prophezeit Tolstoj. »Was bleibt, ist eine von zwei Möglichkeiten: entweder die Vernichtung von Regierungspersonen, Mord und Terror in einer Weise eingesetzt, daß die Regierung auseinanderläuft, dann tritt Anarchie ein, oder Selbstvervollkommnung jedes einzelnen Menschen. Und nur das zweite Mittel wäre wirksam.«[26] Allerdings wollen nur die wenigsten seinem Prinzip der Gewaltlosigkeit und Selbstvervollkommnung folgen. »Im Leben der Völker«, agitiert Wladimir Lenin aus dem Exil, »werden große Fragen nur durch Gewalt gelöst.« Die Revolutionäre setzen ihre

Hoffnungen auf die sozialistische Revolution, die Liberalen auf die neue Regierung. Auch Tolstaja ist von den Ereignissen aufgeschreckt. »Heute kamen viele Zeitungen an, die Dinge in Rußland stehen schlecht ... Die Landgüter werden überfallen, die Matrosen und Truppen beginnen zu meutern. Die Regierung handelt nicht«, hält sie in ihren *Alltagsnotizen* fest, die sie 1905 zu führen beginnt.[27]

Währenddessen verläuft das Leben in Jasnaja Poljana in friedlichen Bahnen. »Je stärker die Revolution sich entzündet, desto stärker wird der Wunsch, sich in sich selbst zurückzuziehen«, schreibt Tolstoj an Tschertkow.[28] Beide Ehepartner gehen ihren Beschäftigungen nach. Tolstoj sammelt Zitate für seinen *Lesekreis*, einer Sammlung aus den Werken der Dichter aller Zeiten, und arbeitet an seinen *Erinnerungen*. Tolstaja widmet sich mit Leidenschaft der Malerei und der Photographie, schreibt »unermüdlich« an ihrer Autobiographie und reist gelegentlich in Angelegenheit ihres Verlags nach Moskau. An den Vormittagen sucht sie dort das Historische Museum auf, dessen Archiv sie mittlerweile den Großteil der Manuskripte Tolstojs und seiner Korrespondenz übergeben hat, legt einen Katalog der Dokumente an und exzerpiert für ihre Autobiographie. »Diese Arbeit im Turmzimmer des Museums, in völliger Abgeschiedenheit, umgeben von solch interessanten Dokumenten, bereitete mir großes Vergnügen.«[29]

Die Arbeit an ihren Erinnerungen, der beide nachgehen, läßt die Vergangenheit wieder lebendig werden, und voller Milde blickt das Paar auf das mehr als vierzigjährige Zusammenleben zurück. Die Mißhelligkeiten der letzten Jahre treten in den Hintergrund. »Mein Geburtstag, ich bin nun 61, doch fühle das Alter überhaupt nicht ...«, notiert Tolstaja am 22. August 1905. »Heute war ich in jeglicher Hinsicht glücklich. Ich versetze mich in meinem Gefühl in die Vergangenheit, und der in den vergangenen Jahren erlittene Schmerz schwindet langsam aus dem Gedächtnis.« Die Harmonie ist perfekt, als beider Lieblingstochter Tanja am 6. November 1905 nach zahlreichen Fehlgeburten einer gesunden Tochter das Leben schenkt.

Das Leben Tolstojs verläuft in ruhiger Regelmäßigkeit. Der

Schriftsteller steht früh auf und begibt sich auf seinen Morgenspaziergang. Wenn er gegen neun Uhr zurückkehrt, liest er beim Kaffee die Morgenpost. Nach dem Frühstück zieht er sich zurück, um zu arbeiten. »Bis zwei Uhr verließ er das Zimmer nicht«, berichtet die Tochter Sascha. »Um diese Zeit kam niemand zu ihm herein. Keine noch so wichtige Angelegenheit konnte uns veranlassen, seine Ruhe zu stören. Er brauchte bei der Arbeit absolute Stille ... Ich erinnere mich, daß Vater häufig jemanden bat, die vor seinem Fenster bellenden Hunde zur Ruhe zu bringen. Ihn störte das Gackern der Hühner, das Krähen des Hahnes.«[30]

Gegen zwei Uhr läutet die Glocke zum Essen. Um den Eßtisch im Saal des Hauses versammeln sich manchmal bis zu zwanzig Personen. Die Eheleute Tolstoj und ihre Tochter Sascha, Anfang zwanzig, die als einziges der Kinder noch nicht verheiratet ist und in Jasnaja Poljana bei den Eltern lebt, Tolstojs Leibarzt und Sekretär Dušan Makovický, ein Tolstojaner aus Mähren, der seit 1904 im Hause wohnt, und zahlreiche Gäste, Kinder, Enkel, deren Erzieher und Gouvernanten, Freunde und Nachbarn, Journalisten, Schriftsteller, Künstler.

Wenn Tolstoj nach dem Essen ausreitet, beginnt die Arbeit für Sascha, die nach der Heirat Maschas und Tanjas die Rolle der Helferin Tolstojs übernommen hat und seine Manuskripte im »Remingtonzimmer« auf der Maschine abtippt. »Er ließ die Arbeit auf seinem Schreibtisch liegen«, erzählt sie. »Ich holte sie mir für den nächsten Morgen. Er schrieb gewöhnlich auf Oktavbogen und war bemüht, verschiedene Papierstückchen und einzelne Seiten auszunützen, die er von Briefen abriß und sammelte. Statt die Sätze durch Numerierung umzustellen, zerschnitt er zuweilen das ganze Manuskript in kleine Teile. ›Paß auf, Sascha, verliere nichts davon, ich habe heute viele Nudeln zusammengeschnitten.‹«[31]

Am Abend ist die Zeit der Mußestunden bei Gesprächen, Schach- und Klavierspiel oder Lektüre. Häufig liest auch Tolstaja aus ihren Erinnerungen vor, und ihr Mann lobt und ergänzt ihre Arbeit. Nach dem Abendtee zieht Tolstoj sich zurück. Bevor er sich zu Bett legt, setzt er sich an seinen Schreibtisch und nimmt das

Wachstuchheft des Tagebuches, um seine Gedanken des Tages zu notieren.

Die Konflikte in der Familie gehören freilich nicht der Vergangenheit an. Wenn die Söhne Lew und Andrej zu Besuch sind, kommt es regelmäßig zu unschönen Szenen. Beide Söhne sind überzeugte Anhänger der alten Ordnung und machen aus ihren Ansichten keinen Hehl. »Es kam sogar so weit«, schreibt Tolstoj an Mascha, »daß ich nach einem Gespräch mit Andrjuscha und Ljowa, die mir zu beweisen suchten, daß die Todesstrafe berechtigt ... und ich inkonsequent sei, völlig außer mir war. Ich ... verließ unter Türenschlagen den Raum und konnte zwei Tage lang nicht zu mir kommen. Heute habe ich mich besonnen und beschlossen, ... sie zu bitten, mir zu verzeihen: Andrej ist noch des Nachts irgendwohin gefahren, so daß ich es ihm nicht sagen konnte, als ich aber Ljowa sah, sagte ich ihm, ich habe mich schuldig gemacht, und bäte ihn, mir zu verzeihen. Er antwortete mir kein Wort, fuhr fort, Zeitung zu lesen und freundlich zu plaudern, nahm meine Worte als etwas, zu dem ich verpflichtet sei, hin.«[32]

Auch zwischen den Ehepartnern gibt es wieder Unstimmigkeiten. Wie bereits zu Beginn der 1890er Jahre kommt es auf Jasnaja Poljana zu Abholzungen durch die Bauern, und Tolstaja weigert sich auch dieses Mal, Gnade vor Recht ergehen zu lassen. Die Söhne stellen sich auf die Seite Tolstajas. »Sofja Andrejewna will einige Bauern arretieren lassen, die Eichen aus dem Wald gestohlen haben«, protokolliert der Pianist Alexander Goldenweiser, seit einigen Jahren häufiger Gast im Hause der Tolstojs. »Dies ist für Lew Nikolajewitsch unerträglich.«[33]

Bevor diese Auseinandersetzungen des Alltags jedoch gänzlich emporlodern, gebietet das Leben Einhalt. »Erinnere mich an nichts, schreckliche Schmerzen«, hält Tolstaja am 29. August fest.[34] Für fast einen Monat wird dies der letzte Eintrag in ihrem Notizheft bleiben. Seit gut einem Jahr leidet Sofja Andrejewna immer wieder an Unterleibsschmerzen. Professor Snegirjow stellt eine Zyste in der Gebärmutter mit beginnender Nekrose fest. Tolstajas Zustand verschlechtert sich innerhalb weniger Tage. Ein Transport der Kranken nach Moskau ist nicht mehr möglich. Der Arzt trifft unverzüglich Vorbereitungen zur Operation, da nur ein sofortiger Eingriff Tolstajas Leben retten kann. »Das Haus voller Ärzte«, heißt es in Tolstojs Tagebuch. »Es ist bedrückend: Statt Demut vor dem Willen Gottes und religiös-feierlich gestimmt zu sein, ist man klein, störrisch und egoistisch ... Der Tod ist ... nicht Unterbrechung von etwas, sondern völlige Offenbarung.«[35]

»Papá glaubte absolut nicht an den Nutzen der Operation«, erinnert sich Ilja, »dachte, Mamá werde sterben, und bereitete sich mit Gebeten auf ihren Tod vor. Er war der Ansicht, daß ›der große und feierliche Augenblick des Todes gekommen ist, daß man sich dem Willen Gottes unterwerfen muß und daß jegliche Einmischung der Ärzte die Größe und Feierlichkeit des Todesaktes zerstört‹.«[36] Die Söhne sind über Tolstojs Verhalten empört. Sie lassen es nicht zu, daß das Leben ihrer Mutter für die religiöse Erhöhung ihres Vaters geopfert wird.

»Ruhig bereitete ich mich auf den Tod vor, und die bitteren Tränen all jener, die mich umsorgten, als sie von mir Abschied nahmen, taten mir wohl«, erinnert sich Tolstaja.[37] Sie legt die Beichte ab und empfängt das Abendmahl. Als die Operation stattfindet, zieht sich Tolstoj in den Wald zurück und bittet, die Glocke zweimal zu läuten, wenn die Operation gut verlaufen ist, nur einmal, wenn nicht.

Die Operation verläuft gut. Als Tolstoj an das Bett seiner Frau tritt, die gerade aus der Narkose erwacht ist, ist er entsetzt. »Mein Gott, welch ein Grauen! Da läßt man einen Menschen nicht in Ruhe sterben! Da liegt eine Frau mit aufgeschnittenem Leib, ans Bett gefesselt, ohne Kopfkissen ... und stöhnt lauter als vor der Operation. Das ist Folter!«[38] »Heute hat man die Operation vollzogen«, hält der Schriftsteller im Tagebuch fest. »Man sagt, sie sei gut verlaufen. Doch es ist sehr schwer. Heute morgen war Sonja so vergeistigt. Wie doch der Tod besänftigt!«[39] Tolstaja erholt sich nach und nach. Am 23. September wird Sofja Andrejewna zum ersten Mal in den Saal geführt, um dort den vierundvierzigsten Hochzeitstag zu begehen.

»Die Operation verlief gut, das Schicksal, das beschlossen hatte, mein Leben zu nehmen, schien sich eines anderen besonnen zu haben und streckte seine Hand nach unserer Tochter Mascha aus.«[40] Mascha und ihr Mann, die ans Krankenbett geeilt waren, bleiben den Winter über in Jasnaja Poljana. Bereits im Oktober ist es ungewöhnlich kalt, und es fällt Schnee. Nach einem Spaziergang im eisigen Novemberwind hat Mascha am Abend hohes Fieber. Innerhalb einer Woche stirbt die Fünfunddreißigjährige. »Als sie dahinschied, hielt Ljowotschka die ganze Zeit ihre Hand und saß neben ihr. Dann küßten wir sie alle auf die Stirn und betteten die Verstorbene ... Es herrschte Totenstille.«[41] »Jetzt ist es ein Uhr des Nachts«, notiert Tolstoj. »Mascha ist tot ... In der Tiefe der Seele war ich ruhig ... Ja, dieses Ereignis gehört ins Gebiet des Körperlichen, und deshalb ist es bedeutungslos.«[42]

Am 29. November wird Mascha beerdigt. Das ganze Dorf trauert um die Tochter des Grafen, die den Bauern so nahe war. »Den Sarg trugen bis zum Friedhof unsere Söhne, die Diener, die Bauern und alle gingen zu Fuß. Immerfort wurde der Zug an den Häusern aufgehalten, um das Totengebet zu sprechen.«[43] Tolstoj begleitet den Zug bis zum Friedhofstor, gemeinsam begeben sich die Eltern zurück zum Haus.

Das Leben geht wieder seinen alten Gang. Tolstaja sorgt für das Wohl des Gatten und der zahlreichen Gäste und nimmt die Arbeit an ihren Erinnerungen wieder auf. Häufig reist sie nach Moskau, um dort zu arbeiten und um Ausstellungen und Konzerte zu besuchen.

Ende 1906 beginnt Tolstoj wieder mit der Unterweisung von Bauernkindern. Dieses Mal geht es allerdings nicht um die Vermittlung grundlegender Kenntnisse wie Lesen und Schreiben. Nun will Tolstoj ihnen die wahrhaft wichtigen Erkenntnisse nahebringen und schreibt dafür *Die Lehre Christi für Kinder erläutert.* »Lew Nikolajewitsch begeistert sich für etwas Neues!« kommentiert Tolstaja skeptisch,[44] und nach wenigen Monaten ist Tolstojs Begeisterung für die Bauernkinder denn auch schon wieder verflogen.

Obwohl die Versuche einer Revolution unterdrückt werden konnten, flammen weiterhin Bauernunruhen, Streiks und Aufstände auf. Überall in der Umgebung kommt es zu Übergriffen auf das Eigentum der Landbesitzer. Auch in Jasnaja Poljana wird in Wirtschaftsgebäude eingebrochen. Als im September beim Diebstahl von Kohl in der Nacht Schüsse fallen, sieht sich die Gutsbesitzerin zum Handeln gezwungen und bittet, unterstützt durch die Söhne Andrej und Lew, beim Gouverneur um Beistand, der daraufhin bewaffnete Wachen bei den Tolstojs einquartiert, die zwei Jahre bleiben werden. Dies führt natürlich zu unerquicklichen Gesprächen zwischen den Eheleuten, doch Tolstaja bleibt hart. »Was soll man denn machen«, verteidigt Lew seine Mutter, »entweder man tut nichts und wendet sich von allem ab, wie Vater es tut, oder man muß richtig wirtschaften. Man kann doch nicht zulassen, daß die Bauern alles fortschleppen.«[45] Die Tochter Sascha dagegen ist ganz auf der Seite Tolstojs. »Es soll lieber alles zugrunde gehen, nicht nur ein paar Eichen, sondern ganz Jasnaja Poljana, alles, alles«, hält sie der Mutter entgegen. »Man darf doch den Vater nicht in eine solche Situation versetzen!«[46]

Tolstoj ist allerdings nicht so sehr um das Schicksal der verhafteten Bauern besorgt als vielmehr um seine Ruhe. »Zu mir kommen die Bauersfrauen und Väter der Verhafteten und bitten um Vergebung. Sie können nicht begreifen, daß ich, der ich hier lebe, nicht der Herr des Hauses bin, und sehen deshalb die Verantwortung bei mir.«[47] Ständig wird Tolstoj von Bittstellern behelligt. Schon am Morgen versammeln sie sich unter der Ulme vor dem Haus, dem »Baum der Armen«. Er gibt, soviel er kann, doch seine Versuche, mit ihnen über ihr Leben, ihre Not und ihren Glauben zu sprechen, gelingen nur selten. Tolstoj beschließt, in einem offenen Brief eine Erklärung abzugeben: »Vor mehr als zwanzig Jahren habe ich aufgrund verschiedener persönlicher Überlegungen auf jegliches Eigentum verzichtet. Meinen Grundbesitz habe ich meinen Erben übergeben ... Auch habe ich auf meine Autorenrechte verzichtet, und alle meine nach 1881 verfaßten Werke wurden zum Besitz der Allgemeinheit ... Aufgrund dessen halte ich es für notwendig, all jene, welche finanzieller Unterstützung bedürfen, zu bitten, sich diesbezüglich nicht an mich zu wenden, da mir keinerlei Mittel zur Befriedigung dieser Wünsche zur Verfügung stehen.«[48] Die Veröffentlichung der Erklärung Tolstojs ruft eine Woge der Häme und Kritik in Briefen und Zeitungsartikeln hervor, in denen der »Bankrott« des Schriftstellers verspottet wird.

Die Entschlossenheit, mit der Tolstaja ihre Interessen als Gutsbesitzerin verteidigt, läßt den Hausfrieden, der in den letzten Jahren in Jasnaja Poljana eingekehrt war, wieder zerbrechen. Sie handelt, wie sie ihrer Meinung nach handeln muß, und erfüllt die Pflichten der Hausherrin, die ihr im Laufe der Ehe zukamen, so, wie sie sie versteht. Ihr Mann verurteilt sie dafür. Auf seine Vorhaltungen, wer ein Gewissen habe, könne nicht in solchem Reichtum leben, wendet sie gereizt ein: »Was heißt denn hier, es sei schwer? Wem es hier nicht gefällt, der kann ja gehen. Niemand verläßt allerdings dieses Haus ... Lew Nikolajewitsch besitzt Reitpferde, bewohnt die zwei besten Zimmer des Hauses ... Allen mundet das gute Essen.«[49] »Du predigst das einfache Leben und ißt dabei Spargel«, ist ein unwiderlegbares Argument, wie selbst Tolstoj zugestehen muß: »Was den Spargel betrifft, so hat sie recht«, notiert er.[50]

Die Atmosphäre in Jasnaja Poljana wird noch gespannter durch die Rückkehr Tschertkows. 1907 wird seine Verbannung aufgehoben, und er mietet sich mit seiner Familie in der Nähe von Jasnaja Poljana ein. Im Exil in England hat er in dem von ihm gegründeten Verlag Tolstojs Schriften veröffentlicht und ein umfangreiches Manuskriptarchiv angelegt. Mehr als zuvor fühlt er sich als rechtmäßiger Vertreter der Tolstojschen Lehre. Er besucht Tolstoj täglich, betritt – was kein anderer, nicht einmal die Ehefrau, je wagte – während seiner Arbeitszeit das Zimmer, redigiert mit großer Selbstsicherheit dessen Schriften. »Mit seiner Ankunft hat sich vieles in unserem Leben verändert«, konstatiert Alexandra Tolstaja.[51] Selbst die dem Vater ergebene Tochter, die ganz auf der Seite seiner Lehre und seiner Anhänger steht, ist zunächst von Tschertkow nicht angetan. Er scheint ihr ein fanatischer Adept, dessen »strenges, despotisches Gesicht«, selbst wenn er scherzte, noch eine ernste Miene trägt.[52]

So sehr ist Tschertkow überzeugt von der Richtigkeit seines

Handelns, daß er gar den Meister zu belehren wagt. Man ißt auf der Terrasse zu Mittag, es ist heiß, und die Mücken belästigen die um den Tisch sitzende Runde. »Vater unterhielt sich mit Tschertkow, während die anderen zuhörten. Die Stimmung war angeregt und heiter ... Plötzlich blickte Vater auf Tschertkows Kopf und schlug ihn mit einer leichten, raschen Handbewegung auf die Glatze! Von der aufgedunsenen, mit Blut vollgesogenen Mücke blieb auf Tschertkows Scheitel ein kleiner roter Fleck zurück. Plötzlich aber verstummte der Heiterkeitsausbruch. Tschertkow hatte die Augenbrauen düster zusammengezogen und blickte Vater vorwurfsvoll an: ›Was haben Sie getan, Lew Nikolajewitsch‹, fragte er. ›Sie haben ein Lebewesen ums Leben gebracht! Schämen Sie sich doch!‹ Vater wurde verlegen. Alle fühlten sich unbehaglich.«[53]

Die Tolstojaner sind überaus ernsthafte Zeitgenossen. »Es war so, als verpflichte sie die Tolstoj-Lehre zu einer Armesündermiene, zum Tragen eines Kittels und zum Verzicht auf Fröhlichkeit und Lachen«, erinnert sich Alexandra.[54] Mit Tschertkows Rückkehr nimmt auch die Zahl dieser Besucher in Jasnaja Poljana wieder zu. Die wichtigsten Vertreter des Tolstoj-Kultes lassen sich in der Nähe des Anwesens ihres Meisters nieder und versammeln sich fast täglich um ihn. Ein normales Privatleben wird unmöglich, zumal einige der Tolstoj-Verehrer die Rolle der Chronisten übernommen haben und jedes Wort ihres Abgottes notieren. Tolstojs neuer Sekretär Nikolaj Gussew stenographiert die bedeutenden Sentenzen, der Leibarzt Dušan Makovický hat eine ausgefeilte Technik entwickelt, unter dem Tisch auf vorgefertigten kleinen Kärtchen mitzuschreiben, der Pianist Alexander Goldenweiser protokolliert des Abends zu Hause die Gespräche und Dispute, an denen er in Jasnaja Polajana teilhat. Und der Meister selbst tut so, als ob er von all dem nichts bemerke.

1908 erhebt Tolstoj wieder seine Stimme: *Ich kann nicht schweigen* überschreibt er seine Anklage gegen die Unmenschlichkeit des zaristischen Regimes: »Über Hinrichtungen, Erhängungen, Morde und Bomben spricht man heute, wie man früher über das Wetter sprach ... So kann man nicht leben. Ich jedenfalls kann so nicht leben, ich kann es nicht, und ich werde es auch nicht. Deshalb schreibe ich dies und werde es mit allen zu Gebote stehenden Mitteln in Rußland und im Ausland verbreiten, so daß eines von beiden erreicht wird: Entweder hören diese unmenschlichen Dinge auf, oder meine Verbindung mit ihnen wird aufgehoben, indem man mich entweder ins Gefängnis bringt ..., oder aber, und das wäre das Beste von allem ..., man streift mir ebenso wie diesen zwanzig oder zwölf Bauern das Nesselhemd und die Kapuze über und stößt mich ebenso von der Bank, damit ich durch mein Gewicht den eingeseiften Strick um meine alte Kehle zuzerre ... Ihr sagt, dies sei das einzige Mittel, das Volk zu beruhigen und die Revolution zu ersticken, aber das ist eine offenkundige Lüge.«[55]

Im Juni 1908 erscheint Tolstojs Aufsatz in Zeitungen weltweit, im Russischen Reich werden die Abschriften von Hand zu Hand gereicht. Der Artikel erregt ungeheures Aufsehen. Hunderte von Briefen erreichen daraufhin Jasnaja Poljana – unter anderem einer aus Südafrika von einem gewissen Mahatma Gandhi. »Habe von einem Inder aus Transvaal einen wohltuenden Brief bekommen«, notiert Tolstoj im Tagebuch.[56] »Die meisten Briefe drückten Begeisterung aus«, berichtet Alexandra Tolstaja. »Er wurde aber auch beschimpft. So erhielt er mit der Post ein Paket, das eine kleine, sorgfältig gearbeitete Schachtel enthielt, in der ein zusammengedrehter, kaum fingerdicker Strick lag.«[57] »Tolstoj braucht nicht darauf zu warten, daß die Regierung ihn erhängt, er kann es selbst tun«, lautet die beigelegte Notiz, die die Unterschrift: »Eine Mutter« trägt. »Wahrscheinlich ist ihr Sohn der Revolution zum Opfer gefallen, und sie macht Tolstoj dafür verantwortlich«, vermutet Tolstaja.[58]

Am 22. August begeht Tolstoj seinen achtzigsten Geburtstag. Bereits im Januar ist in Petersburg ein Festtagskomitee ins Leben gerufen worden, das die geplanten Feierlichkeiten organisieren soll. Die Freude über das anstehende Jubiläum ist freilich nicht einhellig. Die Regierung und die Kirche rufen ihre Untertanen auf, den mit dem kirchlichen Bannfluch belegten Atheisten und Aufrührer, dessen Schriften von der Zensur verboten sind, nicht öffentlich zu ehren. Der Bischof von Saratow prangert Tolstoj als »verfluchten, Rußland verachtenden Judas« an. Schließlich sieht Tolstoj sich gezwungen, einen offenen Brief an den Leiter des Festtagskomitees zu schreiben: »Dies also ist meine große Bitte an Sie: Unternehmen Sie alles nur Mögliche, dieses Jubiläum nicht stattfinden zu lassen und mich davon zu befreien. Auf ewig werde ich Ihnen dafür sehr, sehr dankbar sein.«[59]

Dennoch kann Tolstoj den Feierlichkeiten nicht entgehen. Am Geburtstag treffen Hunderte von Briefen und Telegrammen mit Gratulationen und Glückwünschen aus aller Welt ein. Ein Abgesandter aus England überbringt persönlich eine von zahlreichen Verehrern Tolstojs unterzeichnete Glückwunschadresse, unter ihnen Bernard Shaw, in der es heißt: »Jene Kühnheit und Wahrhaftigkeit, mit der Sie vor das Bewußtsein der Menschheit neue und erhabenere Ideale gerückt haben, hat die Liebe der Menschheit für Sie geweckt.«[60] Berge von Geschenken werden gebracht, so zwanzig Flaschen Wein der Marke St. Raphael, der besonders magenfreundlich ist, und eine Kiste Zigarren, die Tolstoj allerdings mit der Notiz, er sei ein Feind des Tabaks, an die Firma Ottoman zurücksendet. Tolstojs sehnlichster Wunsch, in einem »stinkenden, kalten, hungrigen Gefängnis« für seine Überzeugungen zu leiden, erfüllt sich nicht.

Jasnaja Poljana wird von Journalisten, Photographen und Neugierigen belagert. Auch der Pionier der russischen Filmkunst, Alexander Ossipowitsch Drankow, ist mit seinen Assistenten und der Filmkamera angekommen und bannt den »Weisen von Jasnaja Poljana« auf Zelluloid. Er filmt, wie Sascha mit einigen Verwandten und Freunden in einer offenen Droschke über die Felder ins Dorf fährt, um unter den Bauernkindern Konfekt zu verteilen. Eine Episode ist mit dem Zwischentitel *Die Gräfin Tolstaja pflückt Blumen für den Geburtstagsstrauß* überschrieben und zeigt die Schriftstellergattin in weißem Kleid und mit weißem Hut beim Blumenpflücken. Auch der Hund Marquis, ein Spaniel-Mischling, hat einen kleinen Auftritt. Schließlich sieht man Tolstoj auf dem Balkon des Hauses, seine Frau Sofja Andrejewna zu seiner

Rechten, die Tochter Alexandra zur Linken, hinter ihm stehend Wladimir Tschertkow.

Tolstaja läßt nur ausgewählte Gäste zu ihrem Mann vor, der seit einiger Zeit an einer Venenentzündung am Bein leidet und die Gratulanten deshalb auf dem Balkon seines Arbeitszimmers im Rollstuhl empfängt. Im Kreis der Verwandten und Freunde versammelt sich die Geburtstagsgesellschaft zum Essen im Saal. Nach dem Mahl spielt Tolstoj mit seinem Schwiegersohn Michail Suchotin eine Partie Schach. Zum Ausklang des Abends setzt sich Alexander Goldenweiser an den Flügel und spielt Chopin, danach zieht sich der geschwächte Tolstoj zurück.

Um Tolstojs Gesundheit ist es schlecht bestellt. Im März hat er einen ersten besorgniserregenden Ohnmachtsanfall erlitten. Sein Gedächtnis läßt nach. Bisweilen erkennt er die Enkel nicht mehr und fragt nach seinem verstorbenen Bruder Nikolenka. Er ist sentimental. Wenn Goldenweiser Chopin spielt, kommen ihm häufig die Tränen. Er sehnt sich nach seiner frühverstorbenen Mutter, die er sein Leben lang idealisiert hat und deren Verlust er nie verwunden hat. »Den ganzen Tag dumpfer, melancholischer Zustand«, heißt es in einer Notiz. »Gegen Abend wurde dieser Zustand zum zärtlichen Gefühl, zum Wunsch nach Zärtlichkeit, nach Liebe. Es verlangte mich, wie in der Kindheit, mich an ein liebendes, einfühlsames Wesen zu schmiegen und voller Ergriffenheit zu weinen. Doch wo ist dieses Wesen, an das ich mich schmiegen könnte? Ich gehe alle, die ich liebe, durch – keiner kommt in Frage. An wen mich anlehnen? Klein sein und mich an die Mutter schmiegen, so, wie ich sie mir vorstelle ... Ja, sie ist in meiner Vorstellung die höchste Verkörperung reiner Liebe, nicht kalter, göttlicher, sondern warmer, menschlicher Mutterliebe. Danach strebte meine höchste, ermattete Seele. Du, Mamenka, sei zärtlich zu mir. All dies ist wahnsinnig, doch es ist die Wahrheit.«[61]

Die Gesundheit Lew Nikolajewitschs ist die größte Sorge im Hause Tolstoj. »Lew Nikolajewitsch fühlt sich heute schlecht«, »Mittlerweile geht es ihm besser«, »Das Bein ist besser. Der Magen sehr schlecht« sind die wichtigsten Mitteilungen in den Briefen und Tagebüchern. Die Ehefrau streitet mit dem Leibarzt um die richtige Ernährung. Tolstaja mischt heimlich Fleischbrühe in das vegetarische Essen des Mannes, das sie seiner Gesundheit für abträglich hält. Doch obwohl alle um das Wohl Tolstojs besorgt sind, ist die Atmosphäre in Jasnaja Poljana zunehmend mißlich. »Das Leben hier ist vollständig vergiftet«, notiert Tolstoj im Juli.[62] Die ständige Anwesenheit der Adepten Tolstojs, vor allem Tschertkows, läßt den Streit um die richtige Lebensweise erneut aufflammen. »Er lebt hier, nutzt alle Annehmlichkeiten und hält seine Reden ...«, sagt Tolstaja. »Das ist Pharisäertum ... usw. Ich aber, ich opfere mich auf!«[63]

Tolstaja äußert ihre Meinung nicht hinter vorgehaltener Hand. Die bigotte Frömmelei Tschertkows und seines Kreises stößt sie ab. Auf dem Gut in der Nähe von Jasnaja Poljana leben mit Tschertkow, in anscheinend brüderlicher Gemeinschaft, etwa dreißig bis vierzig »Freunde und Gefährten«. Bei den gemeinsamen Mahlzeiten aber zeigen sich durchaus »Klassenunterschiede«. Am Kopfende der Tafel sitzt Tschertkow, umrahmt von seiner hinfälligen Frau und dem Philosophen Fjodor Alexejewitsch Strachow, einem ihm ergebenen Gefolgsmann. In der Mitte des Tisches sitzen die Tolstojaner, die an Tolstojs *Lesekreis* mitarbeiten, und die Maschinenschreiberinnen und Sekretäre, am unteren Tischende nehmen die gewöhnlichen Arbeiter, die Knechte, Hirten und Waschfrauen Platz. Die Drei-Klassen-Tischordnung wird auch dadurch offensichtlich, daß unterschiedliche Speisen gereicht werden. Eine solch augenfällige Scheinheiligkeit ist Tolstaja unerträglich. In ihrem Haus ist die Tischordnung eindeutig. Wenn die Bediensteten das Essen servieren, tragen sie weiße Handschuhe. Tolstaja vertritt unbeirrt ihren Standpunkt, auch wenn sie dafür von den Freunden ihres Mannes mit Geringschätzung bedacht wird.

»Ein jeder hat natürlich seine Sünden«, entschuldigt Tolstoj Tschertkow.[64] Die Widersprüche seines eigenen Lebens dagegen machen ihm wieder zu schaffen. »Wenn ich von einem Menschen wie mir hören würde, der im Luxus lebt, umgeben von Wächtern, und alles nur Mögliche den Bauern abpreßt, sie arretieren läßt, sich zugleich aber zur Christlichkeit bekennt, sie predigt und Fünfkopekenstücke verteilt und sich bei all seinen widerwärtigen Taten hinter dem Rücken seiner lieben Gattin versteckt – ich würde nicht zögern, diesen Menschen einen Lump zu nennen!«[65]

Der Luxus, dessen sich Tolstoj bezichtigt, hält sich allerdings in Grenzen. Das Haus der Tolstojs verfügt weder über elektrisches Licht noch über fließendes Wasser. Die Neuzeit ist bisher nur in Form eines Phonographen in Jasnaja Poljana angekommen, den ein Abgesandter von Thomas Alva Edison Anfang 1908 überbrachte und auf den Tolstoj nunmehr seine Briefe diktiert. Luxus ist für Tolstoj Besitz und Geld und damit verkörpert von seiner Frau, die dies verwaltet. Die Annehmlichkeiten, die ihn persönlich betreffen – seine persönliche Assistenten, die seine Schreibarbeiten erledigen und Korrespondenz führen, seinen Leibarzt, seine Reitpferde – stellt er nicht in Frage und macht, geflissentlich unterstützt von seinen Bewunderern, ausschließlich seine Frau für sein Unglück verantwortlich. »Immer schwerer trage und ertrage ich den unglückseligen Charakter Sonjas. Egoismus, der alles ausschließt, was nicht das eigene Ich betrifft, und geradezu komisch ist, Ruhmsucht, Selbstzufriedenheit, Allwissenheit, Verurteilung aller, Gereiztheit ... Niemand sagt es ihr und sie denkt, sie sei die Verkörperung der Vollkommenheit.«[66] All dies könnte Tolstaja ihrem Mann freilich auch vorhalten. Und sie tut es und hält ihm damit beständig den Spiegel vor. »Lew Nikolajewitsch hat zeit seines Lebens immer nur von seinen Wünschen ausgehend, nicht aber aus Notwendigkeit gearbeitet. Wenn er wollte, schrieb er, wenn er wollte, pflügte er. Wollte er Stiefel nähen, so nähte er sie beharrlich. Meinte er, die Kinder unterrichten zu müssen, so tat er dies. War er dessen überdrüssig, so warf er alles wieder hin. Hätte auch ich nur so gelebt, was wäre dann aus den Kindern geworden, was aus Lew Nikolajewitsch?«[67]

Zunehmend fühlt Tolstaja sich von Tschertkow und seinen Gefolgsmännern aus dem Leben ihres Mannes verdrängt. Ihre Anwesenheit scheint den anderen, auch ihrem Mann, eine Last. »Wenn ich im Zimmer bleibe, in dem Lew Nikolajewitsch mit seinen Besuchern sitzt«, klagt sie, »blickt er mich schweigend und fragend so an, daß ich ... mich genötigt fühle, das Zimmer zu verlassen.«[68]

Zwischen Tolstaja und Tschertkow entbrennt ein eifersüchtiger Kampf.

Im März 1909 wird Tschertkow aufgrund »subversiver Tätigkeit« der Aufenthalt im Gouvernement Tula untersagt. Trotz ihrer unverhohlenen Abneigung gegen ihn schreibt Tolstaja einen empörten Protestbrief gegen diese Maßnahme der Willkür. »Die Ausweisung Tschertkows und die Bestrafung all jener, die es wagen, ein Buch Tolstojs zu lesen oder jemandem zu geben, ist eine kleinmütige Boshaftigkeit gegen meinen alten Mann, der mit seinem Namen Rußland auf der ganze Welt Ehre gemacht hat.«[69] Doch die Proteste Tolstajas und anderer verhallen ungehört. »Tschertkow fehlt mir«, klagt Tolstoj im April.[70] Die Abwesenheit ihres Gegenspielers bringt Tolstaja ein wenig Erleichterung. In Jasnaja Poljana kehrt für kurze Zeit wieder Ruhe ein, und die Atmosphäre zwischen den Ehegatten entspannt sich. »Gestern sprach Sonja betrübt«, notiert Tolstoj im Tagebuch, »über die Unzufriedenheit, die in Bezug auf sie in meinen Tagebüchern zu spüren ist. Ich bedaure dies, denn sie hat recht, daß ich ›in the long run‹ glücklich mit ihr war.«[71]

Bald aber steigt »die alte Hefe wieder hoch«.[72] Tolstaja findet das Manuskript einer Erzählung ihres Mannes, das dieser zwanzig Jahre lang vor ihr verborgen gehalten hat. Die Erzählung entstand zur selben Zeit wie *Die Kreutzersonate* und behandelt das gleiche Thema. Die Idee des Teufels im Weibe, den es zu bezwingen gilt, will der Mann dem Untergang entgehen, wird hier titelgebend: Tolstoj nennt dieses mehrfach überarbeitete und erst posthum erschienene Werk *Der Teufel*. Ein junger Gutsbesitzer geht, nach einem langjährigen und erfüllten Verhältnis mit einer Leibeigenen, eine standesgemäße Ehe ein. Doch er kann seine einstige Liebe nicht vergessen, und dies führt zur Tragödie, für die Tolstoj zwei mögliche Varianten findet: In der einen begeht der Protagonist Selbstmord, in der späteren tötet er seine Geliebte. Die autobiographischen Bezüge der Erzählung sind so augenfällig, daß Tolstaja außer sich ist. Seine Wut über ihre Vorwürfe schreibt Tolstoj in einem Brief nieder:

»Diesen Brief wird man Dir übergeben, wenn ich nicht mehr bin. Ich schreibe Dir sozusagen aus dem Grabe heraus, um Dir das zu sagen, was ich Dir, um Deines eigenen Wohles willen, so viele Male und so viele Jahre sagen wollte und nicht sagen konnte, so lange ich lebte ... Verzeih mir all jenes, worin ich mich in der ganzen Zeit unseres Zusammenlebens vor Dir schuldig gemacht habe ... Dir habe ich nichts zu verzeihen, Du warst, wie Deine Mutter Dich auf die Welt brachte, eine treue und gute Ehefrau und Mutter. Doch eben weil Du Dich nicht ändern wolltest ..., Dich nicht weiter in Richtung des Guten, der Wahrheit bewegen wolltest, sondern im Gegenteil mit Sturheit an allem Schlechten, dem Gegenteil von all jenem, das mir teuer ist, festhieltest, hast Du vielen Übles angetan und bist selbst immer tiefer gesunken. Dies ist der Grund für die bedauernswerte Lage, in der Du nun bist.«[73]

»Wenn sie nur wüßte und begreifen könnte, wie sehr sie allein meine letzten Stunden, Tage und Monate meines Lebens vergiftet«, trägt Tolstoj im Juli in sein Tagebuch ein.[74] Vorausgegangen ist »ein schweres Gespräch« mit seiner Frau über die Rechte an seinen Werken. Ein Petersburger Verleger hat ohne Zustimmung Tolstajas, die ja aufgrund der von Tolstoj erteilten Vollmacht die Rechte an seinen vor 1881 veröffentlichten Werken vertritt, einige frühe Werke in eine Anthologie aufgenommen. Tolstaja will die Verletzung ihrer Rechte gerichtlich verfolgen lassen. Allerdings ist die vor Jahren von ihrem Mann ausgestellte Vollmacht nicht ausreichend. »Ich bat Lew Nikolajewitsch, mir eine formale Vollmacht über seine Werke auszustellen, damit ich die Veröffentlichung und Vertretung der Rechte leichter handhaben kann. Er lehnte dies entschieden, feindselig und gnadenlos ab. Ich brauste auf, und es kam zum Streit – doch wir versöhnten uns.«[75]

»Sofja Andrejewna hatte die ganze Nacht nicht geschlafen. Ging zu ihr. Es war etwas Wahnsinniges. Dušan [Makovický] vergifte sie u. ä. Ein Brief von Stachowitsch, dessen Inhalt ich ihr sagen sollte, da sie dachte, ich verheimliche etwas vor ihr, machte alles nur noch schlimmer.«[76]

Tolstaja ist mißtrauisch. Sie weiß, daß die Schüler ihres Mannes in ihr ein zänkisches Weib sehen, das allein an Besitz und Geld interessiert ist. Und sie fürchtet, daß Tschertkow seinen Einfluß auf Tolstoj geltend macht, um die Rechte seiner Ehefrau und Familie zu beschneiden. Bisher hat Tolstoj kein Testament verfaßt. Es existiert lediglich eine Verfügung aus dem Jahr 1895, in der er seinem Wunsch Ausdruck verleiht, die Urheberrechte an seinen Werken nach seinem Tod der Allgemeinheit zu übergeben, und die Verwaltung seines literarischen Nachlasses seiner Frau, Tschertkow und dem mittlerweile verstorbenen Nikolaj Strachow übertragen hat. Dieses Vermächtnis besitzt allerdings keine Rechtskraft.

Tolstajas Auffassung in Bezug auf den Wunsch ihres Mannes ist eindeutig. »L. N.s Werke zum *Gemeingut* zu erklären, halte ich für dumm und sinnlos«, hat sie schon 1902 in ihrem Tagebuch festgehalten. »Ich liebe meine Familie und möchte, daß ihr Wohlstand sich mehrt, wenn wir aber die Werke in Gemeingut überführen, so beschenken wir damit nur reiche Verleger ... Ich sagte L. N., wenn er vor mir stürbe, so würde ich seinen Wunsch *nicht* erfüllen und *nicht* auf die Rechte an seinen Werken verzichten; hielte ich dies für gut und gerechtfertigt, so hätte ich ihm *zu Lebzeiten* diese Freude bereitet und auf die Rechte verzichtet, nach seinem Tode habe das ja für ihn keinen Sinn mehr.«[77]

Tolstaja fühlt intuitiv, daß eine Verschwörung im Gange ist. »Ich bin allein unter den Dunklen ... Alle sind gegen mich, und ich arbeite für alle.«[78] Ihr Argwohn ist berechtigt. Bei einem Aufenthalt Tolstojs bei seiner Tochter Tanja im Juni kam es zu einem »freudigen Wiedersehen mit Tschertkow«.[79] Tolstaja ahnte davon nichts, doch als sie es erfährt, ist sie alarmiert. Dennoch vermutet sie nichts Böses, als ihr Mann am 3. September 1909, begleitet von der Tochter Sascha und Alexander Goldenweiser, dem Arzt Dušan Makovický und dem Hausdiener Iwan, zu Tschertkow aufbricht. Die Reise nach Krjokschino, wo Tschertkow sich auf dem Landgut seiner Familie niedergelassen hat, führt über Moskau. Seit fast zehn Jahren ist Tolstoj nicht in Moskau gewesen, alles erstaunt den greisen Schriftsteller: die hohen Häuser, die Straßenbahnen, die Automobile. In seinem Haus in Chamowniki gibt es bereits Telefon. Die Reisegesellschaft besichtigt in der Musikalienhandlung Zimmermann ein mechanisches Klavier der Firma *Mignon*. Tolstoj ist begeistert. Der von der Firma engagierte Photograph hält den Moment für die Nachwelt fest. Auf dem Weg zum Bahnhof besichtigt Tolstoj die Auslagen einer Buchhandlung und das neu eingeweihte Gogol-Denkmal. Nach dem Spaziergang durch die Stadt fährt man im Zugabteil dritter Klasse nach Krjokschino. Wenige Tage später trifft auch Tolstaja dort ein. »Sehr glücklich«, notiert Tolstoj.[80] Man empfängt sie ausgesucht freundlich, Tschertkow überreicht ihr ein Blumenbouquet. Die Stimmung scheint entspannt, Tolstoj geht viel spazieren, führt Gespräche mit Bauern und Besuchern, arbeitet ein wenig, erfreut sich des Abends am Spiel des mechanischen Klaviers, das die Firma Zimmermann nach Krjokschino hat bringen lassen. Doch der Schein trügt. Tschertkow versucht unaufhörlich, Tolstoj dazu zu bewegen, ein Testament abzufassen. Tolstoj gibt Tschertkows Drängen schließlich nach. Ohne Wissen seiner Frau unterzeichnen Tolstoj und drei Zeugen am 18. September das Testament, in dem er Tschertkow zum alleinigen Verwalter des literarischen Nachlasses bestimmt.

Tags darauf tritt man die Rückreise nach Jasnaja Poljana an. Die Kunde, daß Tolstoj in Moskau sein werde, geht durch die Stadt. Als die Tolstojs und ihre Begleitung am 19. September auf die Bahnstation kommen, werden sie von einer riesigen Menschenmenge erwartet. Kinooperateure bringen ihre Kameras in Stellung, die Photoapparate knattern. Die Menschenmenge grüßt jubelnd. Als der Zug sich in Bewegung setzt, steht Tolstoj winkend am Fenster. »Auf Lew Nikolajewitschs Gesundheitszustand wirkte sich dies alles sehr nachteilig aus«, erinnert sich Tolstaja. »Nachdem wir den Bahnhof Schtschokino passiert hatten, begann er bereits unklar zu sprechen und nahm von dem, was ihn umgab, absolut nichts mehr wahr. Zu Hause angekommen, fiel er nach wenigen Minuten in tiefe Bewußtlosigkeit, die sich später noch einmal wiederholte.«[81] Doch der Kranke erholt sich rasch. Schon zwei Tage später reitet er wieder aus.

Die Tochter Sascha hat den kurzen Aufenthalt in Moskau genutzt, um Tolstojs Testament dem Notar Nikolaj Konstantinowitsch Murawjow vorzulegen. Der Rechtsgelehrte erklärte den letzten Willen des Schriftstellers für formal ungültig, da es nach dem Gesetz nicht möglich sei, sein Eigentum der »Allgemeinheit« zu hinterlassen. In enger Abstimmung mit Wladimir Tschertkow, Alexander Goldenweiser und Fjodor Strachow arbeitet der Jurist nun ein rechtskräftiges Dokument aus. Am 26. Oktober fährt Strachow mit dem Text nach Jasnaja Poljana. Man vermutet Tolstaja in Moskau, sie kehrt allerdings mit demselben Zug wie Strachow nach Hause zurück. Ihre Anwesenheit hindert Strachow nicht, seine Mission zu einem positiven Abschluß zu führen. Allein mit Tolstoj, legt er ihm den Text vor und erläutert ihm, es sei im juristischen Sinne unabdingbar, die Rechte an seinen Werken formal einer oder mehreren Personen zu überlassen. Tolstoj weigert sich plötzlich voller Zorn, überhaupt ein Testament zu machen, da dies eine Anerkennung staatlicher Autorität bedeute, die er seiner Überzeugung nach ablehne. Mit seiner Entgegnung trifft Strachow Tolstojs empfindlichste Stelle: »Wenn Sie nichts unternehmen …, so bestätigen Sie damit indirekt die Anerkennung des Rechtes auf Eigentum … Ich verhehle nicht vor Ihnen, wie schmerzlich es für uns, Ihre Freunde, war, die unzähligen Vorwürfe gegen Sie anhören zu müssen, daß Sie ungeachtet Ihrer Ablehnung des Eigentums dieses doch anerkennen und lediglich auf den Namen Ihrer Frau und Kinder überschrieben haben. Ebenso schmerzlich wird es sein, wenn man nach Ihrem Tode sagen wird, Tolstoj habe gewußt, daß seine Erklärung aus dem Jahr 1891 keine Rechtsgültigkeit besitzt, aber dennoch nichts unternommen … und so wissentlich in Kauf genommen, daß das Eigentum an seinem literarischen Werk auf seine Familie übergeht. Ich kann gar nicht ausdrücken, Lew Nikolajewitsch, wie schmerzlich dies für Ihre Freunde sein wird …, während zugleich Ihre Erben einen vollständigen Triumph erlangen und, ohne Verständnis für Ihre Ansichten über diese Dinge, fünfzig lange Jahre das Monopol auf Ihre Werke halten werden.«[82]

Unmißverständlich spricht Tschertkows Abgesandter aus, worum es geht: Es geht um die Rechte am literarischen Nachlaß. Doch Tolstoj hört dies nicht. Er hört nur, daß man ihm auch nach seinem Tod Inkonsequenz vorwerfen wird. Nach einiger Bedenkzeit beschließt Tolstoj, die Rechte an seinen gesamten Werken Sascha als formaler Alleinerbin zu vermachen. Ein neues Testament wird aufgesetzt, und Tolstoj unterschreibt dieses, ohne Wissen seiner Frau, am 1. November. Faktisch wird damit Tschertkow zum Alleinherrscher über Tolstojs gesamten literarischen Nachlaß. Die Rolle der Alleinerbin sollte sich allein darauf beschränken, »mir die Möglichkeit zu sichern, ungehindert über Lew Nikolajewitschs literarisches Erbe zu verfügen«, schreibt Tschertkow.[83]

Ahnungslos, was sich hinter ihrem Rücken vollzogen hat, widmet sich Tolstaja ihrem Alltag. Häufig fühlt sie sich krank, sie klagt über Gesichtsneuralgie, ihr rechtes Auge ist fast erblindet. Dennoch absolviert sie unermüdlich ihr Arbeitspensum. Sie liest und korrigiert gemeinsam mit dem Autor Aylmer Maude die erste englische Biographie Tolstojs, setzt sich in Moskau beim Stadtkommandanten für die Freigabe des zweiten Bandes der Tolstoj-Biographie von Pawel Brirjukow durch die Zensur ein und bereitet einen illustrierten Sammelband mit ihren Kindererzählungen zur Veröffentlichung vor, der zu Weihnachten erscheinen soll. Sie arbeitet weiter an ihren Erinnerungen – zuvor bescheiden als »Aufzeichnungen« bezeichnet, tragen sie mittlerweile den endgültigen Titel *Mein Leben* –, beschäftigt sich mit der Photographie und der ungeliebten Wirtschaft, prüft Rechnungen und Buchführung von Landgut und Verlag. Im Kreis von Verwandten und Bekannten begeht man das neue Jahr. Die Pianistin Wanda Landowska spielt Mozart-Sonaten. Das Jahr 1910 beginnt friedlich. Tolstaja schmückt mit den Enkeln den Weihnachtsbaum, Tolstoj geht mit ihnen Schlitten fahren.

Das Leben in Jasnaja Poljana ist behaglich, allzu behaglich für Tolstoj. »Erhielt einen rührenden Brief von einem Studenten aus Kiew«, notiert er, »der mich überzeugen will, mein Heim zu verlassen und in Armut zu leben.«[84] Die alten Gewissensnöte beginnen Tolstoj wieder zu quälen. »Habe Sonja gegenüber das erste Mal ausgesprochen, was mir das Leben so schwer macht. Und um dann abzuschwächen, was ich gesagt habe, küßte ich sie stumm. Diese Sprache versteht sie recht gut.«[85] Die Vorwürfe ihres Mannes empfindet Tolstaja als ungerecht. Auf ihre Frage, warum er denn den Reichtum Tschertkows nicht verurteile, der ein Millionenvermögen besitzt, schweigt Tolstoj erbittert. Es kommt wieder zu Auseinandersetzungen. Es geht um den Wächter, einen Tscherkessen, der die Bauern übermäßig hart behandelt.

Tatsächlich jedoch geht es um die alte Frage der richtigen Lebensweise. Seit fast dreißig Jahren will Tolstoj sein Heim und seine »heidnische Ehefrau« verlassen. Doch er kann es nicht. »Wie wünschenswert dies auch, dem Ideal der Vollkommenheit entsprechend, sein möge«, antwortete er noch zwei Jahre zuvor auf einen der zahllosen Briefe, in dem man ihm die Inkonsequenz seines Lebens vorwarf, »doch ich kann es ... nicht tun. Nicht deshalb, da es mir um das gute Essen leid täte, die weiche Matratze, das Reitpferd, sondern aus anderen Gründen – ich kann der Frau, die all ihre Verpflichtungen, die nach ihrem Verständnis auf sie als meine Ehefrau ... gekommen sind, die sie ihrem Ideal entsprechend durchaus gut erfüllt, kein Leid, kein Unglück zufügen und Erbitterung und Bosheit in ihr hervorrufen.«[86]

»Meine Waffe ist der Tod«, notiert Tolstaja im Juli.[87] Der stets instabile Kompromiß des Lebens in Jasnaja Poljana ist ins Wanken geraten. Das Heim zerfällt in zwei Parteien, die sich erbittert bekämpfen. Auf der einen Seite stehen Tschertkow und die Tochter Sascha, auf der anderen Tolstaja und die Söhne.

Am 12. Juni begibt Tolstoj sich in Begleitung seines »Gefolges«, wie Tolstaja ironisch notiert – der Tochter Sascha, des Arztes Dušan Makovický und des neuen Sekretärs Walentin Bulgakow, der nach der Verhaftung Nikolaj Gussews in Diensten des Schriftstellers steht –, nach Otradnoje bei Moskau zu Tschertkow. Tolstaja erträgt die Abwesenheit ihres Mannes nur schlecht. Mit zwei Telegrammen ruft sie ihn dringend nach Jasnaja Poljana zurück. »Fand sie schlimmer vor, als ich erwartete«, schreibt Tolstoj: »Hysterischer Anfall und Gereiztheit.«[88] »Es kam zu einer aufreibenden Aussprache, ich sagte alles, was ich auf dem Herzen hatte«, heißt es in Tolstajas Tagebuch. »Gebückt und bedauernswert saß Lew Nikolajewitsch auf einem Taburett und schwieg fast die ganze Zeit. Was hätte er mir auch antworten können?«[89]

Als Sofja Andrejewna kurz darauf erfährt, daß Tolstoj seine Tagebücher der letzten zehn Jahre Tschertkow übergeben hat, gerät sie außer sich. Sie schreibt Tschertkow einen Brief, in dem sie ihn um Rückgabe der Tagebücher ihres Mannes bittet. »Sollten Sie meine Bitte erfüllen, werden wir bessere Freunde sein, als wir es je waren. Falls aber nicht, wird Lew Nikolajewitsch unter unseren Beziehungen leiden. Denn mein Herz umzukehren, vermag ich nicht. Allzu sehr hat mich das Verschwinden der Tagebücher verletzt.«[90] Es kommt zu einem Gespräch, in dem Tschertkow den Anschein der Höflichkeit der Gattin seines Freundes gegenüber verliert. »Sie haben ja nur Angst, daß ich Sie mit Hilfe der Tagebücher bloßstellen könnte«, schreit er. »Wenn ich das wollte, hätte ich unbegrenzte Möglichkeiten, um Ihre Familie und Sie in den Dreck zu ziehen ... Und wenn ich das nicht tue, dann nur aus Liebe zu Lew Nikolajewitsch.«[91]

Der Streit um die Verfügungsgewalt über Tolstojs Tagebücher wird zwei Wochen lang erregt geführt. Sofja Andrejewna droht mit Selbstmord, es kommt zu furchtbaren Szenen. Doch immer wieder gewinnt die Liebe. »Ein langes gemeinsames Leben und eine unerschütterliche Liebe binden uns aneinander«, notiert Tolstaja. »Als er sich schlafen legte, ging ich zu ihm und sagte: ›Versprich mir, daß du niemals heimlich von mir fortgehen wirst.‹ Darauf antwortete er mit zitternder Stimme: ›Das habe ich nicht vor, und ich verspreche dir, daß ich dich niemals verlassen werde, weil ich dich liebe.‹ Ich begann zu weinen und umarmte ihn, sagte, ich hätte Angst, ihn zu verlieren, und liebte ihn innig, ungeachtet meiner unschuldigen und dummen Vernarrtheiten, und hätte bis ins Alter hinein nie auch nur einen Augenblick aufgehört, ihn allein zu lieben. Lew Nikolajewitsch sagte, das gleiche gelte für ihn, niemandem würde es gelingen, uns auseinanderzutreiben.«[92]

Nach einem weiteren grausamen Streit, in dem Tolstaja droht, sich mit Opium zu vergiften, fordert Tolstoj die Tagebücher von Tschertkow zurück. Er schreibt seiner Frau einen langen Brief.

»Wenn Dich der Gedanke beunruhigt, daß jene Stellen in meinen Tagebüchern, die ich unter dem Eindruck des Augenblicks über unsere Meinungsverschiedenheiten und Auseinandersetzungen schrieb, von künftigen, Dir nicht wohlgesonnenen Biographen mißbraucht werden – ganz abgesehen davon, daß solche Ausdrükke augenblicklicher Gefühle in meinen ebenso wie in Deinen Tagebüchern keine zutreffende Beschreibung unserer wirklichen Beziehung geben können –, wenn Du dies also fürchtest, so bin ich froh, diese Gelegenheit zu nutzen und im Tagebuch oder einfach gleich in diesem Brief meine Beziehung zu Dir und mein Urteil Deines Lebens darzulegen ...

Wie ich Dich von Jugend an liebte, so liebte ich Dich immerwährend, ungeachtet der verschiedenen Ursachen für eine Abkühlung meiner Gefühle, und liebe Dich noch. Die Ursachen dieser Abkühlung waren, ohne vom Ende unserer ehelichen Beziehungen zu sprechen (denn damit wurde nur ein trügerischer Ausdruck der wahren Liebe beseitigt): erstens meine immer stärkere Abkehr von den Interessen des weltlichen Lebens ..., während Du Dich davon weder losreißen wolltest und konntest, da Deiner Seele jene Voraussetzungen fehlten, die mich zu meinen Überzeugungen gebracht haben, was nur sehr natürlich ist und ich Dir nicht vorwerfe ...

Zweitens ... wurdest Du in den letzten Jahren immer gereizter, despotischer und unnachgiebiger. Die Entwicklung dieser Charakterzüge mußte zu einer Abkühlung, nicht des eigentlichen Gefühls, aber seiner Äußerungen, führen.

Drittens. Die wichtigste und verhängnisvollste Ursache – an der weder Du noch ich die Schuld tragen – ist unsere gänzlich entgegengesetzte Auffassung vom Sinn und Ziel des Lebens. Alles in unserer Auffassung vom Leben war entgegengesetzt: die Lebensweise, die Einstellung zu den Menschen und den Mitteln zu leben – das Eigentum, das ich als Sünde ansehe, Du aber als notwendige Voraussetzung zum Leben. Ich unterwarf mich, um mich nicht von Dir trennen zu müssen, in meiner Lebensweise den für mich schweren Lebensbedingungen, Du aber hast dies als Annäherung an Deine Ansichten gedeutet, und so wurde unsere Entfremdung größer und größer ... Doch ich habe ungeachtet aller Mißverständnisse, die es zwischen uns gab, nicht aufgehört, Dich zu lieben und zu respektieren.

Meine Beurteilung Deines Lebens mit mir ist folgende: Ich, ein sittlich verdorbener und sexuell zutiefst lasterhafter Mensch, habe, als ich schon nicht mehr der Jüngste war, Dich, ein reines, gutes, kluges, achtzehnjähriges Mädchen, geheiratet, und Du hast, ungeachtet meiner schmutzigen, lasterhaften Vergangenheit, fast fünfzig Jahre mit mir zusammengelebt, mich geliebt und ein arbeitsames und schwieriges Leben gehabt, indem Du Kinder gebarst, sie stilltest, erzogst, für die Kinder und mich sorgtest und Dich nicht anderen Versuchungen hingabst, die jede gesunde, kräftige und schöne Frau in Deiner Lage so leicht hätte ergreifen können ... Daß Du mir auf meinem besonderen geistigen Weg nicht gefolgt bist, kann ich Dir nicht vorwerfen und werfe ich Dir nicht vor ...

Wenn Du meine Bedingungen eines guten, friedlichen Zusammenlebens nicht annimmst, ziehe ich mein Versprechen, Dich nicht zu verlassen, zurück. Dann gehe ich fort ... Ich könnte weiterhin so leben, wenn ich Dein Leiden ruhig mit ansehen könnte, doch ich kann es nicht ... Höre auf, Liebste, nicht die anderen, sondern Dich selbst zu quälen, Dich selbst, denn Du leidest mehr als alle anderen. Dies ist alles.

14. Juli morgens. Lew Tolstoj.«[93]

Im Auftrag Tolstojs begibt sich Sascha zu Tschertkow, um die Tagebücher zurückzuholen. Sie bleibt lange dort. Es erweist sich, daß Tolstajas Mißtrauen berechtigt ist. In aller Eile machen sich mehrere Personen daran, die Tagebücher vor der Rückgabe zu kopieren. Die Tagebücher werden in einer Bank in Tula hinterlegt. Auch dies ruft bei Sofja Andrejewna berechtigtes Mißtrauen hervor. Tatsächlich soll ihr Inhalt vor Tolstaja geheimgehalten werden. »Die Angelegenheit mit den Tagebüchern war sehr verzwickt«, schreibt die Tochter Sascha. »Nachdem Vater ... sein Testament unterschrieben hatte, das alle seine Werke der Allgemeinheit freigab, erwähnte er dies in seinen Tagebüchern, ohne zu bedenken, daß Mutter es lesen könnte.«[94]

Tolstaja ahnt nach wie vor nichts von diesem Testament. Doch sie fühlt, daß etwas vor ihr verborgen wird. Der Briefwechsel zwischen Tolstoj und Tschertkow wird auf verschwörerische Weise geführt. Tschertkows Briefe werden sofort nach der Lektüre an den Absender zurückgesandt. Tolstaja ist eifersüchtig. Sie beschuldigt ihren Mann der homosexuellen Beziehung zu Tschertkow. »Habe zufällig eine alte Tagebuchaufzeichnung gelesen, erkannte plötzlich das wahre Wesen der jetzigen Leidenschaft zu Tschertkow. Das hat mich um die Ruhe gebracht, mein Herz endgültig zerstört.«[95] Tolstaja bezieht sich auf einen Tagebucheintrag des dreiundzwanzigjährigen Tolstoj, in dem es heißt: »Ich war niemals auch nur in eine Frau verliebt. Das einzige starke Gefühl, das an Liebe erinnerte, empfand ich, als ich 13, 14 Jahre war; doch ich will nicht glauben, daß dies Liebe war ... In Männer indes habe ich mich oft verliebt.«[96] Als Tolstaja ihrem Mann die »Quelle ihrer Eifersucht« auf Tschertkow zu erklären versucht, »erbleicht« Tolstoj und wird »so wütend, wie ich ihn schon sehr lange nicht mehr gesehen habe«. »Mach, daß du fortkommst«, schreit er, »ich habe dir gesagt, daß ich von dir fortgehen werde, und ich gehe ganz bestimmt.«[97]

Tolstaja begreift, daß sie den »Krieg«, den Tschertkow ihr »offen erklärt hat«,[98] verloren hat. Das Gefühl, vom geistigen Leben ihres Mannes ausgeschlossen zu sein, hat sie während der ganzen Zeit ihrer Ehe nie losgelassen. Die Erotik der Beziehung Tolstojs zu Tschertkow ist jene intellektuelle Leidenschaft, die er mit seiner Frau nie geteilt hat. Tolstojs Einstellung gegenüber Frauen ist in den letzten Jahren zunehmend feindselig geworden. »Ich will die Wahrheit über die Frauen sagen, wenn ich mit einem Fuß im Grabe stehe –«, kündigt er an, »ich werde sie sagen, in den Sarg springen, den Deckel zuziehen und sagen: ›Tut jetzt, was ihr wollt.‹«[99] Seine Wahrheit lautet: »Die Frau hat eine große Aufgabe: Sie gebiert Kinder, aber keine Gedanken, dies tun die Männer. Die Frau folgt immer nur dem, was der Mann eingebracht hat ... und verbreitet dies weiter. Daher erzieht der Mann die Kinder auch nur und gebiert sie nicht.«[100]

Noch einmal bäumt sich Tolstaja mit ganzer Kraft gegen die ihr zugedachte Rolle auf. Sie verliert das seelische Gleichgewicht. Der herbeigerufene Nervenarzt diagnostiziert Hysterie. »Die Leiden meines gequälten, brennenden Herzens umnebelten mein Urteilsvermögen«, schreibt sie später.[101] Tolstajas Hysterie, mit der sie allen anderen und auch sich selbst das Leben schwermacht, ist ihre Weigerung, sich unterzuordnen. Sie widersetzt sich ein letztes Mal den rückständigen Ansichten und Forderungen ihres Mannes.

Tolstajas Triumph in der Schlacht um die Tagebücher ist nur ein Pyrrhussieg. Hinter ihrem Rücken geht der Kampf um die Autorenrechte weiter. Nachdem Tschertkow machtlos zusehen mußte, wie der greise Schriftsteller sich seiner Frau gegenüber nachgiebig zeigte, ist ein rechtskräftiges Testament für ihn von höchster Wichtigkeit. Da die zur Alleinerbin bestimmte Tochter Sascha Anfang des Jahres eine Tuberkuloseerkrankung durchgemacht hat, besteht zumindest theoretisch die Möglichkeit, daß sie vor ihrem Vater sterben könnte. Um zu verhindern, daß in diesem Fall die gesetzliche Erbfolge eintritt und der literarische Nachlaß Tolstojs auf die Familie übergeht, müssen Personen benannt werden, die im Falle von Saschas Tod Erben werden. Tolstoj muß sein Testament dementsprechend ändern. Wieder wird mit heimlichen Briefen und Besuchen die Unterzeichnung eines neuen Testaments vorbereitet. »Schrieb im Wald«, lautet Tolstojs lakonischer Eintrag vom 22. Juli 1910, dem Tag, an dem er sein Testament auf einem Baumstumpf im Wald sitzend im Beisein von Zeugen neu abfaßt und seine Tochter Tanja als Erbin für den Fall des Ablebens von Sascha einsetzt. Am Abend nimmt man in trauter Runde den Tee auf der Terrasse. »Tschertkow saß da, als habe er ein Lineal verschluckt«, erinnert sich Valentin Bulgakow, »gerade, mit versteinertem Gesicht ... Die am Tisch Sitzenden rührten kaum ihre Teetassen an, als ob sie einen lästigen Dienst verrichteten. Und blieben nicht lange sitzen.«[102]

Tolstaja begreift rasch, daß es ein »geheimes Abkommen« zwischen Tschertkow und ihrem Mann gibt. Auf die Fragen seiner Frau und seiner Söhne, ob ein Testament aufgesetzt worden sei, antwortet Tolstoj ausweichend oder gar nicht. Man versteht, daß dies ein Ja ist. »Tschertkow hat mich in einen Kampf hineingezogen«, erkennt Tolstoj, »und dieser Kampf ist mir ebenso schwer wie widerwärtig.«[103] »Sehr klar habe ich meinen Fehler erkannt«, schreibt er wenige Tage später: »Ich hätte alle Erben zusammenrufen und ihnen meinen Willen darlegen müssen und hätte dies nicht heimlich tun dürfen. Ich habe Tschertkow dies geschrieben, was ihn sehr erzürnte.«[104] Tschertkow ist unerbittlich. In einem Brief, der mehr als zehn Druckseiten umfaßt, legt er Tolstoj dar, durch sein Testament erfülle er seine »Pflicht vor Gott und den Menschen, indem Sie es nicht zulassen, daß jenes, was Gott und der gesamten Menschheit gehören soll, in das persönliche Eigentum Ihrer Familie übergeht«.[105] »Sie reißen mich in Stücke«, resigniert Tolstoj. »Manchmal denke ich: vor allen fliehen.«[106]

Tolstaja beschließt, eine Zeitlang zu verreisen, und hinterläßt ihrem Mann einen Brief. Als Andrej sie nach Hause zurückbringt, weint Tolstoj: »Ich habe erkannt, daß ich ohne dich einfach nicht leben kann, ich hatte das Gefühl, den Boden unter den Füßen zu verlieren; wir sind einander zu nah, sind zu sehr miteinander verwachsen. Ich bin dir so dankbar, mein Herz, daß du zurückgekehrt bist, so dankbar ...«[107] Tolstaja bittet ihren Mann, Tschertkow nicht mehr zu treffen. Er verspricht es und bereut es sogleich. Sie entfernt dessen Photographie aus Tolstojs Zimmer, ihr Gatte hängt sie schweigend wieder auf. Sie gesteht ein, daß sie krank sei, und bittet verzweifelt um Nachsicht. Doch niemand bringt ihr diese Nachsicht entgegen. Tschertkow und Sascha »sind in dieser Hinsicht blind. Ersterer hat das Ziel, die Gattin Tolstojs moralisch zu vernichten und die Verfügungsgewalt über alle Manuskripte an sich zu reißen. Die letztere steckt entweder mit ihm unter einer Decke, oder sie haßt ... ihre Mutter.«[108] Tolstoj hat Mitleid mit seiner Frau, doch ihre Fragen nach seinen »geheimen Absprachen« machen ihn wütend. Am achtundvierzigsten Hochzeitstag läßt sich das Ehepaar zusammen photographieren. Tolstoj protestiert, gibt dem Wunsch seiner Frau aber nach. Es wird das letzte gemeinsame Photo sein.

»Allmählich gewinne ich ein Bild von den Abscheulichkeiten, die Tschertkow angezettelt hat«, hält Tolstaja am 12. Oktober fest. Der Sohn Serjosha hat das geheime Tagebuch ihres Mannes, das dieser immer bei sich zu tragen pflegt, gefunden. Aus diesen Aufzeichnungen entnehmen Tolstaja und ihre Söhne, daß Tolstoj die Rechte an seinen Werken nicht seiner Familie hinterlassen wird. »Als ich heute Lew Nikolajewitsch sagte, ich wisse von dieser Verfügung, sah er schuldbewußt und erbarmungswürdig aus, schwieg aber beharrlich.«[109] Tolstojs Schweigen macht seine Frau rasend. Sie schreibt ihrem Mann einen Brief.

»Du fragst mich jeden Tag anscheinend teilnahmsvoll nach meinem Befinden, wie ich geschlafen habe, und doch versetzt Du mir mit jedem Tag einen neuen Schlag, der mein Herz verbrennt, mein Leben verkürzt und schuld ist, daß mein Leiden kein Ende findet.

Meinem Schicksal gefiel es ..., diese bösartige Handlung, mit der Du Deiner zahlreichen Nachkommenschaft die Autorenrechte an Deinen Werken aberkennst, zu erkennen, obwohl Dein Verbündeter in dieser Angelegenheit Dir verbat, mich und Deine Familie davon in Kenntnis zu setzen. Er drohte mir, mir zu *schaden*, mir und der Familie, und hat dies auf glänzende Weise erfüllt, indem er Dir ein Dokument ... abgerungen hat. Die Regierung, die Ihr beide in allen Euren Pamphleten beschimpft und abgelehnt habt, wird nun *dem Gesetz* nach Deinen Erben das letzte Stück Brot entreißen und ... reichen Verlegern übergeben, während zur selben Zeit die Enkel Tolstojs aufgrund seines boshaften und ruhmsüchtigen letzten Willens an Hunger sterben werden ...

Wenn man Dich davon überzeugte, daß der *Eigennutz* mich lenke, so bin ich bereit, auf offiziell beglaubigte Weise auf mein Erbe zu verzichten ... Ich werde von Grauen erfaßt ..., wenn ich daran denke, welche Bosheit sich an Deinem Grabe und im Gedächtnis Deiner Kinder und Enkel erheben wird ... Bekämpfe sie, Ljowotschka, noch zu Lebzeiten! Erwecke Dein Herz und laß es weich werden, laß Gott darin wohnen und die Liebe, von denen Du so laut den Menschen predigst.

S.T.«[110]

»Brief mit Vorwürfen wegen irgendeines Papiers bezüglich der Autorenrechte, als ob das Materielle das wichtigste sei«, notiert

Tolstoj.[111] Die unglaublichsten Reden seiner Frau werden ihm hinterbracht. Sie wolle ihn entmündigen lassen, um so das Testament ungültig zu machen, behauptet Goldenweiser. Die Mutter wolle die Werkrechte für eine Million Rubel verkaufen, erklärt die Tochter Sascha. Doch es geht Tolstaja nicht ums Materielle, »... sondern darum, daß Lew Nikolajewitsch mir sein Vertrauen entzogen hat«.[112]

Tolstoj sieht sich im Recht. »Ohne falsche Bescheidenheit kann ich sagen«, trägt er ins Tagebuch ein, »daß ich die wichtigsten und bedeutendsten Gedanken ausarbeite und darlege, und gleichzeitig kämpfe ich gegen Frauenlaunen, denen ich einen großen Teil meiner Zeit widmen muß.«[113] Tschertkow und seine Gefolgsleute reden ihm ein, seine Frau spiele vor ihm eine »Komödie, um ihr Ziel zu erreichen«.[114] »Schrecklich schwer ist meine Prüfung«, klagt er im Tagebuch. »Denke immer an die Worte Nowikows ›Einmal mit der Peitsche darüber‹ und Iwans ›Nach unserem Brauch geben wir's mit dem Riemen‹, bin unzufrieden mit mir. In der Nacht dachte ich daran, fortzugehen.«[115]

Am Morgen des 28. Oktober 1910 verläßt Tolstoj sein Heim in Jasnaja Poljana. »Schlief bis gegen drei Uhr. Wachte auf ..., hörte Schritte und Türöffnen ... sah durch die Ritzen helles Licht im Arbeitszimmer. Rascheln. Sofja Andrejewna suchte etwas, wahrscheinlich las sie etwas ... Wieder Schritte, behutsames Türöffnen, und sie ging vorüber. Ich wußte nicht, warum das bei mir ununterdrückbaren Abscheu und Empörung auslöste. Wollte einschlafen, konnte es nicht, wälzte mich etwa eine Stunde, zündete die Kerze an und setzte mich. Da öffnete sich die Tür, und herein kam Sofja Andrejewna, fragte mich ›nach der Gesundheit‹ und wunderte sich über das Licht, das sie bei mir sah. Abscheu und Empörung nahmen zu, ich schnappte nach Luft, zählte den Puls: 97. Konnte nicht liegen und faßte plötzlich den Entschluß wegzufahren. Schreibe ihr einen Brief, beginne das Notwendigste zusammenzupacken, nur weg, weg. Wecke Dušan, dann Sascha, sie helfen mir beim Packen. Ich schaudere beim Gedanken, sie könnte uns hören, aus ihrem Zimmer kommen, eine Szene machen, hysterisch werden, und ohne eine Szene könnte ich dann nicht mehr weg.«[116]

Die drei Türen zwischen den Schlafzimmern der Ehegatten werden verschlossen. In aller Eile werden einige Dinge zusammengepackt. Tolstoj läßt den Wagen anspannen. Gegen fünf Uhr fährt er, nur von Dušan Makovický begleitet, für immer aus Jasnaja Poljana davon. Als seine Frau gegen elf Uhr am nächsten Morgen erwacht, übergibt ihr Sascha seinen Brief.

»Meine Abreise wird Dich betrüben. Das bedauere ich, aber verstehe mich und glaube mir, daß ich nicht anders handeln konnte. Meine Lage im Hause wird unerträglich, ist es schon geworden. Abgesehen von allem Schlechten, ich kann nicht länger in diesen Verhältnissen des Luxus leben und tue nun das, was alte Leute in meinen Jahren für gewöhnlich tun: Sie gehen fort aus dem weltlichen Leben, um in Zurückgezogenheit und Stille ihre letzten Tage zu verbringen.

Ich bitte Dich, mich zu verstehen und mir nicht nachzureisen, wenn Du den Ort meines Aufenthalts erfährst. Deine Ankunft würde nur Deine und meine Lage verschlechtern, aber nichts an meinem Entschluß ändern. Ich danke Dir für Dein getreues achtundvierzig Jahre langes Leben mit mir, und ich bitte Dich, mir alles zu verzeihen, womit ich mich vor Dir schuldig gemacht habe, ebenso wie auch ich Dir von ganzem Herzen alles vergebe, womit Du Dich vor mir schuldig gemacht haben könntest. Ich rate Dir, Dich mit der neuen Lage, in die Dich meine Abreise bringt, abzufinden und keine unguten Gefühle gegen mich zu hegen. Wenn Du mir etwas mitteilen möchtest, kannst Du es über Sascha tun, sie wird wissen, wo ich bin, und läßt mir zukommen, was nötig ist; sagen, wo ich bin, kann sie Dir jedoch nicht, weil ich ihr das Versprechen abgenommen habe, es niemandem zu sagen.

28. Okt.

Lew Tolstoj.«

Was Tolstaja ihr Leben lang fürchtete, ist geschehen. Ihr Mann hat sie verlassen. Außer sich läuft sie die Allee hinunter zum Teich.

Will sich ertränken. Die Tochter Sascha und Tolstojs Sekretär Bulgakow tragen sie zurück ins Haus. »Ich werde nicht ausführlich beschreiben, wie Lew Nikolajewitsch das Haus verließ«, schreibt Tolstaja in ihrer *Kurzen Autobiographie*. »Es ist genug darüber geschrieben, und es wird weiterhin darüber geschrieben werden, den wahren Grund aber wird nie jemand erfahren. Mögen *seine* Biographen ihn ausfindig machen.«[117]

Unterdessen haben Tolstoj und Dušan Makovický in Schtschokino den Zug nach Gorbatschowo bestiegen. Man richtet sich im Waggon zweiter Klasse ein, Makovicky wärmt Kaffee. »Was wird jetzt aus Sofja Andrejewna«, sagt Tolstoj. »Sie tut mir so leid.«[118] In Gorbatschowo müssen sie umsteigen. »Der Waggon, in dem wir nun fahren mußten«, schreibt Makovicky, »war der schlechteste und engste, in dem ich jemals in Rußland gefahren bin ... Stickige Hitze. Ich wollte Lew Nikolajewitsch das Reiseplaid unterlegen, er erlaubte es nicht.«[119] Tolstoj tritt auf die Plattform heraus, um Luft zu schnappen. Dort sitzt er auf seinem Stock mit dem Klappsitz eine dreiviertel Stunde. Es ist ein kalter Wintermorgen.

Die Fahrt dauert sechs Stunden. Um 16.50 Uhr erreicht man die Station Koselsk, von dort geht es mit einer Droschke weiter nach Optina Pustyn. Tolstoj und Makovický mieten sich in einem Gasthaus ein. Tolstoj hält in seinem Tagebuch das Geschehene fest. Am Abend erhält Sascha in Jasnaja Poljana die erste Nachricht ihres Vaters. »Übernachte Optina, morgen Schamordino. Bin gesund.«[120] Der Tag auf Jasnaja Poljana war »wie ein endloser Alpdruck«. »Die Mutter weinte ununterbrochen«, berichtet Sascha, »schlug sich, bald mit einem gewichtigen Briefbeschwerer, bald mit einem Hammer in die Brust und stach sich mit Messern, Scheren und Nadeln. Als ich ihr diese Gegenstände wegnahm, wollte sie sich aus dem Fenster in den Brunnen stürzen.«[121] In dringenden Telegrammen ruft Sascha die Geschwister zusammen. Die Mutter ißt nicht, trinkt nicht, ist verzweifelt. Die Geschwister beratschlagen, was zu tun sei. Alle, außer den beiden Ältesten, Sergej und Tanja, verurteilen die Handlung des Vaters. Andrej verspricht der Mutter, den Vater suchen zu lassen. Ein Nervenarzt rät, sie nicht aus den Augen zu lassen. Man wacht Tag und Nacht bei ihr. Am Abend des 29. Oktober bricht Sascha mit ihrer Freundin Warwara Michailowna nach Optina Pustyn auf. Um mögliche Verfolger zu verwirren, fahren sie nicht auf direktem Wege.

Zur selben Zeit fahren Tolstoj, Makovický und Alexej Sergejenko, der Sekretär Tschertkows, der mittlerweile zu ihnen gestoßen ist, weiter nach Schamordino, wo sich das Frauenkloster befindet, in dem Tolstojs Schwester Maria Nikolajewna lebt. »Wie gut geht es mir hier«, sagt er nach dem Wiedersehen mit der Schwester. Am nächsten Morgen macht er sich auf die Suche nach einer Bauernkate, in der er bleiben kann. Am selben Tag trifft Sascha ein. In ihrem Gepäck hat sie Briefe der Geschwister und der Mutter.

»Ljowotschka, mein Liebster, kehre nach Hause zurück, Lieber, rette mich vor einem neuerlichen Selbstmordversuch. Ljowotschka, Freund meines ganzen Lebens, ich werde alles, alles tun, was Du willst, jeglichem Luxus gänzlich entsagen; ich werde mit Deinen Freunden gut umgehen, ich werde mich ärztlich behandeln lassen, ich werde sanft sein ... Mein Lieber, mein Teurer, mein Herzensfreund, rette mich, kehre zurück, kehre zurück, und sei es auch nur, um Dich von mir vor unserer ewigen Trennung zu verabschieden ... Wo bist Du? Wo? Bist Du gesund? Ljowotschka, quäle mich nicht, mein Liebster, ich will Dir in Liebe mit meinem ganzen Wesen und meiner ganzen Seele dienen, kehre zu mir zurück, kehre im Namen Gottes, der göttlichen Liebe zurück ... Nun lebe wohl, lebe wohl, vielleicht für immer. Deine Sonja.«[122]

Sascha drängt den Vater weiterzufahren. Sie behauptet, die Mutter sei schon auf dem Weg nach Schamordino. »Alexandra Lwowna ... bestand darauf, daß man weiterfahren müsse, und zwar schnellstmöglich«, hält Makovický fest. »Sie hatte zwei Fuhrleute beauftragt, bis zum Morgen zu warten, damit sie uns zum Fünfuhrzug ... bringen könnten. Lew Nikolajewitsch wollte dies nicht. Er saß da, mit übergeworfenem Wams, er fror und war, nachdem er die Briefe aus Jasnaja Poljana gelesen hatte, schweigsam.«[123] Trotzdem reisen die vier am nächsten Morgen um sechs Uhr aus Schamordino ab.

»Ein Wiedersehen, geschweige denn meine Rückkehr wäre *jetzt* ganz unmöglich«, schreibt Tolstoj seiner Frau. »Für Dich wäre dies, wie alle meinen, im höchsten Grade schädlich, für mich furchtbar, denn mein Befinden würde infolge Deiner Aufgeregtheit, Gereiztheit, Deines krankhaften Zustands, jetzt, sofern das überhaupt noch möglich ist, noch schlechter werden. Ich rate Dir, Dich mit dem, was geschehen ist, abzufinden, Dich in Deine neue Lage zu schicken und, vor allem, Dich ärztlich behandeln zu lassen ...

Ich habe zwei Tage in Schamordino verbracht und reise jetzt weiter. Meinen Brief schicke ich Dir von unterwegs. Ich teile Dir nicht mit, wohin ich fahre, da ich die Trennung, sowohl für Dich als auch für mich für notwendig erachte. Glaube nicht, ich sei fortgefahren, weil ich Dich nicht liebe. Ich liebe Dich und bemitleide Dich von ganzem Herzen, ich kann aber nicht anders handeln, als ich es tue ... Leb wohl, liebe Sonja, Gott helfe Dir! ... Vielleicht sind gerade jene Monate, die wir noch zu leben haben, wichtiger als alle gelebten Jahre, und wir müssen sie richtig verbringen. L.T.«[124]

Die Nachricht, daß der Schriftsteller sein Heim verlassen hat, ist längst durch die Zeitungen verbreitet. »Die Flucht Lew Tolstojs aus Jasnaja Poljana« lautet die Schlagzeile in *Russkoje slowo* [*Russisches Wort*], der größten Moskauer Tageszeitung. Die gesamte Titelseite ist dem Ereignis gewidmet. Ein Offizier der Geheimpolizei folgt Tolstojs Spur. Tolstoj liest im Zug ein Buch mit dem Titel *Über die Religion und den Sinn des Lebens*. Am späten Nachmittag hat er Fieber. »Wir hatten eine gute Reise«, notiert Tolstoj, »doch gegen fünf bekam ich Schüttelfrost, später 40° Fieber, stiegen in Astapowo aus. Der Stationsvorsteher hat uns liebenswürdigerweise zwei wunderbare Zimmer zur Verfügung gestellt.«[125]

Am 31. Oktober erhält Tolstaja um halb acht Uhr morgens ein Telegramm aus der Redaktion des *Russkoje slowo*: »Lew Nikolajewitsch in Astapowo erkrankt, 40° Fieber.«[126] Journalisten treffen in Astapowo ein. Millionen Menschen warten auf Nachrichten über den Fortgang des Dramas. Die Zeitungen sind gleich nach ihrem Erscheinen ausverkauft. Tschertkow, von Sascha telegraphisch über den Aufenthaltsort informiert, kommt herbeigeeilt und weicht fortan nicht mehr von Tolstojs Seite. Kurze Zeit später kommt Sofja Andrejewna in Astapowo an, von Tanja begleitet, mit einem Sonderzug, der in Tula bereitgestellt wurde. Auch die Söhne, bis auf Lew, der in Schweden ist, kommen angereist. Niemand unterrichtet Tolstoj von der Ankunft seiner Frau. »Um meinen dahinscheidenden Mann hatte sich eine Gruppe fremder und fernstehender Menschen versammelt, mich aber, die Ehefrau, die achtundvierzig Jahre mit ihm zusammengelebt hatte, ließ man nicht zu ihm. Die Türen wurden verschlossen, und wenn ich durch das Fenster nach meinem Mann sehen wollte, wurde dieses verhängt. Zwei Pflegerinnen, die mir zur Seite standen, hielten mich an beiden Armen fest.«[127]

Als Tolstoj erfährt, daß sein Sohn Sergej gekommen ist, läßt er ihn rufen. Serjosha küßt die Hand des Vaters und rührt ihn damit zu Tränen. Makovický erstattet Sofja Andrejewna Bericht: »Lew Nikolajewitsch hat eine Lungenentzündung, die in seinem Alter meist tödlich verläuft.«[128] Als Tolstaja bittet, zu ihrem Mann gelassen zu werden, sagt man ihr, dies sei unmöglich. Makovický gibt Tolstoj sein Kopfkissen, das seine Frau ihm einst gestickt hat. Tanja habe es aus Jasnaja Poljana mitgebracht. Tolstoj läßt seine Tochter rufen. »Wer ist bei Mamá geblieben?« fragt er. Tanja antwortet, die Mutter befände sich in Gesellschaft der Brüder und werde von einem Arzt und einer Pflegerin beaufsichtigt. Sie will dem Thema ausweichen, doch Tolstoj fragt nach, »was kann es denn Wichtigeres für mich geben?«.[129] Später sagt er undeutlich: »Vieles stürzt auf Sonja nieder, wir haben schlecht gehandelt.«[130] Gleichwohl verschweigt die Tochter, daß die Mutter vor Ort ist. »Wir alle empfanden das unermeßlich Grausame dieser Situation. Aber solange Vater sie nicht rief, hielten wir es für unmöglich, sie zu ihm zu lassen.«[131] »Alle fürchteten, seinen Tod zu beschleunigen, wenn der Kranke sich aufrege; dies war auch die Ansicht der Ärzte«, erinnert sich Tolstaja. »Doch wer kann wissen, ob nicht das Wiedersehen mit mir und meine ihm gewohnte Fürsorge seinen Zustand verbessert hätten?«[132] »Es war entsetzlich, daß man sie nicht zu ihrem sterbenden Ehemann ließ«, schreibt Ilja Tolstoj. »Man tat dies, weil er es wollte und auf Anraten der Ärzte, doch heute scheint mir, daß dies ein Fehler war.«[133] Am 3. November trägt Tolstoj den letzten Satz in sein Tagebuch ein: »Hier mein Plan. *Fais ce que doit.* Und alles zum Wohle anderer und, vor allem, zum Wohle meiner selbst.«[134]

Unterdessen gehen Tausende von Anfragen aus der ganzen Welt in Astapowo ein. Stündlich werden Bulletins über den Gesundheitszustand des Schriftstellers veröffentlicht. Die Regierung ist alarmiert und unternimmt Maßnahmen zur Aufrechterhaltung der öffentlichen Ordnung. Tolstojs Zustand ist schlecht. Am Morgen des 6. November verliert er das Bewußtsein. »Ich verlor jede Hoffnung, daß er gesundet ...«, schreibt Sergej Tolstoj. »Am Abend ging ich wieder zu ihm. Er wälzte sich, stöhnte laut und tief, versuchte, sich aufzusetzen. Einmal sagte er: ›Ich glaube, ich sterbe.‹ ... Ich weiß nicht mehr, wann genau er sagte: ›Ich gehe irgendwohin, damit mich niemand mehr stört. Laßt mich in Ruhe.‹ Einen schweren, ja ich möchte sagen schrecklichen Eindruck machten mir seine Worte, die er laut, mit überzeugter Stimme sprach, indem er sich im Bett aufsetzte: ›Davonlaufen, ich muß davonlaufen.‹«[135] Die letzten Worte kann Sergej nicht mehr verstehen. Bei Tolstoj sind sein Sohn Sergej und Tschertkow. Die Ärzte wollen Morphium spritzen. »Will ich nicht«, sagt Tolstoj. Die anderen Söhne werden gerufen.

Gegen Morgen läßt man Sofja Andrejewna zu ihrem Mann. »Er lag bewegungslos, mit bereits geschlossenen Augen auf dem Rücken. Ich sprach ihm leise, voller Zärtlichkeit ins Ohr, in der Hoffnung, er könne es noch hören, daß ich die ganze Zeit in Astapowo gewesen sei und ihn bis zum Schluß geliebt habe ...«[136] Dann führt man sie wieder hinaus. Man gibt Tolstoj zu trinken. Er nimmt einen Schluck. »Danach zeigte sich das Leben in ihm nur noch im Atem, doch dieser wurde schwächer und leiser. Plötzlich setzte er aus. Dr. Schtschurowski oder Ussow sagte: ›Das erste Aussetzen.‹ Dann das zweite Aussetzen ... Er seufzte einige Male, dann wieder ein Aussetzen und ein letztes leises Ächzen.«[137] Kurz zuvor hat man Tolstaja wieder ins Zimmer gelassen. Sie kniet am Bett nieder und spricht leise zu ihrem Mann. Dann herrscht völlige Ruhe. Tolstoj stirbt am 7. November um 6.05 Uhr.

»Tolstoj gestorben«, telegraphieren die Korrespondenten. Gegen acht Uhr werden die Türen des Bahnwärterhäuschens in Astapowo geöffnet. Ein endloser Zug von Menschen verneigt sich vor dem berühmtesten Sohn Rußlands. Eisenbahnarbeiter, Bauern und Journalisten, Freunde und Bekannte, die aus Moskau angereist kommen. Eine Totenmaske wird abgenommen, Leonid Pasternak zeichnet das Gesicht des verschiedenen Freundes. Tolstaja hält die Totenwache. Tschertkow reist ab. Der Leichnam gehört der Familie. Er ist überzeugt, seinen Geist mit sich zu nehmen. Auch Sascha ist zur Abfahrt bereit. Seine Eminenz Parfeni, Erzbischof von Tula, nach Astapowo gesandt auf Wunsch Seiner Majestät und im Auftrag des Heiligen Synod, um zu erkunden, ob der Verstorbene in den letzten Stunden den Wunsch nach Frieden und Versöhnung mit der Kirche geäußert habe, reist unverrichteter Dinge wieder ab.

Am Morgen des 8. November tragen Tolstojs Söhne Sergej, Ilja, Andrej und Michail den Sarg ihres Vaters aus dem Bahnwärterhaus in Astapowo. Der Sonderzug, mit dem Tolstaja angereist war und in dem sie sich in den vergangenen fünf langen Tagen aufgehalten hat, wird den Verstorbenen nach Jasnaja Poljana bringen. Kinooperateure und Photographen halten das Ereignis fest. Fünfundzwanzig Zeitungskorrespondenten fahren in einem eigenen Waggon mit. Um 13.15 Uhr setzt sich der Zug in Bewegung: Vier Personenwagen und ein mit Wacholderzweigen und Strohbüscheln geschmückter Gepäckwagen, in dessen Innern auf einem mit grobem, schwarzem Tuch überzogenen Podest der einfache Holzsarg Tolstojs steht.

Die Obrigkeit fürchtet Ausschreitungen. Der Zug soll auf der Fahrt so selten wie möglich anhalten. Der Bahnhof Dankow wird für die Zeit der Durchfahrt gesperrt. Wenn die Niederlegung von Kränzen gestattet wird, so ist von den Gendarmen darauf zu achten, daß sie keine »provokatorischen Aufschriften« tragen. Gegen 7.00 Uhr am Morgen des 9. November trifft der Zug in Koslowa-Sasseka ein. Tausende haben sich zusammengefunden. Tausende bleiben in Moskau zurück, da die Abfahrt von Sonderzügen vom Moskauer Stadtkommandanten untersagt wurde. Die Söhne Tolstojs tragen den Sarg, und der Trauerzug setzt sich in Richtung Jasnaja Poljana in Bewegung. Es ist ein kalter und trüber Novembertag. Die Bauern tragen ein Spruchband mit der Aufschrift »Lieber Lew Nikolajewitsch! Dein Andenken wird unter uns, den verwaisten Bauern von Jasnaja Poljana, niemals sterben.« Der Leichnam wird im Haus aufgebahrt.

»Auch wenn es das Unwichtigste vom Unwichtigen ist, so bitte ich doch, daß keinerlei kirchliche Riten bei der Beerdigung meines Körpers vollzogen werden. Ein Holzsarg, und wer will, bringe meinen Sarg zur Schlucht und begrabe mich am Ort des grünen Stöckchens.«[138] Zum dritten Mal nehmen Tolstojs Söhne den Sarg auf ihre Schultern. Die Bauern haben mit ihren Spitzhacken und Schaufeln ein Loch in die schwarze Erde gegraben. Als der Sarg hinabgelassen wird, knien die Menschen nieder. Nahezu achtzig Jahre zuvor hatte Nikolaj Tolstoj seinen Brüdern erzählt, er habe hier das grüne Stöckchen vergraben, auf dem geschrieben sei, wie die Menschen ewiges Glück erlangen könnten. »Meine Mutter war gefaßt und schweigsam. Ich hoffte, sie könne ihren Kummer mit ihren Tränen erleichtern, doch sie weinte nicht.«[139] »In mir war alles Leben erstarrt.«[140]

7 *Nun begann mein einsames Leben auf Jasnaja Poljana*

»Am Tag nach der Bestattung erkrankte ich an Lungenentzündung ... und lag achtzehn Tage darnieder«, erinnert sich Tolstaja.[1] Die »trauernden Kinder«, die so sehr besorgt waren um das Wohl des Vaters, lassen die Mutter in der Obhut einer Krankenschwester in Jasnaja Poljana zurück. Tolstajas Schwester Tanja und Warja, die Nichte Tolstojs, sind ihre einzigen Gefährtinnen in den schweren Tagen. Als Sofja Andrejewna genesen ist, lenken sie an den Tagen Besucher von ihrem Kummer und ihren Gefühlen der Reue ab. Doch des Nachts findet sie keine Ruhe. »Habe überhaupt nicht geschlafen. Oh, diese furchtbaren, schlaflosen Nächte mit den Gedanken, den Gewissensqualen, der winterlichen Finsternis und der Finsternis meiner Seele.«[2] Jeden Tag geht die Witwe zum Grab. Bringt Blumen und füttert die Vögel. Betet und bittet um Verzeihung. Spricht bisweilen »laut mit dem dahingegangenen Ljowotschka. Wir sind nicht für immer getrennt; ich spüre seine Nähe hier, in Jasnaja, immerfort.«[3] Am 16. Dezember begeht man nach orthodoxem Ritus den vierzigsten Todestag. Das ganze Dorf versammelt sich am Grab, man bedeckt es mit Tannenzweigen und Kränzen. »Dreimal ließen sich alle auf die Knie nieder, nahmen ihre Mützen ab und sangen ›Zum ewigen Gedenken‹. Ich weinte und litt, doch zugleich war ich gerührt von der Liebe der Leute zu ihm.«[4]

Tolstajas Schuldgefühl gegenüber ihrem verstorbenen Mann wird gelindert durch die Einschätzung von Professor Snegirjow, der Tolstojs plötzlichen Fortgang mit einer medizinischen Begründung zu erklären sucht. Der Arzt geht davon aus, daß der Schriftsteller bereits erkrankt war, als er das Haus verließ. Eine bestimmte Form der Lungenentzündung, so Snegirjow, rufe zu Beginn eine Entzündung der Gehirnhaut hervor, die eine Unruhe bewirken könne, so daß der Kranke durchaus von vager Hast getrieben das Haus verlassen könne.

Bald schon lebt Tolstaja wieder nach dem strengen Rhythmus, der ihr hilft, ihr »gramvolles Dasein würdig und in Demut Gottes Willen ergeben zu tragen. Ich bin bestrebt, mich nur Dingen zu widmen, die dem Andenken Lew Nikolajewitschs dienen. Ich lebe auf Jasnaja Poljana, behüte das Haus mit der Einrichtung, wie sie zu Lebzeiten Lew Nikolajewitschs war, und pflege sein Grab.«[5] Tolstaja ist ruhig und ausgeglichen. Nach ihrer schweren Krankheit macht sie sich unverzüglich an die Korrekturen für die letzte von ihr herausgegebene Werkausgabe ihres Mannes. Und bereits im Mai 1911 gibt sie ein Album mit ihren Photographien des Schriftstellers in Druck.

Jeder Besuch ihrer Söhne bringt Sofja Andrejewna neuen Kummer. Sie haben kein Verständnis für die Trauer ihrer Mutter und wollen so rasch wie möglich die Frage des Erbes entscheiden. Tolstajas Befürchtung, das Testament ihres Mannes werde zu schlimmen Kämpfen führen, bestätigt sich. Die Söhne wollen das Landgut Jasnaja Poljana schnellstmöglich verkaufen und nehmen kaum zwei Monate nach dem Tod des Vaters Verhandlungen mit amerikanischen Mäzenen auf. »Es macht mich traurig und ist mir zuwider, ich kann es nicht nachfühlen«, notiert Tolstaja im Januar 1911. »Ich würde Jasnaja Poljana gern im Besitz des russischen Volkes sehen.«[6] Die Schriftstellergattin ist überzeugt, das Heim Tolstojs müsse ein Museum werden. Und sie nimmt sich der Sache energisch an. »Geburtsstatt und Grabstätte meines Mannes in die Obhut des Staates zu übergeben, ist unser innigster Wunsch«, schreibt sie in einem Gesuch an Zar Nikolaj II.[7] Zunächst entscheidet sich die Regierung für den Kauf. In einer zweiten Sitzung im Oktober 1911 allerdings tritt Wladimir Karlowitsch Sabler, seit kurzem Oberprokuror des Heiligen Synods, dem Ansinnen der Witwe des Schriftstellers entschieden entgegen. »Die Verewigung des Angedenkens Tolstojs auf Staatskosten wird als Wunsch verstanden werden, seine Lehre im Bewußtsein des Volkes zu stärken. Angesichts des Ratschlusses des Heiligen Synod über die Exkommunikation Tolstojs sollte die Regierung ihm nicht zu weiterem Ruhm verhelfen.«[8] Am 20. Dezember 1911 verabschiedet Zar Nikolaj II. eine Resolution, in der er den Kauf des Landgutes zwar als unmöglich bezeichnet, der Witwe des Schriftstellers jedoch eine lebenslange Pension zuspricht.

Gut ein Jahr später kauft Sascha ihrer Mutter Jasnaja Poljana ab. Sie hat als Alleinerbin des literarischen Nachlasses Tolstojs zusammen mit Tschertkow mit der Herausgabe seiner unveröffentlichten Schriften sowie dem Verkauf der Rechte an einer Werkausgabe an den Verleger Iwan Sytin eine stattliche Summe verdient und erfüllt nun den Wunsch des Vaters, die Ländereien an die Bauern zu übergeben. Die Mutter behält die Wohnhäuser und einen Teil des Grund und Bodens »mit dem Apfelhain und einem Teil jener Pflanzungen, mit denen wir einst so liebevoll unsere Besitzungen verschönerten«.[9] Bereits im November 1911 hat Tolstaja das Moskauer Haus, mit der Auflage, dort ein Museum einzurichten, mit der gesamten Einrichtung an die Stadtverwaltung verkauft. Den Erlös, den die Witwe für den Verkauf von Jasnaja Poljana und das Moskauer Haus erhält, teilt sie unter den Kindern auf. »Ihrer und der Enkel sind so viele! Die Ehegatten und mich selbst eingeschlossen zählt unsere gesamte Familie achtunddreißig Personen, und meine Hilfe erwies sich daher bei weitem nicht als ausreichend«, klagt sie.[10]

Auch um den literarischen Nachlaß kommt es schon wenige Monate nach Tolstojs Tod zum erbitterten Streit. Nachdem das Testament rechtskräftig geworden ist, versucht Sascha, ihre Eigentumsrechte an jenen Manuskripten durchzusetzen, die Tolstaja seit Mitte der 1880er Jahre ins Archiv gegeben hat. »Sascha ist nunmehr jenem Einfluß ausgesetzt, der Lew Nikolajewitsch und auch mich vernichtet hat – dem Tschertkows«, notiert Tolstaja im Januar 1911. »Er hetzt sie gegen mich auf. Und Sascha hat durch den von ihr bevollmächtigten Advokaten Murawjow notarielle Verfügungen verschicken lassen, die mir den Zutritt in den von mir stets genutzten Raum im Historischen Museum untersagen, den Druck der von mir vorbereiteten Ausgabe verbieten und andere widerwärtige Dinge ... Wie sehr würde alles, was Sascha tut, ihren Vater betrüben.«[11]

Bis zur Entscheidung in dieser Angelegenheit wird beiden Parteien der Zugang zu den Handschriften Tolstojs verwehrt. Es folgt eine langwierige Auseinandersetzung vor Gericht. Sofja Andrejewna indes liegt es fern, um Prinzipien zu kämpfen. Sie bietet der Tochter und Tschertkow an, Abschriften der Aufzeichnungen anfertigen zu lassen, die sie ihnen zur Verfügung stellen will. Bei diesem Streit zwischen Mutter und Tochter geht es nicht um die Autorenrechte. Tolstaja erkennt das Testament ihres Mannes vollständig an. Gegenstand des Zwistes sind die Eigentumsrechte an den im Archiv befindlichen Manuskripten, die Tolstaja vor Jahrzehnten von ihrem Mann überlassen worden waren. Die Witwe kämpft gegen eine Entstellung der Wahrheit, denn schon lange fürchtet sie, Tschertkow werde mit Hilfe ihrer Tochter manches ihnen unbotmäßige Blatt aus den Tagebüchern und Briefen tilgen. Ihr Verdacht wird durch den Artikel eines Bibliothekars der Handschriftenabteilung bestätigt. 1914 werden Tolstajas Eigentumsrechte an der Manuskriptsammlung im Archiv des Historischen Museums vom Gericht und per Ukas des Zaren bestätigt.

Unermüdlich schreibt Tolstaja an ihren Erinnerungen. »Den ganzen Tag an meinen Aufzeichnungen gearbeitet«, notiert sie im Januar 1912. »Es ist schwer. Was mir lieb und teuer ist, wird den Lesern gleichgültig sein. Doch die Arbeit an *Mein Leben* beruhigt ein wenig mein vor Kummer ausgedörrtes Herz, und es ist gut, in der Vergangenheit zu leben, wenngleich sie auch nicht wiederkehren wird.«[12] Fortwährend sieht sich die Witwe öffentlichen Angriffen von seiten der Anhänger Tolstojs ausgesetzt. Ihre Erinnerungen sollen der Darstellung ihrer Gegner ihre Sichtweise entgegensetzen. »Nicht rechtfertigen will ich mich, sondern nur mein Verhalten erklären«, schreibt Tolstaja.[13] Im Jahr 1913 bittet Semjon Afanassjewitsch Wengerow, Professor für Literaturgeschichte an der Petersburger Universität, Tolstaja, ihre Lebensgeschichte niederzuschreiben, und sie macht sich daran, eine *Kurze Autobiographie* zu verfassen. Auch hier ergreift sie die Möglichkeit, die falschen Darstellungen über ihre Person und ihre Ehe mit Tolstoj zu widerlegen. Sie erzählt von den ersten glücklichen Ehejahren, in denen *Krieg und Frieden* und *Anna Karenina* entstanden, versucht, ihren Standpunkt im Konflikt mit ihrem Mann um die richtige Lebensweise verständlich zu machen, und betont immer wieder die gegenseitige Liebe, die sie mit Tolstoj bis zum Ende verband. Voller Bitterkeit beschreibt sie ihr schweres Dasein in den letzten Jahren des Zusammenlebens, ihren Kummer und ihr Leid, die ihr von »schwierigen Umständen und schlechten Menschen zugefügt wurden«.[14] »Nach meinem Tode ... wird man meine Beziehungen zu meinem Manne und die seinen zu mir möglicherweise falsch beurteilen und darstellen«, heißt es in Tolstajas Vorwort zu dem von ihr herausgegebenen Band mit Briefen ihres Mannes an sie. »Man möge sich doch für die lebendigen und wahrhaften Quellen interessieren und nach ihnen urteilen und sich nicht um Vermutungen, Nacherzählungen und Erfindungen kümmern!«[15] Die Publikation ist ein großer Erfolg. Die Rezensenten nennen den Band »ein Buch unendlich großer Liebe«.

Tolstaja versorgt die zahlreichen Biographen ihres Ehemannes mit Material und liest deren Manuskripte, gibt Anregungen und weist auf Unzulänglichkeiten hin. Die Kinder Sergej, Ilja und Tanja und Tolstajas Schwester Tatjana Kusminskaja beginnen mit der Aufzeichnung ihrer Erinnerungen, auch sie unterstützt Tolstaja mit Rat und Tat. Die Ausflügler, die in großer Zahl nach Jasnaja Poljana kommen, führt sie durch Haus und Garten. Valentin Bulgakow, Tolstojs Sekretär im letzten, schweren Jahr, scheint Jasnaja Poljana wie ein Gefängnis, das seine Insassen in die Freiheit entlassen hat. »Die Menschen dort wirkten sorgloser, als ob eine schwere Last von ihren Schultern genommen sei und sie keine schwierige und verantwortungsvolle Aufgabe mehr lösen müßten, die ihnen allein durch die Anwesenheit des alten Weisen aufgegeben war ... Man konnte fröhlich sein und an sich selbst denken. Es wurde wieder Tennis gespielt ..., es ertönten Gesang und Klavier, an den Abenden wurden Scharaden veranstaltet, es wurden Ausritte in die Umgebung unternommen.«

In dieser unbeschwerten Atmosphäre begeht Tolstaja am 22. August 1912 ihren achtundsechzigsten Geburtstag. »Sehr, sehr angenehm den Tag verbracht«, trägt sie in ihr Notizheft ein. »Es kamen Andrjuscha mit seiner Familie, die Söhne Ilja und Serjosha. Ich ging mit der Enkelin Mascha zum Grab. Dann kamen die Suchotins. Zum Essen waren es neunzehn Personen. Jasnaja Poljana ist wieder lebendig geworden! Am Abend wurde gesungen und getanzt. Mir war fröhlich zumute, doch wollte ich auch weinen, vor Rührung und wegen des bitteren Verlustes. Mit den Kindern wieder näher. Gott sei es gedankt.«[16]

1914 bricht der Erste Weltkrieg über Europa herein. Nach dem Attentat am 28. Juni/11. Juli 1914 in Sarajewo, bei dem der Thronfolger Österreich-Ungarns, Erzherzog Franz Ferdinand, und seine Frau ermordet wurden, erklärt Österreich Serbien den Krieg. Umgehend wird in Rußland die Generalmobilmachung zur Unterstützung Serbiens angeordnet. »Vorgestern hat das Deutsche Reich Rußland den Krieg erklärt«, notiert Tatjana Tolstaja in ihrem Tagebuch. »Es wird von patriotischen Manifestationen in den Städten berichtet, auf dem Lande werden ›Streiks‹ und Aufstände erwartet.«[17]

Sascha beschließt, als Krankenschwester an die Front zu gehen. Nicht allein patriotische Gefühle treiben sie. »Die Jahre nach dem Tod meines Vaters und vor dem Ausbruch des Krieges waren die schwersten meines Lebens«, bekennt die Tochter des Schriftstellers später. »Als Vater noch lebte, hatte ich kein eigenes Leben, keine eigenen Interessen. Alles von Belang und Wahrhaftigkeit war mit ihm verbunden. Nachdem er dahingegangen war, blieb gähnende Leere, eine Leere, die ich nicht auszufüllen vermochte. Es schien, daß Vaters Vermächtnis, mit dem er mir alle Rechte an seinen Werken übergab, die Herausgabe der unveröffentlichten Werke, der Kauf Jasnaja Poljanas ... und die Aufteilung des Besitzes unter den Bauern mein Leben hätten ausfüllen können, doch dem war nicht so. Die Beziehung zu meiner Familie war zerstört. Meine geliebten älteren Geschwister Sergej und Tanja ..., meine Mutter und die Brüder, die ohne die Rechte am literarischen Werk ausgegangen waren – alle fühlten sich verletzt.«[18]

Auch bei den Anhängern ihres Vaters kann Sascha keine Heimat finden. »Tschertkow ... erdrückte mich mit seiner oft sinnlosen Halsstarrigkeit, seinem Machthunger, gegen die es mir mit meinen sechsundzwanzig Jahren und meiner Unerfahrenheit mich durchzusetzen schwerfiel ... All seine Handlungen und all sein Bestreben war einzig darauf gerichtet, keine Kompromisse zuzulassen ... Er besaß kein Feingefühl, keine Wärme ... Mit wenigen Ausnahmen konnte ich die Tolstojaner nicht liebgewinnen. Ich fühlte ihre Unaufrichtigkeit, Unfreiheit, Unnatürlichkeit ... Diese schmutzigen, nach dreckiger Wäsche riechenden Menschen töteten in sich jede Lebensfreude ..., hatten ausgemergelte und finstere Gesichter und fürchteten, mit jedem überflüssigen Lächeln, jedem fröhlichen Lied ihr Leben ohne Sünde zu gefährden.«[19]

»Bereits 1916 war eine Anspannung zu spüren«, erinnert sich Sascha. »In den Städten kam es zu Streiks ... Die Verehrung für den Zaren verschwand, und es wurden Spottverse auf Saschka und Nikolaschka [Zarin Alexandra und Zar Nikolaj] gesungen ... Etwas Großes, Unbekanntes, Furchtbares, furchtbarer als ein Krieg, bahnte sich an.«[20] Am Jahrestag des Blutsonntags, dem 9. Januar 1917, finden in verschiedenen Städten Rußlands Antikriegsdemonstrationen statt. Im Februar wird Petrograd von einem von den Bolschewiki ausgerufenen Generalstreik erfaßt, die Massen fordern nicht mehr nur Brot, sie wollen den Umsturz. Am 2. März 1917 dankt der Zar ab, und eine provisorische Regierung wird eingesetzt. Doch obwohl die neue Regierung schon wenige Tage später von den Vereinigten Staaten und einigen Staaten Westeuropas anerkannt wird, wird ihr nur eine kurze Lebensdauer beschieden sein.

Im ganzen Land kommt es zu bürgerkriegsähnlichen Kämpfen. Die unzufriedenen Massen plündern und brandschatzen, zerstören die Landgüter und vertreiben ihre Besitzer. »Der ganze Süden unseres Gebietes brennt«, notiert Tolstaja.[21] Gerüchte kommen auf, daß auch Jasnaja Poljana in Gefahr ist. Soldaten wurden zur Verteidigung des Anwesens geschickt. »Niemand schlief, wir haben uns nicht einmal zur Nacht umgekleidet«, hält Tolstaja fest.[22] Mehrere Nächte verbringen die Bewohner Jasnaja Poljanas unter dem Schutz der Milizionäre der neuen Machthaber.

Im Oktober 1917 Jahres wird die bürgerliche Regierung Rußlands von den Bolschewiki gestürzt und die »Diktatur des Proletariats« installiert. Jasnaja Poljana fällt in den Besitz des neuen Staates, und die Tochter Tatjana, die mit ihrer Tochter seit dem

Tod ihres Ehemannes Michail Suchotin wieder bei der Mutter lebt, wird als Verwalterin eingesetzt. Auch Tolstajas Schwester Tatjana Kusminskaja, ebenfalls verwitwet, lebt nun ständig auf Jasnaja Poljana. Am 30. März 1918 wird Tolstaja und ihren Angehörigen vom Rat der Volkskommissare das Wohnrecht auf dem nunmehr staatlichen Gut zugesprochen.

Im Dezember 1917 kehrt die Tochter Sascha, in den Rang eines Obersten erhoben und ausgezeichnet mit drei Georgskreuzen, von der Front zurück. Mutter und Tochter versöhnen sich. Tolstaja ändert ihr Testament und nimmt Sascha, die sie zuvor aufgrund »ihres furchtbaren Verhaltens mir gegenüber nach dem Tod ihres Vaters« aus ihrem Vermächtnis ausgeschlossen hatte, in die Zahl der Erben auf. »Nun habe ich verziehen«, notiert die Mutter.[23] Tatkräftig unterstützt Tolstaja die Absicht, eine vollständige Werkausgabe Tolstojs herauszugeben, und übergibt Sascha und dem ältesten Sohn Sergej die Eigentumsrechte an den im Archiv befindlichen Manuskripten Tolstojs. Und so beginnen Sascha und Sergej, gemeinsam mit Literaturwissenschaftlern, in Zeiten des Zusammenbruchs des gesamten öffentlichen Lebens, die Arbeit an Sichtung und Systematisierung der Handschriften Tolstojs, welche die Grundlage für die bis heute gültige neunzigbändige Gesamtausgabe der Werke Tolstojs darstellen wird. »Die Jahre dieser Arbeit waren für mich die hellsten und glücklichsten in jener finsteren und freudlosen Zeit der Revolution«, erinnert sich Alexandra Tolstaja.[24]

Die junge Sowjetunion hungert und friert. »War in drei Zuteilungsstellen und zwei Läden«, hält Tolstaja im März 1918 in ihrem Notizheft fest. »Fand schlechte, dunkle Nudeln, verdorbene Walnüsse und Zichorienkaffee zu kaufen.«[25] Bald ist dieses wenige jedoch schon unermeßlicher Luxus. Die Tochter Tanja baut Gemüse an, strickt Schals und Kinderschuhe, die sie auf dem Markt in Tula feilbietet, um das kärgliche Budget der Familie aufzubessern. Gleichwohl verläuft das Leben auf Jasnaja Poljana seinen gewohnten Gang. Beim Essen sitzt die Hausherrin auf ihrem angestammten Platz neben dem Samowar. Wie in früheren Zeiten ist der Tisch mit einem weißen Damasttuch und tadellos poliertem Silber eingedeckt. Der alte Diener Ilja Wassiljewitsch serviert in mehrfach gestopften weißen Handschuhen das Mahl, das aus Runkelrüben und aus mit Spelzen vermischtem Mehl gebackenem Schwarzbrot, das in winzige Stücke geschnitten ist, besteht.

Der Bürgerkrieg nähert sich Jasnaja Poljana. Im September 1919 werden im Dorf Truppen der Roten Armee stationiert. Im einstmals gräflichen Wohnhaus werden die Befehlshaber einquartiert, die rote Fahne wird gehißt. Tanja erreicht beim Kommandanten, daß sie wieder eingeholt wird. »Es ist ein furchtbarer Gedanke, daß im Hause, in dem Tolstoj geboren wurde, nunmehr bewaffnete Männer leben«, notiert Tolstaja.[26] »Die von Süden sich nähernden Kriegshandlungen rufen Beunruhigung bezüglich des ehemals im Besitz des Schriftstellers L. N. Tolstoj befindlichen Landgutes hervor«, heißt es in einem Gesuch der Gesellschaft *Jasnaja Poljana* an den Rat der Volkskommissare. »Das Wohnhaus Tolstojs, sein Grab und seine Bibliothek – all dies könnte im Zuge der Kriegshandlungen unwiederbringlich der Zerstörung anheimfallen.«[27] Ein weiteres Mal wird Jasnaja Poljana verschont. Die Truppen der Roten Armee werden abgezogen.

Um die Sicherheit für das Gut zu koordinieren, wurde bereits 1917 der Vorsitzende der Gesellschaft *Jasnaja Poljana*, der Schriftsteller Pjotr Alexejewitsch Sergejenko, dorthin abkommandiert. »Er ist bösartig und gefährlich«, schreibt Tolstaja in ihrem Notizheft.[28] Sergejenko bezieht das Allerheiligste, Tolstojs Arbeitszimmer, und übernimmt selbstherrlich das Regiment. Es gelingt ihm, für die Bewohner aufgrund seiner Stellung Sonderzuteilungen von Lebensmitteln zu beschaffen. »Seine Hilfe ist so groß, daß man über alles andere hinwegsehen muß«, überzeugt Tolstaja sich selbst.[29] Sergejenko will Jasnaja Poljana in einen landwirtschaftlichen Musterbetrieb umwandeln. Die Pläne, das Anwesen als Tolstoj-Museum erhalten zu können, scheinen vergessen. »Nur Worte und keine Taten«, notiert Tolstaja.[30] Erst nach ihrem Tod gelingt es ihrer Tochter Alexandra, bei Anatoli Lunatscharski, dem Volkskommissar für Bildungswesen, die Einrichtung des Tolstoj-Museums durchzusetzen. »Ich bin davon überzeugt«, sagt sie ihm, »daß Jasnaja Poljana nicht sowjetischer Landwirtschaftsbetrieb, sondern, wie das Goethe-Haus in Weimar, Museum sein sollte.«[31] Sie selbst wird als Leiterin des Museums eingesetzt.

Bis in ihre letzten Lebensmonate geht Tolstaja ihren vielfältigen Beschäftigungen nach. Sie inventarisiert die Einrichtung des Arbeitszimmers ihres Mannes und seine wichtigsten Gegenstände des täglichen Gebrauchs, katalogisiert die Hausbibliothek, kopiert Repins Tolstoj-Porträt, ergänzt ihre Anmerkungen zu den Briefen ihres Mannes an sie und empfängt Besucher. Abends sitzt sie im Schein der Kerosinlampe mit ihrer Schwester zusammen. »Tanja und ich sitzen am großen runden Tisch im Saal und erinnern uns an all jene, die um diesen Tisch herum saßen, als noch niemand daran dachte, daß sie alle uns verlassen werden. Und mit besonderem Schmerz zieht sich das Herz zusammen, da die, welche am Leben blieben, unter Hunger, Kälte und Krieg leiden müssen.«[32] Bei den beiden Schwestern lebt Dušan Makovický, Tolstajas Tochter Tanja und die vierzehnjährige Enkelin »Tatjana Tatjanowna« wohnen im Nebenhaus, dem einstigen »Kusminski-Flügel«.

»Sie stand bereits im vierundsiebzigsten Lebensjahr«, berichtet Tichon Polner, der Autor des Buches *Leo Tolstoj und seine Frau*, der Tolstaja 1918 für einige Tage auf Jasnaja Poljana besucht. »Sie war groß, ein wenig gebeugt, sah sehr mager aus und glitt leise, wie ein Schatten, durch die Zimmer. Es schien, sie würde sich beim leisesten Windstoß nicht auf den Beinen halten können ... Sofja Andrejewna lächelte nie bei der Unterhaltung, doch sie sprach gern. In ihr schien etwas erloschen zu sein. Doch voller Vergnügen las sie ihre Erinnerungen an die glücklichen Tage auf Jasnaja Poljana vor.«[33]

Im Oktober 1919 erkrankt Tolstaja an Lungenentzündung. Tanja ruft Sergej aus Moskau herbei, der sich mit einer von Lenin persönlich unterzeichneten Reisegenehmigung auf den Weg macht. »Sie litt sehr ..., aber sie klagte nicht ...«, erinnert sich die Tochter Sascha. »Sicher hat sie den Tod nahen gefühlt, doch sie fürchtete ihn nicht.«[34] »Denkst du an Papá?« fragt Tanja ihre Mutter. »Ach, die ganze Zeit«, antwortet Tolstaja. »Ich lebe mit ihm, es quält mich, daß ich schlecht zu ihm war ... Ich habe mit achtzehn Jahren geheiratet und nie jemand anderen geliebt als ihn.«[35] Am 4. November 1919 stirbt Sofja Tolstaja und wird wenige Tage später auf dem Friedhof neben ihrer Tochter Mascha beigesetzt.

Kurze Zeit nach der Beerdigung begibt sich Sascha, begleitet von einem ihrer Neffen, im Schlitten in die weitere Umgebung von Jasnaja Poljana. Zu ihren Füßen befindet sich ein Bündel mit Kleidern der Mutter, die Tolstaja in ihren eisenbeschlagenen Truhen aufbewahrt hatte. Als die beiden zurückkehren, stehen zu ihren Füßen Säcke mit Mehl, Kartoffeln und Buchweizen und ein großes Stück gesalzener Speck. Tolstajas Garderobe ist den Hinterbliebenen Rettung im von den Wirren nach der Revolution zerrütteten Land. Sie werden ohne Not über den Winter kommen.

»Es ist offenbar, daß sich der Kreis meines Lebens schließt«, schreibt Tolstaja in ihrem letzten Brief, den sie mit dem Vermerk »Nach meinem Tode zu lesen« versehen hat, »ich scheide langsam dahin, und ich möchte allen, mit denen ich einst und nunmehr zusammenlebte und -lebe, Lebewohl sagen und sie bitten, mir zu verzeihen.

Lebt wohl, meine lieben, geliebten Kinder, besonders meine von allen auf der Welt am meisten geliebte Tochter Tanja, die ich bitte, mir alles zu verzeihen, was sie Schweres von mir zu erdulden hatte.

Verzeihe auch Du mir, liebe Sascha, daß ich Dir ungewollt zu wenig Liebe gab. Ich danke Dir aufrichtig für Dein gutes Verhalten gegen mich in der letzten Zeit.

Auch Du, liebe Schwester Tanja, verzeihe mir, daß ich es trotz all meiner unveränderten Liebe zu Dir nicht vermochte, Dir in der Zeit Deiner schweren Einsamkeit Dein Leben leichter zu machen und Dich zu trösten.

Verzeiht auch all jene, die mir in meinem Leben gedient haben, und seid bedankt für Eure treuen Dienste.

Ganz besonders habe ich Dich, meine Enkelin Tanjuscha, lieb. Du hast mein Leben froh und glücklich gemacht. Leb wohl, meine Kleine! Sei glücklich und hab Dank für Deine Liebe und Zärtlichkeit. Vergiß Deine Dich liebende Großmutter nicht.

S. Tolstaja.«[36]

Sergej Lwowitsch Tolstoj verläßt als einziges der Kinder Rußland nach der Revolution nicht. Er ist weiterhin als Komponist tätig. In den Jahren 1926 bis 1930 lehrt er als Professor am Moskauer Konservatorium. Er schreibt Abhandlungen über *Tolstoj und Tschaikowski* und *Tolstoj und die Musik*, gibt die Tagebücher Tolstajas heraus und verfaßt seine Erinnerungen *Studien über die Vergangenheit*. Die Sommer verbringt er auf Jasnaja Poljana. »Das Haus ist genau so, wie es 1910 war«, schreibt er seinem Bruder Ilja im Jahr 1933. »Des Nachts in den Saal zu gehen ist geradezu furchterregend: auf dem Tisch der Samowar und das Teegeschirr, an den Wänden die Porträts der Verstorbenen ..., dieselben Sessel und Stühle, der Schachtisch, die beiden Klaviere. Von meinem Fenster sehe ich auf die Tanne, die wir gemeinsam gepflanzt haben.«[37] Sergej Tolstoj stirbt 1947 in Moskau.

Tatjana Lwowna Tolstaja-Suchotina leitet von 1923 bis 1925 das Tolstoj-Museum in Moskau. 1925 begibt sie sich mit ihrer Tochter auf eine Reise nach Prag, von dort aus reisen die beiden weiter nach Paris. Um ihren Lebensunterhalt zu bestreiten, hält Tatjana Vorträge über Tolstoj, malt Porträts und fertigt Puppen. Später lebt sie von den bescheidenen Einnahmen einer kleinen Pension für russische Emigranten in Paris. Nach der Heirat ihrer Tochter siedelt sie nach Rom über. »Ich denke oft darüber nach, wie seltsam es doch ist, daß ich Jasnaja Poljana niemals wiedersehen werde«, schreibt sie ihrem Bruder Sergej.[38] Sie verfaßt mehrere Erinnerungsbücher. Tatjana Tolstaja stirbt 1950 in Rom.

Ilja Lwowitsch Tolstoj verläßt Rußland bereits im Herbst 1917, um dem »Alptraum der russischen Revolution« zu entgehen. Sein Leben in der Neuen Welt ist wie jenes ungezählter anderer Emigranten voller Entbehrungen. »Über mich muß ich sagen«, berichtet er Ilja Repin, »daß ich, der ich nun schon das siebte Jahr in Amerika lebe, mich oft nach der Heimat sehne und, soweit ich es vermag, Interesse für die Ideen meines Vaters zu wecken versuche.«[39] Ende der 1920er Jahre nimmt Hollywood ihn als Berater für die Verfilmungen von *Anna Karenina* und *Auferstehung* unter Vertrag, in *Auferstehung* spielt er Tolstoj. Er vollendet in Amerika seine Erinnerungen, die zum Teil bereits in Rußland erschienen waren. Ilja Tolstoj stirbt 1933 verarmt in New Haven.

Lew Lwowitsch Tolstoj verläßt Rußland 1918 und lebt in Frankreich und Italien. Er arbeitet als Schriftsteller und Journalist sowie als Bildhauer und schreibt seine Erinnerungen *Die Wahrheit über meinen Vater*. Vor Beginn des Zweiten Weltkriegs läßt er sich in Schweden, der Heimat seiner verstorbenen Frau Dora Westerlund und der gemeinsamen Kinder, nieder, wo er 1945 stirbt.

Andrej Lwowitsch Tolstoj stirbt im Februar 1916 in Rußland.

Michail Lwowitsch Tolstoj verläßt Rußland im Jahr 1920 und läßt sich zunächst in Frankreich, später in Marokko nieder, wo er eine Ziegenzucht und dann eine Handelsgesellschaft für Im- und Export betreibt. Michail Tolstoj stirbt 1944 in Marokko.

Alexandra Tolstaja wird 1920 verhaftet und zu drei Jahren Lagerhaft verurteilt. Da sich die Bauern von Jasnaja Poljana für sie einsetzen, kann sie bereits ein Jahr später dorthin zurückkehren und beginnt die Einrichtung des Tolstoj-Museums, eröffnet eine Schule und ein Krankenhaus. Als Ende der 1920er Jahre nach der Machtübernahme durch Stalin die Zeit der Massenverhaftungen und Schauprozesse beginnt, ist auch das Leben der jüngsten Tolstoj-Tochter in Gefahr, die sich, wie es in Schmähartikeln über sie heißt, umgeben von bürgerlichen Elementen, auf Jasnaja Poljana verschanzt hat. Auf den Versammlungen in Jasnaja Poljana wird die Forderung immer lauter, die Hydra der Konterrevolution in Gestalt der »einstigen Gräfin« zur Rechenschaft zu ziehen. 1929 wird Alexandra Tolstaja eine Vortragsreise nach Japan gestattet. Sie weiß, daß sie nicht nach Rußland zurückkehren wird. In der Emigration verdient sie sich mit Vorträgen über ihren Vater ihren

Lebensunterhalt. 1939 gründet sie in den USA die Tolstoj-Foundation zur Unterstützung von Opfern von Gewalt und Vertreibung. Alexandra Tolstaja schreibt mehrere Erinnerungsbücher. Sie stirbt 1979 in Valley Cottage im Staat New York.

Anhang

Anmerkungen

Einleitung

1 I. S. Turgenev an L. N. Tolstoj, 27. Juni 1883.
2 S. A. Tolstaja: *Kurze Autobiographie*, 253 f.
3 S. A. Tolstaja: *Moja žizn'*, zit. nach *Oktjabr'*: 152.
4 S. A. Tolstaja: *Tagebuch*, 15. Juli 1897.
5 S. A. Tolstaja: *Moja žizn'*, Unveröffentlichtes Typoskript: Bd. VIII, 10.
6 S. A. Tolstaja: *Moja žizn'*, Einleitung, zit. nach *Prometej*: 149.

I *Sonetschka Behrs aus dem Kreml*

1 S. A. Tolstaja: *Die Heirat.*
2 Kusminskaja 1970: 41.
3 Tolstoj im Gespräch mit dem Hauslehrer seiner Kinder, zit. nach Schklowski 1981: 338.
4 S. A. Tolstaja: *Moja žizn'*, zit. nach *Prometej*: 150.
5 S. A. Tolstaja: *Moja žizn'*, Unveröffentlichtes Typoskript: Bd. I, 12.
6 Kusminskaja 1970: 27.
7 Kusminskaja 1970: 55 f.
8 L. N. Tolstoj: *Erinnerungen*, VI.
9 L. N. Tolstoj: *Beichte*, II.
10 Ženskie istorii 1999: 24.
11 Nazar'ev 1890.
12 L. N. Tolstoj: *Tagebuch*, 17. April 1847.
13 L. N. Tolstoj an T. A. Ergol'skaja, 12. November 1851.
14 N. A. Nekrasov an L. N. Tolstoj, August 1852.
15 S. A. Tolstaja: *Moja žizn'*, zit. nach *Prometej*: 152.
16 S. A. Tolstaja: *Moja žizn'*, zit. nach *Prometej*: 154 f.
17 S. A. Tolstaja: *Moja žizn'*, zit. nach *Prometej*: 154 f.
18 S. A. Tolstaja: *Moja žizn'*, zit. nach *Prometej*: 154 f.
19 S. A. Tolstaja: *Kurze Autobiographie*, 223.
20 S. A. Tolstaja: *Kurze Autobiographie*, 222.
21 Kusminskaja 1970: 85 f.
22 Kusminskaja 1970: 60.
23 Kusminskaja 1970: 86.
24 S. A. Tolstaja: *Moja žizn'*, zit. nach *Prometej*: 155 f.
25 Kusminskaja 1970: 59.

26 Kusminskaja 1970: 46 f.
27 S. A. Tolstaja: *Moja žizn'*, zit. nach *Prometej*: 156.
28 S. A. Tolstaja: *Moja žizn'*, Unveröffentlichtes Typoskript: Bd. I, 53 f.
29 S. A. Tolstaja: *Moja žizn'*, Unveröffentlichtes Typoskript: Bd. I, 59 f.
30 Kusminskaja 1970: 73.
31 S. A. Tolstaja: *Moja žizn'*, Unveröffentlichtes Typoskript: Bd. I, 57.
32 S. A. Tolstaja: *Moja žizn'*, zit. nach *Prometej*: 151.
33 L. N. Tolstoj: *Tagebuch*, 26. Mai 1856.
34 zit. nach Birjukov 2000: Bd. 1, 145.
35 Fet 1983: 289
36 Grigorovič 1961: 77.
37 L. N. Tolstoj an P. I. Juškova, Januar/Februar 1856.
38 L. N. Tolstoj: *Tagebuch*, 28. Juni 1856.
39 vgl. dazu: L. N. Tolstoj: *Tagebuch*, 27. Oktober 1856.
40 L. N. Tolstoj: *Tagebuch*, 28. Oktober 1856.
41 L. N. Tolstoj an V. V. Arsen'eva, 23. November 1856.
42 L. N. Tolstoj an V. V. Arsen'eva, 12. Dezember 1856.
43 L. N. Tolstoj an V. P. Botkin, 24. März/6. April 1857.
44 L. N. Tolstoj an A. A. Tolstaja, 14. Mai 1861.
45 L. N. Tolstoj: *Tagebuch*, 9.-14. Januar 1858.
46 L. N. Tolstoj: *Erinnerungen*, II.
47 L. N. Tolstoj: *Tagebuch*, 13./25. Oktober 1860.
48 Kusminskaja 1970: 76.
49 L. N. Tolstoj an A. A. Tolstaja, 7. August 1862.
50 L. N. Tolstoj: *Tagebuch*, 10.-13. Mai 1858.
51 L. N. Tolstoj: *Tagebuch*, 26. Mai 1860.
52 I. L. Tolstoi 2000: 287.
53 S. A. Tolstaja: *Moja žizn'*, zit. nach *Prometej*: 156.
54 Kusminskaja 1970: 80 f.
55 Kusminskaja 1970: 89.
56 Kusminskaja 1970: 90 f.
57 S. A. Tolstaja: *Moja žizn'*, zit. nach *Prometej*: 156.
58 Kusminskaja 1970: 93.
59 S. A. Tolstaja: *Moja žizn'*, Unveröffentlichtes Typoskript: Bd. I, 36 f.
60 S. A. Tolstaja: *Moja žizn'*, Unveröffentlichtes Typoskript: Bd. I, 37.
61 vgl. Kusminskaja 1970: 107 f.
62 Kusminskaja 1970: 109.
63 Kusminskaja 1970: 116.
64 S. A. Tolstaja: *Die Heirat.*
65 S. A. Tolstaja: *Die Heirat.*
66 S. A. Tolstaja: *Die Heirat.*

67 S. A. Tolstaja: *Die Heirat.*
68 S. A. Tolstaja: *Die Heirat.*
69 S. A. Tolstaja: *Die Heirat.*
70 S. A. Tolstaja: *Die Heirat.*
71 S. A. Tolstaja: *Die Heirat.*
72 L. N. Tolstoj: *Tagebuch*, 28. August 1862.
73 Kusminskaja 1970: 138.
74 L. N. Tolstoj: *Tagebuch*, 23. August 1862.
75 S. A. Tolstaja: *Die Heirat.*
76 L. N. Tolstoj: *Tagebuch*, 26. August 1862.
77 S. A. Tolstaja: *Die Heirat.*
78 L. N. Tolstoj: *Tagebuch*, 30. August 1862.
79 S. A. Tolstaja: *Die Heirat.*
80 S. A. Tolstaja an L. N. Tolstoj, 28. August 1862.
81 S. A. Tolstaja: *Die Heirat.*
82 L. N. Tolstoj an S. A. Behrs, 9. September 1862.
83 L. N. Tolstoj: *Tagebuch*, 12. September 1862.
84 L. N. Tolstoj: *Tagebuch*, 13. September 1862.
85 S. A. Tolstaja: *Die Heirat.*
86 L. N. Tolstoj: *Tagebuch*, 15. September 1862.
87 S. A. Tolstaja: *Die Heirat.*
88 L. N. Tolstoj an S. A. Behrs, 14. September 1862.
89 S. A. Tolstaja: *Die Heirat.*
90 S. A. Tolstaja: *Die Heirat.*
91 S. A. Tolstaja: *Die Heirat.*
92 L. N. Tolstoj: *Tagebuch*, 16. Juni 1847.
93 S. A. Tolstaja: *Die Heirat.*
94 S. A. Tolstaja: *Moja žizn'*, Unveröffentlichtes Typoskript: Bd. I, 38.
95 S. A. Tolstaja: *Die Heirat.*
96 S. A. Tolstaja: *Die Heirat.*

2 *Unvorstellbares Glück?*

1 I. L. Tolstoj 2000: 42.
2 S. A. Tolstaja: *Die Heirat.*
3 S. A. Tolstaja: *Die Heirat.*
4 S. A. Tolstaja: *Die Heirat.*
5 S. A. Tolstaja: *Die Heirat.*
6 L. N. Tolstoj: *Tagebuch*, 20.-24. September 1862.
7 S. A. Tolstaja: *Die Heirat.*
8 S. A. Tolstaja: *Die Heirat.*

9 S. A. Tolstaja: *Moja žizn'*, Unveröffentlichtes Typoskript: Bd. I, 103.
10 S. A. Tolstaja: *Moja žizn'*, Unveröffentlichtes Typoskript: Bd. I, 37.
11 L. N. Tolstoj: *Tagebuch*, 20.-24. September 1862.
12 S. A. Tolstaja: *Moja žizn'*, Unveröffentlichtes Typoskript: Bd. I, 104.
13 Kusminskaja 1970: 180.
14 L. N. Tolstoj an A. A. Tolstaja, 28. September 1862.
15 L. N. Tolstoj: *Tagebuch*, 25. September 1862.
16 zit. nach: *Turgenevskij sbornik* 1967: 365.
17 S. A. Tolstaja an T. A. Behrs, 25. September 1862.
18 zit. nach Grigorovič 1978: 77.
19 zit. nach Kusminskaja 1970: 304.
20 L. N. Tolstoj an T. A. Ergolskaja, 12. Januar 1852.
21 L. N. Tolstoj: *Erinnerungen*, II.
22 S. A. Tolstaja: *Kurze Autobiographie*, 231.
23 Zusatz L. N. Tolstojs zu einem Brief von S. A. Tolstaja an T. A. Behrs, 25. September 1862.
24 S. A. Tolstaja: *Moja žizn'*, zit. nach *Oktjabr'*: 141.
25 S. A. Tolstaja: *Moja žizn'*, zit. nach *Novyj mir*: 35
26 S. A. Tolstaja: *Moja žizn'*, zit. nach *Novyj mir*: 35
27 L. N. Tolstoj: *Tagebuch*, 26.-30. September 1862.
28 S. A. Tolstaja: *Tagebuch*, 8. Oktober 1862.
29 S. A. Tolstaja: *Tagebuch*, 8. Oktober 1862.
30 S. A. Tolstaja: *Tagebuch*, 26. März 1865.
31 L. N. Tolstoj: *Tagebuch*, 18. Juni 1863.
32 S. A. Tolstaja: *Ženitba L. N. Tolstogo*: 480.
33 S. A. Tolstaja: *Moja žizn'*, zit. nach *Prometej*: 157.
34 S. A. Tolstaja: *Moja žizn'*, Unveröffentlichtes Typoskript: Bd. II, 6.
35 S. A. Tolstaja: *Moja žizn'*, zit. nach *Novyj mir*: 36.
36 S. A. Tolstaja: *Tagebuch*, 13. November 1862.
37 L. N. Tolstoj an A. A. Tolstaja, 1859.
38 L. N. Tolstoj: *Beichte*, III.
39 L. N. Tolstoj an E. A. Behrs, 1863.
40 S. A. Tolstaja: *Moja žizn'*, Unveröffentlichtes Typoskript: Bd. II, 8.
41 S. A. Tolstaja: *Tagebuch*, 23. November 1862.
42 Kusminskaja 1970: 166.
43 S. A. Tolstaja: *Moja žizn'*, Unveröffentlichtes Typoskript: Bd. II, 10.
44 L. N. Tolstoj: *Tagebuch*, 8. Januar 1863.
45 L. N. Tolstoj: *Tagebuch*, 15. Januar 1863.
46 S. A. Tolstaja: *Tagebuch*, 16. Dezember 1862.
47 S. A. Tolstaja: *Tagebuch*, 14. Januar 1863.
48 S. A. Tolstaja an T. A. Behrs, 13. Februar 1863.

49 L. N. Tolstoj: *Tagebuch*, 8. Februar 1863.
50 S. A. Tolstaja: *Moja žizn'*, zit. nach *Novyj mir*: 38.
51 S. A. Tolstaja an T. A. Behrs, 13. Februar 1863.
52 L. N. Tolstoj an A. A. Fet, 15. Mai 1863.
53 S. A. Tolstaja: *Moja žizn'*, zit. nach *Prometej*: 158 f.
54 Kusminskaja 1970: 227.
55 S. A. Tolstaja: *Moja žizn'*, zit. nach *Novyj mir*: 39.
56 S. A. Tolstaja: *Moja žizn'*, zit. nach *Novyj mir*: 48.
57 L. N. Tolstoj: *Tagebuch*, 8. Februar 1863.
58 L. N. Tolstoj: *Tagebuch*, 6. Oktober 1863.
59 S. A. Tolstaja: *Tagebuch*, 3. März 1863.
60 L. N. Tolstoj: *Tagebuch*, 24. März 1863.
61 Kusminskaja 1970: 302.
62 L. N. Tolstoj: *Tagebuch*, 18. Juni 1863.
63 Kusminskaja 1970: 305.
64 L. N. Tolstoj: *Tagebuch*, 5. Januar 1863.
65 S. A. Tolstaja: *Tagebuch*, 9. Oktober 1862.
66 S. A. Tolstaja: *Tagebuch*, 29. April 1863.
67 S. A. Tolstaja: *Tagebuch*, 8. Mai 1863.
68 S. A. Tolstaja: *Tagebuch*, 29. April 1863.
69 L. N. Tolstoj an T. A. Behrs, 23. März 1863.
70 S. A. Tolstaja: *Tagebuch*, 6. Juni 1863.
71 Kusminskaja 1970: 218.
72 I. N. Tolstoj 2000: 107 f.
73 I. L. Tolstoj 2000: 113.
74 S. A. Tolstaja: *Moja žizn'*, zit. nach *Oktjabr'*: 152.
75 S. A. Tolstaja: *Moja žizn'*, zit. nach *Oktjabr'*: 139.
76 S. A. Tolstaja: *Moja žizn'*, zit. nach *Oktjabr'*: 139.
77 S. A. Tolstaja: *Moja žizn'*, zit. nach *Novyj mir*: 41.
78 Kusminskaja 1970: 248.
79 A. Je. Behrs an S. A. Tolstaja, 8. August 1863.
80 S. A. Tolstaja: *Tagebuch*, 31. Juli 1863.
81 S. A. Tolstaja: *Tagebuch*, 3. August 1863.
82 Zusatz L. N. Tolstojs im Tagebuch S. A. Tolstajas, 3. August 1863.
83 S. A. Tolstaja: *Tagebuch*, 3. August 1863.
84 S. A. Tolstaja: *Moja žizn'*, zit. nach *Novyj mir*: 42.
85 L. N. Tolstoj: *Tagebuch*, 18. Juni 1863.
86 L. N. Tolstoj: *Tagebuch*, 5. August 1863.
87 S. A. Tolstaja: *Tagebuch*, 22. September 1863.
88 S. A. Tolstaja: *Tagebuch*, 6. Juni 1863.
89 S. A. Tolstaja: *Tagebuch*, 13. November 1863.

90 L. N. Tolstoj an A. A. Tolstaja, 17. Oktober 1863.
91 S. A. Tolstaja: *Moja žizn'*, zit. nach *Novyj mir*: 38.
92 S. A. Tolstaja: *Tagebuch*, 12. November 1866.
93 L. N. Tolstoj an S. A. Tolstaja, 1. Dezember 1864.
94 S. A. Tolstaja an L. N. Tolstoj, 22. November 1864.
95 S. A. Tolstaja an L. N. Tolstoj, 14. November 1866.
96 Troyat 1977: 231 f.
97 S. A. Tolstaja an L. N. Tolstoj, 5. Dezember 1864.
98 S. A. Tolstaja: *Tagebuch*, 3. November 1864.
99 S. A. Tolstaja: *Moja žizn'*, zit. nach *Prometej*: 158.
100 L. N. Tolstoj an A. A. Fet, 23. Januar 1865.
101 S. A. Tolstaja: *Tagebuch*, 9. März 1865.
102 S. A. Tolstaja an L. N. Tolstoj, 7. Dezember 1864
103 S. A. Tolstaja: *Moja žizn'*, zit. nach *Oktjabr'*: 146.
104 L. N. Tolstoj an S. A. Tolstaja, 4. Dezember 1864.
105 S. A. Tolstaja: *Moja žizn'*, zit. nach *Oktjabr'*: 148.
106 L. N. Tolstoj: *Tagebuch*, 26. September 1865.
107 S. A. Tolstaja: *Moja žizn'*, zit. nach *Oktjabr'*: 137.
108 L. N. Tolstoj an M. N. Tolstaja, 1864.
109 A. N. Ostrovskij an N. A. Nekrasov, 7. März 1864.
110 L. N. Tolstoj: *Krieg und Frieden*, IV/Epilog, 1, 10.
111 S. A. Tolstaja an T. A. und Je. A. Behrs, 11. November 1862.
112 T. A. Behrs an M. A. Polivanov, 26. März 1865.
113 zit. nach Birjukov 2000: Bd II, 297.
114 S. A. Tolstaja an T. A. Behrs, 27. August 1866.
115 S. A. Tolstaja: *Moja žizn'*, zit. nach *Novyj mir*: 41.
116 L. N. Tolstoj: *Tagebuch*, 7. März 1865.
117 S. A. Tolstaja an T. A. Behrs, 28. Februar 1865.
118 I. L. Tolstoj 2000: 88.
119 S. A. Tolstaja: *Tagebuch*, 19. Juli 1866.
120 Kusminskaja 1970: 488.
121 S. A. Tolstaja: *Tagebuch*, 12. November 1866.
122 L. N. Tolstoj an A. A. Fet, 23. Januar 1865.
123 L. N. Tolstoj: *Zapisnaja knižka*, 4, 27. November 1866.
124 S. A. Tolstaja: *Moja žizn'*, zit. nach *Novyj mir*: 43.
125 S. A. Tolstaja: *Tagebuch*, 12. Januar 1867.
126 S. A. Tolstaja: *Moja žizn'*, Unveröffentlichtes Typoskript: Bd. II, 144 f.
127 Kusminskaja 1970: 508 f.
128 S. A. Tolstaja: *Tagebuch*, 16. September 1867.
129 S. A. Tolstaja: *Tagebuch*, 31. Juli 1868.

1 S. A. Tolstaja: *Tagebuch*, 17. Oktober 1863.
2 S. A. Tolstaja an L. N. Tolstoj, 4. September 1869.
3 S. A. Tolstaja an L. N. Tolstoj, 6. September 1869.
4 S. A. Tolstaja: *Moi zapisi raznye dlja spravok*, 14. Februar 1870.
5 S. A. Tolstaja: *Moi zapisi raznye dlja spravok*, 14. Februar 1870.
6 S. A. Tolstaja: *Moi zapisi raznye dlja spravok*, 15. und 24. Februar 1870.
7 L. N. Tolstoj an N. N. Strachov, 25. November 1870.
8 L. N. Tolstoj an A. A. Fet, 4. Februar 1870.
9 S. A. Tolstaja: *Moja žizn'*, zit. nach *Novyj mir*: 46.
10 S. A. Tolstaja: *Tagebuch*, 5. Juni 1870.
11 L. N. Tolstoj an A. A. Fet, 13./14. Juni 1870.
12 S. A. Tolstaja: *Moi zapisi raznye dlja spravok*, 9. Dezember 1870.
13 L. N. Tolstoj an A. A. Fet, 1.-6. Januar 1871.
14 L. N. Tolstoj an S. A. Tolstaja, 18. Juni 1871.
15 L. N. Tolstoj an S. A. Tolstaja, 18. Juni 1871.
16 S. A. Tolstaja an L. N. Tolstoj, 28. Juni 1871.
17 S. A. Tolstaja an L. N. Tolstoj, 30. Juni 1871.
18 L. N. Tolstoj an S. A. Tolstaja, 23. Juni 1871.
19 L. N. Tolstoj an S. A. Tolstaja, 8./9. Juli 1871.
20 S. A. Tolstaja an L. N. Tolstoj, 21. Juni 1871.
21 S. A. Tolstaja an L. N. Tolstoj, 22. Juli 1871.
22 S. A. Tolstaja an L. N. Tolstoj, 10. Juli 1871.
23 S. A. Tolstaja an L. N. Tolstoj, 30. Juni 1871.
24 S. A. Tolstaja an L. N. Tolstoj, 30. Juni 1871.
25 L. N. Tolstoj: *Anna Karenina*, IV, Kap. 8.
26 S. A. Tolstaja an L. N. Tolstoj, 4. Juli 1871.
27 S. A. Tolstaja: *Moja žizn'*, Unveröffentlichtes Typoskript: Bd. II, 182.
28 S. A. Tolstaja: *Tagebuch*, 18. August 1871.
29 S. A. Tolstaja: *Tagebuch*, 18. August 1871.
30 zit. nach Gusev 1963: 26.
31 L. N. Tolstoj: *Tagebuch*, 7. Juni 1884. Tolstoj ordnet die Auseinandersetzung irrtümlich dem Jahr 1870 zu.
32 S. A. Tolstaja an T. A. Kusminskaja, 10. Oktober 1871.
33 S. A. Tolstaja: *Moja žizn'*, Unveröffentlichtes Typoskript: Bd. II, 180.
34 T. L. Tolstoj 1978: 72 f.
35 I. L. Tolstoj 2000: 99.
36 I. L. Tolstoj 2000: 99 f.
37 T. L. Tolstoj 1978: 74 f.
38 I. L. Tolstoj 2000: 100.

39 I. L. Tolstoj 2000: 99.
40 I. L. Tolstoj 2000: 101.
41 I. L. Tolstoj 2000: 104.
42 T. L. Tolstoj 1978: 78 f.
43 S. A. Tolstaja: *Tagebuch*, Anfang 1872.
44 L. N. Tolstoj an A. A. Tolstaja, 12. Januar 1872.
45 L. N. Tolstoj an A. A. Tolstaja, 12. Januar 1872.
46 T. L. Tolstoj 1978: 70.
47 T. L. Tolstoj 1978: 107 f.
48 S. A. Tolstaja an T. A. Kuzminskaja, 2. Februar 1872.
49 S. A. Tolstaja. *Moja žizn'*, Unveröffentlichtes Typoskript: Bd. II, 198.
50 I. L. Tolstoj 2000: 63.
51 S. A. Tolstaja an T. A. Kuzminskaja, 6. April 1872.
52 I. L. Tolstoj 2000: 96 f.
53 I. L. Tolstoj 2000: 97.
54 I. L. Tolstoj 2000: 98.
55 S. A. Tolstaja: *Moja žizn'*, zit. nach *Novyj mir*: 46.
56 I. L. Tolstoj 2000: 96 f.
57 S. A. Tolstaja. *Moja žizn'*, Unveröffentlichtes Typoskript: Bd. II, 216 f.
58 T. L. Tolstoj 1978: 104.
59 S. A. Tolstaja. *Moja žizn'*, Unveröffentlichtes Typoskript: Bd. II, 218.
60 I. L. Tolstoj 2000: 292 f.
61 I. L. Tolstoj 2000: 291 f.
62 I. L. Tolstoj 2000: 292.
63 I. L. Tolstoj 2000: 98 f.
64 L. N. Tolstoj an A. A. Tolstaja, 18. September 1872.
65 S. A. Bers 1893: IV.
66 L. N. Tolstoj an A. A. Tolstaja, 26. Oktober 1872.
67 T. L. Tolstoj 1978: 30.
68 I. L. Tolstoj 2000: 55 f.
69 I. L. Tolstoj 2000: 55.
70 I. L. Tolstoj 2000: 59.
71 I. L. Tolstoj 2000: 293 f.
72 S. A. Behrs 1893.
73 S. A. Tolstaja: *Moja žizn'*, Unveröffentlichtes Typoskript: Bd. II, 189.
74 I. L. Tolstoj 2000: 88.
75 I. L. Tolstoj 2000: 131 f.
76 L. N. Tolstoj: *Erinnerungen*, IX.
77 I. L. Tolstoj 2000: 139 f.
78 I. L. Tolstoj 2000: 133 f.
79 S. A. Tolstaja: *Moja žizn'*, Unveröffentlichtes Typoskript: Bd. III, 9.

80 L. N. Tolstoj an A. A. Tolstaja, März 1872.
81 S. A. Tolstaja: *Moja žizn'*, Unveröffentlichtes Typoskript: Bd. II, 207.
82 S. A. Tolstaja: *Moja žizn'*, Unveröffentlichtes Typoskript: Bd. II, 215.
83 S. A. Tolstaja an T. A. Kuzminskaja, 16. Oktober 1873.
84 S. A. Tolstaja: *Moja žizn'*, Unveröffentlichtes Typoskript: Bd. II, 188 f.
85 S. A. Tolstaja: *Moja žizn'*, Unveröffentlichtes Typoskript: Bd. II, 188.
86 S. A. Tolstaja: *Moi zapisi raznye dlja spravok*, 19. März 1873.
87 S. A. Tolstaja an T. A. Kuzminskaja, 19./20. März 1873.
88 S. A. Tolstaja: *Moi zapisi raznye dlja spravok*, 24. Februar 1870.
89 S. A. Tolstaja: *Moja žizn'*, Unveröffentlichtes Typoskript: Bd. II, 197.
90 S. A. Tolstaja: *Kurze Autobiographie*, 238.
91 L. N. Tolstoj an N. N. Strachov, 25. März 1873.
92 I. L. Tolstoj 2000: 82.
93 I. L. Tolstoj 2000: 82 f.
94 I. L. Tolstoj 2000: 84 f.
95 S. A. Tolstaja: *Moja žizn'*, Unveröffentlichtes Typoskript: Bd. II, 219.
96 S. A. Tolstaja: *Moja žizn'*, zit. nach *Prometej*, 165.
97 S. A. Tolstaja: *Moja žizn'*, Unveröffentlichtes Typoskript: Bd. II, 229.
98 I. L. Tolstoj 2000: 123.
99 zit. nach Birjukov 2000: Bd. II, 375.
100 zit. nach Birjukov 2000: Bd. II, 404.
101 S. A. Tolstaja: *Moja žizn'*, Unveröffentlichtes Typoskript: Bd. II, 244.
102 S. A. Tolstaja an T. A. Kuzminskaja, 18. November 1873.
103 L. N. Tolstoj an S. N. Tolstoj, 10. November 1873.
104 L. N. Tolstoj an A. A. Tolstaja, 23. Juni 1874.
105 S. A. Tolstaja an S. A. Behrs, 20. November 1874.
106 S. A. Tolstaja an T. A. Kuzminskaja, 10. Dezember 1874.
107 S. A. Tolstaja an T. A. Kuzminskaja, 10. Dezember 1874.
108 L. N. Tolstoj an M. N. Tolstaja, 15. August 1874.
109 S. A. Tolstaja: *Moja žizn'*, Unveröffentlichtes Typoskript: Bd. II, 248.
110 S. A. Tolstaja an T. A. Kuzminskaja, 26. November 1874.
111 Librovič 1916: 96 f.
112 L. N. Tolstoj an N. N. Strachov, 16. Februar 1875.
113 L. N. Tolstoj an A. A. Fet, 22. Februar 1875.
114 S. A. Tolstaja an T. A. Kuzminskaja, 23. Februar 1875.
115 S. A. Tolstaja: *Moja žizn'*, Unveröffentlichtes Typoskript: Bd. II, 259.
116 L. N. Tolstoj an A. A. Tolstaja, März 1876.
117 L. N. Tolstoj an P. D. Golochvastov, Frühjahr 1876.
118 S. A. Tolstaja: *Moja žizn'*, Unveröffentlichtes Typoskript: Bd. III, 1.
119 L. N. Tolstoj an N. N. Strachov, 13. November 1876.
120 L. N. Tolstoj an P. D. Golochvastov, Sommer 1876.

121 S. A. Tolstaja: *Tagebuch*, 15. September 1876.
122 I. L. Tolstoj 2000: 98.
123 L. N. Tolstoj an S. A. Tolstaja, 4. September 1876.
124 S. A. Tolstaja an L. N. Tolstoj, 4. September 1876.
125 L. N. Tolstoj an S. A. Tolstaja, 4. September 1876.
126 S. A. Tolstaja: *Tagebuch*, 27. Februar 1877.
127 S. A. Tolstaja: *Tagebuch*, 25. Oktober 1878.
128 L. N. Tolstoj an N. N. Strachov, 22./23. November 1878.
129 S. A. Tolstaja: Graf Lev Nikolaevič Tolstoj. *Russkaja biblioteka*, Bd. IX, SPb. 1879.
130 S. A. Tolstaja: *Moja žizn'*, Unveröffentlichtes Typoskript: Bd. III, 11.
131 S. A. Tolstaja an T. A. Kuzminskaja, 9. Dezember 1876.
132 I. L. Tolstoj 2000: 156.
133 T. L. Tolstoj 1978: 31 f.
134 I. L. Tolstoj 2000: 156.
135 I. L. Tolstoj 2000: 156.
136 I. L. Tolstoj 2000: 157.
137 S. A. Tolstaja an T. A. Kuzminskaja, Januar 1877.
138 S. A. Tolstaja: *Moja žizn'*, Unveröffentlichtes Typoskript: Bd. III, 20.
139 A. A. Tolstaja an L. N. Tolstoj, 18. Januar 1877.
140 A. A. Tolstaja an L. N. Tolstoj, 27. Januar 1877.
141 S. A. Tolstaja: *Moja žizn'*, Unveröffentlichtes Typoskript: Bd. III, 20 f.
142 S. A. Tolstaja an T. A. Kuzminskaja, 28. September 1877.
143 S. A. Tolstaja: *Moja žizn'*, Unveröffentlichtes Typoskript: Bd. III, 39.
144 M. N. Katkov, *Russkij vestnik*, Mai 1877.
145 I. L. Tolstoj 2000: 160 f.
146 S. A. Tolstaja: *Moja žizn'*, Unveröffentlichtes Manuskript, Bd. III, 26.
147 L. N. Tolstoj: *Anna Karenina*, I/19.
148 L. N. Tolstoj: *Anna Karenina*, I/27.
149 L. N. Tolstoj: *Anna Karenina*, V/14.
150 S. A. Tolstaja: *Tagebuch*, 3. August 1863.
151 S. A. Tolstaja an A. A. Tolstaja, ohne Datum.
152 *Anna Karenina*, VIII/10.
153 L. N. Tolstoj an S. A. Tolstaja, 28. Oktober 1884.
154 S. A. Tolstaja: *Moi zapisi raznye dlja spravok*, 3. März 1877.
155 L. N. Tolstoj: *Beichte*, IV.
156 L. N. Tolstoj: *Beichte*, IV.
157 L. N. Tolstoj: *Beichte*, III.
158 S. A. Tolstaja: *Moja žizn'*, Unveröffentlichtes Typoskript: Bd. III, 4.
159 L. N. Tolstoj: *Beichte*, X.
160 L. N. Tolstoj: *Beichte*, XIII.

161 S. A. Tolstaja: *Moja žizn'*, Unveröffentlichtes Typoskript: Bd. III, 4.
162 S. A. Tolstaja: *Moi zapisi raznye dlja spravok*, 25. August 1877.
163 I. L. Tolstoj 2000: 92.
164 S. A. Tolstaja an T. A. Kuzminskaja, 15. September 1877.
165 S. A. Tolstaja: *Moi zapisi raznye dlja spravok*, 26. Dezember 1877.
166 S. A. Tolstaja: *Moi zapisi raznye dlja spravok*, 8. Januar 1878.
167 L. N. Tolstoj an A. A. Tolstaja, 6. April 1878.
168 L. N. Tolstoj an N. N. Strachov, 6. April 1878.
169 S. A. Tolstaja: *Moi zapisi raznye dlja spravok*, 26. Dezember 1877.
170 L. N. Tolstoj an A. A. Fet, 27. Oktober 1878.
171 L. N. Tolstoj an N. N. Strachov, Januar 1878.
172 L. N. Tolstoj: *Tagebuch*, 22. Mai 1878.
173 S. A. Tolstaja an T. A. Kuzminskaja, 5. März 1879.
174 L. N. Tolstoj an A. A. Fet, 25. Mai 1879.
175 L. N. Tolstoj an N. N. Strachov, 4. Oktober 1879.
176 L. N. Tolstoj an S. A. Tolstaja, 14. Juni 1879.
177 S. A. Tolstaja: *Moi zapisi raznye dlja spravok*, 18. Dezember 1879.
178 S. A. Tolstaja an T. A. Kuzminskaja, 7. November 1879.
179 L. N. Tolstoj an S. N. Tolstoj, 21. Dezember 1879.
180 I. L. Tolstoj 2000: 245.
181 L. N. Tolstoj: *Vospominanija*, Einleitung.

4 *Mit meinem Mann als Künstler war ich glücklich ...*

1 L. N. Tolstoj: *Beichte*, II.
2 I. S. Turgenev an D. V. Grigorovič, 31. Oktober/12. November 1882.
3 I. L. Tolstoj 2000: 246.
4 L. N. Tolstoj: *Tagebuch*, 2.-4. März 1855.
5 L. N. Tolstoj: *Worin besteht mein Glaube?*, X.
6 I. L. Tolstoj 2000: 248 f.
7 S. A. Tolstaja: *Moja žizn'*, Unveröffentlichtes Manuskript, Bd. III, 97.
8 S. A. Tolstaja: *Moja žizn'*, Unveröffentlichtes Manuskript, Bd. III, 98.
9 S. A. Tolstaja: *Tagebuch*, 9. Oktober 1878.
10 S. A. Tolstaja: *Tagebuch*, 14. Oktober 1878.
11 S. A. Tolstaja: *Kurze Autobiographie*, 255 f.
12 S. A. Tolstaja: *Moja žizn'*, zit. nach *Novyj mir*, 54 f.
13 S. A. Tolstaja an T. A. Kuzminskaja, 22. April 1881.
14 F. M. Dostoevskij an A. G. Dostoevskaja, 27. Mai 1880.
15 L. N. Tolstoj an Zar Alexander III., 8-15. 1881.
16 S. A. Tolstaja: *Moja žizn'*, zit. nach *Novyj mir*, 56.

17 S. A. Tolstaja an T. A. Kuzminskaja, 3. März 1881.
18 S. A. Tolstaja an L. N. Tolstoj, 3. Juli 1881.
19 L. N. Tolstoj an S. A. Tolstaja, 2. August 1881.
20 L. N. Tolstoj: *Tagebuch*, 18. August 1881.
21 L. N. Tolstoj: *Tagebuch*, 28. August 1881.
22 S. A. Tolstaja an T. A. Kuzminskaja, 20. September 1881.
23 S. A. Tolstaja an T. A. Kuzminskaja, 20. September 1881.
24 S. A. Tolstaja an T. A. Kuzminskaja, 14. Oktober 1881.
25 L. N. Tolstoj: *Was sollen wir denn tun?*, II.
26 I. L. Tolstoj 2000: 269.
27 S. A. Tolstaja an T. A. Kuzminskaja, 30. Januar 1882.
28 L. N. Tolstoj an S. A. Tolstaja, 4. Februar 1882.
29 L. N. Tolstoj an S. A. Tolstaja, 2. März 1882.
30 S. A. Tolstaja an L. N. Tolstoj, 3. März 1882.
31 L. N. Tolstoj an S. A. Tolstaja, 4. März 1882.
32 T. L. Tolstaja: *Tagebuch*, 12. Juli 1882.
33 T. L. Tolstaja: *Tagebuch*, 13. Juli 1882.
34 S. A. Tolstaja: *Tagebuch*, 26. August 1882.
35 S. A. Tolstaja: *Tagebuch*, 26. August 1882.
36 S. A. Tolstaja: *Tagebuch*, 26. August 1882.
37 S. A. Tolstaja an T. A. Kuzminskaja, 2. Mai 1882.
38 S. A. Tolstaja: *Moja žizn'*, zit. nach *Prometej*, 170.
39 T. L. Tolstaja: *Tagebuch*, 10. Oktober 1882.
40 L. N. Tolstoj an M. A. Engelgardt, 20. Dezember 1882 oder 20. Januar 1883.
41 Gusev 1973: 21. März 1909.
42 L. N. Tolstoj: *Tagebuch*, 22. Dezember 1882.
43 L. N. Tolstoj: *Worin besteht mein Glaube?*, VI.
44 S. A. Tolstaja an T. A. Kuzminskaja, 30. Januar 1883.
45 S. A. Tolstaja an T. A. Kuzminskaja, Januar 1884.
46 L. N. Tolstoj: *Was sollen wir denn tun?*, Manuskriptvariante 4.
47 S. A. Tolstaja: *Moja žizn'*, Unveröffentlichtes Manuskript: Bd. I, 56 f.
48 Kusminskaja 1970: 301.
49 Kusminskaja 1970: 301.
50 S. A. Tolstaja an T. A. Kuzminskaja, 5. Februar 1884.
51 N. N. Ge, zit. nach Birjukov 2000: Bd. II, 491.
52 S. A. Tolstaja an T. A. Kuzminskaja, Februar 1882.
53 T. L. Tolstaja 1976: 250.
54 T. L. Tolstaja 1976: 251.
55 L. L. Tolstoj 1923: 38.
56 I. L. Tolstoj 2000: 249 f.

57 I. L. Tolstoj 2000: 250.
58 S. A. Tolstaja: *Moja žizn'*, Unveröffentlichtes Manuskript: Bd. II, 179.
59 A. L. Tolstoj 1932: 11.
60 L. N. Tolstoj: *Tagebuch*, 4. April 1884.
61 L. N. Tolstoj: *Tagebuch*, 28. Mai 1884.
62 L. N. Tolstoj: *Tagebuch*, 16. April 1884.
63 L. N. Tolstoj: *Tagebuch*, 31. März 1884.
64 S. A. Tolstaja: *Tagebuch*, 18. Juni 1897.
65 T. L. Tolstoj 1978: 214
66 L. N. Tolstoj: *Tagebuch*, 18. Juni 1884.
67 S. A. Tolstaja: *Tagebuch*, 18. Juni 1897.
68 S. A. Tolstaja: *Moja žizn'*, Unveröffentlichtes Manuskript: Bd. IV, 139.
69 L. N. Tolstoj: *Tagebuch*, 18. Juni 1884.
70 L. N. Tolstoj: *Tagebuch*, 7. Juli 1884.
71 L. N. Tolstoj: *Tagebuch*, 14. Juli 1884.
72 L. N. Tolstoj an S. A. Tolstaja, 26. Oktober 1884.
73 L. N. Tolstoj an S. A. Tolstaja, 27. Oktober 1884.
74 S. A. Tolstaja an L. N. Tolstoj, 29. Oktober 1884.
75 L. N. Tolstoj: *Tagebuch*, 1881.
76 L. N. Tolstoj an S. A. Tolstaja, 28. Oktober 1884.
77 S. A. Tolstaja: *Kurze Autobiographie*, 262 f.
78 S. A. Tolstaja an L. N. Tolstoj, 24. Februar 1885.
79 S. A. Tolstaja: *Kurze Autobiographie*, 262.
80 S. A. Tolstaja an L. N. Tolstoj, 11. März 1885.
81 S. A. Tolstaja an L. N. Tolstoj, 14. März 1885.
82 S. A. Tolstaja an L. N. Tolstoj, 9. Dezember 1884.
83 S. A. Tolstaja: *Moja žizn'*, zit. nach *Novyj mir*, 63.
84 S. A. Tolstaja: *Tagebuch*, 6. März 1887.
85 S. A. Tolstaja: *Tagebuch*, 6. März 1887.
86 I. L. Tolstoj 2000: 164.
87 I. L. Tolstoj 2000: 162 f.
88 I. L. Tolstoj 2000: 177 f.
89 L. N. Tolstoj an T. L. Tolstaja, 1885.
90 I. L. Tolstoj 2000: 260 f.
91 L. N. Tolstoj an V. G. Čertkov, 9.-15. Dezember 1885.
92 S. A. Tolstaja an T. A. Kuzminskaja, 20. Dezember 1885.
93 L. N. Tolstoj an S. A. Tolstaja, um den 15.-18. Dezember 1885.
94 S. A. Tolstaja an L. N. Tolstoj, 22. Dezember 1885.
95 S. A. Tolstaja an T. L. Tolstaja, 23. Dezember 1885.
96 L. N. Tolstoj an S. A. Tolstaja, 27. Dezember 1885.
97 S. A. Tolstaja: *Kurze Autobiographie*, 250.

98 S. A. Tolstaja: *Kurze Autobiographie*, 252 f.
99 T. L. Tolstoj 1978: 216.
100 S. A. Tolstaja an T. A. Kuzminskaja, 20. Januar 1886.
101 S. A. Tolstaja: *Moja žizn'*, zit. nach *Prometej*: 174.
102 L. N. Tolstoj an S. A. Tolstaja, 9. April 1886.
103 I. L. Tolstoj 2000: 285.
104 S. A. Tolstaja: *Moja žizn'*, zit. nach *Novyj mir*: 66.
105 S. A. Tolstaja an L. N. Tolstoj, 9. Dezember 1884.
106 I. L. Tolstoj 2000: 247.
107 S. A. Tolstaja, zit. nach Ždanov 1993: 195.
108 S. A. Tolstaja an L. N. Tolstoj, 21. Oktober 1885.
109 L. N. Tolstoj an T. L. Tolstaja, 18. Oktober 1885.
110 I. L. Tolstoj 2000: 279.
111 S. A. Tolstaja: *Tagebuch*, 25. Oktober 1886.
112 S. A. Tolstaja an L. N. Tolstoj, 3./4. Januar 1887.
113 S. A. Tolstaja: *Tagebuch*, 6. März 1887.
114 S. A. Tolstaja: *Tagebuch*, 19. Juli 1887.
115 S. A. Tolstaja: *Tagebuch*, 6. März 1887.
116 Gorki 1920: 44.
117 I. L. Tolstoj 2000: 286.
118 S. A. Tolstaja: *Tagebuch*, 9. März 1887.
119 S. A. Tolstaja: *Tagebuch*, 18. Juni 1887.
120 S. A. Tolstaja: *Tagebuch*, 2. Juli 1887.
121 S. A. Tolstaja: *Tagebuch*, 25. August 1887.
122 S. A. Tolstaja: *Moja žizn'*, Unveröffentlichtes Typoskript: Bd. I, 53 f.
123 Tolstaja-Popova 1928: 176.
124 S. A. Tolstaja: *Moja žizn'*, Unveröffentlichtes Typoskript: Bd. V, 69.
125 S. A. Tolstaja an T. A. Kuzminskaja, 11. April 1888.
126 S. A. Tolstaja: *Moja žizn'*, Unveröffentlichtes Typoskript: Bd. V, 69.
127 L. N. Tolstoj an S. A. Tolstaja, 28. April 1888.
128 S. A. Tolstaja: *Tagebuch*, 3. Juli 1887.
129 L. N. Tolstoj: *Kreutzersonate*, 1.
130 L. N. Tolstoj: *Kreutzersonate*, 1.
131 L. N. Tolstoj: *Kreutzersonate*, 2.
132 L. N. Tolstoj: *Kreutzersonate*, 5.
133 L. N. Tolstoj: *Was sollen wir denn tun?*, XL.
134 L. N. Tolstoj: *Kreutzersonate*, Nachwort.
135 L. N. Tolstoj: *Kreutzersonate*, Nachwort.
136 Obolenskij 1890.
137 Troyat 2005: 616 f.
138 S. A. Tolstaja: *Tagebuch*, 14. Dezember 1890.

139 S. A. Tolstaja: *Tagebuch*, 19. Januar 1891.
140 S. A. Tolstaja: *Tagebuch*, 12. Februar 1891.
141 S. A. Tolstaja: *Meine Reise nach Petersburg*.
142 S. A. Tolstaja: *Tagebuch*, 1. Juni 1891.
143 S. A. Tolstaja: *Tagebuch*, 1. Juni 1891.
144 L. N. Tolstoj an V. I. Čertkov, 10. April 1889.
145 L. N. Tolstoj: *Tagebuch*, 19. August 1889.
146 L. N. Tolstoj: *Tagebuch*, 1. Dezember 1889.
147 S. A. Tolstaja: *Moja žizn'*, Unveröffentlichtes Typoskript: Bd. V, 95.
148 L. N. Tolstoj: *Tagebuch*, 6. August 1889.
149 S. A. Tolstaja: *Tagebuch*, 20. November 1890.
150 S. A. Tolstaja: *Tagebuch*, 21. Juli 1891.
151 S. A. Tolstaja: *Tagebuch*, 27. Juli 1891.
152 S. A. Tolstaja: *Moja žizn'*, Unveröffentlichtes Typoskript: Bd. VI, 6.
153 S. A. Tolstaja: *Eine Frage der Schuld*, I/6.
154 S. A. Tolstaja: *Eine Frage der Schuld*, II/1.
155 S. A. Tolstaja: *Eine Frage der Schuld*, II/1.
156 S. A. Tolstaja: *Eine Frage der Schuld*, II/12.
157 S. A. Tolstaja: *Moja žizn'*, zit. nach *Oktjabr'* 1994/10: 4.
158 S. A. Tolstaja: *Tagebuch*, 27. Dezember 1890.
159 S. A. Tolstaja: *Moja žizn'*, Unveröffentlichtes Typoskript: Bd. III, 125.
160 S. A. Tolstaja: *Moja žizn'*, zit. nach *Prometej*, 166.
161 Gurevič 1919.
162 S. A. Tolstaja: *Kurze Autobiographie*, 242.
163 S. A. Tolstaja: *Tagebuch*, 23. Dezember 1890.
164 Gurevič 1919.
165 Gurevič 1919.
166 A. Je. Behrs an L. N. Tolstoj und S. A. Tolstaja, zit. nach *Prometej*: 154.
167 S. A. Tolstaja: *Moja žizn'*, zit. nach *Novyj mir*, 72.
168 L. L. Tolstoj an S. A. Tolstaja, 1892.
169 S. A. Tolstaja: *Kurze Autobiographie*, 258.
170 S. A. Tolstaja: *Tagebuch*, 23. März 1891.
171 S. A. Tolstaja: *Tagebuch*, 10. Februar 1891.
172 S. A. Tolstaja: *Tagebuch*, 11. Dezember 1890.
173 S. A. Tolstaja: *Tagebuch*, 15. Dezember 1890.
174 S. A. Tolstaja: *Tagebuch*, 24. Dezember 1890.
175 S. A. Tolstaja: *Tagebuch*, 20. März 1891.
176 S. A. Tolstaja: *Tagebuch*, 11. Dezember 1890.
177 S. A. Tolstaja: *Tagebuch*, 2. März 1891.
178 S. A. Tolstaja: *Tagebuch*, 27. März 1891.
179 A. A. Tolstaja 1926: 68.

180 T. L. Tolstoj 1978: 160.
181 A. L. Tolstaja 1932: 41.
182 T. L. Tolstaja: *Tagebuch*, 17. Dezember 1890.
183 S. A. Tolstaja: *Tagebuch*, 20. November 1890.
184 S. A. Tolstaja: *Tagebuch*, 2. Januar 1891.
185 S. A. Tolstaja: *Tagebuch*, 15. Juni 1891.
186 S. L. Tolstoj 1949: 189.
187 L. N. Tolstoj *Tagebuch*, 14. Juli 1891.
188 S. A. Tolstaja: *Tagebuch*, 21. Juli 1891.
189 S. A. Tolstaja: *Tagebuch*, 21. Juli 1891.
190 S. A. Tolstaja: *Tagebuch*, 21. Juli 1891.
191 S. A. Tolstaja: *Kurze Autobiographie*, 264.
192 S. A. Tolstaja: *Tagebuch*, 12. August 1891.

5 *Ist ein in seelischer Gemeinschaft verbundenes Leben ...*

1 S. A. Tolstaja an L. N. Tolstoj, 9. September 1891.
2 L. N. Tolstoj an N. S. Leskov, 4. Juli 1891.
3 S. A. Tolstaja: *Tagebuch*, 12. November 1891.
4 A. L. Tolstaja 1932: 22.
5 T. L. Tolstaja: *Tagebuch*, 29. Oktober 1891.
6 T. L. Tolstaja: *Tagebuch*, 6. November 1891.
7 S. A. Tolstaja: *Tagebuch*, 12. November 1891.
8 S. A. Tolstaja: *Tagebuch*, 12. November 1891.
9 *Russkie vedomosti*, 3. November 1891.
10 S. A. Tolstaja an L. N. Tolstoj, 4. November 1891.
11 S. A. Tolstaja: *Kurze Autobiographie*, 265.
12 L. N. Tolstoj: *Tagebuch*, 19. Dezember 1891.
13 S. A. Tolstaja: *Moja žizn'*, zit. nach *Novyj mir*, 94.
14 S. A. Tolstaja: *Tagebuch*, 16. Februar 1892.
15 *Moskovskie vedomosti*, 22. Januar 1892.
16 S. A. Tolstaja an L. N. Tolstoj, 6. Februar 1892.
17 S. A. Tolstaja an T. A. Kuzmiskaja, 28. Februar 1892.
18 A. A. Tolstaja 1926: 64.
19 S. A. Tolstaja an L. N. Tolstoj, 16. Februar 1892.
20 L. N. Tolstoj an S. A. Tolstaja, 28. Februar 1892.
21 S. A. Tolstaja an L. N. Tolstoj, 1. März 1892.
22 Gurevič 1919.
23 Gurevič 1919.
24 Gurevič 1919.

25 S. A. Tolstaja an L. N. Tolstoj, 11. Februar 1893.
26 S. A. Tolstaja: *Moja žizn'*, zit. nach *Novyj mir*, 110.
27 S. A. Tolstaja: *Moja žizn'*, zit. nach *Prometej*, 182.
28 S. A. Tolstaja an L. N. Tolstoj, 25. Februar 1893.
29 L. Ja. Gurevič an S. A. Tolstaja, zit. nach: S. A. Tolstaja: *Moja žizn'*, *Prometej*, 184.
30 zit. nach Opulskaja 1998: 79.
31 L. N. Tolstoj: *Tagebuch*, 22. Dezember 1893.
32 L. N. Tolstoj: *Tagebuch*, 24. Januar 1894.
33 L. N. Tolstoj: *Tagebuch*, 9. August 1894.
34 S. A. Tolstaja: *Tagebuch*, 4. August 1894.
35 L. N. Tolstoj: *Tagebuch*, 25. Juni 1894.
36 L. N. Tolstoj: *Tagebuch*, 21. April 1894.
37 L. N. Tolstoj an I. L. Tolstoj, Oktober 1892.
38 S. A. Tolstaja an L. N. Tolstoj, 8. November 1892.
39 L. N. Tolstoj an N. A. Sander, 3. August 1893.
40 S. A. Tolstaja an L. N. Tolstoj, 19. September 1893.
41 I. E. Repin an L. N. Tolstoj, zit. nach: I. E. Repin 1949: 125.
42 T. L. Tolstaja 1978: 164 f.
43 T. L. Tolstaja: *Tagebuch*, 4. November 1890.
44 T. L. Tolstaja: *Tagebuch*, 28. Dezember 1893.
45 L. N. Tolstoj an T. L. Tolstaja, 22. März 1894.
46 S. A. Tolstaja: *Tagebuch*, 17. Dezember 1890.
47 L. N. Tolstoj an T. L. Tolstaja, 22. März 1894.
48 S. A. Tolstaja: *Tagebuch*, 31. August 1897.
49 L. L. Tolstoj 1923: 40.
50 S. A. Tolstaja: *Moja žizn'*, zit. nach *Novyj mir*: 112.
51 L. N. Tolstoj an A. L. Tolstoj, 16. Oktober 1895.
52 S. A. Tolstaja: *Tagebuch*, 14. Juli 1897.
53 L. N. Tolstoj an M. L. Tolstoj, 19. Oktober 1895.
54 L. N. Tolstoj: *Das Reich Gottes ist in euch*, XII.
55 L. N. Tolstoj: *Tagebuch*, 8. Oktober 1894.
56 T. L. Tolstaja: *Tagebuch*, 9. Februar 1894.
57 T. L. Tolstaja: *Tagebuch*, 9. Februar 1894.
58 L. N. Tolstoj an V. G. Čertkov, 12. Mai 1894.
59 S. A. Tolstaja: *Tagebuch*, 8. Januar 1895.
60 S. A. Tolstaja: *Tagebuch*, 10. Januar 1895.
61 S. A. Tolstaja: *Tagebuch*, 26. Januar 1895.
62 L. N. Tolstoj an N. N. Strachov, 14. Februar 1895.
63 S. A. Tolstaja: *Tagebuch*, 21. Februar 1895.
64 S. A. Tolstaja: *Tagebuch*, 21. Februar 1895.

65 S. A. Tolstaja: *Moja žizn'*, zit. nach Zverev 2006: 521.
66 S. A. Tolstaja: *Wanetschkas Tod*.
67 S. A. Tolstaja: *Wanetschkas Tod*.
68 S. A. Tolstaja: *Wanetschkas Tod*.
69 S. A. Tolstaja: *Wanetschkas Tod*.
70 S. A. Tolstaja an A. A. Tolstaja, 29. März 1895.
71 T. L. Tolstoj 2000: 309.
72 Rusanov 1972: 145.
73 T. L. Tolstaja 1978: 224.
74 L. N. Tolstoj an A. A. Tolstaja, 31. März 1895.
75 S. A. Tolstaja an T. A. Kuzminskaja, 7. März 1895.
76 S. A. Tolstaja an T. A. Kuzminskaja, 7. März 1895.
77 A. L. Tolstaja 1932: 52.
78 A. L. Tolstaja 1932: 52.
79 A. L. Tolstaja 1932: 52.
80 A. L. Tolstaja 1932: 56.
81 L. N. Tolstoj an A. A. Tolstaja, 29. März 1895.
82 L. N. Tolstoj: *Tagebuch*, 26. Februar 1895.
83 L. N. Tolstoj: *Tagebuch*, 27. März 1895.
84 L. N. Tolstoj an A. A. Tolstaja, 29. März 1895.
85 S. A. Tolstaja an T. A. Kuzminskaja, 14. Juni 1895.
86 zit. nach: S. A. Tolstaja an L. N. Tolstoj, 12. Oktober 1895.
87 S. A. Tolstaja an L. N. Tolstoj, 12. Oktober 1895.
88 L. N. Tolstoj: *Tagebuch*, 13. Oktober 1895.
89 L. N. Tolstoj an S. A. Tolstaja, 25. Oktober 1895.
90 S. A. Tolstaja an L. N. Tolstoj, 26. Oktober 1895.
91 S. A. Tolstaja: *Moja žizn'*, zit. nach *Prometej*: 166.
92 S. A. Tolstaja: *Kurze Autobiographie*, 267.
93 S. A. Tolstaja: *Moja žizn'*, zit. nach *Prometej*: 167.
94 A. L. Tolstaja 1932: 71.
95 S. A. Tolstaja: *Moja žizn'*, zit. nach *Novyj mir*: 117 f.
96 S. A. Tolstaja: *Kurze Autobiographie*, 268.
97 S. A. Tolstaja an T. A. Kuzminskaja, 24. Oktober 1896.
98 A. L. Tolstaja 1932: 84.
99 A. L. Tolstaja 1932: 84.
100 L. N. Tolstoj: *Tagebuch*, 28. Mai 1896.
101 S. A. Tolstaja: *Moja žizn'*, Unveröffentlichtes Typoskript: Bd. VII, 155.
102 E. V. Obolenskaja an M. L. Obolenskaja, September 1896.
103 S. A. Tolstaja an L. F. Annenkova, Herbst 1896.
104 L. N. Tolstoj an S. A. Tolstaja, 1. Februar 1897.
105 L. N. Tolstoj an S. A. Tolstaja, 17. Februar 1897.

106 S. A. Tolstaja: *Moja žizn'*, Unveröffentlichtes Typoskript: Bd. VII, 177.
107 S. A. Tolstaja: *Kurze Autobiographie*, 268.
108 S. A. Tolstaja: *Kurze Autobiographie*, 268.
109 L. N. Tolstoj: *Tagebuch*, 17. Februar 1897.
110 L. N. Tolstoj an S. A. Tolstaja, 8. Juli 1897.
111 S. A. Tolstaja: *Tagebuch*, 1. August 1897.
112 S. A. Tolstaja: *Tagebuch*, 3. August 1897.
113 S. A. Tolstaja: *Tagebuch*, 17. September 1897.
114 S. A. Tolstaja: *Tagebuch*, 10. Juni 1897.
115 S. A. Tolstaja: *Tagebuch*, 2. Oktober 1897.
116 S. A. Tolstaja: *Tagebuch*, 10. Dezember 1897.
117 S. A. Tolstaja: *Tagebuch*, 30. November 1897.
118 S. A. Tolstaja: *Tagebuch*, 10. Dezember 1897.
119 S. A. Tolstaja: *Tagebuch*, 10. Dezember 1897.
120 S. A. Tolstaja: *Tagebuch*, 10. Dezember 1897.
121 S. A. Tolstaja: *Tagebuch*, 21. Dezember 1897.
122 L. N. Tolstoj: *Tagebuch*, 29. Juli 1898.
123 S. A. Tolstaja: *Tagebuch*, 28. Juli 1898.
124 S. A. Tolstaja: *Tagebuch*, 29./30. Juli 1898.
125 S. A. Tolstaja: *Tagebuch*, 24. Oktober 1897.
126 S. A. Tolstaja: *Moja žizn'*, Unveröffentlichtes Typoskript: Bd. VII, 178.
127 S. A. Tolstaja: *Pesnja bez slov*, I, 40 f.
128 S. A. Tolstaja: *Pesnja bez slov*, I, 54 f.
129 S. A. Tolstaja: *Pesnja bez slov*, I, 67.
130 S. A. Tolstaja: *Pesnja bez slov*, II, 95.
131 S. A. Tolstaja: *Pesnja bez slov*, II, 110.
132 S. A. Tolstaja: *Pesnja bez slov*, II, 110.
133 S. A. Tolstaja: *Pesnja bez slov*, II, 183.
134 S. I. Taneev an S. A. Tolstaja, 16. November 1904.
135 L. N. Tolstoj an L. L. Tolstoj, 5. April 1896.
136 S. A. Tolstaja an L. N. Tolstoj, 21. September 1898.
137 S. A. Tolstaja: *Moja žizn'*, zit. nach *Prometej*: 190.
138 L. N. Tolstoj an M. L. Tolstaja, 18. Dezember 1896.
139 L. N. Tolstoj: *Tagebuch*, 16. Juli 1897.
140 S. A. Tolstaja: *Tagebuch*, 3. Januar 1898.
141 T. L. Tolstaja: *Tagebuch*, 24. März 1897.
142 L. N. Tolstoj an M. L. Tolstaja, Ende Mai 1897.
143 L. N. Tolstoj an T. L. Tolstaja, 14. Oktober 1897.
144 S. A. Tolstaja: *Tagebuch*, 11. Oktober 1899.
145 S. A. Tolstaja: *Tagebuch*, 31. Dezember 1899.
146 S. A. Tolstaja an T. A. Kuzminskaja, 18. November 1899.

147 S. A. Tolstaja an T. A. Kuzminskaja, 18. November 1899.
148 L. N. Tolstoj: *Tagebuch*, 20. November 1899.
149 T. L. Tolstaja: *Tagebuch*, 19. Mai 1900.
150 S. A. Tolstaja: *Tagebuch*, 14. November 1898.
151 S. A. Tolstaja: *Tagebuch*, 13. September 1898.
152 S. A. Tolstaja: *Tagebuch*, 26. Dezember 1898.
153 V. V. Stasov an L. N. Tolstoj, 14. Juli 1899.
154 L. N. Tolstoj: *Auferstehung*, I/9.
155 S. A. Tolstaja: *Tagebuch*, 12. September 1898.
156 S. A. Tolstaja: *Tagebuch*, 13. September 1898.
157 S. A. Tolstaja: *Moja žizn'*, Unveröffentlichtes Typoskript: Bd. VIII, 36.
158 L. N. Tolstoj: *Auferstehung*, I/44.
159 L. N. Tolstoj: *Auferstehung*, I/44.
160 L. N. Tolstoj: *Auferstehung*, I/48.
161 S. A. Tolstaja: *Tagebuch*, 28. August 1898.
162 *Daily Telegraph*, 15. März 1900.
163 *L. N. Tolstoj v russkoj kritike* 1949: 39.
164 L. N. Tolstoj an D. A. Chilkov, 8. Juni 1899.
165 A. S. Suvorin: *Tagebuch*, 29. Mai 1901.
166 L. N. Tolstoj: *Tagebuch*, 21. August 1900.
167 S. A. Tolstaja: *Tagebuch*, 4. September 1897.
168 L. N. Tolstoj: *Tagebuch*, 12. Juni 1898.
169 L. L. Tolstoi an A. S. Suvorin.
170 L. N. Tolstoj: *Tagebuch*, 22. Juni 1898.
171 L. N. Tolstoj: *Tagebuch*, 5. Mai 1896.
172 A. L. Tolstaja 1932: 104 f.
173 S. A. Tolstaja an L. N. Tolstoj, 23. September 1900.
174 S. A. Tolstaja: *Tagebuch*, 6. Januar 1901.
175 V. G. Korolenko an F. D. Batjuškov, 26. Februar 1901.
176 Ratschluß des Synods, *Cerkovnye vedomosti*, 22. Februar 1901.
177 S. A. Tolstaja: *Tagebuch*, 26. Januar 1899.
178 S. A. Tolstaja an T. A. Kuzminskaja, 2. März 1901.
179 S. A. Tolstaja, Offener Brief an den Heiligen Synod, 26. Februar 1901.
180 Metropolit Antonij an S. A. Tolstaja, 16. März 1901.
181 S. A. Tolstaja: *Tagebuch*, 27. März 1901.
182 L. N. Tolstoj an den Hl. Synod, 4. April 1901.

1 S. A. Tolstaja an T. A. Kuzminskaja, 1. Juli 1901.
2 S. A. Tolstaja: *Tagebuch*, 3. Juli 1901.
3 L. N. Tolstoj an S. N. Tolstoj, 13. Juli 1901.
4 Bulanžer 1908.
5 L. N. Tolstoj an S. N. Tolstoj, 6. November 1901.
6 M. Gorkij an S. A. Vengerov, 1908.
7 S. A. Tolstaja: *Tagebuch*, 26. Januar 1902.
8 S. A. Tolstaja: *Tagebuch*, 13. April 1902.
9 S. A. Tolstaja: *Tagebuch*, 2. Dezember 1901.
10 S. A. Tolstaja: *Tagebuch*, 5. März 1902.
11 Gorkij 1924.
12 S. A. Tolstaja: *Tagebuch*, 2. September 1902.
13 S. A. Tolstaja an T. A. Kuzminskaja, 3. April 1903.
14 S. A. Tolstaja: *Tagebuch*, 10. März 1898.
15 L. N. Tolstoj: *Tagebuch*, 26. August 1904.
16 S. A. Tolstaja: *Tagebuch*, 17. August 1904.
17 A. L. Tolstaja 1932: 146 f.
18 S. A. Tolstaja: *Kurze Autobiographie*, 272.
19 S. A. Tolstaja: *Moja žizn'*, Einleitung.
20 Gol'denvejser 2002: 12. Juli 1900.
21 L. N. Tolstoj: *Vospominanija*, Vvedenie.
22 S. L. Tolstoj an T. L. Suchotina-Tolstaja, 1929.
23 L. N. Tolstoj: *Kommt zu Verstande*, I.
24 zit. nach S. M. Tolstoj 1993: 149.
25 S. A. Tolstaja: *Tagebuch*, 8. August 1904.
26 Makovickij 1979: 12. Januar 1905.
27 S. A. Tolstaja: *Eženevniki*, 29. November 1905.
28 L. N. Tolstoj an V. G. Čertkov, 10. November 1905.
29 S. A. Tolstaja: *Kurze Autobiographie*, 271.
30 A. L. Tolstaja 1932: 214 f.
31 A. L. Tolstaja 1932: 215.
32 L. N. Tolstoj an M. L. Obolenskaja, 14. Juli 1906.
33 Gol'denvejser 2002: 28. Juli 1906.
34 S. A. Tolstaja: *Eženevniki*, 29. August 1906.
35 L. N. Tolstoj: *Tagebuch*, 1. September 1906.
36 I. L. Tolstoj 2000: 332.
37 S. A. Tolstaja: *Kurze Autobiographie*, 273.
38 I. L. Tolstoj 2000: 333.
39 L. N. Tolstoj: *Tagebuch*, 2. September 1906.

40 S. A. Tolstaja: *Kurze Autobiographie*, 274.
41 S. A. Tolstaja an T. A. Kuzminskaja, 3. Dezember 1906.
42 L. N. Tolstoj: *Tagebuch*, 26./27. November 1906.
43 S. A. Tolstaja an T. A. Kuzminskaja, 3. Dezember 1906.
44 A. L. Tolstaja 1932: 224.
45 A. L. Tolstaja 1932: 228.
46 A. L. Tolstaja 1932: 230.
47 L. N. Tolstoj: *Tagebuch*, 7. September 1907.
48 L. N. Tolstoj: *Novoe vremja*, Oktober 1907.
49 Gusev 1973: 7. Mai 1908.
50 L. N. Tolstoj: *Geheimes Tagebuch*, 7. Juli 1908.
51 A. L. Tolstaja 1932: 242.
52 A. L. Tolstaja 1932: 279.
53 A. L. Tolstaja 1932: 158.
54 A. L. Tolstaja 1932: 278.
55 L. N. Tolstoj, *Ich kann nicht schweigen*, VI.
56 L. N. Tolstoj, *Tagebuch*, 24. September 1909.
57 A. L. Tolstaja 1932: 247.
58 S. A. Tolstaja: *Tagebuch*, 7. September 1908.
59 L. N. Tolstoj an M. A. Stachovič, 28. Februar 1908.
60 zit. nach S. A. Tolstaja: *Tagebuch*, 7. September 1908, Anm. 7.
61 L. N. Tolstoj: *Tagebuch*, 10. März 1906.
62 L. N. Tolstoj: *Geheimes Tagebuch*, 3. Juli 1908.
63 L. N. Tolstoj: *Geheimes Tagebuch*, 6. Juli 1908.
64 A. L. Tolstaja 1932: 240.
65 L. N. Tolstoj: *Geheimes Tagebuch*, 2. Juli 1908.
66 L. N. Tolstoj: *Geheimes Tagebuch*, 14. Juli 1908.
67 S. A. Tolstaja: *Tagebuch*, 16. September 1908.
68 S. A. Tolstaja: *Tagebuch*, 13. September 1908.
69 S. A. Tolstaja: *Tagebuch*, 6. März 1909, GMT.
70 L. N. Tolstoj: *Tagebuch*, 15. April 1909.
71 L. N. Tolstoj: *Tagebuch*, 30. April 1909.
72 L. N. Tolstoj: *Tagebuch*, 13. Mai 1909.
73 L. N. Tolstoj an S. A. Tolstaja, 13. Mai 1909.
74 L. N. Tolstoj: *Tagebuch*, 12. Juli 1909.
75 S. A. Tolstaja: *Ežednevniki*, 18. Juli 1909.
76 L. N. Tolstoj: *Tagebuch*, 21. Juli 1909.
77 S. A. Tolstaja: *Tagebuch*, 10. Oktober 1902.
78 S. A. Tolstaja: *Ežednevniki*, 21. Juli 1909.
79 L. N. Tolstoj: *Tagebuch*, 3. Juli 1909.
80 L. N. Tolstoj: *Tagebuch*, 8. September 1909.

81 S. A. Tolstaja: *Kurze Autobiographie*, 277.
82 Strachov 1911.
83 V. G. Čertkov, zit. nach Polner 1928: 343.
84 L. N. Tolstoj: *Tagebuch*, 17. Februar 1910.
85 L. N. Tolstoj: *Tagebuch*, 9. Mai 1910.
86 L. N. Tolstoj an E. I. Popov, 17. Januar 1908.
87 S. A. Tolstaja: *Tagebuch*, 24. Juli 1910.
88 L. N. Tolstoj: *Tagebuch*, 23. Juni 1910.
89 S. A. Tolstaja: *Tagebuch*, 26. Juni 1910.
90 S. A. Tolstaja an V. G. Čertkov, 1. Juli 1910.
91 S. A. Tolstaja: *Tagebuch*, 1. Juli 1910.
92 S. A. Tolstaja: *Tagebuch*, 7. Juli 1910.
93 L. N. Tolstoj an S. A. Tolstaja, 14. Juli 1910.
94 A. L. Tolstaja 1932: 290 f.
95 S. A. Tolstaja: *Tagebuch*, 19. Juli 1910.
96 L. N. Tolstoj: *Tagebuch*, 29. November 1851.
97 S. A. Tolstaja: *Tagebuch*, 3. August 1910.
98 S. A. Tolstaja: *Tagebuch*, 17. Juli 1910.
99 Gorki 1920: 43.
100 L. N. Tolstoj: *Tagebuch*, 4. April 1908.
101 S. A. Tolstaja: *Kurze Autobiographie*, 279.
102 Bulgakov 1989: 22. Juli 1910.
103 L. N. Tolstoj: *Tagebuch für mich allein*, 30. Juli 1910.
104 L. N. Tolstoj: *Tagebuch für mich allein*, 2. August 1910.
105 V. G. Čertkov an L. N. Tolstoj, 11. August 1910.
106 L. N. Tolstoj: *Tagebuch für mich allein*, 24. September 1910.
107 S. A. Tolstaja: *Tagebuch*, 25. Juli 1910.
108 Bulgakov 1989: 14. September 1910.
109 S. A. Tolstaja: *Tagebuch*, 12. Oktober 1910.
110 S. A. Tolstaja an L. N. Tolstoj, 14. Oktober 1910.
111 L. N. Tolstoj: *Tagebuch für mich allein*, 14. Oktober 1910.
112 A. L. Tolstaja 1932: 311.
113 L. N. Tolstoj: *Tagebuch für mich allein*, 27. September 1910.
114 V. G. Čertkov an Ch. F. Dosev, 19. Oktober 1910.
115 L. N. Tolstoj: *Tagebuch für mich allein*, 21. Oktober 1910.
116 L. N. Tolstoj: *Tagebuch*, 28. Oktober 1910.
117 S. A. Tolstaja: *Kurze Autobiographie*, 280.
118 Makovicky 1978: 159.
119 Makovicky 1978: 160.
120 A. L. Tolstaja 1932: 346.
121 A. L. Tolstaja 1932: 345.

122 S. A. Tolstaja an L. N. Tolstoj, 29. Oktober 1910.
123 Makovicky 1978: 169.
124 L. N. Tolstoj an S. A. Tolstaja, 30.-31. Oktober 1910.
125 L. N. Tolstoj: *Tagebuch*, 31. Oktober 1910.
126 S. A. Tolstaja: *Tagebuch*, 9. November 1910.
127 S. A. Tolstaja: *Kurze Autobiographie*, 282 f.
128 Makovicky 1978: 176.
129 S. L. Tolstoj 1949: 269.
130 T. L. Tolstaja 1978: 247 f.
131 T. L. Tolstaja 1978: 248.
132 S. A. Tolstaja: *Kurze Autobiographie*, 283.
133 I. L. Tolstoj 2000: 378.
134 L. N. Tolstoj: *Tagebuch*, 3. November 1910.
135 S. L. Tolstoj 1949: 274.
136 S. A. Tolstaja: *Kurze Autobiographie*, 283 f.
137 S. L. Tolstoj 1949: 275.
138 L. N. Tolstoj: *Tagebuch*, 11. August 1908.
139 S. L. Tolstoj 1949: 280.
140 S. A. Tolstaja: *Kurze Autobiographie*, 284.

7 *Nun begann mein einsames Leben auf Jasnaja Poljana*

1 S. A. Tolstaja: *Kurze Autobiographie*, 284.
2 S. A. Tolstaja: *Ežednevniki*, 13. Dezember 1910.
3 S. A. Tolstaja: *Ežednevniki*, 11. August 1913.
4 S. A. Tolstaja: *Ežednevniki*, 16. Dezember 1910.
5 S. A. Tolstaja: *Kurze Autobiographie*, 285.
6 S. A. Tolstaja: *Ežednevniki*, 4. Januar 1911.
7 S. A. Tolstaja an Zar Nikolaj II., 10. Mai 1911.
8 zit. nach: S. A. Tolstaja: *Ežednevniki*, 3. November 1911, Anm. 90.
9 S. A. Tolstaja: *Kurze Autobiographie*, 285.
10 S. A. Tolstaja: *Kurze Autobiographie*, 285 f.
11 S. A. Tolstaja: *Ežednevniki*, 11.-15. Januar 1911.
12 S. A. Tolstaja: *Ežednevniki*, 30. März 1912.
13 S. A. Tolstaja an L. N. Tolstoj, 2. November 1910.
14 S. A. Tolstaja: *Kurze Autobiographie*, 244.
15 S. A. Tolstaja 1913: IV.
16 S. A. Tolstaja: *Ežednevniki*, 22. August 1912.
17 T. L. Tolstaja: *Dnevnik*, 21. Juli 1914.
18 A. L. Tolstaja 1992: 31.

19 A. L. Tolstaja 1992: 32.
20 A. L. Tolstaja 1992: 72.
21 S. A. Tolstaja: *Eždnevniki*, 17. Oktober 1917.
22 S. A. Tolstaja: *Eždnevniki*, 23. Oktober 1917.
23 S. A. Tolstaja: *Eždnevniki*, 3. September 1918.
24 A. L. Tolstaja 1992: 92.
25 S. A. Tolstaja: *Eždnevniki*, 21. März 1918.
26 S. A. Tolstaja: *Eždnevniki*, 6. September 1919.
27 Vysokomirnyj 1928: 25.
28 S. A. Tolstaja: *Eždnevniki*, 17. Oktober 1919.
29 S. A. Tolstaja: *Eždnevniki*, 9. Mai 1918.
30 S. A. Tolstaja: *Eždnevniki*, 9. Mai 1918.
31 A. L. Tolstaja 1992: 98.
32 S. A. Tolstaja: *Eždnevniki*, 9. Februar 1919.
33 Polner 1928: 363 f.
34 A. L. Tolstaja 1992: 101.
35 S. L. Tolstoj 1949: 286 f.
36 S. A. Tolstaja an ihre Hinterbliebenen, 14. Juli 1919, zit. nach: S. A. Tolstaja: *Eždnevniki*, Anm. 18.
37 S. L. Tolstoj an I. L. Tolstoj, 21. September 1933.
38 T. L. Tolstaja an S. L. Tolstoj, 1935.
39 I. L. Tolstoj an I. L. Repin, 1920er Jahre.

Danksagung

Dieses Buch hätte ohne die Unterstützung vieler Personen und Einrichtungen nicht geschrieben werden können.

Großen Dank schulden wir den beiden wichtigsten Tolstoj-Archiven, die uns großzügig Einblick in das unveröffentlichte Werk Sofja Andrejewna Tolstajas gewährten.

Im Archiv im Staatlichen Tolstoj Museum in Moskau *(Gosudarstvennyj Muzej Tolstogo)* wurden wir von Berta Michailowna Schumowa, einer der besten Kennerinnen des Werks von Sofja Tolstaja, überaus entgegenkommend empfangen und mit den zuständigen Mitarbeitern des Archivs bekanntgemacht. Tamara Tichonowna Burlakowa, stellvertretende Direktorin der wissenschaftlichen Abteilung, und Natalja Alexejewna Kalinina, stellvertretende Direktorin der Handschriftenabteilung, zeigten sich sehr interessiert an unserer Arbeit und unterstützten sie, indem sie uns Einsicht in Sofja Tolstajas unveröffentlichte Erzählung *Lied ohne Worte (Pesnja bes slow)* gestatteten.

Im Archiv des Tolstoj Museums in Jasnaja Poljana *(Gosudarstvennyj Muzej-Usadba L. N. Tolstogo »Jasnaja Poljana«)* sind wir zuallererst dem Direktor Vladimir Iljitsch Tolstoj zu Dank verpflichtet, unter dessen Führung der einstige Geist von großherziger Gastfreundschaft in Jasnaja Poljana zu spüren ist. Galina Nikolajewna Pantschewa, stellvertretende Direktorin des Archivs und der Bibliothek, machte uns die acht Bände von Sofja Tolstajas Erinnerungen *Mein Leben* zugänglich, die wir in der hilfsbereiten und ruhigen Atmosphäre der kleinen Bibliothek, bei Fragen stets bereitwillig unterstützt von Irina Alexandrowna Botscharowa und Olga Viktorowna Gladun, einsehen konnten.

Äußerst dankbar sind wir auch den Mitarbeitern der Bibliotheken, in denen wir einen Großteil unserer Forschungsarbeiten erledigten: der Öffentlichen Bibliothek in Sankt Petersburg, der Staatsbibliothek zu Berlin und der Teilbibliothek Slawistik der Humboldt-Universität zu Berlin.

Doch nicht nur in Institutionen, sondern auch bei vielen Personen trafen wir auf Interesse und Entgegenkommen, die das Entstehen unseres Buches unterstützten.

Stephanie Rupp und Dörte Keller lasen zu Beginn der Arbeit erste Entwürfe und gaben uns wertvolle Ratschläge.

Außerordentlich dankbar sind wir unserer Agentin Sigrid Bubolz-Friesenhahn, die von Beginn an an unser Vorhaben glaubte und sich jederzeit mit Leidenschaft und Beharrlichkeit für uns eingesetzt hat.

Dank schulden wir auch unseren Lektorinnen Gesine Dammel und Heike Ochs, die geduldig unsere Arbeit am Manuskript begleiteten und uns mit großer Bedachtsamkeit auf Unzulänglichkeiten hinwiesen. Wir sind ihnen dafür tief verpflichtet.

Berlin, im Januar 2009

Bibliographie

Adelman, Gary: *»Anna Karenina«. The Bitterness of Ecstasy.* Boston 1990.

Aichenval'd, Julij I.: *Dve ženy. Tolstaja i Dostoevskaja.* Berlin 1925. [*Zwei Frauen. Die Gräfin Tolstoj und Frau Dostojewskij.* Berlin 1926.]

Aldanov, Mark: *Zagadka Tolstogo.* Berlin 1923.

Alpern Engel, Barbara: *Mothers and Daughters. Women in the Intelligentsia in Nineteenth Century.* New York 1983.

Apostolov, Nikolaj N.: *Živoj Tolstoj. Žizn' L'va Nikolaeviča Tolstogo v vospominanijach i perepiske.* Moskau 2001.

Asquith, Cynthia: *Married to Tolstoy.* Cambridge 1961. [*Ein Leben mit Tolstoj. Die Ehe der Gräfin Sofja mit Leo Tolstoj.* München 1962.]

Atkinson, D., Dallin, A., Warshofsky Lapidus, G. (Hrsg.): *Women in Russia.* Stanford 1977.

Baumgart, Hildegard: *Eifersucht. Erfahrungen und Lösungsversuche im Beziehungsdreieck.* Reinbek bei Hamburg 1985.

Beck, H.: *Des Grafen Leo Tolstoi Kreutzersonate vom Standpunkte eines Irrenarztes.* Leipzig 1898.

Belentschikow, Valentin: Bertha v. Suttner und Lev N. Tolstoj. *Zeitschrift für Slawistik* 1983/28, 284-301.

Bendavid-Val, Leah: Song Without Words. The Photographs & Diaries of Countess Sophia Tolstoy. Washington 2007.

Benson, Ruth Crego: *Women in Tolstoy. The Ideal and the Erotic.* Urbana, Chicago, London 1973.

Beretta, Christina: Entsagung vom Eros als Überwindung des Todes in Tolstojs Spätwerk oder ›Šopengauer vinovat!‹ *bildschirmtexte_3 zur 7. tagung des jungen forums slavistische literaturwissenschaft in fribourg/schweiz, september 2005.* http://www.jfsl.de/publikationen/2007/Beretta.htm

Berlin, Isaiah: *Russian Thinkers.* New York 1979.

Bers, Stepan A.: Vospominanija o grafe L. N. Tolstom. In: Krasnov, G. V. (Hrsg.): *Tolstoj v vospominanijach sovremennikov.* Moskau 1978, Bd. 1, 174-193. [Smolensk 1893]. [*Recollections of Count Leo Tolstoy.* London 1893].

Bibikova, Maria S.: Moi vospominanija. Otec i djadja. In: *Lev Nikolaevič Tolstoi: Jubilejnij sbornik.* Moskau/Leningrad 1928.

Birjukov, Pavel I.: *Leo Tolstoy: His Life and Work.* New York 1911.

Birjukov, Pavel I.: *Biografija L. N. Tolstogo v dvuch knigach.* Moskau 2000. [1923].

Birjukov, Pavel I.: *Tolstoys Love Letters.* Richmond (England) 1923.

Birukoff, Pawel I.: *L. N. Tolstoi und Maria Tolstaja. Vater und Tochter. Tolstois Briefwechsel mit seiner Tochter Maria.* Zürich und Leipzig 1927.

Blum, Emil: *Leo Tolstoi. Sein Ringen um den Sinn des Lebens.* Schlüchtern 1922.

Boborykin, Petr D.: V Moskve u Tolstogo. In: Krasnov, G. V. (Hrsg.): *Tolstoj v vospominanijach sovremennikov.* Moskau 1978, Bd. 1, 265-273.

Boyd, Alexander F.: An Anatomy of Marriage: Leo Tolstoy and Anna Karenina. In: Boyd, Alexander F.: *Aspects of the Russian Novel.* London 1972, 87-109.

Braun, Maximilian: *Tolstoj. Eine literarische Biographie.* Göttingen 1978.

Brown, Julie Vail: Female Sexuality and Madness in Russian Culture. Traditional Values and Psychiatric Theory. *Social Research* 1986/53, 369-385.

Bulanžer, Pavel A.: Bolezn' L. N. Tolstogo v 1901-1902 gg. *Minuvšie gody,* 1908/9.

Bulgakov, Valentin F.: *L. N. Tolstoj v poslednyj god ego zizni. Dnevnik sekretarja L. N. Tolstogo.* Moskau 1989 [1960]. [*The Last Year of Lev Tolstoy.* New York 1971.]

Cain, Thomas G. S.: Tolstoy in his letters. *Queen's quarterly* 1979/86, 273-280.

Čertkov, Vladimir G.: *O poslednych dnjach L'va Nikolaeviča Tolstogo.* Moskau 1990. [1911].

Čertkov, Vladimir G.: *Uchod Tolstogo.* Berlin 1922.

Čertkov, Vladimir G.: *Tolstoj o Tolstom.* Moskau 1924-1928.

Cheauré, Elisabeth: Sofja Tolstajas autobiographische Replik auf Leo Tolstojs »Die Kreutzersonate«. In: *Vivavoce* [Frauenstimmen, Frauenrollen in der Oper und Frauen-Selbstzeugnisse], 1998/47, 15-16.

Cheauré, Elisabeth: »Anläßlich der Kreutzersonate ...« Geschlechterdiskurs und Weiblichkeitskonstruktion bei L. N. Tolstoj und S. A. Tolstaja. In: E. Hansack u. a . (Hrsg.): *Festschrift für Klaus Trost zum 65. Geburtstag.* München 1999, 37-47.

Cheauré, Elisabeth: »Po povodu Krejcerovoj sonaty ...« Gendernyj diskurs i konstrukty ženstvennosti u L. N. Tolstogo i S. A. Tolstoj. In: Cheauré, E., Heyder. C. (Hrsg.): *Pol. Gender. Kul'tura. Nemeckie i russkie issledovanija.* Moskau 1999, 193-212.

Christian, Reginald F.: *Tolstoy. A critical introduction.* Cambridge 1969.

Chute, Patricia: *Tolstoy at Yasnaya Polyana. His life and work in the charmed world of his estate.* New York 1991.

Citati, Pietro: *Leo Tolstoi. Eine Biographie.* Reinbek bei Hamburg 1994.

Collis, John Stewart: *Marriage & Genius. Strindberg and Tolstoy. Studies in Tragi-Comedy.* London 1963.

Costlow, Jane T.: The Pastoral Source: Representations of the Maternal Breast

in Nineteenth-Century Russia. In: Costlow, Jane T., Sandler, S., Vowles, J.: *Sexuality and the Body in Russian Culture.* Stanford 1993, 223-236.
Cruise, Edwina Jannie: The Ideal Woman in Tolstoi: Ressurection. *Canadian-American Slavic Studies* 1977/11, 281-286.
Cruise, Edwina Jannie: Women, Sexuality, and the Family in Tolstoy. In: Orwin, Donna Tussing (Hrsg.): *The Cambridge companion to Tolstoy.* Cambridge 2002, 191-205.

Derrick L.: *L. N. Tolstoi. Leben und Werk.* Zürich 1946.
Dieckmann, Eberhard (Hrsg.): *Russische Zeitgenossen über Tolstoi. Kritiken, Aufsätze, Essays 1855-1910.* Berlin u. a. 1990.
Donskov, Andrej A.: *Novye materialy o L. N. Tolstom: Iz archiva N. N. Guseva.* (*Tolstoy series* 4.) Ottawa u. a. 2002.
Drohla, Gisela: *Tolstojs letzte Jahre.* Frankfurt am Main 1963.
Durkin, Andrew R.: Chekhov's Response to Dostoevskii: The Case of »Ward Six«. *Slavic Review,* 1981/40, 1, 49-59.

Edwards, Anne: *Sonya. The Life of Countess Tolstoy.* New York 1981. [*Die Tolstois. Krieg und Frieden in einer russischen Familie.* Bern, München, Wien 1984.]
Eguchi, Mahoko: Music and Literature as Related Infections: Beethovens Kreutzer Sonata Op. 47 and Tolstois Novella »The Kreutzer Sonata«. *Russian Literature* 1996/40, 419-432.
Ėjchenbaum, Boris M.: *Molodoj Tolstoj.* München 1968. [Peterburg, Berlin 1922].
Ėjchenbaum, Boris M.: *Lev Tolstoj.* München 1968. [Leningrad 1928-31].
Ėjchenbaum, Boris M.: *Lev Tolstoj v semidesjatye gody.* Leningrad 1960.
Engelstein, Laura: *The Keys to Happiness: Sex and the Search for Modernity in Fin-de-Siècle Russia.* Ithaca 1992.
Ernst, Peter: *Ehrfurcht vor dem Leben: Versuch der Aufklärung einer aufgeklärten Kultur. Ethische Vernunft und christlicher Glaube im Werk Albert Schweitzers. Mit einem Exkurs über religiöse Kultur und Sozialethik im literarischen Entwurf Leo Tolstois.* (*Europäische Hochschulschriften* Reihe 23; 414). Frankfurt am Main u. a. 1991.

Feiler, Lily: The Tolstoi Mariage: Conflict and Illusions. *Canadian Slavonic Papers* 1981/23, 245-260.
Feminizm: Proza, memuary, pis'ma. Moskau 1992.
Fet, Afanasij A.: *Vospominanija.* Moskau 1983.
Figes, Orlando: *Nataschas Tanz. Eine Kulturgeschichte Russlands.* Berlin 2003.
Fodor, Alexander: Changes in the evaluation of V. Chertkovs impact on

the Tolstojs. *Russian language Journal = Russkij jazyk* 1986, 136-37, 181-200.
Fodor, Alexander: *A Quest of Non-Violent Russia: The Partnership of Leo Tolstoy und Vladimir Chertkov.* Lanham 1989.

Gifford, Henry: *Tolstoy.* Oxford u. a. 1983.
Gippius, Zinaida: O ženach. In: Šestakov, V. P. (Hrsg.): *Russkij eros, ili filosofija ljubvi v Rossii.* Moskau 1991, 215-220. [*Poslednie novosti*, Paris, 30. 07. 1925].
Glogau, Gustav: *Leo Graf Tolstoi. Ein russischer Reformator. Ein Beitrag zur Religionsphilosophie.* Schutterwald/Baden 1998.
Gol'denvejser, Aleksandr B.: *Vblizi Tolstogo*, Moskau 2002. [1922-1923, 1959]. [*Leo Tolstoi. Gedanken und Erinnerungen. Eine Auswahl aus dem Werke »In Tolstois Nähe. Aufzeichnungen aus 15 Jahren.«* Bern 1943].
Gorki, Maxim: *Erinnerungen an L. N. Tolstoi.* München 1920.
Gorkij, Maksim: O S. A. Tolstoj. *Sobranie sočinenij*, Moskau 1949-1956, Bd. 14, 301-316. [*Russkij sovremennik* 1924/4 und *Beseda* 1924/5.]
Gornaja, V. Z.: »Krejcerova sonata« v vosprijatii sovremennikov pisatelja. *Jasnopoljanskij sbornik.* Tula 1988, 105-144.
Gray, Francine du Plessix: The Russian Heroine: Gender, Sexuality and Freedom. In: Burbank, Jane, Rosenberg, G. (Hrsg.): *Perestroika and Soviet Culture: A Special Issue. (Michigan Quarterly Review 28/4).* Michigan 1989, 699-718.
Green, Dorothy: The Kreutzer Sonata: Tolstoy and Beethoven. *Melbourne Slavonic Studies* 1967/I,1, 11-24.
Grigorovič, Dmitrij V.: Iz literaturnych vospominanij. In: Krasnov, G. V. (Hrsg.): *Tolstoj v vospominanijach sovremennikov.* Moskau 1978, Bd. 1, 77-78.
Gromeka, Michail S.: *Poslednie proizvedenija gr. L. N. Tolstogo.* Moskau 1885.
Gruzinskij, Aleksej E.: *Tolstoj i Turgenev.* Moskau 1928.
Gudzij, Nikolaj K.: Poslesovie k ›Krejcerovoj sonate‹. In: Tolstoj, L. N.: *Polnoe sobranie sočinenij.* Moskau 1933, Bd. 28, 623-646.
Gudzij, Nikolaj K.: *Kak rabotal L. Tolstoj.* Moskau 1936.
Gurevič, Ljubov' Ja.: Iz vospominanij o L. N. Tolstom. In: Fortunatov, N. M. (Hrsg.): *Tolstoj v vospominanijach sovremennikov*, Bd. 2, Moskau 1978, 41-48. [1912].
Gurevič, Ljubov' Ja.: S. A. Tolstaja. *Žizn' iskusstva*, 22.-23.11., 25.-27.11. 1919.
Gusev, Nikolaj N.: Pis'ma L. N. Tolstogo o ljubvi, brake i semejnoj žizni. In: Gusev, N. N. (Hrsg.): *Tolstoi i o Tolstom. Novye materialy.* Moskau 1924, 16-24.

Gusev, Nikolaj N.: *Lev Nikolaevič Tolstoj: Materialy k biografii s 1828 po 1855 god.* Moskau 1954.
Gusev, Nikolaj N.: *Lev Nikolaevič Tolstoj: Materialy k biografii s 1855 po 1869 god.* Moskau 1957.
Gusev, Nikolaj N.: *Lev Nikolaevič Tolstoj: Materialy k biografii s 1870 po 1881 god.* Moskau 1963.
Gusev, Nikolaj N.: *Lev Nikolaevič Tolstoj: Materialy k biografii s 1881 po 1885 god.* Moskau 1970.
Gusev, Nikolaj N.: *Letopis' žizni i tvorčestva L'va Nikolaeviča Tolstogo 1828-1890.* Moskau 1958.
Gusev, Nikolaj N.: *Letopis' žizni i tvorčestva L'va Nikolaeviča Tolstogo 1891-1910.* Moskau 1960.
Gusev, Nikolaj N.: *Dva goda s L. N. Tolstym.* Moskau 1973.
Gusev, Nikolaj N.: *L. N. Tolstoj i muzyka (Iz archiva N. N. Guseva). Jasno poljanskij sbornik 1986*, Tula 1986, 167-176.

Hamburger, Käthe: *Leo Tolstoi. Gestalt und Problem.* Bern, München 1950.
Hanke, Edith: *Prophet des Unmodernen. Leo N. Tolstoj als Kulturkritiker in der deutschen Diskussion der Jahrhundertwende.* (*Studien und Texte zur Sozialgeschichte der Literatur* 38). Tübingen 1993.
Hayman, Ronald: *Tolstoy.* New York 1970.
Hayden, Deborah: *Pox. Genius, Madness and the Mysteries of Syphilis.* New York 2003.
Heldt, Barbara: *Terrible perfection. Women and Russian Literature.* Bloomington 1987.
Helle, Lillian J.: Tolstoj and Symbolic Castration: On Love and Death in Russian fin-de-siècle Culture. *Nordlit* 4. http://www.hum.uit.no/nordlit/4/helle.html
Hubbs, Joanna: *Mother Russia: The Feminine Myth in Russian Culture.* Bloomington 1988.

Ivakin, Ivan M.: Tolstoj v 1880-e gody. Zapiski I. M. Ivakina. *Literaturnoe nasledstvo* 1988/69/2, 21-124.
Ivakin, Ivan M.: Iz zapisok. Vospominanija Ivana Michailoviča Ivakina (1885-1910), domašnego učitelja synovej L. N. Tolstogo. *Oktjabr'* 1996/9, 148-157.

Jacobson, S.: Briefe von und über L. N. Tolstoj. *Zeitschrift für slavische Philologie* 1929/5, 371-390.
Jahn, Gary R.: Tolstoj's Vision of the Power of Death and »How Much Land Does a Man Need?«. *Slavic and East European Journal*, 1978/22, 4, 442-453.

Josselson, Ruthellen: Tolstoy, Narcissism, and the Psychology of the Self: A Self-Psychology Approach to Prince Andrei in War and Peace. *Psychoanalytic Review* 1986/73, 19-32.

Kallinikow, J.: *Leo Tolstoi. Die Tragödie seiner Ehe.* Aus dem russischen Manuskript übersetzt und bearbeitet von Wolfgang E. Groeger. Leipzig 1931.

Karpman, Benjamin: The Kreutzer Sonata: A Problem in Latent Homosexuality and Castration. *Psychoanalytic Review* 1938/25, 20-48.

Kerlen, Dietrich: *Lew N. Tolstoj.* Salzburg 1981.

Kjetsaa, Geir: *Lew Tolstoi. Dichter und Religionsphilosoph.* Gernsbach 2001.

Kodjak, Andrej: Tolstoys Personal Myth of Immortality. In: Kodjak, A., Pomorska, K., Rudy, S.: *Myth in Literature.* Columbus 1985, 188-207.

Kon, Igor: *The Sexual Revolution in Russia. From the Age of the Czars to Today.* New York 1995.

Kopper, John M.: Tolstoy and the Narrative of Sex: A Reading of »Father Sergius«, »The Devil« and »The Kreutzer Sonata«. In: McLean, H. (Hrsg.): *In the Shade of the Giant: Essays on Tolstoy.* (*California Slavic Studies* 13). Berkeley, 1989, 158-186.

Krasnov, G. V. (Hrsg.): *Tolstoj v vospominanijach sovremennikov.* Moskau 1978.

Kuzminskaja, Tatjana A.: *Moja ğizn' doma i v Jasnoj Poljane: Vospominanija.* Kaliningrad 2003. [Berlin 1928.] [*Tanja. Ihr Leben und ihre Freundschaft mit Lew Tolstoi – erzählt von ihr selbst.* Weimar 1970.]

Lanščikov, A.: »Vmeste – vroz'.« Lev Tolstoj, Nikolaj Černyševskij i ›ženskij vopros‹. *Prometej. Istoričesko-biografičeskij al'manach serii »Žizn' zamečatel'nych ljudej«.* 1980/12, 35-49.

Lavrin, Janko: *Lev Tolstoi. Mit Selbstzeugnissen und Bilddokumenten.* Reinbek bei Hamburg 1991.

LeBlanc, Ronald: Tolstoy' s Way of No Flesh: Abstinence, Vegetarianism and Christian Physiology. In: Toomre, J., Glants, M. (Hrsg.): *Food in Russian History and Culture*, Indiana 1997, 81-102.

Lettenbauer, Wilhelm: *Tolstoj. Eine Einführung.* München 1984.

Levitt, M., Toporkov, A. (Hrsg.): *Eros and Pornography in Russian Culture/ Ėros i pornografia v russkoj kul'ture.* Moskau 1999.

Linthe, Maja: *»Stročka ne ty!«: Die Figur der Ehefrau und Freundin russischer Schriftsteller.* Frankfurt am Main 2003.

Lomonosov, Jurij V.: »At the home of L. N. Tolstoy«. (An unpublished memoir), *Scottish Slavonic review* 1991/17, 147-164.

Makovickij, Dušan P.: Poslednie dni L. N. Tolstogo. Iz ›Jasnopoljanskich zapisok‹ D. P. Makovickogo. *Novyj mir* 1978/8, 156-185.
Makovickij, Dušan P.: *U Tolstogo. Jasnopoljanskie zapiski D. P. Makovickogo.* (*Literaturnoe nasledstvo*). Moskau 1979.
Mandelker, Amy: *Framing Anna Karenina. Tolstoy, the Woman Question, and the Victorian Novel.* (*The Theory and Interpretation of Narrative Series*). Columbus 1994.
Mandelker, Amy: The sacred and the Profane: Tolstoy's Aesthetics and Pornography. In: Levitt, M., Toporkov, A. (Hrsg.): *Eros and Pornography in Russian Culture/ Ėros i pornografia v russkoi kul'ture.* Moskau 1999, 403-413.
Matich, Olga: *Erotic Utopia. The Decadent Imagination in Russia's Fin de Siècle.* Madison 2005.
McLaughlin, Sigrid: Some Aspects of Tolstoys Intellectual Developement: Tolstoy and Schopenhauer. *California Slavic Studies* 1970/5, 187-245.
McLean, Hugh: Tolstoy and Jesus. In: Hughes, R. P., Paperno, I. (Hrsg.): *Christianity and the Eastern Slavs*, Bd. 2 (*California Slavic Studies* 17). Berkeley 1994, 103-123.
Mejlach, Boris S.: *Uchod i smert' Tolstogo.* Moskau 1979.
Merežkovskij, Dmitrij S.: *Tolstoj i Dostoevskij*: *Večnye sputniki.* Moskau 1995.
Møller, Peter Ulf: *Postlude to the Kreutzer Sonata. Tolstoj and the Debate on Sexual Morality in Russian Literature in the 1890s.* Leiden u. a. 1988.
Walter G. Moss: *Russia in the age of Alexander II, Tolstoy and Dostoevsky.* London 2002.
Müller, Ludolph: Der Sinn der Liebe und der Sinn des Lebens. Der ideologische Plan der »Anna Karenina«. *Zeitschrift für Slawische Philologie* 1952/21, 22-39.
Muratov, M. V.: *L. N. Tolstoy and V. G. Chertkov.* Tenasly, N. J. 2002. [*L. N. Tolstoj i V. G. Chertkov po ich dnevnikam i perepiske.* Tenasly, N. J. 2003].

Nabokov, Vladimir: Leo Tolstoi. *Anna Karenina.* In: Nabokov, Vladimir: *Die Kunst des Lesens. Meisterwerke der russischen Literatur. Nikolai Gogol – Iwan Turgenjew – Fjodor Dostojewski – Leo Tolstoi – Anton Tschechow – Maxim Gorki.* Frankfurt am Main 1994, 201-315.
Nagornova, Varvara V.: Original Nataši Rostovi. *Novoe vremja* 1916/12.
Nazar'ev, V. N.: Ljudi bylogo vremeni. *Istoričeskij vestnik* 1890/11.
Nikiforova, Tat'jana: »Čto možet byt' polezno ljudjam.« K istorii sobiranija rukopisnogo nasledija L. N. Tolstogo. *Oktjabr'* 1997/11, 171-183.
Nikolskij, Ju.: Delo o pochoronach I. S. Turgeneva. *Byloe* 1917/4.

Obolenskij, L. E. (= Sozercatel'): Voprosy v novejšej belletristike. *Russkoe bogatstvo*, 1890/3, 188-200.
Opulskaja, Lidija D.: *Lev Nikolaevič Tolstoj. Materialy k biografii s 1886 po 1892 god.* Moskau 1979.
Ossipow, N.: *Tolstois Kindheitserinnerungen. Ein Beitrag zu Freuds Libidotheorie.* Leipzig 1923.
Ostrovskij, Arsenij G. (Hrsg.): *Molodoj Tolstoj v zapisjach sovremennikov. Vospominanija, pis'ma, dnevniki.* Moskau 1999. [1929].
Ouroussow, M.: *Histoire d' une âme.* Paris 1904.

Paperno, Irina: *Semiotika povedenija: Nikolaj Černyševskij – Čelovek Ėpochi realizma.* Moskau 1996.
Pletnev, P.: L. Tolstojs ›Vater Sergij‹ und die russischen Heiligenlegenden. *Zeitschrift für Slavische Philologie* 1933/10, 106-125.
Polner, Tichon P.: *Lev Tolstoj i ego žena. Istorija odnoj ljubvi.* Moskau 2000. [1928]. [*Leo Tolstoi und seine Frau. Die Geschichte einer Liebe.* Berlin 1928.]
Popovkina, T. K., Eršova, O. E.: *Tolstoj v žizni. L. N. Tolstoj v fotografijach S. A. Tolstoj i V. G. Čertkova. Tolstoy in Life. Leo Tolstoy in Photographs by his wife Sofia Tolstaya and Vladimir G. Chertkov.* 2 Bde. Tula 1988.
Porudominskij, Vladimir I.: *O Tolstom.* Sankt Peterburg 2005.
Pozner, Vladimir: *Flucht in die Unsterblichkeit. Tolstois letzte Tage.* Berlin 1949.
Prusakova, Inna: O nekotorych strannostjach naivnosti. *Neva* 1995/7, 194-200.
Puškareva, Natalja: *Russkaja Ženščina. Istorija i sovremennost'.* Moskau 2002.
Puzin, Nikolaj P., Archangelskaja, Tatjana N.: *Vokrug Tolstogo.* Tula 1982.
Puzin, Nikolaj P.: *Dom-muzej L. N. Tolstogo v Jasnoj Poljane.* Jasnaja Poljana 2005.

Rachmanowa, Alja: *Ssonja Tolstoj. Tragödie einer Liebe.* Stuttgart 1953.
Rancour-Laferriere, Daniel: *The Slave Soul of Russia: Moral Masochism and the Cult of Suffering.* New York 1995.
Rancour-Laferriere, Daniel: *Tolstoy on the Couch. Misogyny, Masochism and the Absent Mother.* New York 1998.
Rancour-Laferriere, Daniel: *Tolstoy's Pierre Bezukhov: A Psychoanalytic Study.* London 1993.
Rancour-Laferriere, Daniel: *Tolstoy's quest for God.* New Brunswick 2007.
Rapoport, Anatol: *Conversations with three Russians. Tolstoy, Dostoevsky, Lenin.* Hamburg 2005.
Repin i Tolstoj. Perepiska s L. N. Tolstym i ego sem'ej. Moskau/Leningrad 1949.

Rolland, Romain: *Das Leben Tolstois.* Frankfurt am Main 1922 [Paris 1911].
Rothe, Hans: Tolstoi und Turgenev. Zu »Anna Karenina«. In: *Slavistische Studien zum VIII. Internationalen Slavistenkongreß in Zagreb 1978.* Gießen 1981, 441-455.
Rowe, William W.: *Leo Tolstoy.* Boston 1986.
Rozanova, S. A.: *L. N. Tolstoj. Perepiska s russkimi pisateljami.* Moskau 1962.
Rozanova, S. A.: Vysokoe naznačenie. In: Tolstaja, S. A.: *Dnevniki.* Moskau 1978, Bd. 1, 5-34.
Rusanov, G. A.: *Vospominanija o L've Nikolaeviče Tolstom. 1883-1901.* Voronež 1972.

Sabaneev, Leonid L.: *Vospominanija o Taneeve.* Moskau 2003.
Sandfuchs, Wolfgang: *Dichter – Moralist – Anarchist. Die deutsche Tolstojkritik 1880-1900.* Stuttgart 1995.
Schefski, Harold K.: Tolstoy and Jealousy. *Irish Slavonic Studies* 1989/10, 17-29.
Schestov, Lew: *Tolstoi und Nietzsche.* Köln 1923.
Schklowski, Viktor: *Leo Tolstoi. Romanbiographie.* Berlin 1981. [Moskau 1974]
Sémon, Marie: *Les femmes dans l'œuvre de Léon Tolstoi. Romans et nouvelles.* Paris 1984.
Seuron, Anna: *Šest' let v dome Grafa L'va Nikolaeviča Tolstogo. Zapiski Anny Sejron.* Sankt Petersburg 1895. [*Graf Leo Tolstoi. Intimes aus seinem Leben.* Berlin 1895.]
Shirer, William L.: *Love and Hatred: The Troubled Marriage of Leo and Sonya Tolstoy.* New York 1994.
Simmons, Ernest J.: *Leo Tolstoj.* Boston 1946.
Simmons, Ernest J.: L. N. Tolstoi: A Cadet in the Caucasus. *Slavonic Year-Book. American Series,* 1941/1, 1-27.
Smoluchowski, Louise: *Lev and Sonya: The Story of the Tolstoy Marriage.* New York 1988.
Steiner, Edward A.: *Tolstoy the Man.* Cambridge 1904.
Steltner, Ulrich: Tolstojs »Kreutzersonate«. Über Kunst und Sexualität. In: Steltner, Ulrich u. a. (Hrsg.): *Europäisches Ereignis »Kreutzersonate«. Beethoven – Tolstoj – Janáček.* Jena 2003, 48-64.
Stepun, F. A.: *Dostojewskij und Tolstoj, Christentum und soziale Revolution.* München 1961.
Stites, Richard: *The Women's Liberation Movement in Russia: Feminism, Nihilism, and Bolshevism, 1860-1930.* Princeton 1991.
Stolzenberg, Günther: *Tolstoi, Gandhi, Shaw, Schweitzer. Harmonie und Frieden mit der Natur.* Göttingen 1992.

Strachov, Nikolaj N.: *Kritičeskie stat'i ob I. S. Turgeneve i L. N. Tolstom (1862-1885).* Sankt Peterburg 1885.
Suchotin, Michail S.: *L. N. Tolstoj v poslednee desjatiletie svoej žizni.* (*Literaturnoe nasledstvo*, 69). Moskau 1961.
Suchotina-Tolstaja, Tatjana L.: *Dnevnik.* Moskau 1987. [*The Tolstoy Home: Diaries.* London 1950.]
Suchotina-Tolstaja, Tatjana L.: *Vospominanija.* Moskau 1976. [Tolstoi, Tatjana: *Ein Leben mit meinem Vater. Erinnerungen an Leo Tolstoi.* Köln 1978.]
Suchotina-Tolstaja, Tatjana L.: Moja mat'. *Jasnopoljanskij sbornik.* Tula 1998.
Suchotina-Tolstaja, Tatjana L.: Tolstoj i detstvo. *Jasnopoljanskij sbornik.* Tula 1978.

Taneev, Sergej I.: *Dnevniki.* 1894-1909. Moskau 1985.
Timkovskij, Nikolaj I.: *Duša L. N. Tolstogo.* Moskau 1913.
Tolstaja, Alexandra A.: Erinnerungen der Gräfin A. A. Tolstaja an L. N. Tolstoi. In: Tolstoj, L. N.: *Briefwechsel mit der Gräfin A. A. Tolstoi.* Zürich, Leipzig 1926, 3-79.
Tolstaja, Alexandra L.: *Tolstois Flucht und Tod. Geschildert von seiner Tochter, mit den Briefen und Tagebüchern von Leo Tolstoi, dessen Gattin, seines Arztes und seiner Freunde.* Berlin 1925.
Tolstaja, Alexandra L.: *Wanderer in Ketten. Der Roman meines Elternhauses.* Berlin 1932.
Tolstaja, Alexandra L.: *Otec. Žizn' L'va Tolstogo.* Moskau 1989. [New York 1953].
Tolstaja, Alexandra L.: *Doč'.* Moskau 1992. [London, 1979].
Tolstaja, Sof'ja A.: *Moja žizn'.* Unveröffentlichtes Typoskript. GMT [Gosudarstvennyj Muzej L. N. Tolstogo] und GMUJaP [Gosudarstvennyj Muzej-Usadba L. N. Tolstogo »Jasnaja Poljana«]. 8 Bde. 1904-1917.
Tolstaja, Sof'ja A.: *Moja žizn'.* [Auszüge aus dem unveröffentlichten Typoskript]. *Novyj Mir* 1978/8, 34-134.
Tolstaja, Sof'ja A.: *Moja žizn'.* [Auszüge aus dem unveröffentlichten Typoskript]. *Prometej. Istoričesko-biografičeskij al'manach serii »Žizn' zamečatel'nych ljudej«* 1980/12, 148-198.
Tolstaja, Sof'ja A.: *Moja žizn'.* [Auszüge aus dem unveröffentlichten Typoskript]. *Oktjabr'* 1998/9, 136-177.
Tolstaja, Sof'ja A.: *Pesnja bez slov.* Unveröffentlichtes Typoskript, GMT. 1897-1900.
Tolstaja, Sof'ja A.: Stony. Stichi v proze. *Žurnal dlja vsech* 1904/3, 168-171.
Tolstaja, Sof'ja A.: *Kukolki-skeletcy i drugie rasskazy.* Moskau 1910.
Tolstaja, Sof'ja A.: Č'ja vina? Po povodu »Krejcerovoj sonaty« L'va Tolstogo. *Oktjabr'* 1994/10, 6-59. [*Eine Frage der Schuld. Aus Anlaß der Kreutzer-*

sonate von Lew Tolstoi. Aus dem Russischen von Alfred Frank. Zürich 2008.]
Tolstaja, Sof'ja A.: Kratkaja avtobiografija gr. Sofii Andreevny Tolstoj. *Načala. Žurnal istorii literatury i istorii obščestvennosti* 1921/1, 131-185. [Kurze Autobiographie der Gräfin Sofja Andrejewna Tolstaja. Aus dem Russischen von Ursula Keller. In: Tolstaja, S. A.: *Eine Frage der Schuld. Aus Anlaß der Kreutzersonate von Lew Tolstoi.* Zürich 2008, 217-286.]
Tolstaja, Sof'ja A.: *Pis'ma gr. L. N. Tolstogo k žene. 1862-1910.* Moskau 1913. [*Leo Tolstoi. Briefe an seine Frau.* Berlin, Wien, Leipzig 1925].
Tolstaja, Sof'ja A.: *Pis'ma k L. N. Tolstomu. 1862-1910.* Moskau 1936.
Tolstaja, Sof'ja A.: *Dnevniki.* 2 Bde, Moskau 1978. [*Tagebücher.* 2 Bde. Aus dem Russischen von Johanna Renate Döring-Smirnov und Rosemarie Tietze. Königstein/Taunus 1982, 1983].
Tolstaja, Sof'ja A.: Ženit'ba Tolstogo. In: *Dnevniki.* Bd. 1, 475-495. [Die Heirat. In: *Tagebücher.* Bd. 1, 17-39].
Tolstaja, Sof'ja A.: Moja poezdka v Peterburg. In: *Dnevniki.* Bd. 1, 168-180. [Meine Reise nach Petersburg. In: *Tagebücher.* Bd. 1, 199-211].
Tolstaja, Sof'ja A.: Smert' Vanečki. In: *Dnevniki.* Bd. 1, 512-518. [Wanetschkas Tod. In: *Tagebücher.* Bd. 1, 281-288].
Tolstaja, Sof'ja A.: Moi zapisi raznye dlja spravok. In: *Dnevniki.* Bd. 1, 495-512.
Tolstaja, Sof'ja A.: Eždnevniki. In: *Dnevniki.* Bd. 2, 229-478.
Tolstaja, Sof'ja A.: *Povarennaja kniga S. A. Tolstoj.* Tula 1991.
Tolstaja-Popova, A. I.: Moi vospominanija o L've Nikolaeviče Tolstom. *Krasnaja Nov'* 1928/9.
Tolstoj, Andrej L.: O moem otce. *Jasnopoljanskij sbornik,* Tula 1965.
Tolstoj, Il'ja L.: *Moi vospominanija.* Moskau 2000. [1969.] [*Tolstoy, My Father: Reminiscences.* Chicago 1971].
Tolstoj, Lev L.: Preljudija Šopena. In: Tolstoi, Lev L.: *Preljudija Šopena i drugie rasskazy.* Moskau 1900, 12-52.
Tolstoj, Lev L. : Kto vinovnik? *Novoe vremja,* 16. 11. 1910.
Tolstoj, Lev L.: *V Jasnoj Poljane: Pravda ob otce i ego žizni.* Prag 1923. [*The Truth About My Father.* London 1924.]
Tolstoj, Leo N.: *Ein Leben in Selbstzeugnissen. Tagebuchblätter und Briefe.* Leipzig 1923.
Tolstoj, Lev N.: *Polnoe sobranie sočinenij.* 90 Bde. Moskau/Leningrad 1928-1964.
Tolstoj, Lev N.: *Perepiska L. N. Tolstogo s gr. A. A. Tolstoj 1857-1903.* Sankt Peterburg 1911. [*Briefwechsel mit der Gräfin A. A. Tolstoi. Mit den Erinnerungen der Gräfin A. A. Tolstoi an L. N. Tolstoi.* Leipzig 1926.]
Tolstoj, Lev N.: *Perepiska s russkimi pisateljami.* 2 Bde. Moskau 1978.
Tolstoj, Lev N.: *Perepiska L. N. Tolstogo s sestroj i bratjami.* Moskau 1990.

Tolstoj v russkoj kritike. Moskau 1949.

Tolstoj i Tolstye. Očerki iz istorii roda. Al'bom. Hrsg. v. N. I. Azarova. Moskau 1990.

Tolstoj v žizni = Tolstoy in life. Hrsg. v. T. E. Popovkina u. a. 2 Bde. Tula 1988.

Tolstoj – chudožnik. Sbornik statej. Moskau 1961.

Tolstoj, Sergej L.: *Očerki bylogo.* Moskau 1949.

Tolstoj, Sergej L.: Ob otraženii žizni v *Anne Kareninoj. Literaturnoe nasledstvo* 1939/37-38.

Tolstoj, Sergej M.: *Deti Tolstogo.* Tula 1994. [*Les enfants de Tolstoi.* 1989].

Tolstoj, Sergej M.: *Drevo žizni: Tolstoj i Tolstye.* Moskau 2002.

Tolstoy, Nikolaj: *Das Haus Tolstoi. 24 Generationen russischer Geschichte (1353-1983).* Stuttgart 1985.

Toporkov, Andrej L. (Hrsg.): *Seks i ėrotika v russkoj tradicionnoj kul'ture.* Moskau 1996.

Troyat, Henry: *Tolstoi, Widerspruch eines Lebens.* München 1977. [Moskau 2005].

Trubicyn, N.: *Obščetsvennaja rol' ženščiny v izobraženii novejšej russkoj literatury.* Moskau 1907.

Vahl, Heidemarie: *Lew Tolstoi und seine Zeit. Eine Ausstellung des Staatlichen Literaturmuseums und des L. N. Tolstoi-Museums (Moskau).* Düsseldorf 1991.

Velikovsky, Immanuel: Tolstoy's Kreutzer Sonata and Unconscious Homosexuality. *Psychoanalytic Review* 1937/24, 18-25.

Vol'fson, Vl.: *Lev Tolstoj o polovoj žizni i ljubvi.* Sankt Peterburg 1910.

Vysokomirnyj, E. D.: *Jasnaja Poljana v gody revoljucii.* Moskau/Leningrad 1928.

Watton, Lindsay F.: Constructs of Sin and Sodom in Russian Modernism, 1906-1909. *Journal of the History of Sexuality* 1994/4, 3, 369-394.

Wehrmeyer, Andreas (Hrsg.): *Sergej Taneev – Musikgelehrter und Komponist: Materialien zu Leben und Werk.* Berlin 1996.

Wetzler, Birgit: *Die Überwindung des traditionellen Frauenbildes im Werk Anton Čechovs: 1886-1903.* (*Europäische Hochschulschriften*, Reihe 16: *Slawische Sprachen und Literaturen* 40) Frankfurt a. M. u. a. 1992.

Widl, Robert: *Licht und Finsternis im Leben des Lew Tolstoi.* Mühlacker u. a. 1994.

Wijk, N. van: Noch einmal Tolstojs »Vater Sergij«. *Zeitschrift für Slavische Philologie* 1934/11, 356-358.

Wilson, Andrew N.: *Tolstoy. A Biography.* New York 1988.

Wytrzens, Günter: Tolstoj und die russische Literatur der Avantgarde. *Wiener slawistisches Jahrbuch* 1978/24, 278-285.

Ždanov, Vladimir A.: *Ljubov' v žizni L'va Tolstogo*. Moskau 1993. [1928].

Ždanov, Vladimir A.: *Ot »Anny Kareninoj« k »Voskreseniju«*. Moskau 1968.

Ždanov, Vladimir A.: *»Tvorčeskaja istorija Anny Kareninoj«. Materialy i nabljudenija*. Moskau 1957.

Ždanov, Vladimir A.: *Tvorčeskaja istorija romana L. N. Tolstogo ›Voskresenie‹. Materialy i nabljudenija*. Moskau 1960.

Zink, Andrea: Diät, Sport, Arbeitskur. Unterwegs zur Bauernschaft mit A. Engelgardt, N. Uspenskij und L. Tolstoj. In: Sériot, P. (Hrsg.): *Contributions suisses au XIIIe congrès mondial des slavistes à Ljubljana, août 2003/ Schweizerische Beiträge zum XIII. Internationalen Slavistenkongress in Ljubljana, August 2003*, 375-392. Bern 2003.

Zolkovskij, Aleksandr: Topos prostitucii v literature. In: Zolkovskij, A., Jampol'skij M. (Hrsg.): *Babel'/Babel*, 317-364. Moskau 1994.

Zurek, Magdalene: *Tolstojs Philosophie der Kunst*. (*Neues Forum für allgemeine und vergleichende Literaturwissenschaft* 2) Heidelberg 1996.

Zverev, Aleksej, Tunimanov, Vladimir: *Lev Tolstoj*. Moskau 2006.